복지국가론

A study on the Welfare State

지은구 · 김민주

청목출판사

머리말

복지국가는 "요람에서 무덤까지" 국민의 돌봄(care)을 국가가 책임지며, 사회적 보호와 안정에 대한 시민의 권리를 실현하고, 자본주의의 모순을 해결하기 위해 복지자본주의의 자원분배 및 할당체제를 구축하여 운영하기 위해 노력하는 국가이다. 현대 복지국가는 19세기 독일을 중심으로 발전하였으며 1960년대 복지국가의 황금시대를 거쳐 1970년대에서 1980년대까지 복지국가의 재정적 위기에 따른 복지국가해체 또는 쇠퇴에 대한 본격적인 논쟁의 시대를 지나 복지국가의 재조정단계를 거쳐 지속적으로 발전하고 있는 국가체제이다. 현재 복지국가는 자본주의 경제체제에서 사회복지 재화와 서비스 즉, 복지급여(benefits)의 제공을 통해 국민들이 안정적인 삶을 유지할 수 있는 일정 수준의 사회의 질(social quality)을 보장하기 위해 노력하고 있는 국가체제이다.

복지국가는 우리가 성취하여야 하는 궁극적인 국가체제인가? 복지국가는 어떻게 작동하며 어떻게 작동하는 것이 올바른 것인가? 복지국가는 국민의 복지욕구팽창에 대한 대응으로 재정적인 지출을 지속적으로 확대하여야 하는가? 복지급여에 대한 제공의 책임을 복지국가는 시장과 나누어 갖는 것이 적절한 것일까? 복지국가는 재정적 어려움을 극복할 수 있을까? 자본주의하에서 복지와 경제는 복지국가운영 및 발전을 위해 어떠한 관계여야 하는가? 나아가 궁극적으로 복지국가는 지속적으로 발전할 수 있을까?

본 저서는 위와 같은 질문에 대한 답을 찾기 위하여 복지국가의 작동원리에 대해 본격적으로 다룬다. 특히 경제체제인 자본주의의 작동원리에 대한 비판적 분석에 기초하여 복지국가의 역동성을 분석하고 설명하기 위한 노력의 산물이다. 본 저서에서는 다음과 같은 내용들을 다루었다. 먼저 제1장에서는 복지국가의 배경에 대해 다룬다. 특히, 복지국가의 개념 및 목적과 복지국가의 등장을 설명해주는 사회·경제적 배경에 대해서 살펴본다. 2장에서는 복지국가의 작동을 이해하기 위해 복지국가의 경제체제인 자본주의의 작동원리 및 복지자본주의의 특성을 중심적으로 살펴본 후 3장에서는 복지국가의 기원 및 발전 등 역사적 배경을 다룬다. 4장에서는 복지국가의 등장 및 발전을 설명해 주는 다양한 관점들을 살펴본다. 특히, 산업화이론을 중심으로 하는 신기능주의이론과 제도주의이론 및 갈등주의이론 이외에 복지국가의 발전을 시장경제체제의 실패에서 찾는 시장실패이론과 복지생산강화이론을 집중적으로 살펴본다. 5장에서는 복지국가의 복지제공 및 생산방식에 대해 본격적으로 다룬다. 특히, 국가와 시장 그리고 시민사회(또는 자발적/비영리조직)와 가족 등으로 구분되는 복지생산 및 제공방식을 복지국가의 발전적 측면에서 비판적 관점으로 분석한 후 현대 복지국가 생산 및 제공방식인 복지혼합에 대한 장·단점을 집중적으로 살펴본다. 6장에서는 현대복지국가의 물적 토대인 후기산업사회 또는 후기포디즘사회에 대한 분석을 중심으로 케인지안복지국가와 슘페테리안 일-복지국가의 논리에 대한 비판적 분석을 시도한다. 7장에서는 복지국가가 재정적으로 축소되고 있는지 아니면 확대되고 있는지를 다룬다. 1970-80년대를 지나면서 복지국가는 재정적 위기론에 봉착하였는데 이러한 재정적 위기가 현실적으로 작동하고 있는지를 OECD 가입국가의 사회지표를 기초로 시계열적으로 분석하여 살펴본다.

8장에서는 현대 복지국가의 유형화를 시도한다. 특히 에스핑-엔더슨이 1990년에 복지국가를 유형화(typology)한 이후 기준이나 지표를 통해서 복지국가를 유형화하기 위한 작업들이 이루어졌는데 본 저서에서도 복지관대성기준을 포함하여 다양한 지표를 동원하여 군집분석(cluster analysis)을 통해 복지국가를 유형화하기 위해 시도하였다. 8장에서는 이에 대한 기본적인 내용들을 설명한다. 9장에서는 유럽 및 북미 복지국가의 변방으로 뒤늦게 발전한 한국복지국가의 성격에 대해 다룬다. 동아시아국가인 한국복지국가의 특성은 무엇이며 한국은 복지국가의 어떤 유형에 속하는지를 다양한 국제 및 국내지표들을 중심으로 분석한다. 마지막으로 10장에서는 쟁점이 되고 있는 복지국가의 찬성과 반대이론을 중심으로 당면한 논쟁점들을 다룬다.

복지국가가 실현하려는 성취목표인 사회적 연대와 공동체는 사회포용 및 통합의 기본 가치이다. 특히, 복지국가는 역사적으로 사회적 연대와 공동체주의를 통해 시장의 모순을 극복하기 위한 제도적 대안으로 성장 및 발전하였음을 부인할 수 없다. 복지국가의 정치, 경제 그리고 사회 등 전반적 내용을 객관적 증거 및 지표를 중심으로 비판적으로 다루는 본 저서를 통해 사회복지학을 전공하는 학생들이나 실천현장에 있는 사회복지사들은 궁극적으로 우리가 성취하기 위한 성취목적으로서의 복지국가가 과거의 모습은 어떠 하였으며 현재는 어떠한 모습인지 그리고 복지국가의 미래는 어떠한 모습이어야 하는지에 대한 기본적 인식의 틀을 갖추게 되기를 희망한다.

2020년 2월 10일
지은구 · 김민주

차 례

머리말/3

제 1 장 복지국가의 배경 — 13

제1절 복지국가의 개념 및 목적 …… 13

1. 복지국가의 개념 …… 13
2. 복지국가의 목적 …… 18

제2절 복지국가의 사회 · 경제적 배경 …… 21

1. 복지국가와 시민사회 …… 21
2. 복지권: 시민의 권리로서의 복지 …… 22
3. 복지국가와 사회의 질 …… 23
4. 복지국가와 경제성장 그리고 행복 …… 27

제 2 장 자본주의와 복지국가 — 33

제1절 자본주의란 무엇인가? …… 33

1. 자본주의 …… 33
2. 자본주의로의 발전 …… 35
3. 자본주의의 토대 …… 36
4. 자본주의를 구성하는 구성요소 …… 38
5. 자본주의의 운동양식 …… 38
6. 자본주의 국가의 기능 …… 39

제2절 산업사회와 복지국가 …… 40

1. 산업사회 …… 41
2. 산업사회 복지국가 출현의 경제학적 배경 …… 48

제3절 복지자본주의와 사회복지국가 …… 55

1. 복지자본주의 …… 55
2. 복지와 사회복지 그리고 사회복지국가 …… 56
3. 사회복지국가 발전의 전제조건 …… 60

제 3 장 복지국가의 발전 ---- 71

제1절 개관 ···· 71

제2절 복지국가의 기원 ···· 73

1. 사회문제에 대한 국가의 대응 ···· 73
2. 복지국가의 출현 ···· 74
3. 복지국가의 형성 ···· 78

제3절 복지국가의 발전 ···· 84

1. 1945년 이후 복지국가 발전시기 ···· 84
2. 1970년대 복지국가의 축소시기 ···· 85
3. 1990년대 이후 복지국가 ···· 89

제 4 장 복지국가 이론 ---- 95

제1절 복지국가의 출현 및 발전을 설명해 주는 이론적 패러다임 ···· 95

제2절 신기능주의이론 ···· 96

1. 신기능주의이론과 복지국가 ···· 96
2. 신기능주의이론의 한계 ···· 98

제3절 갈등주의이론 ···· 99

1. 갈등주의이론과 복지국가 ···· 99
2. 갈등주의이론의 한계 ···· 102

제4절 제도주의이론 ···· 104

1. 제도주의이론과 복지국가 ···· 104
2. 제도주의 이론의 한계 ···· 106

제5절 시장의 실패와 정부의 강화 그리고 복지국가발전이론 ···· 107

1. 시장실패이론 ···· 107
2. 복지국가발전이론: 복지생산강화론 ···· 123

제6절 소결 ···· 138

제 5 장 복지국가의 생산방식 ---- 141

제1절 개관 ···· 141

제2절 사회복지 재화와 서비스 ···· 142

1. 사회복지 재화와 서비스의 성격 ···· 142
2. 사회복지 재화와 서비스의 특성별 분류 ···· 145

3. 사회복지 재화와 서비스의 유형 ······147
제3절 사회복지 재화와 서비스의 생산방식 ······150
1. 국가생산모델 ······150
2. 비영리생산모델 ······157
3. 시장생산모델 ······163
4. 준시장생산모델 ······175
5. 공동생산모델 ······196
제4절 복지혼합 ······207
1. 복지혼합이란? ······207
2. 복지혼합에 따른 정부와 민간 참여 ······210

제 6 장 복지국가와 경제 —— 215
제1절 후기산업사회와 복지국가 ······215
1. 후기산업사회의 경제(학)적 배경 ······215
2. 후기산업사회 복지국가의 특징 ······222
3. 후기산업사회와 복지국가의 위협과 기회 ······223
제2절 후기포디즘사회 또는 후기포디스트사회 ······225
1. 후기포디즘사회 ······225
2. 후기포디즘사회의 경제학적 배경 ······229
제3절 케인지안복지국가와 슘페터의 일-복지국가 ······231
1. Keynesian의 복지국가와 Schumpeterian의 일-복지국가의 비교 ······231
2. Keynesian의 복지국가 ······232
3. Schumpeterian의 일-복지국가 ······233
4. 일-복지(workfare)의 문제점 ······234

제 7 장 복지국가의 재정 —— 239
제1절 복지국가의 위기와 재정축소 ······239
1. 복지국가의 재정적 위기 ······239
2. 복지국가의 재정은 축소되고 있는가? ······243
제2절 복지국가와 사회복지재정 ······247
1. 복지국가 재정비교 ······247
2. 복지국가 사회복지지출비교 ······247
3. 복지국가 재정의 분야별 지출비교 ······254

제3절 복지혼합과 복지국가재정 ······271
1. 민영화와 복지재정지원방식의 변화 ······271
2. 수요중심민영화: 수요자중심모델 ······274
3. 공급자중심민영화: 공급자중심모델 ······277

제 8 장 복지국가의 유형화 —— 281
제1절 복지국가의 사회모델 ······281
제2절 복지국가 모델 ······283
1. Esping-Andersen(1990)의 복지국가 모델 ······283
2. Kuhnle과 Alestalo(2000)의 복지국가모델 ······291
3. Sapir(2006)의 복지국가모델 ······292
4. 지은구의 복지국가모델 ······293
제3절 소결 ······298

제 9 장 한국복지국가의 성격 —— 301
제1절 한국복지국가 성격규명의 배경 ······301
제2절 유럽복지국가와 아시안 복지국가의 사회모델비교 ······303
제3절 한국복지국가의 특성 ······304
1. Walker모델 적용 ······305
2. Kuhnle과 Alestalo의 모델 적용 ······309
3. Gilbert, Specht 그리고 Terrell의 정책분석 모델 적용 ······312
제4절 한국복지국가의 유형화(모델) ······316
제5절 한국복지국가의 재정비교 ······317
제6절 소결 ······319

제10장 복지국가의 쟁점 —— 321
제1절 복지국가가 당면한 문제들 ······321
1. 비용과 효과사이의 거래 ······322
2. Baumol효과 ······324
3. 국제화(세계화) ······325
4. 인구(통계)변화 ······327

제2절 복지국가논쟁 ……………………………………………… 328
1. 복지국가 반대 ……………………………………………… 328
2. 복지국가 찬성 ……………………………………………… 331
3. 복지국가와 경제의 관계 ……………………………………… 333
4. 복지국가의 생산적 기능 ……………………………………… 337
5. 복지국가의 역동성 …………………………………………… 339
제3절 향후 복지국가의 전망 ………………………………………… 341
1. 복지국가는 지속가능한 체제인가? ……………………………… 341
2. 복지국가에서 복지거버넌스의 시대로 ………………………… 347

✣참고문헌 ……………………………………………………… 357
❋찾아보기 ……………………………………………………… 373

제 1 장 복지국가의 배경

제 1 절 복지국가의 개념 및 목적

1. 복지국가의 개념

복지국가는 통상 "시민들의 사회 및 경제적 번영을 증진시키고 보호하는 데 있어 중요한 역할을 하는 국가"라고 알려져 있는데 사전적 정의에 의하면 복지국가는 **"국민들의 경제적 그리고 사회적 번영을 증진시키고 보호하는 것을 주요한 역할로 수행하는 국가**[1]이다. 국민들의 사회·경제적 번영은 사회복지의 증진을 통해서 실현될 수 있다는 측면에서 복지국가는 사회복지를 증진시키기 위해 설립된 체제라고 할 수 있으며 보다 쉽게 표현하면 국민들의 고통이나 고민을 경감시키기 위해 노력하는 체제라고 정의할 수 있다. Therborn(1983)은 복지국가가 국가행동의 역사적 변형물이라고 주장하고 복지국가는 가구원들의 복지에 대한 욕구를 해결해주는 것을 강조하는 국가라고 규정하였으며 Mishra(1990)은 국민들이 삶과 관련된 최소한의 기준을 유지하기 위하여 국가의 책임을 제도화하는 국가라고 정의하였다. 또한 Marshall(1950)은 현대복지

1) Britannica Online Encyclopedia (www.britannica.com/EBcheeked/topie/639266/welfare-state?section)

국가가 **자본주의, 복지, 그리고 민주주의의 조합**을 특징으로 한다고 강조하였다. 결국, 복지국가는 자본주의의 발전과 민주주의 및 복지의 조화로서 국민들의 사회적 보호를 국가가 책임지는 것을 기본으로 하는 국가라고 할 수 있다.

특히 복지국가는 간접적인 방식보다는 직접적인 방식으로 국민들의 복지욕구를 충족시키기 위해 노력한다. 즉, 음식이 필요하면 음식을 제공하며 주택이 필요하면 주택을 제공하고 일자리가 필요하면 일자리를 제공하기 위해 노력한다. 또한 국민들이 필요한 복지의 욕구를 사회적으로 해결하여 사회복지를 증진시키기 위한 직접적인 방안으로 공공개입을 강조한다. 복지국가의 공공개입은 국가의 시장경제에 대한 개입으로 특징지어지는데 이는 자본주의시장경제가 불확실성과 위험을 동반하여 일부 국민들에게 고통이나 불안을 가져다 주는 주된 요인이라는 점에 기인한다. 복지국가의 공공개입을 강조하여 복지국가를 설명하면 아래와 같다(지은구, 2013).

첫째, 복지국가는 시장경제에 대한 공공개입이 강조되는 체제이다.

둘째, 복지국가는 시장경제에 의해서 나타난 의도하지 않은 부정적인 결과나 환영받지 못하는 결과를 개선하는 체제이다.

셋째, 복지국가는 빈곤이나 불평등을 해소하거나 또는 빈곤이나 불평등을 줄이는 것을 목적으로 하는 체제이다.

넷째, 복지국가는 국민들이 원하는 것보다는 국민들의 욕구를 해결하는 것을 강조하는 체제이다.

위에서 언급한 바와 같이 복지국가의 경제적 측면을 강조하면 복지국가는 시장경제에 대한 공공개입이 강조되는 체제라고 할 수 있다. 물론 국가의 시장개입 정도에 따라 학자들은 복지국가의 유형을 달리 표현하기도 하지만 복지국가와 시장경제는 매우 밀접한 연관성을 가지고 있는데 이는 복지국가의 경제체제인 자본주의 경제체제 자체가 시장에 의해서 자원이 할당되는 경제체제를 의미하기 때문이다. 결국, 복지국가의 경제원리는 시장경제이므로 복지국가는 시장경제의 상황 안에 위치해 있어 시장경제와 복지국가의 상호연관성을 이해하는 것은 복지국가를 이해하는 매우 중요한 토대가 된다.

국민의 욕구를 공공개입을 통해서 해결하기 위해 복지국가는 시장경제에 개입함으로써 복지국가가 제공하는 국민들의 기본적 욕구해결을 위해 각종 혜택이나 서비스 등 모든 제공(또는 공급, provision)은 민간기관이나 자발적, 자선적 도움의 제공과는 구별된다. 이는 이미 설명한 바와 같이 복지국가가 공공개입을 통해서 국민들의 욕구를 해결하는 것을 목적으로 하기 때문이다. 복지국가를 시장경제와 연관하여 다시 정리하면 아래와 같다.

첫째, 복지국가는 직접적인 수단을 통해서 국민들의 기본적 욕구를 해결하기 위해 시장경제에 개입하는 것을 목적으로 한다.

둘째, 복지국가는 강제적이고, 집합적이며 비차별적인 복지조항(재화와 서비스)을 제공하는 하나의 체계이다.

셋째, 복지국가는 시장경제에 의해서 나타나는 차별과 착취를 조정하는 사회체계이다.

넷째, 복지국가는 인간의 욕구를 해결하기 위해 노력하지만 시장경제는 인간의 욕망이나 갈망하는 것 또는 원하는 것을 해결하기 위한 기구이다. 따라서 시장은 인간의 주관적인 갈망을 해결하지만 복지국가는 인간의 객관적인 욕구를 해결하기 위해 노력한다. 이는 개인의 갈망이나 욕망은 시장을 통해서 해결될 수 있지만 인간의 복지에 대한 기본적 욕구는 국가적 개입을 통하여 실현시키는 것이 복지국가의 원칙이자 기본틀이기 때문이다.

다섯째, 복지국가는 시장경제에 대체해서 국민들이 기본적·객관적 욕구를 체계적으로 분배할 수 있는 정당성을 가지고 있다.

여섯째, 복지국가는 시장에 대한 국가적 개입의 정당성을 가지고 있으며 각종 사회복지제도나 정책들은 시장을 대체하는 분배도구로서의 역할을 한다. 즉, 시장의 실패를 수정하기 위한 국가적 정당성이 복지국가를 통해서 실현된다. 따라서 복지국가는 자원의 왜곡된 할당을 수정하는 분배도구를 끊임없이 창출한다.

일곱째, 복지국가와 시장의 목적은 공공의 복지를 증진시키는 것이라고 할 수 있다. 이를 경제학적으로 해석하면 시장으로의 개입을 통하여 개개인들은 시장에서 원하는 재화를 획득함으로써 그들의 복지가 증진되며 복지국가는 시장을 통해서 필요한 재화를 획득하지 못하는 사람들에게 국가적 개입을 통해 필요한 재화를 제공하므로 그들의 복지가 증진된다. 따라서 시장과 복지국가의 기본적인 차이점은 시장이 제공하는 재화와 서비스는 모두 개인적 욕망을 해결하는 사적재이지만, 복지국가가 제공하는 재화와 서비스는 기본적으로 공공재로서 그리고 사회적 목적을 지니고 있는 가치재로서 역할을 한다는 점이다.

결국, 복지국가를 이해하기 위해서는 시장경제를 이해하는 것이 중요한데 이는 이미 언급한 바와 같이 시장경제에 대한 공공개입이 바로 복지국가의 중요한 토대이기 때문이다. 아무리 복잡하고 다양한 사회문제가 발생한다고 해도 개인이 개인적 능력으로 그러한 문제를 해결하고 개선하며 예방하는 것이 가능하다고 한다면 국가의 개입을 통한 사회문제의 해결을 강조하는 복지국가의 출현과 발전은 불가능하였을 것이다. 즉, 모든 개인이 주택이 필요한 경우 주택시장을 통해서 주택을 구매할 수 있다면 주택문제는 발생하지 않으므로 굳이 국가가 주택시장에 개입을 할 필요가 없을 것이고, 모든 개인이 그들의 노후생활보장을 위해 개인보험을 민간보험시장에서 구입할 수 있다면 역시 국가가 주도하는 국민연금보험의 필요성은 줄어들 것이다. 하지만 자본주의 경제체제에서 시장은 모든 사람들에게 열려있는 것이 아니며 소비와 구매능력이 있는 사람에게만 문이 열려있으므로 시장경제의 한계를 극복하기 위한 시장에 대한 공공개입을 통한 자원의 할당은 반드시 필요하다고 할 수 있다.

특히, 복지국가를 유지하기 위한 원칙으로 기회의 평등, 부의 공평한 분배 그리고 안정적인 삶을 유지하기 위한 기본적 제공(provision)을 통한 혜택을 가지지 못한 사람들에 대한 공적 책임의 강조 등이 지적된다. 따라서 국민들에 대한 의무로서 기본적 삶의 질이 보장되지 못하고 부가 불균등하게 분배되며 모든 국민들에게 기회가 공평하게 돌아가지 못하는 사회의 구성원 즉, 국민들은 사회 및 경제적 번영은 물론이고 기본적인 삶의 유지에 있어 심각한 위험에 놓이게 된다. 이러한 사회적 위험은 곧 복지국가가 추구하는 "국민들의 안정적인 삶의 유지 및 번영"을 방해하는 심각한 장벽이며 이는 결국 함께 더불어 잘사는 사회를 구축하기 위한 사회구성원들의 연대성 및 사회통합을 위협하는 가장 큰 장벽이다.

사회통합(social cohesion)을 증진시키는 것은 복지국가가 제공하는 사회복지정책에 있어 가장 중요한 목적이라고 할 수 있다. 이는 사회복지정책을 통해 다양한 사회복지 재화와 서비스를 제공하는 것이 사회적 연대성을 강화하고 지역공동체를 구축하기 위한 가장 구체적인 실천방안이기 때문이다. 사회통합과 연대 그리고 공동체 구축은 복지국가가 추구하는 또는 성취하려는 기본 목적으로 복지국가는 사회통합 및 연대 그리고 공동체사회를 구축하기 위해 각종 사회복지 재화와 서비스가 제공될 수 있도록 정책적·제도적 지원체계를 유지·개선하여야 할 의무를 갖는다(지은구, 2013).

복지국가	• 국민의 복지를 사회적 권리로서 인정하고 국가의 책임 하에 향상시키기 위해 최대한의 노력을 기울이는 체제(regime) • 국민의 복지가 국가에 의해서 제공되고 지원되는 사회체제 • 사회복지를 증진시키기 위해 설립된 체제 • 국민들의 위험이나 고통 그리고 고민을 경감시키기 위해 노력하는 체제

2. 복지국가의 목적

Walker(2005)는 복지국가의 목적 또는 복지국가가 사회복지프로그램을 제공하는 목적으로 첫째, 빈곤경감, 둘째, 소득유지와 대체, 셋째, 사회통합의 증진, 넷째, 위험으로부터의 보호, 다섯째, 재분배, 여섯째, 보상, 일곱째, 경제적 효율성의 증진, 여덟째, 행동수정으로 구분하였다. 여기서 보상은 질병이나 장애, 실업 등으로 인해 발생하는 추가적 소득상실에 대한 보상을 의미하며, 소득유지와 대체는 실업이나 장애상태에 빠지게 되는 경우 사회보장혜택이 최소소득보장을 의미하는 것이 아니라 이전 생활이 유지·보장될 수 있도록 이전 소득을 대체한다는 의미이다. 빈곤경감이나 재분배, 사회통합과 위험으로부터의 보호 그리고 소득유지나 대체 등은 대부분의 학자들이 강조하는 복지국가의 목적과 동일하다고 볼 수 있다. 그리고 Walker가 강조하는 행동수정이란 예를 들어 출산율을 향상시키기 위해 아동수당이나 가족수당과 같은 사회복지혜택을 제공하는 것이 인간의 행동을 수정시킬 수 있도록 설계되어 있어야 한다는 것을 의미한다. 특히 Walker는 사회복지시스템의 제공목적이 경제적 효율성을 증진시키는 것임을 강조하였다. 그에 따르면 복지혜택을 통하여 경제 불황기에 실업자나 저소득층의 소득을 보장하면 수요가 창출되어 경제적으로 효율성이 증진될 수 있다는 것이다. 만약 Walker의 견해에 따른다면 복지국가의 사회복지경제는 첫째, 경제적 효율성, 둘째, 빈곤경감여부, 셋째, 소득유지여부 넷째 사회적 통합여부 다섯째, 재분배여부, 여섯째, 적절한 보상여부 등을 분석기준으로 활용하여 분석할 수 있을 것이다(지은구, 2013).

Barr와 Whynes(1993)는 복지국가의 목적으로 첫째, 효율성, 둘째, 기본적인 삶의 지원, 셋째, 불평등의 축소, 넷째, 사회통합 그리고 다섯째, 행정적 실행가능성(feasibility) 등을 강조하였다. 위의 요소 중에서 기본적 삶의 유지나 불평등 축소 그리고 사회연대 등은 모두 평등과 관련이 있는 요소들이라고 할 수 있다. 이들이 지적한 요소 중 **행정적 실행가능성**은 복지국가에서 제공하는 제도들이 이해되기가 쉬워야 하며 행정비용이 가능한 적게 들어야 하고 혜택은 남용되어서는 안 된다는 점을 지적하는 요소로서 **행정효율성**요소에 포함된다고 할 수 있다. 특히, 복지국가의 목적에 효율성요소가 포함되는 이유는 경제적 측면에서의 비용대비 혜택의 효율성을 담보하기 위해서라기보다 행정비용의 절감이나 서비스중복, 사기 방지 등을 통한 국가 재정적 측면의 효율성을 의미한다고 볼 수 있다. Briggs(1961, Gilbert & Terrell, p. 48에서 재인용)는 복지국가의 목적을 크게 세 가지로 분류하였는데 그녀가 강조한 복지국가의 목적은 아래와 같다.

첫째, 복지국가의 목적은 노령이나 실업, 이혼 등과 같은 이유로 정상적인 자기보장을 할 수 없는 사람들에게 경제적 보장을 유지하도록 하는 것에 있다.

둘째, 복지국가의 목적은 시장의 가치와 상관없이 개인이나 가족에게 최소한의 소득을 보장하는 것에 있다.

셋째, 복지국가의 목적은 모든 시민들에게 지위나 계급에 상관없이 그들이 필요로 하는 유용한 최상의 사회서비스를 제공하는 것에 있다.

사회복지학자인 Gilbert와 Terrell(2005)은 복지국가의 목적으로 Briggs의 견해를 받아들였지만 사회복지를 혜택-할당체계라고 주장하면서 사회복지정책분석을 위한 기본 틀로서 할당, 제공, 전달 그리고 재정을 강조하였다. Gilbert와 Terrell(2005)은 복지국가를 구성하는 중요한 세 축을 다음과 같이 제시하고 있다.

〈표 2-1〉 Gilbert와 Terrell이 제시한 복지국가의 중심 축: 목적, 정책, 혜택

목 적	정 책	혜 택
경제적 보장: 소득상실과 같은 삶의 위협으로부터 보호	사회보장: 질병, 실업, 장애, 은퇴, 배우자의 사망 등에 대처하는 사회보험	일하는 인구집단과 은퇴자 그리고 그의 가족과 부양인
사회적 보호의 제공	현금지원 같은 공적 부조와 사회서비스	빈곤한 사람이나 불이익을 받은 사람
기본적 재화와 서비스에 접근 가능하도록 하는 기초적인서비스	교육, 건강보호, 주택, 영양상태	모든 국민

*Gilbert와 Terrell(2005). p. 48 표 2-2에서 재인용

위의 표에서 제시된 바와 같이 복지국가는 소득보장을 비롯하여 국민들의 삶의 번영에 위협을 주는 요소를 제거하여 국민들의 안정을 보장하는 것을 목적으로 함을 알 수 있으며 구체적인 방법으로는 다양한 사회프로그램을 통하여 제공되는 사회복지 재화와 서비스들이 위의 목적 실현을 추구한다고 이해할 수 있다. 사회복지 재화와 서비스의 제공을 기본 축으로 하는 복지국가의 사회복지체제가 원활하게 작동하지 않으면 국민들의 사회·경제적 보장은 이루어지지 않으며 위험에 있는 국민들에 대한 사회적 보호가 원활하게 이루어지지 않는다. 또한 기본적인 삶의 유지에 필요한 서비스에 대한 접근이 제한되어 국민들의 기본적 욕구는 해결되지 않으며 빈곤과 불평등은 심화·확대되고 나아가 자원할당 즉, 적절한 분배메커니즘은 작동하지 않게 되어 국민의 사회복지는 악화된다.

결국, 복지국가를 사회적 지출을 통하여 시장의 실패를 바로잡고 국민들에게 위협적인 요소를 제거하며 나아가 사회평등실현을 위해서 노력하는 체제라고 정의한다면 사회복지 또는 사회복지제도나 정책을 통해서 제공되는 다양한 사회복지 재화와 서비스가 국민들에게 어떠한 변화를 가져다주었는지를 확인하는 것은 매우 중요하다. 국민의 생활상의 변화는 복지국가 목적 실현 나아가 사회복지정책과 제도 등에 기초한 다양한 사회복지프로그램의 목적 실현을 통해서 그리고 보다 구체적으로는 사회복지서비스나 혜택의 제공에 따른 개인적 번영

의 개선여부나 넓게는 사회적 불평등 해소여부에 의해서 나타난다. 따라서 사회복지 급여나 혜택의 제공이 복지국가의 목적 실현에 어느 정도 영향을 미치고 있는지 그리고 사회복지제도나 정책의 목적 실현에 어느 정도 영향을 끼쳤는지를 확인하는 것 또한 직접적으로는 국민의 사회복지 개선 정도 그리고 전체 사회적 번영의 실현 정도 그리고 간접적으로는 사회복지에 투입되는 사회적 지출에 대한 정당성을 확보한다는 측면에서 매우 중요한 작업이라고 할 수 있다.

제 2 절 복지국가의 사회 · 경제적 배경

1. 복지국가와 시민사회

복지국가는 시민의 권리에 기초하여 발전하였다. 따라서 복지국가는 일반적 의미의 사회를 추구하는 것이 아니라 궁극적으로 시민사회를 추구한다. 시민사회(civil society)를 건설하기 위하여 복지국가는 시민들의 사회적 노동의 활성화를 위해 역동적인 사회참여활동 및 이를 위한 사회적 역량강화를 추구하며 시민중심의 의사결정구조를 갖추고 시민사회의 시민으로서 국민들이 기능하는 것을 추구한다. 시민사회의 시민은 단순히 국민이 아니고 단순히 주민이 아니며 사회의 모순에 적극적으로 대응하고 올바르고 정의로운 복지시민사회를 건설하기 위하여 주체적으로 활동하는 시민 즉, **활동적 시민(active citizens)**을 의미한다. 따라서 단순히 시민의 권리를 소유한 시민이 아닌 소유권의 유무와 상관없이 시민사회의 구성원으로서 적극적으로 사회에 참여하는 시민을 의미한다. 즉, **시민은 국민, 거주민, 지역주민이라는 수동적 의미의 사회구성원이 아닌 복지국가 나아가 복지시민사회를 위하여 보다 적극적으로 개입하고 참여하는 능동적 의미의 사회구성원을 나타낸다.** 특히, 복지국가에서 시민은 기본적인 생활을 유지할 권리를 가지고 있으므로 시민의 권리를 유지 및 보장하고 활동적 시민으로 역량강화되기 위한 국가적 차원에서의 노력이 필요하고 이러한 노력은 곧 사회정책의 핵심적 아젠다가 된다. Esping-Andersen(1990)은 복지국가를 설명함에 있어 가장 핵심적인 특성으로 시민의 권리가 사회적으로 보장된다는 의미에서 Marshall(1950)이 강조하였던 사회적 시민권(social citizenship)이 복지국가의 핵심적인 사고이고 이는 곧 복지에 대한 시민의 권리를 의미하는 복지권이라고 강조하였다.

2. 복지권: 시민의 권리로서의 복지

Drake(2001)에 따르면 복지권은 개인적 편견이나 부당한 행동으로부터 그리고 사회, 정치적 구조로부터 발생하는 불공평한 불평등에 대한 인식과 대응으로 구성된다고 한다. 따라서 복지권은 불균형이나 불평등을 시정하려는 요구라고 할 수 있다. 복지권에 대한 사고는 개인적인 의지에 의해서 나타나는 것이 아니고 교육의 기회, 일에 대한 접근, 그리고 사회적 지위나 상태의 차이 등으로부터 나타나기 때문에 사회적으로 건설된다고 볼 수 있다. Dahrendorf(1987)는 복지권의 결여가 오늘날 하층계급(underclass)과 같은 용어로 묘사되어지는 빈민이나 또는 억눌린 사람들을 사회적 배제의 상태들로 이끈다고 강조하였다.

자유경쟁시장이라는 조정양식을 통해서는 인간의 복지권이 보장받을 수 있는 가능성이 매우 제한적이다. 국가주도의 복지서비스나 프로그램이 부의 재분배를 위해서 사용되어진다는 것은 경제학자들에게 있어 시장의 조정으로 인해 생성된 개인적인 재산과 자원을 포기하는 것을 그리고 개개인들의 자유가 침해당하는 것을 의미하기 때문에 시장에서는 개인의 선택권만 존재하며 어떠한 의미의 복지권도 존재하지 않는다고 볼 수 있다.

모든 인간은 인간답게 살 권리가 있으며 인간의 삶의 질을 보장해주기 위해 국가는 그에 합당한 복지서비스를 제공해 주어야 한다는 의미에서 개개인들의 복지에 대한 권리인 복지권의 제한은 곧 불평등과 사회적 배제가 시장 조정양식을 통한 분배의 결과로서 존재한다는 것을 의미한다. 자본주의 초기에 국가는 복지권에 대한 국가의 책임을 자선이나 시혜를 강조함으로써 개인과 가족 또는 민간부문으로 이양시키려고 노력하였다. 개인의 선택에 기초하는 자선이나 시혜의 강조는 경제학의 기본 전제인 개인적 선호를 통한 선택이라는 경제적 가치에 일치하는 사회적 가치로서 존재하였다. 복지권에 대한 무시와 시장의 조정을 통한 생산과 소비 그리고 분배는 결국 불평등과 사회적 배제 등의 시장이 개선할 수 없는 문제점들을 양산하고 확대 재생산하였으며 이는 시장의 실패에 대한 공공재로서 사회복지 재화와 서비스의 기능강화를 초래하였다. 따라서 시장실패에 대한 기능조정측면에서 분배를 강조하는 **사회복지는 개인적 선택이나 선호가 아니라 개인적 선택이 낳은 불평등과 완전자유시장이 낳은 사회적 배제를 개선하기 위한 사회적 선택의 조정양식**이라고 정의될 수 있다. 사회적 분배 메커니즘으로서의 사회복지는 구체적으로 분배적 정의를 통한 사회정의의 실현이라는 보다 실천적인 조정양식으로 그 내용을 채우게 되었다. Jones(1994)는 세 가지의 측면에서 복지권의 중요성을 강조했다.

첫째, 사회복지를 증진시키는 것은 삶의 질 그것 자체를 위해서 필수적이다.
둘째, 사회복지를 증진시키는 것은 사회에 대한 투자이다.
셋째, 사회복지를 증진시키는 것은 인간의 존재를 격하시키는 자선행위에 따르는 낙인을 없앨 수 있는 하나의 권리이다.

3. 복지국가와 사회의 질

사회의 질(social quality)은 "**시민들이 그들의 번영과 잠재성을 고취시킬 수 있도록 하는 조건하에 있는 지역사회에서 사회·경제적 삶에 참여할 수 있는 정도**"를 나타내는 개념으로 Beck과 동료들(1997)에 의해서 처음 제시되었다. 지은구(2018)는 사회의 질을 "**개인적 정황과 개인적 맥락이 아니라 사회적 정황과 사회적 맥락에서 사회가 보다 좋은 사회로 발전하고 개선되기 위해서 필요한 수준**"으로 정의하였다. 사회의 질은 기본적으로 한쪽으로는 개인의 번영이나 행복과 다른 한 쪽으로는 사회적 존재로서의 개인에 영향을 주는 사회구조적이고 조건적인 정황과 같은 사회 전체의 질이 함께 묶여 있는 개념이라고 할 수 있다. 따라서 사회의 질은 개인적 행복이 아닌 사회적 행복을, 개인의 만족수준이 아닌 전체 사회를 구성하는 사회구성원들의 만족수준을, 개인의 번영이 아닌 사회의 번영을 그리고 개인의 삶의 질이 아닌 전체 사회의 질을 나타낸다. 따라서 사회의 질은 개인의 수준에서 분석단위를 사회의 수준으로 확대한 개념이라고 할 수 있으므로 사회의 질은 복지국가의 전반적인 상태를 측정하기 위한 중요한 도구가 될 수 있다.

개인의 행복은 개인적이고 추상적이며 감정적인 개념으로서 행복을 측정한다는 것은 현실적으로 어려운 것이 사실이다. 보수주의 또는 신보수주의경제학자들은 행복을 개인의 행복이나 개인의 만족 또는 개인의 번영이나 복지를 강조하여 집단수준의 즉, 전체 사회의 행복이나 사회의 만족 그리고 사회의 복지에는 관심을 등한시하여 주로 개인의 수준에서 행복을 다루어왔다. 또한 일반적으로 심리학에서는 주관적으로 인식하는 개인적 번영의 정도로 행복을 측정하고 이해하려고 노력한다(Wallace, 2014). 즉, 무엇이 인간을 행복하게 만드는가? 인간의 행복은 무엇인가? 등 주로 개인적 수준에서 행복과 행복의 조건이나 구성요소 등을 다룬다.

하지만 사회의 질은 일반적으로 사회적 수준에서의 번영과 행복을 다룬다. 사회의 행복은 무엇으로 이루어지는가? 보다 구체적으로 사회를 구성하는 사회구성원들이 행복하기 위한 사회의 조건은 무엇인가? 국민들이 행복하기 위해 사회는 무엇이 필요한가? 등의 기본질문이 사회의 질을 설명해주는 기본 질문들이다. 사회의 질은 사회의 행복 그리고 사회의 번영을 의미하므로 개인적 수준의 행복이나 번영의 수준을 넘어 전체 사회의 수준으로 번영과 행복 그리고 복지의 수준을 나타내는 개념이다. Abbott와 Wallace(2014)가 사회적 행복을 분석하기 위해서 사회의 질을 강조한 것과 같이 사회의 질은 사회의 복지와 번영 그리고 행복의 수준을 나타내주는 중요한 개념이다. 따라서 복지국가에서 국민들이 **행복할 만한 사회의 질 수준은 무엇인가와 국민들이 잘 살기 위해서 사**

회는 무엇이 필요한가를 설명해주는 것이 사회의 질이다. 즉, 사회의 질은 개인적 정황과 개인적 맥락이 아니라 사회적 정황과 사회적 맥락에서 사회가 보다 좋은 사회로 발전하고 개선되기 위해서 필요한 것이 무엇인가에 대해 관심을 가지며 이를 위해 현실의 사회의 질을 측정하고 이해하기 위하여 사회의 질을 측정하기 위한 기준을 필요로 한다.

이와 같이 개인의 번영이나 행복과 사회 전체의 질이라는 복합적 의미를 갖는 사회의 질은 개인적 수준의 미시적 접근과 사회적 수준의 거시적 접근이 포함되어 있는 개념임을 알 수 있으므로 복지국가 발전과 개인, 집단 그리고 공동체의 발전을 동시에 추구하는 개념이라고 할 수 있다. 이러한 사회 질의 복합적 의미는 최근 인간 삶의 관점에서 생존가능성을 이해하는 데 도움을 주었으며 나아가 생존 가능한 사회의 발전이나 사회의 생존가능성을 이해하는 데 도움을 주었다(Van der Maesen and Walker, 2012).

학자들이 제시한 복지국가의 목적을 살펴보면 복지국가는 기본적으로 국민들을 사회적 위험으로부터 보호하기 위하여 경제적 보장과 사회보장을 제공하는 것을 목적으로 한다. 특히 복지국가의 목적을 실현하기 위한 국가의 임무는 국민들이 안전하고 건강한 삶이 유지·보장되도록 하기 위한 사회적 보호시스템을 구축하는 것에 있고 사회보호시스템 구축은 곧 특정 복지국가의 사회적 질(social quality)을 특정 수준 이상으로 유지 및 개선하는 것에 있으므로 복지국가 사회의 질 수준은 매우 중요한 복지국가의 상태나 조건을 측정하는 기준이 될 수 있다. 따라서 사회의 질을 향상시키고 개선하는 것과 복지국가의 목적은 밀접한 연관이 있음을 알 수 있다.

사회를 구성하는 성원들의 기본적 삶을 유지 및 보장하도록 하는 노력, 사회·경제적 불평등의 축소, 사회통합을 위한 노력이나 연대성강화를 위한 노력 그리고 자원의 분배 및 할당체계구축을 통한 사회차별과 배제의 축소 및 조정 노력 등은 대부분 복지국가 사회의 질을 향상시키기 위한 요소이자 사회보호시스템 구축을 위해 반드시 필요한 요소이기도 하다. 즉, 사회의 질은 복지국가의 수준이나 복지국가의 유형을 구분하기 위한 기준 또는 사회의 복지 달성정도를 파악하는 데 유용하게 활용할 수 있는 개념이다. **복지국가를 '국민의 복지가 국가에 의해서 제공되고 지원되는 하나의 사회체계 또는 국가'**라고 한다면 복지와 국가의 역할은 복지국가에서 중요한 핵심 축이라고 할 수 있다. 현대자본주의사회 대부분의 국가들은 국민들의 복지를 중요시하므로 모두 복지국가를 지향한다고 할 수 있지만 많은 국가들이 모두 동일한 수준의 복지국가인가에 대한, 어떤 국가는 복지국가이고 어떤 국가는 복지국가가 아닌 것인가에 대한, 그리고 선진복지국가와 발달되지 않은 후진복지국가에 대한 수많은 논의들이 있어온 것도 사실이다. 국가마다 국민의 복지를 향상시키는 방법과 복지제공에 있어 국가의 역할에는 매우 상이한 방식을 채택하고 있다는 것 역시 사실이며 이러한 방식은 정치적 그리고 경제적 측면과도 밀접한 연관 하에서 작동하고 있다고 볼 수 있다.

복지국가에서 복지는 정확하게 표현한다면 개인이나 가족 또는 친구나 친척이 아닌 국가의 책임 또는 사회적 책임으로 국가의 사회기획 하에 제공되는 것이 강조되므로 공공복지 또는 사회복지라고 표현될 수 있어 복지는 공공재와 사회재 그리고 가치재의 성격을 갖는다. 자본주의사회는 개인의 복지가 시장을 통해서 제공되는 것이 기본 원리이므로 복지국가는 시장에 대한 국가의 개입이 강조되어 **국가, 시장 그리고 시민사회(정확하게 표현하면 비영리조직)**의 틀 안에서 이해되어야 한다. 복지가 앞에서 소개한바와 같이 "시민의 행복을 포함하여 경제자원을 향한 최상의 가능한 접근, 높은 수준의 번영(well-being), 빈곤을 피할 수 있는 보장된 최소한의 소득, 개인이 행복한 삶을 보장할 수 있는 능력을 갖는 것"으로 정의된다면 **복지국가는 이러한 국민의 복지를 사회적 권리로서 인정하고 국가의 책임 하에 사회의 질을 향상시키기 위해 최대한의 노력을 기울이는 체제**라고 정의할 수 있게 된다. 현대복지국가가 결국 지배계급이나 자본가를 위한 복지를 지향하기보다 더불어 잘 살기 위해 전체 국민들의 복지 개선 내지는 향상을 지향한다고 한다면 이를 위한 국가적 노력은 곧 전체 사회의 복지수준과 국가의 역할에 있어 매우 상이한 차이를 결과할 것이다.

4. 복지국가와 경제성장 그리고 행복

경제성장은 복지국가의 제공 즉, 급여(benefits)를 풍성하게 해주는 물질적 토대이다. 경제성장을 가장 극명하게 보여주는 사회지표는 국내총생산 즉, GDP이다. GDP는 통상 특정 국가 국민들의 경제수준이나 생활수준 또는 나아가 삶의 질을 설명해주는 지표로 많이 활용되어 왔다. GDP를 생활수준을 설명하는 기준으로 활용한다는 것은 경제성장을 주요 지표로 활용한다는 것을 의미한다. 따라서 복지국가를 경제성장중심의 매우 단편적 시각으로 바라본다는 한계를 갖는다. 경제성장은 복지국가에 영향을 주는 즉, 국민들의 삶의 조건에 영향을 주는 하나의 수단에 지나지 않는다. 복지국가에서 국민들의 기본적인 삶의 조건이 개선되기 위해서는 경제성장이 단지 하나의 수단이며 충분조건이 아니라고 할 수 있다.

예를 들어 Easterlin(1974)에 따르면 미국의 경우 60년대에서 70년까지 1인당 국민소득은 증가하였지만 같은 기간에 행복수준은 감소하여 경제성장이 국민들의 삶을 개선시키는 지표로서 한계가 있음을 강조하였다. 이러한 그의 연구결과는 **Easterlin의 역설**이라고도 불리는데 이는 곧 경제성장이 빈곤을 감소시키고 국민들의 행복과 번영 그리고 삶의 질을 개선할 것이라는 경제학일반의 사고를 완전히 뒤바꾸는 데 결정적인 역할을 한 것으로 평가받고 있다. Easterlin의 역설 이후에 많은 연구자들이 경제성장과 행복, 삶의 질이나 번영 그리고 빈곤과의 관계에 대한 연구들을 발표하였는데 대부분 Easterlin의 역설을 각종 데이터를 기초로 입증하는 것이거나 아니면 Easterlin의 역설이 잘못되었다는 논지의 연구들이다. 가장 최근의 Easterlin의 역설을 입증한 연구들로는 Esping-Anderson과 Nedoluzhko(2017), Kelly와 Evans(2017) 그리고 Nielsen(2016) 등이 있는데 이들은 개발도상국에서는 경제성장이 행복에 영향을 주지만 선진국에서는 경제성장이 행복에 영향을 주지 않음을 제시하였다. 특히, Kenworthy(2016)은 개발도상국에서도 경제성장이 행복과는 아무런 연관이 없음을 주장하였다.

지금까지의 연구들을 보면 확실한 것은 아직까지 Easterlin의 역설을 수정하여야 한다는 명확한 증거가 제시되지 못하고 있다는 점이다. 예를 들어 Hagerty & Veenhoven(2003)은 다양한 자료들을 사용하여 소득이 증가하면 행복이 증가한다는 연구결과를 발표하여 Easterlin의 역설이 수정되어야 한다고 주장하였지만 Easterlin(2005)은 이에 대한 반론에서 Hagerty & Veenhoven의 연구가 부적절한 자료를 활용한 잘못된 연구임을 제시하였다. 물론 Easterlin의 연구는 경제가 일정수준 이상으로 발전된 선진경제국인 경우로 제한되므로 경제개발상태에서는 경제성장이 빈곤 감소에 영향을 준다는 점을 부인할 수 없으며 많은 연구들이 경제개발국이나 경제가 발전중인 나라의 경우 경제성장이 빈곤 감소에 긍정적인 영향을 주었다는 결과를 발표하였지만 경제가 일정 수준에 도달한 경우 경제성장이 더 이상 빈곤감소나 국민들의 행복수준 나아가 삶의 질 개선에는 크게 도움을 주지 못하는 것으로 나타났다.

Bartolini와 Sarracino(2014) 그리고 Kelly와 Evans(2017)에 의해서 제시된 연구들에 따르면 Easterlin의 역설은 다시 한 번 입증됨을 알 수 있다. Bartolini와 Sarracino(2014)는 세계가치조사(World value survey/WVS)와 유럽인가치조사(European value survey/EVS) 그리고 유럽인사회조사(European social survey/ESS)데이터를 기초로 하여 번영을 행복에 대한 4점 척도의 질문과 삶의 만족에 대한 10점 척도의 질문 등 두 개의 질문으로 종합하여 GDP와의 관계를 조사하였다. 그들의 연구에 따르면 약 3년 안의 짧은 기간 동안에는 경제성장 즉, GDP의 증가가 개인의 번영에 영향을 미치는 것으로 나타났지만 3년에서 6년 사이에는 그 정도가 약해지고 15년 이상의 기간이 지나면 GDP의 증대가 개인적 수준의 번영에 영향을 미치지 않는 것으로 나타남을 증명하였다.

또한 Kelly와 Evans(2017)는 각종 자료를 분석한 결과 소득불평등은 이미 경제가 발전한 국가의 경우 일반적인 상황 하에서는 주관적 번영이나 행복에 영향을 미치지 못하는 것으로 나타났으며 개발도상국에서는 소득이 주관적 행복에 영향을 미치는 것으로 나타났다. 이러한 결과는 곧 선진국의 경우 소득이 국민들이 인식하는 행복과는 연관이 없음을 나타내주는 것이며 개발도상국에서는 소득이 일정부분 행복에 영향을 미친다는 것을 잘 나타내준다. 결국, 소득이 일정부분 주관적 행복이나 개인의 번영에 영향을 줄 수 있지만 어느 정도 경제성장이 이루어지고 소득이 증가하게 되면 소득은 더 이상 행복에 영향을 주는 직접적인 요소는 아니라는 점을 나타내준다. 이들은 또한 경제가 발달단계에 있는 개발도상국에서 소득이 주관적 번영과 행복에 영향을 주는 이유를 **"미래에 대한 희망 때문"**[2)]이라는 점을 제시하였다.

위의 연구들은 곧 기본적인 소득이 확보된다면 행복은 소득과는 더 이상 무관함을 나타내주는데 Lane(2000)은 기본적인 생계를 유지하는 소득수준이상이 되면 개인이 인식하는 번영은 **친구나 가족생활**과 같은 요인이 더 중요한 요소로 작동한다고 제시하였다. 기본적인 생계수준에 대해서는 다양한 의견들이 존재한다. 이는 기본적인 생계수준이 빈곤선을 의미한다고 할 수도 있고 빈곤선이 아닌 소득에 대한 **만족점(satiating point)**이라고 할 수도 있다. 즉, 빈곤선 수준이상 또는 만족점수준 이상의 소득이 발생하게 되면 소득증대가 더 이상 개인의 행복이나 번영에 영향을 주는 유일한 요소라기보다는 부차적인 요소로 작동함을 나타내는 것이다. 생활에 필요한 소득의 최저수준은 절대적 개념이라고 볼 수 있으며 소득의 만족수준인 만족점은 상대적 개념이라고 할 수 있다. 물론 만족점의 존재여부나 만족점이 어느 정도의 소득수준을 의미하는지에 대해서는 연구자들 사이에 아직 합의에 이르지는 못하였다. 하지만 분명한 사실은 경제성장으로 대변되는 소득증대나 1인당 국내총생산과 국민총소득의 증대가 반드시 국민들의 행복이나 번영을 증가시키지는 않으므로 일정 규모를 가진 경제국들에게 있어 경제성장정책이 국민행복이나 사회의 질 개선을 위한 사회 및 경제정책의 정책적 일순위의 시대는 지나갔다는 점이다(지은구, 2018).

2) 그들은 "미래에 대한 희망"을 희망요소라고 명칭하였다.

Angeles(2011)의 연구에서도 미국의 1인당 GDP와 가구소득이 1970년대 각각 $20,064와 $56,732에서 2000년대에는 $34,757과 $78,087로 각각 1만 5천불 이상씩 증가하였지만 국민들이 인식하는 행복의 수준은 증가하지 않는 것으로 나타나 경제성장과 행복의 정도는 일치하지 않는 것으로 나타났다. 이러한 결과는 경제성장이 곧 개인의 삶의 질과 행복이나 번영 그리고 나아가 사회의 질에는 큰 영향을 주는 영향요인이라고 할 수 없음을 잘 나타낸다. 위의 연구결과는 이미 **Clark와 동료들(2008)**에 의해서도 제시된 것으로서 이들은 국민 1인당 실질소득과 행복과의 관계에 대한 World Database of Happiness와 Penn World Tables를 이용하여 미국의 1973년부터 2004년까지 국민 1인당 실질소득은 1만5천불수준에서 3만4천불 수준으로 상승하였어도 같은 기간 행복은 별다른 경향을 보이지 않아 행복과 실질소득과는 별다른 관련이 없음을 제시하였다. 이들이 활용한 행복지수는 3점 척도로서 매우 행복하다 3점, 조금 행복하다 2점 그리고 행복하지 않다 1점으로 질문항목은 당신은 당신의 행복에 대해 어떻다고 말 할 수 있습니까?이었다.

Clark와 동료들(2008)은 또한 World Database of Happiness와 유럽바로미터서베이(Eurobarometer survey)의 자료를 이용하여 유럽의 5개 국가(영국, 프랑스, 독일, 네덜란드, 이탈리아)들의 1973년부터 2004년까지의 삶의 만족(삶의 만족에 대한 질문은 주관적 인식을 묻는 질문으로 '당신은 삶에 얼마나 만족하는가?'에 대한 단일질문으로 구성되어있으며 응답은 4점 척도로서 매우 만족 4점, 적당히 만족 3점, 만족하지 않음 2점, 매우 만족하지 않음 1점으로 구성되어있다)의 변화를 추적하였는데 이들의 결과에 따르면 지난 30년 동안 유럽 5개 국가의 국민 1인당 소득은 눈에 띄게 증가하였지만 삶의 만족에는 별다른 변화가 없음을 제시하였다. 이들의 연구결과에서는 유럽 5개국 중 가장 빈곤한 이탈리아만이 1973년 삶의 만족이 2.67에서 2004년 2.88로 소폭 상승하여 Easterlin이 강조한 경제가 이미 발달된 국가의 경우 소득증대가 빈곤을 감소시키지 않는다는 점을 다시 한 번 증명하였다. 이러한 연구들은 곧 경제성장으로 대변되는 GDP의 증대나 국민소득의 증대가 결국 빈곤감소 나아가 국민들의 행복이나 번영 그리고 삶의 질을 적절하게 반영하지 못한다는 것을 의미하며 경제정책의 일 순위가 경제성장에 있지 않음을 잘 나타내주는 것이라고 할 수 있다. 특히 경제가 이미 어느 정도 발전된 국가일 경우는 더욱 더 경제성장정책이 경제정책의 우선순위일 수 없음을 잘 나타내준다고 볼 수 있다(지은구, 2018).

경제성장과 행복에 대한 선행연구들을 살펴보면 경제성장이 국민들의 행복을 가져다주는 유일한 요소임이 아니라는 점은 명백하다. 또한 어떤 국가도 국민 1인당 GDP의 증가를 유일한 국가운영의 목적으로 삼지는 않는다. Helliwell과 동료들(2015. 행복보고서)은 경제성장이 복지국가 정책적 우선순위가 될 수 없으며 이는 곧 GDP성장으로 대변되는 경제성장정책이 다음과 같은 위험을 해결하지 못하였으므로 나타나는 귀결이라고 주장하였다.

첫째, GDP의 지속적인 증가에도 불구하고 시장의 지속적인 붕괴로 인하여 경제적 안정이 위협받고 있다.

둘째, 지난 30여 년간 지속되어온 경제성장우선정책은 지역사회의 통합을 파괴하여 왔다.

셋째, 지역사회에서 인간들의 존엄성과 경제 안에서의 위치가 지속적으로 약해지고 있다.

넷째, 지구온난화와 오염 등으로 생활환경이 위험에 처해졌다.

결국, GDP로 대변되는 경제성장지표가 복지국가의 현실을 반영하지 못한다는 점은 아래와 같은 이유와 함께 취약점을 나타내기 때문이다.

첫째, GDP가 증가했음에도 불구하고 1930년대 경제대공황 이후 최근 2007-2008년 금융위기에서 경험한 바와 같이 지속적으로 경제적 불안정성은 증가하고 있다. 경제적 불안정성은 사회구성원들의 삶 및 사회의 질을 낮추는 부정적인 요소이다. 즉, GDP는 경제적 불확실성을 반영하지 못한다.

둘째, GDP가 증가하였다고 해서 사회적 포용 및 통합 그리고 사회적 신뢰가 증가하지 않으며 오히려 감소하는 경향이 있다. GDP가 증가해도 노동시장으로부터의 차별 및 배제 나아가 사회에서 특정 집단이나 계층에 대한 차별과 배제 그리고 갈등은 지속적으로 증대하고 있다.

셋째, GDP의 증가에도 불구하고 사회구성원들의 자기존중감이나 자기실현을 위한 의지 그리고 사회참여에 대한 노력 등은 지속적으로 낮아지고 있다. 경제성장이 모든 국민들의 일자리를 보전하고 삶의 질을 향상시키는 것이 아니며 오히려 심한 경쟁과 개인주의 및 물질만능주의에 오염되도록 하였으며 지나친 자기중심적인 사고와 반사회적인 성향을 하도록 하여 인간의 감정 및 육체를 상하게 하는 요인으로 작동하고 있다.

넷째, GDP의 증대에도 불구하고 자기희생이나 봉사정신과 같은 인간의 윤리적 가치관에 기반한 활동이 심각하게 훼손당하고 있다. 같이 함께 잘 살 수 있다는 공동체정신과 타인을 배려하는 배려심 그리고 협력하고 협동하는 가치관은 자기 자신에게 도움이 되지 않는 쓸모없는 가치관으로 치부되고 있다.

다섯째, GDP의 성장이 인간환경을 파괴하고 오염시키는 주범으로 지목되고 있다. 경제성장으로 급속하게 악화되고 있는 대기질환과 지구온난화현상 등은 자연과 동화하는 인간생활에 심각한 위협으로 작동하며 온갖 질환을 생성하고 퍼트려 삶의 질 및 사회의 질을 급속도록 악화시키고 있다.

경제지표인 GDP는 중요한 시회지표임에는 틀림없지만 위와 같이 복지국가의 상태나 사회현상을 설명해주기에 적절한 지표는 아니다. 특히 신흥 경제개발국들과 달리 경제가 일정 수준 이상으로 발전된 복지국가의 경우 사회발전은 국민 개개인들의 행복이나 삶의 질은 소득과 같은 물질적 욕구보다는 인간관계의 질을 포함하는 다양한 요인들에 의해서 영향을 받는 경우가 많다는 것은 이미 많은 연구자들에 의해서 밝혀진 실증적인 결과이다(지은구, 2018).

제 2 장

자본주의와 복지국가[3)]

제 1 절 자본주의란 무엇인가?

1. 자본주의

자본주의는 일반적으로 "**사적으로 소유된 자본재**(capital goods)**와 임금-노동을 이용하는 많은 기업들에 의해서 재화**(goods)**와 서비스**(services)**가 이윤을 만들려는 의도로 판매되기 위해 생산되는 하나의 경제체제**"라고 정의할 수 있다(Jessop, 2002; Bawles and Edwards, 1985). 자본주의와 다른 경제체제를 구별 짓는 가장 확실한 구별점은 자본주의 하에서 노동력은 하나의 상품으로 거래되어진다는 것을 들 수 있다. 즉, 노동자들은 그들의 일할 수 있는 능력을 임금과 교환하고 생산과정에서 그들의 노동력을 통제할 수 있는 그리고 판매하기 위해 재화와 서비스를 생산하는 데 들어가는 노력에 의해서 나타나는 이익을 전유할 수 있는 자본의 권리를 받아들인다. 그리고 노동자들은 그들의 임금으로 노동력을 재생산하고(그 결과 다시 한 번 노동자들 그들의 노동력을 판매할 수 있게 된다) 그리고 소비의 사회적 규범에 따라 소비하는 수단으로

3) 본 장은 지은구, 사회복지경제학연구(2003)와 자본주의와 사회복지(2006)를 참고하였음.

사용한다. 따라서 임금은 첫째, 자본을 위한 생산비용으로 둘째, 노동자들을 위한 자기재생산의 수단으로 그리고 셋째, 소비재를 생산하는 자본을 위한 수요의 한 원천(즉, 완성된 형태의 소비재를 구입할 수 있도록 하는 원천)으로 작동하게 된다(Jessop, 2002).

자본주의 경제체제 하에서 하나의 상품으로서의 노동력은 일반상품과는 다르다고 할 수 있다. 일반적인 상품은 일련의 노동과정을 통해서 만들어진 완성된 형태의 재화로서 판매되어지지만 노동력은 노동과정을 통해서 만들어진 하나의 완성된 형태로 판매되어지지 않는다. 즉, 신발이나 라디오는 공장에서 일련의 노동과정을 거쳐 만들어진 완성된 상품으로 시장에서 교환이 이루어지지만 노동력은 그러한 노동과정을 필요로 하지 않는 상품이며 이러한 상품은 일반적으로 **가상적 상품**(fictitious commodity)이라고도 불린다. 즉, 자본주의 경제체제 하에서 노동력은 하나의 가상적 상품으로서 사고파는 하나의 상품이긴 하지만 일반 상품이 겪는 노동과정을 필요로 하지 않는 상품이라고 할 수 있다. 이러한 가상적 상품으로는 노동력 이외에도 화폐, 지식, 토지(또는 자연) 등이 있다(Jessop, 2002).

하나의 경제체제로서 자본주의는 사회주의와 달리 개인의 자유를 속박하지 않으면서 대중들의 삶의 질의 향상 즉, 물질적 부의 증진을 향상시키는 데 성공하였다고 할 수 있으며 이러한 토대 하에 계속적인 발전을 거듭하고 있다. 특히, 자본주의는 시장체제, 사적재산권존중, 탈중앙화된 권력, 인간행동에 대한 개인적 책임을 강조하는 것을 특징으로 한다. 하지만 자본주의는 물질적 부의 증진과 맞물려서 또 다른 한쪽에는 이기주의, 물질만능주의, 그리고 실업과 빈곤문제를 포함하는 불평등과 사회적 양극화와 새로운 사회문제의 출현, 그리고 기존사회문제의 확대재생산이라는 사회적 갈등구조를 내포하며 이에 대한 국가적 대책으로서의 사회정책이나 사회복지서비스의 발전을 가져다 주었다. 따라서 자본주의라는 경제체제에 대한 정확한 이해와 지식이 없이는 자본주의 경제체제 아래서 출현하고 발전한 복지국가와 복지국가가 가지고 있는 사회문제의 원인과 결과에 대한 대책 또는 해결은 있을 수 없으며 나아가 보다 문제 해결적인 건강한 복지국가의 건설은 요원하다고 할 수 있다.

자본주의	사적으로 소유된 자본재(capital goods)와 임금-노동을 이용하는 많은 기업들에 의해서 재화(goods)와 서비스(services)가 이윤을 만들려는 의도로 판매되기 위해 생산되는 하나의 경제체제

2. 자본주의로의 발전

역사적으로 사회경제체제는 원시공산사회와 노예제사회를 거쳐서 봉건주의로 봉건주의에서 자본주의(또는 사회주의)로 발전하였다. 이러한 역사발전의 원동력은 생산력과 생산수단 또는 생산관계 사이의 모순 내지는 갈등이다. 인간노동이 이러한 변화에 대처하는 양식에 따라 사회구조와 사회경제체제가 바뀌었다. 생산력과 생산수단을 이해하기 위해서는 노동을 구성하는 요소들에 대해서 먼저 이해하여야 하는데 노동은 다음과 같은 세 개의 요소로 구성되어 있으며 이를 일반적으로 **노동의 3요소**라고 부른다.

첫째, 노동의 주체 = 인간
둘째, 노동대상 = 원료(예를 들어 땅)
셋째, 노동수단 = 노동을 행할 때 필요한 도구(예를 들어 땅을 경작할 때 필요한 쟁기)

노동의 요소에서 노동의 주체는 인간을 의미하고 **노동대상과 노동수단**을 합쳐 **생산수단**이라고 한다. 농부를 예로 든다면 농부(노동의 주체)는 무엇인가를 생산하기 위해서 땅(노동대상)에 씨앗을 뿌리고 다양한 경작도구(노동수단)를 사용해서 원하는 것을 생산하게 된다. 여기서 **생산관계**는 생산수단의 소유관계를 의미하며 **생산력**은 노동수단(또는 노동도구)의 생산능력을 의미한다.

원시공산사회에서 인간은 자기가 소유한 생산수단을 가지고 자기가 소비할 것만 경작 또는 사냥을 하여 생산물을 확보하였지만 지주가 대부분의 토지를 확보한 즉, 지주가 대부분의 생산수단을 확보한 봉건시대에서 인간은 지주의 토지를 빌려 생산물을 경작하고 임대료를 지불하고 일정 몫을 소비하는 경제체제로 전환하였으며 자본이라는 생산수단을 확보한 자본가가 인간에게 임금을 주고 일정 기간 임대하여 자신의 이윤을 창출하는 자본주의시대로 발전하게 되었다. 이는 인간이 더 많은 생산수단(즉, 땅)을 갖기 위하여 투쟁함으로써 봉건시대가 도래하였으며 마찬가지로 고도화된 생산수단(즉, 자본)을 가진 자본가가 생산수단을 갖지 못한 인간을 임금노동자화함으로써 자본주의가 도래하였다고 볼 수 있다. 생산력과 생산관계(생산수단의 소유관계)의 모순은 이러한 역사발전의 원동력으로 작용하였다. 예를 들면 공장의 출현과 발전 그리고 노동의 분업으로 생산력은 급속한 발전을 이룩하였고 수많은 사람들을 필요로 하였지만 봉건시대 대부분의 사람들은 지주에 의해 묶여 있어 봉건제생산관계는 자본주의생산관계의 발전에 방해가 되었으며 이러한 생산력과 생산관계의 모순은 봉건제가 무너지고 자본주의의 자본과 임금노동관계가 등장하게 하는 결정적인 계기를 마련하였다.

3. 자본주의의 토대

자본주의를 이해하기 위해서는 자본주의를 구성하는 경제적 토대를 이해하여야 한다. 자본주의 경제체제를 이해하기 위한 가장 기본적인 배경은 바로 자원이 희소하다는 것에서부터 출발한다고 볼 수 있다. 한 사회의 자원이 희소하다는 배경으로 인해 어떤 사회가 자본주의로 발전하고 어떤 사회는 사회주의로 발전하게 되었다고 할 수 있다. 즉, 사회주의는 자원이 희소하므로 국가의 통제하에 평등하게 자원을 관리하고 분배하여야 한다는 것이 강조되었으며 자본주의는 부족한 자원은 전적으로 경쟁을 통해서 시장에서 교환되어야 한다는 것이 강조된다.

희소성(scarcity)은 사람들이 원하는 재화와 서비스가 그 재화와 서비스를 생산할 수 있는 경제의 능력을 초과할 때 존재하게 된다. 자원은 무한하지 않고 한정적이라는 것이 기본적인 경제학의 가정이다. 만약 자원이 희소하지 않다면 아마도 경제학은 필요하지 않았을 것이라고 말할 수 있다. **자원의 희소성**은 모든 사회에 있는 사람들의 원함이나 만족을 충족시킬 수 없음을 의미한다. 사회는 희소한 불충분한 자원을 질서 있게 할당해야 할 필요성이 제기된다. 만약 사람들이 불충분한 자원을 서로 획득하기 위해 싸운다면 사회는 큰 혼란에서 빠져나오지 못할 것이다. 결국 원함과 원함을 해결할 수 있는 능력 사이의 불균형이 어느 곳에서나 언제든지 나타날 수 있다. 이 불균형이 경제적 생활의 중요한 사실이고 이러한 사실을 우리는 **희소성의 법칙**(the law of scarcity)**이**라고 부른다.[4)]

모든 사람들이 원하는 것을 충분히 가질 수 없기 때문에 따라서 불충분한 그리고 희소한 자원을 할당하기 위해 경제체제가 필요하게 된다. **경제체제**(economic system)란 사회가 희소한 자원을 할당하기 위해서 사용하는 배열이며 경제체제는 크게 자본주의 경제체제와 사회주의 경제체제로 나눌 수 있다. 이는 기본적으로 희소한 자원은 국가에 의해서 통제되어야 하고 모든 사회구성원들의 욕구에 맞추어서 자원은 분배되어야 한다는 것을 강조하는 측면(사회주의)과 희소한 자원은 경쟁을 기초로 하는 시장에서의 교환을 통해서 분배되어야 한다는 것을 강조하는 측면(자본주의)으로 나누어졌다는 것을 의미한다.

Seldon(1990)은 자본주의를 정치적 과정을 덜 사용하고 가능한 시장을 많이 사용하는 체계로 그리고 사회주의를 정치적 과정을 많이 사용하고 시장을 허용

4) 하지만 희소성과 관련이 없는 자원들이 있다. 또는 희소성과 관련이 있어도 국가가 통제해야 할 필요성이 있는 자원들이 있다. 예를 들어 인간들은 다이아몬드가 없어도 살 수 있다. 하지만 가지고 있지 않으면 인간들이 살아 갈 수가 없는 것들이 있다. 물, 공기, 나아가 의료, 복지서비스, 교육 등은 모두 사적으로 공유되는 경우 큰 혼란이 오고 기본적으로 사람들이 생활을 할 수 없기 때문에 국가에 의한 소유와 통제가 필요하게 된다. 즉, 생산과 소비 분배가 규정과 통제를 필요로 하는 재화가 있음을 의미한다. 없으면 생활할 수 없는 것들의 가중치에 따라 사회복지재화 또는 공공재로 규정되기도 하고 사유재로 분류되기도 한다.

할 수 있는 정도의 생산을 유지하고 정치적으로 위험한 궁핍을 최소한으로 줄일 수 있을 정도로만 사용하는 체제라고 정의하였으며 자본주의에서는 시장에서의 개인적 결정이 강조되고 사회주의에서는 정치적 과정에서 집합적 결정이 강조된다고 하였다. 즉, 자본주의에서는 대중의 견해나 선호가 정부의 생각이나 정책 속으로 간접적으로 그리고 매우 불완전하게 옮겨진다고 볼 수 있다. 결론적으로 자본주의 사회는 재산의 사적 소유, 개인의 선호, 자원의 시장을 통한 할당(또는 분배)에 의해서 성격이 규정되는 사회를 일컫는다.

4. 자본주의를 구성하는 구성요소

자본주의는 **임금노동**과 **자본**의 관계에 의해서 구성되어 있으며 이 둘의 교환은 시장을 통해서 이루어진다. 또한 상품의 교환도 시장을 통해서 이루어지는 자유경쟁시장이 자본주의를 움직이는 주요 동력이다. 생산수단의 소유여부에 따라 또한 경제구조가 바뀌었다. 누가 생산수단을 소유하고 있는가에 따라 계급적 관계가 형성된다. 자본주의경제구조는 생산수단을 자본가가 가지고 있고 노동자는 계약에 따라 그 자신이 가지고 있는 노동을 자본가에게 팔아서 생활을 유지한다. 자본주의는 자본과 임금노동 그리고 생산, 소비, 분배가 시장을 통해서 이루어진다는 특징을 가진다. 생산과 소비 그리고 분배는 특히 수요와 공급의 법칙에 의존한다.

5. 자본주의의 운동양식

자본을 소유하고 있는 자본가의 최대 관심은 가장 기본적으로 두 가지로 정리할 수 있다. 첫째는 그들이 소유한 자본을 이용해서 계속적인 더 확대된 이익을 창출해야 한다는 것이고 이는 자본가들 사이에 경쟁을 유발한다는 점이다. 자본주의 경제체제 하에서 자본가들은 더 많은 이익을 창출하기 위해서 경쟁하게 되고 이익을 창출하는 데 있어 어떠한 방해도 받고 싶어 하지 않을 것이며 결국, 자기 자신의 이익만을 위해 행동하게 된다. 따라서 경쟁은 어떠한 의미에서 자본주의 경제체제를 움직이는 동력이라고 할 수 있다. 둘째는 자본가들은 계속적인 이익을 창출하기 위해 생산력으로서의 노동자들을 확보하고 있어야 한다는 점이다. 따라서 자본주의 운동양식은 기본적으로 한 사회의 부를 소유하고 통제할 수 있는 소수의 자본가를 한 축으로 하고 다른 한편으로는 일할 수 있는 능력과 기술을 팔아서 생존하여야 하는 다수의 노동자들을 한 축으로 하는 매우 역동적인 방식으로 움직인다. 공장에서는 일하는 노동자가 있어야 상품이 생산되고 그리고 궁극적으로 상품을 시장에 내놓아 상품이 사고팔려야 이윤이 창출되고 이러한 이윤을 창출하여야 자본가는 자본을 축적할 수 있게 되는 것이다. 한편으로 노동자들은 그들이 가진 노동력이라는 상품을 팔고 받은 임금으로 그들의 생존을 유지할 수 있기 때문에 임금노동시장으로의 개입 없이는 그리고 그들의 노동력을 파는 것 없이는 생존을 유지할 수 없게 된다.

자본주의 운동양식에 기초하여 본다면 자본주의는 첫째로 더 많은 자본을 획득하고 축적하기 위해서 자본가들은 그들끼리 서로 경쟁을 하게 되고 그리고 둘째로 자본가들은 임금 노동자화된 노동자들을 유지하여야 자신들의 이윤을 확보 내지는 증진시킬 수 있기 때문에 더 많은 이윤을 확보하기 위해 자본가들은 노동자들이 더 오래 그리고 더 빨리 그리고 더 적은 돈으로 일하는 것을 당연히 선호하게 된다. 반면에 노동자들의 입장에서 본다면 그들은 그들이 파는 노동력을 건강하게 유지하기 위해서 더 많은 임금, 더 적은 노동시간, 더 많은 휴가시간, 그리고 덜 규제된 노동조건을 선호하게 된다. 즉, 자본주의 운동양식 하에서 자본가와 노동자들의 이해는 일치할 수 없기 때문에 항상 갈등관계에 놓여있을 수밖에 없다고 볼 수 있다. 결국, 자본주의가 움직이는 운동양식은 기본적으로 **경쟁**과 노동과 자본사이의 **갈등(또는 계급투쟁)**이라고 할 수 있다.

6. 자본주의 국가의 기능

자본주의라고 하는 하나의 생산양식 즉, 자본주의 경제체제를 유지하기 위하여 국가는 다음과 같은 주요기능들을 수행하게 된다.

첫째, 법적인 질서나 개인의 사적재산권보호 같은 자본축적을 위한 외적 조건을 보호한다.

둘째, 토지, 화폐, 노동력, 지식과 같은 가상적 상품을 보호한다. 특히, 노동력과 연관하여서는 노동시장, 노동과정 안에서의 고용의 조건, 그리고 노동력의 공급을 관리하는 것을 보호한다(Jessop, 2002).

셋째, 생산과정에서 노동력을 통제할 수 있는 자본의 권리와 능력을 보장하고 노동시장과 노동과정 안에서 자본과 노동의 관계에 대한 임금들을 포함하는 조건을 규제한다.

넷째, 경제와 정치, 사회, 문화 등의 초경제의 사이에 있는 경계를 명확히 하고 경쟁의 측면에서 자본축적을 위한 경제적 전제조건과 초경제적 전제조건 사이의 연계를 수정한다.

다섯째, 특히 자본집약적인 하부구조와 같은 생산의 조건을 증진시키기 위해 노력한다.

여섯째, 정치적 조직이나 사회적 동원의 특정 형태를 통해서 자본주의의 모순이나 딜레마를 중재함으로써 정치적 사회적 반발을 해결하기 위해 노력한다.

일곱째, 생산력의 사회적 본성과 잉여노동의 전유와 생산의 사회적 관계의 사적이고 경쟁적인 본질 사이의 기본적 모순을 관리하기 위해 노력한다. 다시 말해 생산력과 생산관계 사이의 모순을 관리한다.

제 2 절 산업사회와 복지국가

산업혁명에 따른 산업주의(industrialism)의 성장으로 봉건주의 경제체제의 기반인 농업사회는 후퇴하고 자본주의 경제체제의 기반인 산업사회가 등장, 발전하였다. 즉, 18세기 중반 이후 불어 닥친 산업혁명으로 인해 봉건주의 경제체제의 기반이었던 농업사회는 19세기 중반에 자본주의 경제체제의 기반이 되는 산업사회로 전환되었고 산업사회는 과학기술혁명에 따른 과학기술의 계속적이고 급속한 발전으로 20세기 이후 후기산업사회로 발전하였다.

1. 산업사회

18세기 중반 이후 각종 기계의 발명 및 기술혁신으로 말미암아 가내수공업중심의 작업장은 대규모 생산이 가능한 공장체계로 전환되어 제조업중심의 대량생산이 일어나 농업사회는 산업사회로 이행되었으며 이러한 이행을 뒷받침한 과학 기술의 발전은 흔히 **산업혁명**이라고 불린다.

1) 산업사회의 등장

수세기 동안에 산업사회는 **공장체계**에 의해서 형성되었으며 초기 공장은 수많은 노동자들을 그들의 집과 마을로부터 유인하였다. 특히, 공장에서 그들의 대부분의 시간을 보내는 어른들과 확대가족의 구성원이었던 아동이나 돌봄을 받지 않았던 아동들을 집으로부터 분리(segregation)시켰다. 이러한 분리는 가족으로부터의 노동자들의 분리, 어린아이들이 집안에서 가장의 역할모델을 관찰할 수 있는 기회의 결핍, 지역생활로부터의 노동자들의 소외를 포함하는 가족과 사회의 역동성에 기초하는 가족파괴의 결정적인 원인을 제공하였다.

즉, 산업사회의 등장과 함께 가정으로부터 유리되어 대부분의 시간을 공장에서 일하는 노동자들에게 있어 가족생활은 완전히 파괴되었다. 일할 수 있는 남자와 어린 아이 그리고 심지어 가족부양을 책임지고 일할 수 있는 부녀자까지 모두 공장으로 유입되는 경우 병든 부모의 부양, 아이 양육에서부터 집안가사 등에 이르기까지 가족생활에 대한 역할분담은 완전히 붕괴될 수밖에 없게 된다. 이러한 급속한 노동자가족의 파괴는 자본가와 노동자에게 모두 중요한 문제로 제기되었다. 먼저 자본가의 입장에서 노동자가정의 파괴는 공장가동을 위해 건강한 노동력을 계속적으로 제공받아야 하는 자본가에게 노동력재생산을 위한 중요한 공급원천을 상실한다는 것을 의미하였으며 이는 미래의 노동력재생산에 막대한 해를 끼치게 되고 결국 노동력수급에 차질을 가져다 주어 이윤의 계속적인 창출에 악영향을 가져다준다. 노동자들의 입장에서 본다면 일할 수 있는 노동자들의 대거 공장으로의 유입과 수많은 노동자들의 증대는 결국 노동력임금의 저하를 가져다 주고 이는 결국 직접적으로 노동자들의 상태에 악영향을 미친다. 결국 노동자들은 산업사회에서 값싼 임금과 장시간노동으로 그들의 노동력을 유지·보존할 수 없는 열악한 상태에 머무르게 되었다.

또한, 공장체계의 산업혁명과 과학기술혁명에 기인한 자동화와 기계화는 노동자들의 업무를 틀에 박힌 일상적이고 하찮은 업무로 만들었다. 이러한 공장체계의 발전과 그에 따른 결과는 노동자들의 삶을 파괴하였으며 노동자들은 그들을 일시적이고 중요하지 않은 존재로 인식하게 되었고 이러한 그들의 감정은 지역과 그들의 가정으로 퍼지게 되었다. 산업사회가 가져다준 이러한 감정은 노동자들에게 다음과 같은 현상들이 나타나도록 하였다(지은구, 2006).[5)]

첫째, 소외(alienation)현상이 나타남: 노동대상으로부터의 소외, 노동수단으로부터의 소외 그리고 자본으로부터의 소외를 포함하여 자기 자신, 가족, 지역, 그리고 다른 사회적 집단으로부터의 소외는 노동자들에게 분노, 무관심, 불안 등을 가져다주었다.

둘째, 알코올 중독과 약물남용(drug addiction)의 증가현상이 나타남: 알코올 중독과 약물 중독은 개인적 그리고 사회적 삶에 막대한 피해와 생산력에 있어서의 엄청난 손실을 가져다주는 주요 문제라고 할 수 있다.

셋째, 무단결석(absenteeism)하는 노동자들이 증가하는 현상이 나타남: 자동차산업과 같은 특정 산업부분에 노동자들이 결석하는 결석률이 증가하였으며 이로 인하여 미국의 경우 월요일에 노동자들의 결석률이 높아져 월요일에 생산된 차는 사지 말아야 한다는 유행어가 등장하기도 하였다.

넷째, 작업장에서 사고(accidents)를 당하는 노동자들이 증가하는 현상이 나타남: 산업사회에서 피곤한 삶을 사는 노동자들에게 있어 산업재해는 노동자들의 삶의 형태를 완전히 바꾸어 놓는 결정적인 역할을 담당하

5) 이 같은 현상들은 영어 알파벳이 모두 A로 시작된다는 의미에서 5A로 불리기도 한다.

였다.

다섯째, 배우자 그리고 아동에 대한 학대(abuse)의 증가 현상: 장시간 노동과 높은 노동 강도에 시달린 노동자들이 그들의 피곤함을 달래는 하나의 방편으로 그리고 노동 현장이나 직무로부터 소외되는 노동자들 그들이 느끼는 상실감을 극복하고자 아동과 배우자를 정신적, 육체적, 성적으로 학대하는 사례가 증가하게 되었다.

특히 자본주의 하에서 노동자들에게 있어 인간소외를 가져다준 가장 결정적인 원인은 바로 자본주의 경제체제에서 나타난 **노동의 상품화**라고 할 수 있다. 또한 노동의 상품화는 산업사회에서, 위에서 제시된 아동학대나 부녀자 학대, 결석률의 증가, 산업재해의 증가, 알코올이나 약물중독의 증가 현상에 직접적인 원인을 제공해주었다고도 볼 수 있다.

※ 노동의 상품화

노동의 상품화는 자본주의 시장경제가 노동자에게 가져다 준 인간소외를 일으키는 기초를 제공해줌으로써 노동자가 얼마나 노동과 노동생산품과 노동현장, 그리고 가족과 지역으로부터 소외받는지에 대한 심각성을 설명해준다. 노동자는 노동 현장의 주체가 아니라 자신의 노동력을 생산·판매하는 판매자임과 동시에 끊임없이 자신이 가지고 있는 노동이라는 상품의 가치를 상승시키기 위해 노력하는 생산자이기도 하며 동시에 노동력 상품을 임금가치에 비례해서 소비하는 소비자라는 양면성을 동시에 갖는다. 결국 노동자는 자본주의 하에서 노동력 생산과 소비의 균형을 추구하며 부단한 인생을 살아가게 되며 시장경제는 이러한 노동자라는 상품을 시장경제의 체계 속에서 수요와 공급이 적절히 이루어지도록 하기 위해 노력해 왔다.

특히, 산업사회에서는 건강한 노동력을 유지·보존하기 위해서 노동자들에게 적당한 주거환경을 제공하고, 건강을 유지할 수 있는, 음식을 구매할 수 있는 구매력을 제공하며, 의료서비스를 제공해주는 등 노동자들에게 그들이 가진 노동력을 최대로 발휘할 수 있는 기초적인 물질적 환경을 제공해 주어야 한다는 필요성이 제기되었다. 이는 산업자본이 더 많은 이윤을 창출하기 위해 공장과 사무실에서 효율적으로 일하는 건강한 노동자들을 필요로 하였기 때문이다. 결국, 건강한 노동력의 유지·보전은 산업사회에서 노동력재생산과 보존을 위한 산업복지 나아가 복지국가가 발전할 수밖에 없는 토양을 제공하였다고 볼 수 있다.

제조업분야를 중심으로 하는 산업사회는 과학기술의 급속한 발전에 이은 기술의 변화, 철강산업을 중심으로 하는 제조산업의 쇠퇴, 제조업분야의 퇴조에 따른 공장폐쇄, 기업축소, 기업 간 합병, 그리고 시장의 세계화 등으로 인해 급속도로 후기산업사회로 진입하게 되었다. 특히 후기산업사회는 제조업분야에서 일하는 노동자들의 수의 감소와 노동조합의 후퇴를 가져다 주었다.

2) Marx의 소외이론

자본주의라는 생산양식 또는 경제주체는 기본적으로 자본가들 사이의 더 많은 이윤을 확보하기 위한 경쟁과 생산수단을 가진 소수의 자본가와 팔 것이라고는 자신의 노동력밖에 없는 다수의 노동자들을 양산해낸다는 것으로 요약될 수 있다. Marx는 이러한 자본주의 하에서 노동자들은 생산수단으로부터 그리고 생산물로부터 서서히 소외되기 시작하여 결국에는 노동자들에게 있어 소외는 사회의 만연된 하나의 현상으로 자리 잡게 된다고 강조하였다. Marx는 자본주의 하에서 노동자들의 소외를 첫째, 노동 생산물로부터의 소외, 둘째, 노동과정으로부터의 소외, 셋째, 인간본성으로부터의 소외, 그리고 동료로부터의 소외로 분류하여 설명하였는데(Ferguson, Lavalette, and Mooney, 2002) 지은구(2006: 2018)는 이외에 가족으로부터의 소외를 추가하여 설명하였다. 이들 소외들을 보다 구체적으로 설명하면 다음과 같다.

첫째, 노동 생산물로부터의 소외: 자본주의 하에서 노동자들은 그들의 노동을 통해서 산출한 생산물(상품)에 대한 통제를 잃게 된다. 즉, 생산물은 더 이상 노동자 자신의 소유가 아니며 고용주들의 소유가 된다는 것을 의미한다. 과거 원시공산사회에서나 봉건사회에서 사람들은 자신들이 소비하고 교환하고 팔기 위한 상품을 생산하기 위해 그들의 창조적인 능력을 사용하였다. 하지만 자본주의 하에서 많은 노동자들은 그들이 만든 상품(예를 들어 자동차나 컴퓨터, TV,

옷 등)을 구매할 수 없게 되었다. 예를 들어 500만 원 이상 하는 고가의 텔레비전은 그 제품을 생산하는 노동자들의 임금으로는 구매한다는 것이 쉽지 않으며 20만원을 호가하는 청바지는 더 이상 그 바지를 생산하는 노동자들의 옷이라고는 할 수 없다.

둘째, 노동과정으로부터의 소외: Marx가 강조하였던 두 번째 소외는 노동자들의 노동과정에 대한 통제의 상실이다. 과거에 노동자들은 그들이 수행하는 그들의 행동(노동)에 대해서 그들이 스스로 통제할 수 있는 통제권을 가지고 있었지만 생산물을 생산해내기 위해 수행하는 노동과정에 대한 통제권은 자본주의 하에서 생산수단의 소유자에게 넘어 가게 되었다. 즉, 동물과 구별되는 창조적이고 의식적인 노동을 수행하는 인간에게 있어서 생산물을 생산하는 목적과 노동을 수행하는 과정이 그 노동의 본래 소유자인 노동자로부터 노동자를 고용한 소유자에게로 넘어갔다는 것을 의미한다. 이는 자본가들 사이의 경쟁에서 살아남고 나아가 더 많은 이익을 추구하려는 자본가들이 생산성을 증가시키기 위해 노동과정을 조직화하는 새로운 방식을 꾸준히 개발하고 추진함으로써 노동자들의 노동과정으로부터 소외가 더욱 증대되었다는 것을 의미한다. 노동과정은 더욱 분업화된 작업으로 분화·발전되어 노동자들은 특정 단순작업만을 반복함으로써 그들이 만든 최종 생산물을 접촉할 수 있는 기회마저 제한되었으며 노동자들의 업무는 분업화된 업무의 기계적 반복으로 제한되었고 그들의 노동은 일상적이고 하찮은 것으로 치부되었다.

셋째, 인간본성으로부터의 소외: Marx가 제기했던 세 번째의 소외는 바로 노동자들이 인간의 본성으로부터 멀어지는 인간본성으로부터의 소외이다. 동물과 달리 인간은 본래 의식적인 노동을 수행할 수 있는 능력을 가지고 있다. 물론 동물도 집을 짓는 등의 생산적인 활동으로서의 노동을 수행하지만 그들은 단지 그들의 자식들이나 그들 자신의 욕구를 충족하기 위해 생산하는 반면 인간은 물질적인 욕구를 충족하기 위해서 생산할 뿐만 아니라 욕구와 자유로운 관계에 있다고 해도 즉, 자신의 본능적인 욕구를 해결하는 것과 상관없이도 생산물을 생산한다. 이러한 인간의 창조적 능력이 바로 동물과 구별되는 점이라고 할 수 있다. 하지만 자본주의 하에서 대부분의 노동자들에게 있어 이러한 창조적인 노동의 능력이 무시되고 부정되며 그리고 산산이 부서져 버렸다고 볼 수 있다. 결국, 노동자들은 단순 작업대에서 반복적으로 일상적인 직무만을 수행함으로써 의식적이고 창조적인 노동을 수행하는 인간본성은 사라지게 되었다는 점이 강조된다.

넷째, 동료로부터의 소외: Marx소외이론의 마지막 측면은 동료들로부터의 소외이다. 이는 생산수단을 소유한 또는 통제하는 사람과 통제 당하는 또는 착취당하는 사람 사이의 소외가 존재한다는 것을 의미한다. 동료로부터의 소외의 결정적인 원인은 바로 경쟁이라고 할 수 있다. 자본주의가 강조하는 경쟁은 인간의 연대성과 집합적 이익을 등한시하는 경향을 낳았으며 이는 결국 개인적 이익만을 추구하는 이기적 인간상을 낳았고 이타적 인간과 연대 또는 집합적 이익의 추구는 자본주의 하에서 가치 없는 행동으로 자리잡게 되어 자기 자신만을 위하는 사람들이 등장하도록 만들었고 이는 결국 인간들이 동료로부터 소외되는 현상을 가져다주었다고 볼 수 있다. 즉, 경쟁은 노동자들을 조직화하는 것을 어렵게 만들었으며 또한 경쟁은 한편의 노동자들이 다른 한편의 노동자를 적이나 위협으로 생각하도록 하였다.

다섯째, 가족으로부터의 소외: 가족은 조직의 가장 기본적인 한 유형으로서 모든 인간은 가족이라는 조직으로부터 다양한 사회적 기능을 배우고 공부하게 된다. 하지만 산업사회가 등장하면서 가족의 기능은 급속하게 몰락의 길을 가게 되었다. 일반적으로 가족은 다음과 같은 재생산의 세 가지 상호 연관된 과정을 위한 조직체라고 할 수 있다. 첫째로 일상적인 생활의 재생산 즉, 일상의 재생산이 강조될 수 있다. 일상의 재생산이라는 것은 모든 가족성원들을 위한 주택을 제공하고 필요한 옷과 음식이 제공된다는 의미이다. 둘째로 세대 간 재생산이다. 세대 간 재생산은 종의 유지와 확대를 위한 생물학적인 재생산을 의미하는 것으로서 아이를 낳고 그리고 젊은 사람들이 노인들을 지원하는 것들을 포함한다. 마지막으로 세 번째는 사회적 재생산이다. 사회적 재생산은 사회화, 사회구조, 사회적 소비(가족에서 이루어지는 소비를 의미), 이념 등을 재생산하는 것을 의미한다(Ferguson, Lavalette, and Mooney, 2002). 하지만 자본주의 발달과 노동 상품화의 발전으로 인하여 노동자들의 가족은 급속하게 파괴되었다. 이는 기업주들이 더욱 건강한 노동자들을 공장으로 끌어들여서 장시간 노동과 높은 노동 강도 그리고 낮은 임금으로 가족의 재생산기능을 유지할 수 없는 고단한 삶을 살도록 함으로써 나타났다고 할 수 있다.

결론적으로 자본주의는 가족을 가정과 생산적 삶으로 분리하였으며 자본주의 하에서 가족은 단지 노동자들의 노동력만을 재생산하는 역할로 의미가 축소되었다. 따라서 안락한 가족의 삶은 서서히 파괴되고 노동력을 상품화하기 위한 재생산구조로서 가족이 작동함으로써 노동자들은 단지 자신의 노동력을 재생산하기 위한 피난처로 가족을 인식하여 점차 가족구성원으로부터 소외되고 가정폭력과 이혼율이 급증하는 현상이 발생하게 되었다.

3) 산업사회의 발달과 복지국가

복지국가의 출현은 산업사회와 맥락을 같이 한다. 즉, 산업사회의 출현이 곧 복지국가 출현의 경제적 배경이라고 할 수 있다. 제3장 복지국가의 발전에서 자세히 살펴보겠지만 봉건주의가 무너지고 경제체제가 급속하게 자본주의로 재편되면서 소작인으로 농지에 묶여 있던 많은 국민들은 새로운 삶을 찾아 이동을 시작하게 된다. 특히, 산업혁명의 부산물로서 생산력의 급격한 발전은 곧 공장을 중심으로 하는 도시를 형성하였으며 국민들은 일자리를 찾아 도시로 이동을 하게 되고 도시의 팽창과 함께 새로운 경제체제인 자본과 노동을 중심으로 하는 임금노동자의 급격한 확대를 낳아 생산관계가 노동자와 자본가로 대체되었다. 또한 노동착취의 일반적 현상에 따라 나타난 임금노동자들의 열악한 생활과 그들의 노동조건 그리고 특정도시를 중심으로 하는 빈곤지역에 대한 사회조사 등은 곧 빈민 및 노동자상태의 개선을 위한 요구와 계급의식의 확대 그리고 계급투쟁을 통한 사회변혁의 요구가 폭발하게 되는 계기가 되었고 이는 곧 산업사회 하에서 복지국가가 탄생하는 중요한 요인으로 작동하였다.

2. 산업사회 복지국가 출현의 경제학적 배경

산업사회는 곧 자본주의의 출현과 함께 등장하였으므로 산업사회를 이해하기 위해서는 산업사회의 경제학적 배경을 살펴보는 것도 중요하다. 특히 산업사회는 복지국가출현과 형성에 있어 중요한 토대가 되므로 복지국가와 연관하여 산업사회를 구성하는 경제학적 흐름을 이해하는 것이 필요하다. 복지국가의 출현과 형성기에 등장한 경제학적 배경은 자본주의의 이론적 토대인 **고전파경제학**과 **복지국가출현**의 기본적 토대로서 노동자들의 계급의식을 고취시키고 노동운동 및 사회주의운동에 기폭제가 된 **마르크스경제학 그리고 1930년대 후반부터 미국을 포함하여 유럽 복지국가발전에 결정적인 영향을 미친 케인즈경제학**을 이해하는 것이 필요하다.

1) 고전파경제학

자본주의 출현 및 발전의 경제학적 배경은 바로 아담 스미스(Adam Smith), 토머스 로버트 맬더스(Thomas Robert Malthus) 그리고 제러미 벤담(Jeremy Bentham), 데이비드 리카도(David Ricardo) 등으로 대표되는 고전파경제학(classical economics)이다. 아담 스미스(Adam Smith)는 모든 사람의 혜택을 최대화시킴으로써 일반 사람들의 삶의 수준을 증가시킬 수 있는 국가의 부는 구속되지 않은 시장에서의 자발적인 거래와 열린 경쟁을 통해서 성취될 수 있다고 강조하였으며 사회는 시장경쟁의 힘에 의해 착취로부터 보호받을 수 있다고 믿었다. 제러미 벤담(Jeremy Bentham) 또한 시장이 재화와 서비스의 자발적인 교환을 통해서 가장 많이 가지는 것이 가장 좋은 것(최대다수의 최대 행복)이라는 사고가 실현되고 성취될 수 있는 곳이라고 믿었다. 이는 모든 행복(the happiness or utility of all)이 개개인들 각각의 행복의 추구에 의해서 성취된다는 것을 의미했으며 부의 축적이 개개인들의 행복을 만들어 내며 그리고 개개인들의 행복은 곧 사회의 행복을 의미하였다. 즉, 개인적인 만족과 행복이 곧 시장을 통한 교환을 통해서 이루어지고 이는 곧 사회적 행복과 만족을 의미한다는 것이다. 이들을 포함한 많은 대다수의 고전파경제학자들은 시장에 대한 신념을 가지고 있었는데 그것은 시장이 넓게 확산된 의사결정에 있어서의 자기결정과 함께 누구에게나 열려있고 그리고 민주적으로 유지될 수 있다는 것이었다. 데이비드 리카도(David Ricardo) 역시 제한이 없고 완전히 경쟁적인 시장에서 효율성이 최대화된다고 믿었다.

결국 고전파경제학자들은 국가의 시장개입을 최소화면서 시장의 수요와 공급의 균형법칙에 따라 상품이 생산되고 공급되며 시장에 참여한 지불능력을 가진 국민들은 그들의 이익을 최대화시키기 위해 노력하고 **개개인의 행복은 개개인들의 노력에 따라 결정**된다고 믿었다. 따라서 **개인의 복지는 개인이 책임지는 것이라는 인식과 함께 개개인들이 시장을 통해서 만족한 이익을 얻게 되면 전체사회의 이익은 증가하고 전체국민들의 복지 역시 증가한다**고 생각하였다. 따라서 고전파경제학에 있어 국민들의 삶의 질을 개선하는 도구는 곧 시장이었으며 시장을 개인의 만족과 복지가 실현되는 기제로 인식하였으므로 국가가 책임지는 국가주도의 국민들을 사회적으로 보호하는 사회복지제도의 실행은 곧 시장에 대한 불필요한 개입을 의미하는 것으로 인식되어졌다.

2) 마르크스경제학

마르크스경제학은 마르크스(K. Marx)와 엥겔스(F. Engels)에 의해서 구축되었다. 마르크스경제학을 집대성한 저서인 자본은 총 3권으로 구성되며 1권은 마르크스에 의해서 그리고 2권과 3권은 마르크스 사후 엥겔스에 의해서 출간되었다. 마르크스경제학은 자본주의의 위기, 잉여생산의 분배와 잉여가치에 대한 분석이 중심이다. 마르크스는 자본주의 생산양식이 자본가계급의 노동자계급을 대상으로 이루어지는 노동착취구조에 기인한다고 강조하는데 이러한 사고는 그의 이론인 **"잉여가치론"**에 근거한다. 그는 노동자가 창출한 상품의 가치가 임금으로 지불받는 최소한의 가치를 제외하고는 모두 자본가계급의 손으로 들어가며 자본가가 취하는 잉여가치는 자본가에게는 자본축적을 그리고 노동자에게는 노동착취를 결과한다고 보았다. 따라서 마르크스경제학의 핵심적인 개념 중 하나는 바로 노동의 상품화라고 할 수 있다. 이는 자본주의 경제체제에서 노동자들은 삶을 유지하기 위해서 자신이 가지고 있는 노등을 자본가에게 판매하는데 노동자들은 자신이 판매한 노동의 가치를 임금의 형태로 최소한으로 지급받으며 추가가치 즉, 잉여가치는 자본가계급의 이윤으로 창출되어 자본의 노동에 대한 착취는 자본주의 축적의 일반적 법칙이 된다. 따라서 자본가의 입장에서는 필요한 경우 언제든지 값싼 노동자를 구매하는 것이 유리하므로 노동자를 항상 필요이상으로 확보하고 있어야 하는데 이는 자본주의 하에서 산업예비군(실업자)이 양산되는 근본적인 이유가 된다.

마르크스는 헤겔의 변증법을 받아들여 역사가 변증법적으로 발전하는데 발전의 원인은 바로 생산력과 생산관계의 모순에 기인한다고 강조하였다. 즉, 원시공산사회에서 노예제사회 그리고 봉건주의에서 자본주의로 그리고 나아가 자본주의는 사회주의에서 공산주의로 발전하는데 이는 곧 자본주의가 봉건주의 생산력과 지주-소작관계인 생산관계 사이에 모순 내지는 갈등에 의해 발생하였음을 의미한다. 위와 같은 **마르크스경제학은 복지국가 출현의 결정적인 계기를 마련해준 노동자들의 계급의식의 출현과 노동운동 및 사회주의운동을 일으키는 데 중요한 영향**을 주었다.

3) 케인즈경제학

(1) 복지국가발전의 경제학적 배경

케인즈는 1929년에 시작된 경제 대공황이 끝나갈 무렵인 1936년『고용, 이자 및 화폐에 관한 일반이론(The general theory of employment, interest, and money)』이라는 책을 발표한 이후 국가가 경제정책을 규정하는 방식에 대한 일대 전환점을 갖도록 한 영국의 경제학자로서 1970년대 통화주의이론이 등장하기 전까지 세계경제학의 주요 흐름으로 인정받았다. 1929년 9월에 미국에서 시작된 경제대공황은 미국 주식시장을 붕괴시켰으며 유럽과 영국 등 전 세계적인 대공황으로 확산되었다. 경제대공황은 빈곤, 실업과 함께 가족문제, 지역 파괴

등의 사회문제를 확산시켰지만 이중 가장 큰 사회문제는 역시 대량 실업이었다고 할 수 있다. 과학기술혁명에 따른 기술의 발달은 노동자들을 기계로 급속히 교체하여 노동자에게는 대량 실업을 그리고 고용주들에게는 높은 생산성을 가져다주었다. 하지만 기계에 의해 일자리를 잃거나 불완전고용 하에 있는 노동자들은 공장에서 쏟아져 나오는 생산물을 소비할 수 있을 정도의 구매력을 가지지 못하였으며 결국 일자리를 잃은 실업자들과 구매력이 없는 노동자들에 의해 공급은 과잉을 불러일으켜 공급이 자체적인 수요를 창출한다는 Say의 법칙은 현실에 있어 경제적 대공황을 낳았다. 결국, 기술혁신에 따른 대량생산으로 기업이 원하지 않는 상품재고가 생겨나고 상품을 소비할 만한 사람은 줄어들고 그 결과 상품은 과잉이 되며 재고의 누적은 생산과 고용을 위축시켜 총 수요를 감소시키는 악순환이 대공황을 초래하였던 것이다.

경제 대공황으로 1933년 미국은 전체 노동력의 1/4인 약 1천4백만 명이 일자리를 잃었으며 영국은 전체 노동력의 1/4인 약 3백만 명이 일자리를 잃었고 독일은 전체 노동력의 2/5인 약 6백만 명 정도가 일자리를 잃어 1/5 정도가 임시직으로 전환되었다(Stavarianos, 1966). 케인즈 경제학은 경제대공황이 가져다준 사회적 문제를 시장의 불안전성에서 찾았으며 대량실업을 해결하기 위해서는 국가가 수요를 창출(유효수요, effective demand의 창출)하여야 한다는 것을 강조하였다. 유효수요의 창출은 국가가 소비와 투자를 창출하기 위해 공공지출이 필요하다는 것을 의미하는 것으로서 시장의 실패를 극복하기 위해 즉, 대량실업을 해결하고 공황을 극복하기 위한 유효수요를 창출하는 국가의 적극적인 개입을 강조하는 것이라고 볼 수 있다. 결국, 케인즈 경제학은 실업을 줄이고 경기를 회복시키기 위해 총수요를 증대시켜야 하며 총수요를 증대시키기 위해서는 공공사업을 일으켜 정부 지출을 증대시키고 조세를 감면 해주는 등 적극적인 재정정책이 필요하다는 것을 강조하였으며 가정에서는 정부지출과 조세감면으로 늘어난 화폐를 시장을 통해 적극적으로 소비함으로써 경기는 활성화된다는 것을 또한 강조하였다.

케인즈 경제학의 핵심은 시장메커니즘이 효과적인 자원을 할당하는 것을 보장한다는 생각에 대한 거부에 있다고 할 수 있다. 1930년대 이전까지 대부분의 고전파경제학자들은 시장이 수요와 공급의 가격법칙에 의해서 균형가격을 유지하며 효과적인 자원을 할당하는 메커니즘이라는 생각에 동의하였지만 1930년대 경제대공황 이후 케인즈를 포함하여 많은 경제학자들이 시장의 조절기능에 회의를 갖게 되었으며 이러한 시장에 대한 회의는 케인즈경제학의 토대를 이룬다고 볼 수 있다.

케인즈 일반이론의 핵심은 완전고용을 유지할 수 있을 정도의 산출 수준을 보장하는 데 있어 시장경제가 자발적 기능을 가지고 있지 않다는 것과 완전고용을 추구할 정도의 지출을 관리하는 것은 국가의 책임이라는 것에 있다(Eatwell, 1991). 즉, 공급과잉은 소비를 살림으로써 해결할 수 있고 소비는 바로 노동자들의 소득이 증가하면 살아날 수 있으며 노동자들에게 일자리를 제공하면 소득이 생기기 때문에 완전고용정책은 결국 경제 불황을 극복할 수 있다는 것이다.

※ 승수이론

케인즈는 1930년대의 대량실업문제를 분석하기 위해 승수이론(the multiplier theory)을 발전시켰다. 케인즈는 소비함수와 같은 의미로 소비성향이라는 개념을 발전시켰는데 소비성향은 개인이나 집단이 소비하기 위해 선택하는 소득의 비율을 측정하기 위한 개념이다. 그는 소비와 소득의 관계가 경제의 쇠퇴와 위축을 일으키는 요인이라고 생각하였으며 또한 공공투자가 부자들의 저축 성향을 좌절시키는 데 필요할 것이라고 생각하였다. 왜냐하면 케인즈는 소비를 증대시키기 위해서는 저축을 줄여야만 한다고 생각했기 때문이다. 이러한 의미에서 케인즈주의자들은 대체적으로 사람들이 절약하여 소비를 줄이고 저축을 늘리면 더욱 빈곤해진다고 하는 **절약의 역설**(paradox of thrift)을 주장하였다. 고전파경제학자들은 저축이 자본축적을 가능하게 하고 저축을 통한 자본축적은 생산능력을 장려하여 더 많은 생산물을 만들어내고 생산이 많아져야 소득이 증대될 것이라고 생각했지만 이미 생산의 증대에 따른 공급과잉은 경제대공황을 불러일으키는데 결정적인 역할을 수행하였기 때문에 케인즈는 이러한 공급과잉을 해결하기 위해서는 저축보다 소비를 자극하여야 한다는 즉, 소득과 소비의 관계를 강조하였다고 볼 수 있다. 결국, 직접적으로 소비에 영향을 미치는 노동자들의 소득의 증대 없이는 저축도 경제성장에 역효과를 가져다 줄 수 있다는 것을 케인즈는 강조하였다고 볼 수 있다.

케인즈는 완전고용이 국가의 논리적인 경제적 목적이며 국가생산력은 공공사업에서의 고용에 의해서 증대될 것이라고 믿었다. 이는 공공사업에 고용된 노동자들의 소비가 증대하여 경제를 자극할 수 있기 때문이다. 따라서 케인즈는 지출, 세금, 차용 등을 포함하는 국가의 재정정책이 실업을 제거하는 가장 좋은 수단이라고 생각하였으며 나아가 정부세금정책과 공공고용이 부자에게서 빈민으로의 소득재분배가 이루어지도록 해야 한다고 주장하였다. 이러한 그의 생각을 이론적으로 설명하기 위해 케인즈는 승수라는 개념을 사용하였다.

승수(multiplier)란 공공사업이나 사회복지지출 등을 포함하는 사회적 지출 등에 정부에 의해서 투자된 돈의 몇 배를 의미한다. 그에 따르면 승수는 소득의 증가와 경제를 자극할 것이라고 하였다. 케인즈는 결국 공공투자에 의한 소득증가가 새로운 투자의 양을 곱하는 것과 동일하다고 강조하였다. 즉, 승수이론이란 공공투자가 소득증가와 경제에 영향을 미쳐서 몇 배의 승수효과를 가져다준다는 것을 의미한다고 볼 수 있다(Prigoff, 2000). 가령 1억의 신규투자로 10억의 소득증가가 이루어졌다면 승수는 10이 된다. 이와 같이 케인즈는 공공투자가 몇 배의 승수를 일으켜서 소득이 몇 배로 증대될 수 있으므로 경기가 좋을 때는 세금징수를 늘리고 경기가 다시 침체에 빠지면 승수이론에 따라 투자를 늘리는 경기 정책을 사용하여야 함을 강조하였다. 즉, 경제가 불황일 때 국민들에게 그들이 국가에 지불한 세금의 형태인 그들의 소득을(공공투자로) 다시 돌려주기 때문에 국가지출이 세금을 뛰어 넘게 되고(이런 경우 국가재정적자가 일어나게 됨) 경제가 살아나면 세금징수를 다시 늘리는 것을 의미한다.

※ 투자의 사회화

케인즈주의자들은 경제대공황과 같은 심각한 실업문제를 해결하기 위해서는 경제원리를 따라서는 안 되며 정부가 나서서 대규모 공공투자사업을 통해서 부족한 유효수요를 충족시켜야 한다고 믿었으며 결국 실업이라는 사회문제를 해결하기 위해 정부가 투자를 사용하는 **투자의 사회화**(socialization of investment)를 강조하였다. 이러한 투자의 사회화가 정책에 반영된 가장 대표적인 경우가 뉴딜정책이다. 케인즈이론을 적극적으로 현실정책에 적용한 사람은 미국의 Roosevelt 행정부였다. Roosevelt는 대통령에 취임하여 경제대공황을 극복하기 위한 정책을 추진하였으며 이러한 일련의 정책이 **뉴딜정책**이라고 불린다. 뉴딜정책은 실업규제, 경제부흥, 복지증진을 위하여 국가가 재정정책을 통하여 유효수요를 창출한다는 것으로써 테네시계곡의 지수와 산업개발을 담당한 테네시계곡개발공사(Tennessee valley authority)가 대표적인 공공투자사업이라고 할 수 있다. 이러한 유효수요창출을 위한 정책과 함께 실업자와 빈민들을 위한 대대적인 사회복지프로그램을 제공함으로써 미국의 실업문제는 해결되었으며 강력한 복지정책으로 인해 미국은 복지국가로서의 토대를 갖추게 되었다.

케인즈주의자들은 경제정책면에서 국가에 의한 유효수요의 증감 조절을 통해 대량 실업과 불황의 완화를 도모하고, 자본주의의 수정을 추진하려 하였고, 경제 이론상에서는 종래의 미시 경제적 분석을 뛰어 넘어 산출량의 변동을 다루는 거시 경제적 분석을 위주로 현실 문제에 대응하려 하였다. 이러한 케인즈 경제학과 2차 세계대전 후 지역재건설과 이에 따른 경제적 호황은 복지국가가 성장하는 데 경제적 토대를 제공하였다.

결론적으로 케인즈경제학(Keynesian economics)은 복지국가의 경제적 틀을 제공하였으며, 완전고용(2차 대전 이후 완전고용이 가능했음), 수요(demand, 수요창출)측면, 조합주의(노동조합과의 조화를 강조)를 강조하였다. 케인즈 이전의 경제학자들이 미시 경제적 측면을 강조하였다면 케인즈는 이에 반하여 시장에 대한 규제를 통한 거시 경제적 안정을 강조하였다. 케인즈 이전의 대부분의 경제학자들이 미시 경제적 관점에서 시장에서 개인이나 기업들이 상호관계를 통한 재화와 서비스의 소유여부를 강조하였던 반면 케인즈는 국가의 고용, 정부지출 등을 통한 거시 경제적 안정을 강조한다는 측면이 있다는 것을 의미한다.

국가의 시장개입과 지출의 증대를 통한 수요의 확대는 2차 세계 대전 이후 경제재건과 맞물리면서 완전고용이라는 경제적 슬로건이 가능함을 보여주었다. 하지만 1970년대 케인즈 경제학이 강조하였던 재정, 고용정책이 인플레이션에 결정적인 요인을 제공하고 인플레이션에 대한 효과적인 대책을 내놓지 못하는 사이 인플레이션의 극복은 화폐공급의 양을 통해서 가능하다고 하는 화폐주의(또는 통화주의)이론에 의해서 케인즈 경제학은 쇠퇴의 길로 접어 들어가게 되었다.

제 3 절 복지자본주의와 사회복지국가

1. 복지자본주의

우리가 살고 있는 현대 복지국가의 경제체제는 바로 자본주의이므로 복지국가와 경제체제인 자본주의를 합하여 **복지자본주의**(welfare capitalism)라는 개념이 등장하였다. 아담스미스나 리카르도, 하이예크 등과 같은 자본주의 경제체제를 공고히 하기 위해 노력하였던 고전파경제학자들은 시장을 자본주의 경제체제가 작동하기 위한 가장 중요한 작동기제라고 생각하여 국가의 시장개입을 최소화하는 완전자유경쟁시장을 선호하였지만 자본주의 역사상 완전자유경쟁시장이 작동한 국가는 단 한 군데도 존재하지 않았다. 역사적으로 시장은 수많은 실패와 성공, 퇴보와 성장 등을 반복하면서 지금도 후퇴와 전진이 지속되고 있다. 자본주의사회에서 자원의 할당이 시장을 통해서 모든 국민들에게 균형있게 이루어졌다면 아마도 복지국가의 등장 나아가 복지국가의 발전은 불가능하였을 것이다.

자본주의의 일반적 법칙인 자본축적의 원리에 따르면 부와 생산수단을 소유한 자본가계급이 부와 생산수단을 소유하지 않은 노동자계급을 수탈하고 착취하면서 그들의 자본을 지속적으로 축적하며 노동자들을 단순히 생산을 위한 도구로만 취급하였다. 이러한 현상은 곧 노동소외와 착취를 극복하기 위한 노동운동을 강화하였으며, 계급의식의 발전과 함께 시민과 노동자들은 인간의 기본적 권리의 확대를 위한 요구로 민주주의의 발전 및 국가의 시장실패에 대한 문제를 복지제공을 통해 극복하려는 복지국가의 탄생과 발전을 가져다주는 주요한 요인이 되었다. 시장을 통한 자원의 할당을 복지정책과 제도를 통해 보완하기 위하여 국가는 직접 국민들의 삶의 질 개선을 위하여 다양한 사회복지 재화와 서비스를 생산 및 제공하였으며 이는 곧 복지와 자본주의가 결합되는 복지자본주의를 탄생시켰고 복지자본주의는 국가가 시장에 개입하는 수정된 자본주의의 한 유형으로 자본주의를 유지 및 발전시키는 데 결정적인 기여를 하였다.

결국, 자본주의는 시장의 실패에 대한 대응으로서 수정된 형태로 지속되면서 복지국가로의 전환을 통해서 복지자본주의로 발전하였다. 사전적 의미에서 복지자본주의는 "사회복지정책을 포함하는 자본주의"를 나타내므로 자본주의라는 경제체제를 유지하면서 국민들을 위해서 사회복지정책을 추진하는 체제를 복지자본주의라고 정의할 수 있다. 종합하면, 복지자본주의는 순수시장경제의 실패를 극복하기 위하여 국가의 시장개입을 강화하는 혼합경제를 기본으로 하는데 이는 국민들이 필요한 사회복지 재화와 서비스를 시장이 아니라 국가가 직접 생산 및 제공함으로써 국민들이 기본적인 삶을 유지·보전할 수 있도록 노력하기 때문이다.

복지자본주의	• 사회복지정책을 포함하는 자본주의 • 자본주의라는 경제체제를 유지하면서 국민들을 위해서 사회복지정책을 추진하는 자본주의

2. 복지와 사회복지 그리고 사회복지국가

복지국가는 사회복지국가를 나타낸다. 즉, 국민들을 사회적 위험으로부터 보호하고 사회복지증진을 위해 노력하는 국가가 사회복지국가라고 할 수 있다. 하지만 일반적으로 사회복지국가라는 용어보다는 줄여서 복지국가라는 용어를 사회복지국가를 의미하는 개념으로 사용하고 있다. 따라서 복지국가는 개인의 복지를 국가가 충족시키기는 국가체제라기보다는 모든 국민들의 사회적 보호를 위해 국가가 사회복지의 증진을 추구하는 국가체제를 의미한다고 할 수 있다.

일반적으로 복지는 번영(well-being)으로 해석되기도 하며 심리학에서는 행복이나 주관적 삶의 만족 등으로도 이해된다. 사회적이란 개념과 복지가 결합한 **사회복지**는 사전적 정의에 따르면 '한 집단이나 사회에서 인간들이 함께 잘 살 수 있도록 또는 번영할 수 있도록 하는 것'이라고 할 수 있다. 복지는 Greve(2008, 2013)가 제시한 바와 같이 "**시민의 행복을 포함하여** 경제자원을 향한 최상의 가능한 접근, 높은 수준의 번영(well-being), 빈곤을 피할 수 있는 보장된 최소한의 소득, 개인이 행복한 삶을 보장할 수 있는 능력을 가지는 것"으로 정의될 수 있다. 사회복지는 이 정의를 적용하면 "시민의 행복을 포함하여 경제자원을 향한 최상의 가능한 접근, 높은 수준의 번영(well-being), 빈곤을 피할 수 있는 보장된 최소한의 소득, 개인이 행복한 삶을 보장할 수 있는 능력을 갖도록 하는 사회적 배열(arrangement) 또는 체계(system)"라고 할 수 있다.

Popple과 Leighninger(2002)는 사회복지를 최소수준에서 사람들의 번영(well-being)을 가져다 주기 위해 계획된 일련의 서비스로 규정하였으며 Reid(1996)는 사회복지를 위험에 처해 있는 사람들의 번영을 증진시키고 인식된 사회문제에 대응하기 위한 정책이나 프로그램들 또는 개입이나 조직화된 행동들로서 정의하였다. Walter Friedlander(1955)는 사회복지를 삶과 건강에 있어 만족할 만한 기준을 성취하기 위해 개인과 집단을 돕도록 설계된 사회제도와 서비스(services)의 조직화된 체계로 규정하였으며 Martin과 Zald(1981)는 사회복지를 사회적, 개인적인 기능을 최소한의 수준을 성취하고자 하는 욕구를 가진 사람들을 돕기 위한 시도라고 정의하였다. 또한 Wickenden(1965)은 사회복지가 사회질서의 더 활발한 작동과 인간들의 번영을 위해 기본적인 것으로 인식되어야 하는 사회적 욕구를 충족시키기 위한 조항들을 강화시키고 보장하기 위한 서비스나 혜택, 프로그램, 그리고 법 등을 포괄한다고 강조하였다. 결국, 사회복지는 인간이 가진 욕구의 해결이나 인간의 번영을 보장하기 위한 조직화된 체계나 제도 등을 의미한다고 할 수 있다(지은구, 2013).

사회복지를 사회복지경제의 측면에서 정의를 내리는 것도 가능하다. 예를 들어 Chatterjee(1996)는 사회복지가 비시장적 교환의 한 방식이라고 규정하여 사회복지가 시장을 통한 교환을 대체하는 교환체계이자 전이의 한 유형(a form of transfer)이라고 정의하였다. 또한 Gilbert와 Terrell(2005) 그리고 Burch(1999) 등과 같은 사회복지학자들도 사회복지를 시장을 대체하는 혜택-할당메커니즘(또는 혜택-할당체계)으로 바라본다. 이러한 관점에서 보면 사회복지는 재화와 서비스를 전이하는 한 유형으로 시장을 대체하여 자원을 할당하는 혜택할당체제라고 할 수 있다. 이러한 사회복지의 거시적 정의는 사회복지가 결국 현금이나 현물 등과 같은 혜택을 할당 또는 전이하는 체계임을 강조하는 것이라고 할 수 있다. 이러한 입장을 통해 지은구(2003, 2006)는 사회복지가 '배제와 차별을 조정하는 사회적 조정양식임을 강조하여 시장을 통하지 않는 자원을 할당 또는 배분하기 위한 조정양식 또는 교환양식'임을 강조하였다.

복지(welfare)가 사회구성원 개개인들의 개인적 번영 또는 개인적 복지(individual well-being or welfare)를 의미한다면 사회복지는 사회구성원 전체의 사회적인 번영과 복지를 의미한다. 따라서 복지는 개개인들의 복지를 의미하기도 하지만 전체 사회 구성원들의 복지를 의미하기도 한다. Spicker(2000)는 번영(well-being)은 개인적으로 경험하는 것이기도 하지만 사회적 집단에 의해서도 경험된다는 점을 강조하였는데 이는 한 집단은 많은 사람들과는 같은 개념이 아니듯이 한 집단의 복지는 단순히 사람들의 총체적 복지에 의해서 결정되지는 않는다는 점을 나타내준다. 한 집단 안에 있는 구성원들의 입장과 상관없이 집단은 그 집단의 이익을 갖는다. 따라서 사회적 집단의 이익을 부양하거나 강조하기 위해서 연대라는 용어가 사회복지에서 사용된다. 집단의 구성원들 사이에 형성되어 있는 연대는 사회에 있는 구성원들이 그들 서로 서로에게 책임감을 느끼는 의식으로 자리 매김하며 복지국가는 연대에 대한 상호간의 책임을 국가의 사회적 책임으로 전환한 사회구조물이라고 할 수 있다. 이러한 입장에서 보면 복지국가에서 의미하는 복지는 개인적 복지만을 의미하기보다는 사회구성원 개개인들을 포함하는 사회적 집단(즉, 전체 사회구성원)의 번영을 위해 사회적 책임(또는 국가적 책임)하에 사회구성원들이 필요로 하는 내용물(예를 들어 욕구)을 충족시키는 사회적 체계를 기반으로 하는 번영을 의미한다고 할 수 있다.

그러므로, 사회복지는 사회구성원들의 번영(well-being)을 위해 사회적인 책임 하에 구성원들이 기본적으로 욕구하는 것들을 제공하기 위한 조직화된 행동체계로서 법이나 제도 그리고 프로그램이나 서비스 등을 포함한다. 따라서 복지국가의 사회복지정책은 한 사회구성원들의 번영을 위해 사회적인 책임 하에 구성원들이 기본적으로 욕구하는 것들을 제공하기 위한 국가의 제 정책을 의미하며 사회복지서비스는 사회구성원들의 번영을 위해 사회적인 책임 하에 기본적으로 욕구하는 것을 제공하는 서비스를 의미한다고 할 수 있다.

복지국가에서 **복지는 사회구성원 개개인들의 번영을 위해 사회적 책임 하에 구성원들이 기본적으로 필요로 하는 욕구를 충족시키는 조직화된 사회적 행동체계**라고 볼 수 있으며 **사회복지는 전체 사회구성원들의 번영(well-being)을 위해 사회적인 책임 하에 사회 구성원들이 기본적으로 필요로 하는 욕구를 충족시키는 조직화된 사회적 행동체계**를 의미한다고 볼 수 있다. 이처럼 복지국가가 사회적 책임을 강조하는 것은 복지나 사회복지가 국가의 주도적 역할 하에 사회적 연관 하에서 고찰되어야 함을 강조하는 것이며 기본적으로 필요로 하는 욕구를 충족시킨다는 것은 단순히 개인적 욕구의 충족이 아니라 사회적 욕구의 충족에 기초한다는 점을 강조하는 것이고 조직화된 사회적 행동체계라는 것은 복지와 사회복지의 인간행동과의 관계를 나타내준다고 할 수 있다.

또한 사회복지가 전체 사회구성원들의 번영(well-being)을 위해 사회적인 책임 하에 사회 구성원들이 기본적으로 필요로 하는 욕구를 충족시키는 조직화된 사회적 행동체계를 의미하기 때문에 사회구성원들의 삶의 질을 보장해주는 욕구의 해결을 위한 정책과 제도, 서비스 그리고 재화 등은 모두 사회복지를 증진시키고 개선하기 위한 **사회복지국가**의 구체적인 행동양식에 포함된다고 볼 수 있다.

결국, 사회복지국가의 측면에서 **사회복지가 전체 사회구성원들의 번영**

(well-being)을 위해 사회적인 책임 하에 사회 구성원들이 필요로 하는 욕구를 충족시키는 조직화된 사회적 행동체계라고 한다면 사회복지국가는 "자본주의라는 하나의 특수한 역사적 상황에서 즉, 자본주의 경제체제 하에서 구체적으로 시장이라는 조정양식이 만들어내는 불평등과 불균형, 사회적 양극화의 심화 확대 그리고 사회적 차별과 배제를 조정하는 조정양식으로서의 기능과 역할을 수행하여 사회적 호혜와 연대와 형평 그리고 평등을 실현하기 위해 노력하는 국가"라고 할 수 있다.

복지	• 국민의 행복을 포함하여 경제자원을 향한 최상의 가능한 접근, 높은 수준의 번영(well-being), 빈곤을 피할 수 있는 보장된 최소한의 소득, 개인이 행복한 삶을 보장할 수 있는 능력을 갖는 것
사회복지	• 국민(또는 인간)이 가진 욕구의 해결이나 국민의 번영을 보장하기 위한 사회제도와 서비스의 조직화된 체계(system) • 배제와 차별을 조정하는 사회적 조정양식 • 시장을 통한 교환을 대체하는 교환체계이자 전이의 한 유형

3. 사회복지국가 발전의 전제조건

사회복지국가 발전을 위한 전제조건으로서 일반적으로 제시되는 조건은 첫째는 경제발전이고 두 번째는 기본안전 또는 보장이며 세 번째로는 권리이고 마지막 조건은 탈상품화이다(Spicker, 2000; Esping-Andersen, 1990).

1) 경제발전

사회복지국가가 **경제발전**에 많은 부분 의존하게 된다는 것은 번영을 위한 전제조건으로서 물질적 복지를 충족시키기 위해서 필요하기 때문이다. 물론 경제적 발전만이 복지국가를 위해서 필요한 조건은 아니다. 대부분의 경제학자들은 물질적 소비를 증가시키는 방법으로서 선호(preference)를 강조하지만 이 선호라는 개념은 개인적 선택을 기본으로 하고 있기 때문에 개인적 욕구만을 증가시키지 사회적으로 요구되어지는 사회적 욕구에 대한 해결은 등한시한다. 따라서 개인적 선택을 기본으로 하는 경제이론을 경제발전을 위한 사회복지국가의 전제조건을 충족시키는 이론으로 동일시 할 수 없다는 점이 분명히 지적되어야 한다. 경제발전이 복지국가를 위한 필수조건이라는 점은 다음과 같은 이유에서이다.

첫째, 물질적 재화나 상품은 인간이 사는 데 있어 기본적이기 때문이다.
둘째, 경제발전이 사회통합을 이루는 데 필요하기 때문이다. 경제적 활동과 교환으로의 참여는 인간의 사회적 관계를 증진시키고 발전시키는 데 있어 중요한 부분이다.
셋째, 인간들을 둘러싸고 있는 경제적 조건들이나 환경들을 개선시키는 것이 복지라는 인간의 목적을 성취하는 데 있어서 중요하기 때문이다. 경제적 발전 없이 삶의 증진이나 개선은 극히 제한적일 수밖에 없다.

하지만 경제발전이 복지국가를 위한 전제조건이라는 것은 복지보다 경제발전이 더욱 중요하다는 우선순위를 의미하지는 않는다. 이는 복지를 위한 기본 출발점 또는 전제조건이 경제발전이라는 하나의 조건이지만 복지를 통해서 경제활성화가 이루어진다는 점에서 경제발전을 위한 전제조건이 또한 복지라는 점을 의미한다. 즉, 복지라는 조정양식을 통한 생산과 소비 그리고 분배는 결국 사회적 교환의 증대와 이를 통한 사회적 생산력과 경제적 생산성의 증대를 가져다주기 때문에 결국 복지는 경제발전과 활성화를 위한 전제조건이 된다. 따라서 복지가 경제발전의 조건이 되고 동시에 경제발전이 복지를 위한 전제조건이 되는데 이를 **경제와 복지의 선순환구**조라고 부른다.

2) 보장

보장(또는 안전, security) 또한 복지를 위해 필요한 기본 전제조건이다. 인간이 재화나 서비스를 얻고 사용하는 것도 중요하지만 과거에 일어났던 또는 앞으로 일어날 수 있는 부정적인 일에 대한 안전 역시 중요하다. 고용에 대한 보장, 건강에 대한 보장 등이 이루어져 있지 않은 상태에서 사람들은 매우 불안한 감정을 갖게 된다. 그리고 사람들은 어떤 것이 바뀔 때 불안감을 가질 수 있다. 예를 들어 노동의 분업에 따른 전문화는 사람들이 더 많은 소득을 가질 수 있게 하지만 한편으로는 다양성의 부족에 따라 협소한 직업군 안에서만 직장을 찾아야 하기 때문에 직장에 대한 불안감은 증폭될 수 있다. 나아가 전문적인 기술을 가지고 있지 않은 비숙련 노동자들에게 직업보장이나 안전에 대한 불안감은 더 클 수밖에 없다. 따라서 안전은 개개인들의 사회적 지위나 위치에 따라 (노동자인지 또는 공장소유자인지, 부자인지 빈자인지 등의) 크게 영향을 받는다고 볼 수 있다. 자본주의 사회에서 개개인들의 지위는 사회적 그리고 경제적 구조에 의해서 결정될 수 있다. 든든한 경제적 배경을 바탕으로 질 좋은 교육과 경력을 쌓은 사람과 그렇지 못한 사람의 지위는 개인적 노력과는 크게 상관없이 결정되어버릴 수 있기 때문이다. 결국 개인의 사회적 지위는 사회적 구조에 달려있다고 볼 수 있다. 하지만 경제적으로 높은 위치에 있는 사람도 그리고 낮은 지위에 있는 사람도 똑같이 불안전으로부터 완전히 자유로울 수는 없으며 그 느끼는 정도는 사람들의 상이한 경제적 사회적 지위에 따라 달라진다. 예를 들어 어떤 사람은 1억을 가지고도 불안전하다고 생각하며 어떤 사람은 1,000만 원을 가지고도 경제적으로 안전하다고 생각할 수 있다는 점이다. 하지만 그들이 느끼는 불안전의 내용은 상이할 것이다. 예를 들어 부자에게 1억과 실업자에게 1,000만 원은 안전의 내용에 있어 같을 수가 없기 때문이다. 그러므로 사회적 구조에 의해서 결정될 수 있는 사회적 불안전은 복지에 대한 하나의 도전이 될 수 있기 때문에 사회적 보호를 통해서 해결되어야 한다. 현대 산업사회에서 불안전을 일으킬 수 있는 불안전의 원천은 바로 빈곤, 질병, 장애, 실업, 이혼, 노년 등이며 이러한 사회적 불안전은 결국 사회적 보호를 통해 일차적으로 극복될 수 있어야 하며 이는 곧 복지국가를 위한 전제조건으로서 기능하게 된다.

3) 권리

권리로서의 복지는 인간의 가장 기본적 권리로서 중요시되어야 하는 복지의 전제조건이다. 권리는 인간이 태어나면서부터 갖게 되며 다른 사람에게 영향을 끼치는 하나의 규범이다. 권리는 종종 의무(obligation)와 동등하게 간주되기도 하지만 임무(duties)를 의미하지는 않는다. 시민사회를 구성하는 중요한 시민의 권리로서 언론의 자유 또는 집회 및 결사의 자유 등이 있으며 이러한 종류의 권리는 자유(liberty)로서 인식되어진다(Weale, 1983). 일반적으로 복지와 관련지어서 권리는 **부정적인 권리와 긍정적인 권리**로 나누어서 볼 수 있다. 부정적인 권리의 입장에서 사람이 권리를 가지고 있다는 것은 사람이 권리의 소유자에게 어떤 행동을 하지 않을 것이라는 것을 의미한다. 긍정적 입장에서 본다면 권리를 갖는 것은 사람들이 직접적으로 어떤 사람에게 혜택을 주는 방식으로 행동할 것이라는 것을 의미한다. 예를 들어 아동의 권리를 이야기할 때 부정적인 권리의 입장에서 본다면 아동의 부정적 권리는 학대받지 않고 무시 받지 않으며 착취받지 않아야 한다는 권리를 포함하며 긍정적인 측면에서의 권리는 아동은 교육받을 권리가 있다는 측면을 포함하게 된다. 긍정적인 권리는 또한 요구를 제공해야할 의무가 있는 사람에게 도덕적 그리고 법적으로 요구를 한다는 측면에서 요구의 권리를 의미하기도 한다. 따라서 부정적 권리와 긍정적 권리는 복지 또는 번영을 위해 필요하다. 복지에 대한 어떠한 권리도 없고 복지 또는 번영을 보호할 어떠한 수단도 없고 왜 복지가 어떤 사람들에게 거절되는지에 대해 어떤 이유도 없다는 것은 복지의 증진에 역행하는 중대한 문제가 아닐 수 없다. 따라서 정치적 조건은 어떤 의미에서 안전 또는 불안전을 제공하며 정치적 보호가 복지를 보장하기 위해 필요하기도 한 것이다.

Marshall(1982)은 세 가지 종류의 권리를 강조하였다. 그에 따르면 첫째는 정치적 보호를 보장했던 18세기 **시민권리**, 두 번째는 물질적 재화에 대한 권리를 보장해 주었던 19세기의 **경제적 권리** 그리고 마지막으로 사회적 보호의 체제를 발전시키기 위해 사용되었던 20세기의 **사회적 권리**가 그것들이다. 따라서 이러한 정치적, 사회적, 그리고 경제적 의미에서의 권리는 인간들이 그들의 번영을 추구하는 데 있어 깊은 연관을 맺고 있으며 결국 복지를 위한 전제조건으로 기능하게 되는 것이다.

권리는 사람들이 매일 매일 그들의 삶에서 사회적 상호행동(아동의 임무나 권리, 가족 그리고 이웃의 권리나 임무 같은)을 위해 취득해야하는 필요한 의무로서 존재한다. 사회적 상호행동이 의무를 만들어 낸다면 이 의무는 요구권리(the claim rights)를 만들어 낸다. 즉, 인간이 사회보험을 위해 기여를 했다면 그들은 당연히 혜택을 받아야 하는 권리를 가지게 되는 것이다. **의무(obligation)로서의 권리**와 **요구로서의 권리** 이외에 일반적 권리라는 개념이 있다. **일반적 권리**는 특정한 사람에게만 주어지는 것이 아니라 공통의 범주에 들어 있는 모든 사람에게 주어지는 권리를 의미하므로 즉, 인간은 다양한 이유들로 인해 다양한 권리들을 갖게 된다. 노약자는 노약자를 위한 권리, 장애인은 장애인을 위한 권리, 실업자는 실업자를 위한 권리 등이 여기에 포함되며 다양한 인간들이 존재한다는 단지 그 이유가 도덕적으로 권리가 존재하게끔 만든다. 그리고 일반적 권리(또는 권리에 부응하는 의무)는 특별한 개인들에 의해서 유지되기도 한다. 예를 들어 아동의 권리에 대한 의무는 그들 부모에게 돌아간다. 하지만 대체로 일반적 권리에 대한 임무는 전체 사회에 의해서 유지된다(Spicker, 2000).

현대복지국가에서 권리는 복지를 위한 전제조건이라고 할 수 있지만 또 다른 측면으로 권리로서의 복지 즉, 복지권은 현대 시민들이 누려야 하는 당연한 권리라고 할 수 있다. 따라서 복지권은 모든 복지국가의 시민이 누려야 하는 당연한 권리이다.

4) 탈상품화

노동의 상품화에 대한 적극적 대응으로서의 탈상품화라는 기제가 등장하였다. 탈상품화는 복지국가의 수준을 결정짓는 중요한 기준이다. Esping-Andersen(1990)은 탈상품화를 복지국가의 유형을 규정짓기 위한 기준으로 활용한 대표적인 학자로 알려져 있다. 탈상품화는 Esping-Andersen에 의해서 복지국가를 설명하는 중요 개념으로 등장하였으며 일반적으로 '**개인이나 가족이 시장에서의 성과(performance)와 상관없이 일상적이고 사회적으로 수용할 수 있는 수준을 유지할 수 있는 정도**'를 나타내지만 본래는 노동의 탈상품화로부터 발전된 개념이다.

(1) 노동의 탈상품화

노동의 상품화에 의해서 자본주의는 발전하였지만 노동의 상품화는 인간노동을 상품화함으로써 인간의 자본에 대한 종속과 지배를 정당화하고 상품가치에 비례한 소득과 소비를 정당화하며 상품성을 잃은 사회구성원들의 시장으로부터의 배제를 정당화하는 기제로 작동하였다. 노동의 상품화는 어떤 것이든 자신이 원하는 것이나 자신의 만족을 위한 것들은 모두 스스로의 노동을 통해서 획득할 수 있다는 환상을 불러주어 가치적 측면에서 경쟁과 개인주의를 중요시하도록 하여 결국, 연대와 협력, 공동체주의와 같은 가치를 훼손함으로써 사회자본의 형성에 급격한 방해요소로 작동하여 사회구성원들이 자기 자신 이외에는 아무도 믿지 않고 스스로 고립되는 사회적 고립의 일상화에 기여하였다.

아무리 노동을 하고 자신의 노동을 높은 가치로 판매하기 위해 노력하여도 기본적인 삶의 유지가 어려운 많은 국민들은 무능력자, 패배자, 실패자와 같은 낙인이 찍혀 물질적인 어려움뿐만 아니라 정신적, 심리적인 고통을 겪으면서 하루하루를 어렵게 살아가게 된다. 사회의 질의 수준이 높으면 연대와 형평성 그리고 사회정의를 위한 가치가 팽배해지고 사회적 임금의 수준이 높아 기본적 생활이 보장받으며 활발한 사회봉사 및 사회참여활동을 할 수 있고 나아가 사회구성원들이 서로 신뢰하면서 기본적인 삶이 유지·보장되는 안전한 삶을 살아갈 수 있게 됨으로써 사회의 질과 노동의 상품화는 거울의 앞·뒤면이라고 할 수 있다.

노동의 상품화는 인간의 삶의 질 및 사회의 질에 부정적인 영향을 미치는 요소이다. 인간이 스스로 노동을 상품화하여 화폐가치가 부여된 임금을 통해 노동을 판매하여 생활을 영위해 나가고 상품화를 통해 제공받은 임금을 통해 다시 자신의 노동을 상품화하기 위해 노동력을 재생산하기 위한 상품을 구매하여 소비하는 과정을 거치며 하루하루를 살아간다. 상품화가 될 수 없는 노동능력이나 상품화가 불가능한 노동능력을 가진 사람들은 노동시장으로부터 배제되며 국가는 이들이 최소한의 생계유지를 하도록 하기 위해 잔여적 복지를 제공한다. 여기서 복지는 권리가 아니며 생존을 위한 도구나 수단에 지나지 않는다. 하지만 복지는 생존수단이 아니며 인간의 기본적 삶의 영위를 보장하는 권리이다. 노동을 판매하여야만 살아가는 것이 가능한 것이 아니라 노동을 판매하지 않아도 기본적인 삶이 보장되는 것이 복지국가이자 복지사회이므로 필요하다면 노동을 판매하지 않아도 국민들의 기본적인 삶이 유지될 있도록 사회의 질이 보장되는 것이 중요하다고 볼 수 있다. 따라서 **노동의 탈상품화는 '노동자들이 또는 국민들이 자신의 노동을 시장에 팔지 않고도 또는 시장에 의존하지 않고도 기본적인 삶이 유지 가능한 상태'**라고 정의할 수 있다.

노동의 탈상품화	국민들이 자신의 노동을 시장에 팔지 않고도 또는 시장에 의존하지 않고도 기본적인 삶이 유지 가능한 상태의 정도 또는 수준

(2) 탈상품화

본래 탈상품화라는 개념을 처음 사용한 학자는 폴라니(Polanyi, 1980)이다. 그는 마르크스(Marx)의 영향을 받아 자본주의는 노동자를 교환을 위해 생산되는 다른 상품들과 마찬가지인 하나의 상품으로 취급한다고 강조하였다. 그는 노동자가 교환을 위해 생산되고, 이것을 유지하는 것(노동의 상품화를 유지)이 사회를 파괴로 나아갈 수 있으므로 현실의 사회가 또는 시스템이 생존할 수 있는지 또는 생존할 수 없는지를 확인하기 위해서 노동의 탈상품화를 측정하는 것이 필요하다고 강조하였다(Holden, 2003). 오페(Offe, 1984)는 탈상품화를 '시장관계로부터 멀어지는 또는 자유로워지는 증가하는 수의 사회적 영역과 집단'으로 정의하였다. 또한 Offe는 탈상품화에 대해서 언급하면서 "노동력은 다른 상품과는 다르기 때문에 노동력을 향상시키고 보존할 수 있도록 해주는 노동시장에서는 교환되지 않는 그리고 상품화되지 않은 지원체계를 필요로 한다"고 강조하였다. 결국, 탈상품화를 시장에서 상품화되지 않는 지원체계로서 확대해석한다면 노동력을 보존하고 향상시킬 수 있도록 돕는 탈상품화는 사회복지혜택을 의미한다고 볼 수 있다(Holden, 2003).

탈상품화에 대한 이러한 해석을 현대복지국가를 이해하기 위해 활용한 대표적인 학자는 Esping-Andersen이다. 그는 탈상품화를 강조하면서 인간의 종속(특히 인간의 시장에 대한 종속)을 규정짓는 가장 결정적인 기제로서 탈상품화를 강조하였으며 **사회정책은 곧 인간의 시장에 종속을 약화시킬 수 있고 나아가 개개인들 그들의 삶을 통제할 수 있도록 하는 공간을 제공한**다는 점을 강조하였다(Esping-Andersen, 2000). 특히, 그는 **탈상품화를 인간의 복지가 시장에 의존하는 정도**로 파악하고 이를 측정하기 위하여 탈상품화지수를 제시하여 복지국가를 유형화하였다. Esping-Andersen(1990)은 탈상품화를 두 개의 관련된 내용을 갖는 개념으로 정의하였다. 그에 따르면 탈상품화는 **첫째, 일반적 복지, 소득, 노동의 잠재적 상실없이 시민들이 자유롭게 필요하다고 생각한다면 노동에서 손을 뗄 수 있는 것, 둘째, 개인이나 가족이 시장참여에 의존하지 않고 사회적으로 수용될 수 있는 기본적인 삶의 수준을 유지할 수 있는 정도**라고 정의하였다. 그의 정의를 보면 탈상품화는 국민들이 필요하다면 노동시장에 의존하지 않고도 기본적인 삶이 유지될 수 있는 정도를 나타낸다고 볼 수 있으며 확대해석하면 **탈시장화가 곧 탈상품화의 조건이 된다고 볼 수 있다. 그는 탈상품화가 첫째, 재화와 서비스가 권리로서 제공되어 질 때 둘째, 시장에 의존하지 않고도 사람들이 기본적인 삶이 유지될 때 발생한다고 보았다.**

Marx가 제시한 바와 같이 자본주의시장경제체제는 노동자계급의 삶에 위협적인 요소로 작동한다. 즉, 노동자들은 삶을 유지하기 위한 생존수단의 교환을 위해서 자신의 노동력을 판매하여야 하므로 노동을 상품화하여야 하고 이는 곧 노동력의 잠재적 발전 자체를 제한하는 기제로 작동하게 된다(Huo et al., 2006). **Esping-Andersen은 이러한 노동의 상품화에 대한 부정적인 측면에 기초하여 복지국가가 발전하기 위해서는 노동의 탈상품화 그리고 복지국가의 탈상품화가 필수적인 요소임을 강조하였다.** Esping-Andersen은 탈상품화를 소비적 측면(소비의 탈상품화) 즉, 기본적 삶을 유지하기 위해 필요한 것을 나타내는 의미로 활용하여 복지국가의 유형화를 시도하였지만 기본적으로 탈상품화는 두 가지 성격인 소비의 탈상품화와 자기실현의 탈상품화라는 의미를 동시에 내포하는 개념이다. 이는 탈상품화가 단면적 개념이 아니고 다면적 개념임을 의미한다.

탈상품화를 이해하기 위해 상품화에 대한 Marx의 전제를 살펴보면, Marx (1970)는 인간은 기본적으로 **물질적 욕구와 사회적 욕구**를 지니고 있다고 강조하였다. 그는 물질적 욕구가 음식, 주택 등 기본적으로 삶을 유지하기 위해 반드시 소비하여야 하는 필수품을 그리고 사회적 욕구는 **인간이 자기-의식(self-consciousness)을 개발하고 획득하기 위하여 그들의 작업을 창조적으로 그리고 협력하여 수행하려는 것**이라고 설명하고 자본주의 경제체제에서의 노동의 상품화는 기본적으로 이러한 인간의 욕구 해결을 원천적으로 봉쇄한다고 비판하였다. 그에 따르면 욕구해결을 위한 노동은 기본적 삶을 유지하기 위한 물질적 존재수단이고 또 다른 한편으로 인간창의성을 위한 수단이라는 양면성을 갖는다. 자본주의 사회에서 물질적 욕구를 해결하기 위해서 인간은 그들의 노동력을 시장에서 판매하여야 삶을 유지할 수 있는 기본적인 재화와 서비스를 소비할 수 있다. 따라서 물질적 욕구를 충족시키기 위한 그들의 능력은 항상 불안정한데 이는 노동의 상품화가 전적으로 고용주에 의해서 임금고용관계를 유지하여야만 가능하기 때문이다. 물론 고용의 수준에 따라서 물질적 욕구의 수준이 해결되지 못하는 경우(낮은 임금의 열악한 고용수준)도 존재한다. 또한 노동의 상품화는 기본적으로 임금노동자가 자기실현과 자기창의성개발을 위한 시간과 노력을 기울이는 것을 불가능하도록 만든다. 노동이나 작업을 통해서 자신의 잠재성을 개발하고 자기실현을 달성하는 것 즉, 작업을 통한 창의성개발이 인간으로서의 사회적 욕구이지만 이러한 보편적 인간욕구로서의 자기계발과 자기실현은 노동이 상품화되고 인간이 노동과정과 노동수단으로부터 소외되면서 노동의 상품화를 통해 불가능하게 되었다고 할 수 있다.

결국, **탈상품화는 사회의 질 향상의 전제조건 중 하나라고 규정할 수 있으므로** 복지국가의 탈상품화는 사회의 질의 향상을 위한 기본 전제조건으로 작동한다. 복지국가의 탈상품화는 국민들이 노동을 하지 않아도 기본적인 생활을 영위하는 것이 가능하도록 국가가 서비스와 재화를 제공함으로써 실현된다.

(3) 탈상품화하는 복지국가

Esping-Andersen(1990)은 탈상품화하는 복지국가란 시민들이 직장(일자리), 소득 또는 일반적 복지의 손실과 상관없이 그들 자신들이 필요하다고 인식하면 직장으로부터 자유롭게 벗어날 수 있는 것이 최소의 조건인 국가임을 강조하였다. 이 책에서는 탈상품화를 시장에 의존하지 않고 상품 즉, 재화와 서비스를 권리로서 제공받을 수 있는 정도로 정의한다. 따라서 **탈상품화하는 복지국가란 '시민들이 필요에 의해 노동에 대한 시장 강제성으로부터 자유로운 체제'** 라고 할 수 있다. 또한 탈상품화하는 복지국가에서는 노동력에 대한 노동자들의 의존성을 줄이고 하나의 권리로서 부가적인 소득을 제공하는 사회정책이 발전하게 되므로 복지혜택은 사회적 권리로서 작동하게 된다. 따라서 탈상품화하는 복지국가는 국민들이 필요한 생존수단을 시장으로의 참여가 아닌 사회적 권리로서 국가로부터 제공받는 체제라고 규정할 수 있다.

그러므로 탈상품화하는 복지국가에서 국민들의 기본적인 삶이 유지되도록 하기 위해서는 국가가 노동시장에 대한 개입의 정도가 높아야 하며 특히, 국민들이 필요하다면 시장으로의 참여없이도 삶의 유지가 가능한 복지에 대한 혜택을 제공받을 수 있도록 사회의 질의 수준이 높아야 한다. 결국, 탈상품화하는 복지국가는 시장에 의존하지 않고도 국민들이 기본적인 삶을 유지하는 것이 가능하고 노동시장에 참여하여도 열악한 노동조건 때문에 기본적인 삶의 유지가 어려운 국민들에게도 기본적인 삶의 유지가 가능하도록 하는 체제라고 할 수 있다.

탈상품화하는 복지국가	• 시민들이 직장(일자리), 소득 또는 일반적 복지의 손실과 상관없이 그들 자신들이 필요하다고 인식하면 직장으로부터 자유롭게 벗어날 수 있는 체제 • 시민들이 노동에 대한 시장 강제성으로부터 자유로운 체제 • 국민들이 필요한 생존수단을 시장으로의 참여가 아닌 사회적 권리로서 국가로부터 제공받는 체제 • 시장에 의존하지 않고도 국민들이 기본적인 삶을 유지하는 것이 가능하고 노동시장에 참여하여도 열악한 노동조건 때문에 기본적인 삶의 유지가 어려운 국민들에게도 기본적인 삶의 유지가 가능하도록 하는 체제

제 3 장

복지국가의 발전

제 1 절　개관

자본주의경제체제에서 복지국가는 왜 등장하였으며 지속적으로 발전하고 있을까? 본 장에서는 복지국가의 출현과 발전과정 즉, 역사에 대해 다룬다. 근대 복지국가의 역사는 19세기 독일에서부터 시작되었다고 알려져 있다. 19세기 독일제국주의 프로이센의 재상 비스마르크(Ott von Bismarck)가 사회복지입법을 통해 융커(Junker)계급[6]의 특권을 일반적인 독일국민에게 확대하기 시작한 것을 그 뿌리로 보고 있으며 복지국가가 양적으로나 질적으로 빠르게 발전한 것은 2차 세계대전 이후로 알려져 있다. 특히 전후복구의 시기와 경제대공황을 케인즈경제학이 빠르게 수습하면서 국가의 재정지출을 통한 사회정책의 발전이 복지국가에 중요한 토대가 되었다. 따라서 복지국가의 발전은 독일의 비스마르크정권부터 2차 세계대전이 일어나기 전 시기와 2차 세계대전 이후 시기(1945년)로 양분된다.

6) 융커계급은 프로이센의 지배 계급을 형성한 보수적인 토지 귀족세력으로 프로이센과 독일 군국주의가 성공할 수 있었던 이유는 융커 계급이 봉건지주계급으로부터 자본주의 경제의 지배계급으로 성공적인 변신을 이룰 수 있었기 때문이었다고 알려져 있다.

독일 프로이센제국을 근대 복지국가의 출발점이라고 보는 가장 큰 이유는 프로이센의 비스마르크가 세계최초로 1883년 의료보험(질병보험), 1884년 산재보험, 1889년 연금보험(노령연금) 등을 실행하여 **사회보장제도의 기틀을 마련하였기 때문이다.** 현재 4대 사회보험 중 3개가 비스마르크 체제 아래에서 최초로 만들어졌다. 4대 보험 중 하나인 실업보험법은 1927년에 만들어졌는데 이는 네덜란드, 영국에 이어서 세계 3번째이다. 비스마르크가 사회보장제도를 도입한 것은 당시 유럽에서 유행하던 사회주의 세력을 견제하기 위한 '선제적 조치'라는 평가가 있는데 이는 노동자계급에 의해서 사회주의혁명이 일어나기 전에 미리 적절한 당근책을 통해 노동자계급을 회유하기 위한 시도였다는 것을 의미한다. 비스마르크가 만들어낸 복지제도는 이후에도 지속적으로 유지・발전되면서 독일이 복지국가로 도약하는 기틀을 만들었다.

빈곤법을 최초로 입법하여 국가가 빈곤구제에 나섰던 영국보다 독일을 현대 복지국가의 출발점이라고 보는 가장 큰 이유는 독일의 사회보험제도가 바로 시민의 권리(시민권)를 인정하였기 때문이다. "시민권과 사회계급(Citizenship and Social class)"이라는 저서를 통해 마샬(Marshall)은 현대 복지국가의 특징으로 **민주주의, 복지** 그리고 **자본주의의 조합**을 강조하였는데 이는 복지국가 시민의 사회적 권리의 향상이 시민의 권리(시민권)뿐만 아니라 정치적 권리(정치권)에 의해서 확대되었다는 것을 의미한다. 따라서 현대 복지국가는 사회적 권리가 시민의 권리와 정치적 권리에 의해서 동반되는 국가라는 특징을 갖는다.

제 2 절 복지국가의 기원

1. 사회문제에 대한 국가의 대응

사회문제에 대한 집합적 대응 즉, 국가 대응의 시발점은 바로 빈곤에 대한 대응부터 시작된다. 1501년 영국은 부랑아와 거지들에 대한 대응을 위해 빈곤구제를 받을 가치가 있는 사람들(deserving poor)과 빈곤구제보다는 일을 할 수 있는데도 일을 안 해 빈곤함으로 형벌을 받아야 하는 사람(undeserving poor)으로 구분하여 차별 대응하는 부랑아법(vagabonds Act)을 탄생시킨 이후 엘리자베스 시대인 1601년 빈곤구제를 위한 법률인 빈곤법을 최초로 입법화하여 빈민들에 대한 구제에 국가가 직접 관여하게 되었다. 특히 엘리자베스 빈곤법은 가난한 아동, 장애인이나 허약한 사람, 실업자 그리고 게으른 자들에 대한 빈곤구제를 국가가 시행한 최초의 법이었다. 빈곤은 봉건주의시대부터 가장 심각한 개인의 문제에서 점차 국가가 대응하여야 하는 사회문제로 발전하였다. 특히 19세기 **산업자본주의**의 등장과 함께 나태함이나 게으름과 같은 빈곤의 개인적 책임보다는 빈곤의 원인을 사회구조적인 요인으로 접근하는 시각이 부각되었고 나아가 빈곤 이외에 더욱 다양한 사회문제들이 등장하게 되었다.

산업화는 빈곤이라는 전통적인 문제에서 실업, 질병, 고령, 산업재해에 따른 장애 등이 개인의 삶의 질에 대한 위협으로 대두되었으며, 산업화는 또한 노동자들이 그들 스스로 계급이라는 인식과 노동운동의 중요성을 인식하도록 하였고 이는 곧 민주주의와 정치적 권리의 성장 그리고 이를 통해 사회권이라는 개념을 등장하도록 하였다. 노동자들의 계급의식의 성숙과 노동자계급의 열악한 상태는 이에 대한 해결을 위해 자본주의 경제체제를 유지 및 발전시키려는 자본가계급에 기반한 국가가 직·간접적으로 행동을 하게 되는 국가개입의 단초가 되었다.

산업화가 시작된 19세기 전까지 빈곤과 같은 사회문제에 대한 전통적인 대처는 박애정신에 기초한 **개인적 자선과 빈곤법**이었지만 산업화와 함께 농민들이 대거 도시로 유입되면서 도시화와 대도시 중심의 인구팽창은 빈곤 이외의 수많은 사회문제가 등장하는 데 결정적 요인으로 작동하여 결국 개인적 자선활동과 빈곤법으로는 산업자본주의가 낳은 사회문제에 대한 대응이 부족하였고 이는 곧 국민들의 복지에 대한 책임을 지도록 국가의 책임감과 역할을 변화하도록 하는 계기가 되었다(Marshall, 1980).

2. 복지국가의 출현

국민 개개인의 복지의 권리를 사회적 권리로 인정하는 현대 복지국가의 등장은 19세기 프로이센제국의 독일에서부터 시작되었다. 이 시기 복지급여대상자는 급속도로 빈민으로부터 산업화시기 일하는 계층인 노동계급으로 확대되었으며 노동계급을 위한 사회보험이 국가에 의해서 제공되기 시작하였다. 산업화시기에 앞에서 설명한 바와 같이 빈곤 이외에도 실업, 고령과 질병과 같은 새로운 요인들이 국민 개개인들의 번영을 위협하는 요소로 등장하였으며 이는 곧 사회적 보호에 대한 국가책임의 인식전환을 의미하였다.

자본주의의 시발지이기도 하면서 산업혁명의 출발지인 영국은 19세기 안정적인 산업화시기를 거치고 있었으며 정치적으로도 의회민주주의가 자리잡아가고 있는 시기로 왕정정치체계를 가지고 있던 독일, 스웨덴, 오스트리아, 덴마크 등과는 다른 길을 가고 있었다. 따라서 19세기 당시 영국은 독일보다 사회·경제적으로 안정적인 국가였다. 의회정당국가가 아닌 왕정국가였던 독일은 그 당시 지주에서 자본가계급으로 무늬만 바뀐 지배계급의 이익을 추구하였으며 국가의 사회적 지출을 일하는 빈곤층이나 노동자계급이 아닌 중간이상의 계급에게 집중하면서 노동자들의 왕정정치에 대한 반감과 혐오는 증대하였고 이를 극복하기 위한 사회운동으로서 노동운동이 영국보다 강력하게 발생하였다.

현대 복지국가의 근간을 이루는 사회보험에 대한 원리와 아이디어는 그 당시 가장 산업화되고 민주적이면서 자유주의 국가였던 영국이 아닌 프로이센의 독일에서 시작되었는데, 독일의 재상인 비스마르크는 **1883년 질병을 위한 보험(건강보험)과 1884년에 산업재해를 위한 보험(산재보험) 그리고 1889년에 노령과 폐질**[7]**보험(연금보험)**을 단지 6년이라는 짧은 기간에 연속적으로 시행하였다. 이 당시 독일이 입법화한 3대 사회보험은 급진적 사회보장제도라고 할 수 있었는데 이는 이전 빈곤구제를 위한 법에서는 혜택을 받기 위한 수급조건으로 자산조사(means test)가 필요하였지만 독일의 사회보험은 자산조사 없이도 하나의 권리로서 즉, 사회적 권리로서 급여자격이 주어지고 강제적으로 보험에 가입되어 혜택을 받는 지금과 같은 사회보험방식이었기 때문이다(Kuhnle and Sander, 2010).

결국 영국중심으로 발전한 자산조사를 통해 급여권을 인정받은 일부 빈곤한 사람들에게만 혜택을 주는 전통적인 빈곤구제를 중심으로 하는 국가의 빈곤정책은 산업화와 함께 민주주의의 발전으로 권리를 부여받은 시민 모두를 대상으로 하는 사회보험중심의 사회보장정책을 중심으로 발전하게 되었고 이는 곧 복지국가출현의 토대가 되었다.

프로이센이 왜 급진적인 사회보험을 도입하게 되었는지에 대한 이유는 일반적으로 노동운동의 발달과 이에 위협을 느낀 국가의 선제적 대응으로 요약된다. 즉, 19세기 당시 독일은 영국과 달리 노동운동과 더불어 사회주의운동이 활발하였는데 비스마르크는 노동자들에게 프로이센제국에 대한 충성심을 고취시키고 노동운동을 약화시키기 위해 노동자들의 요구투쟁의 결과물이 아닌 위에서 결정해서 시행하는 탑다운(top-down)방식으로 사회보험을 도입한 것으로 알려져 있다(Rimlinger 1971; Wehler, 1985). 특히, 비스마르크는 사회보험을 도입하기 전인 1878년에 언론 통제를 위해 45개의 신문을 폐간시키고 사회주의자와 노동조합원들의 회합과 사회주의정당을 금지하는 사회주의탄압법을 통과시켰으

7) 폐질(invalidity)은 업무를 수행하는 데 필요한 능력이 없는 상태를 의미.

며 이에 대한 당근으로 사회보험을 도입하였다.

물론 독일이 사회보험을 최초로 탄생시킨 국가는 아니다. 국가가 시민의 번영을 책임지는 방식인 사회보험은 독일이 도입한 1880년대 이전에도 제한된 형태로 존재하였었다고 알려져 있다(Alber, 1982). 예를 들어 1802년 영국의 공장법은 현금급여를 통해서가 아니라 공교육, 공공건강, 작업장의 위생과 노동시간, 아동노동에 대한 제한과 공장 감시 및 노동자와 고용주 사이의 관계 등 전반에서 국가가 시민의 번영을 책임지는 방식을 도입하였으며 1839년 프로이센법은 아동과 청소년의 고용을 제한하였다.

사회보험 중 하나인 연금의 경우는 7세기 이슬람율법에 처음 등장하는데 라시던 칼리프테(Rashidun Caliphate)[8]아래 이슬람의 다섯 기둥[9] 중 하나인 자카트(Zakat, 자선세)의 형태로서 이슬람 정부의 재무부에서 수집한 세금을 빈민, 노인, 고아, 과부 및 장애인을 위해 소득으로 제공하는 데 사용되었다고 알려져 있다.

사회적 보호에 대한 인식의 전환 역시 복지국가출현에 영향을 미친 주요한 요인이다. 사회보험을 기초로 하는 사회보장정책도입의 영향으로 19세기 이전과 달리 사회적 보호에 대한 개념의 전환이 이루어지게 된다. 즉, 19세기 이전까지 사회적 보호는 주로 국가의 책무가 아니었고 국가는 경제활동을 증진시키기 위한 도로나 항만과 같은 하부토대를 구축하고 경찰이나 군대 등을 통해서 국민들을 보호하는 것이 사회적 보호의 개념이었지만 19세기 사회보험의 등장 이후 국가는 개인의 권리에 기초해서 국민들에게 소득과 서비스를 제공하고 경제적 불안정을 해결하기 위해 노력하는 것이 중요한 책임으로 인정하도록 사회적 보호의 개념이 확대되었다(Kuhnle and Sander, 2010). 이는 곧 민주주의의 발전으로 인해 국민들이 선거에 참여하여 투표를 하도록 참정권을 제공하는 정치

8) 632년에서 661년까지 이슬람을 지배했던 이슬람의 왕

9) 이슬람의 다섯 기둥은 이슬람교도들이 준수하여야 하는 5가지 의무로서 신앙고백인 샤하다, 기도의식인 살라트, 빈민을 도와주기 위해 징수하는 자선세인 자카트, 라마단 기간 동안의 단식인 사움, 메카로 가는 대순례인 하즈 등이 있다.

적 권리(정치권)의 신장과 함께 국민들을 사회적 위험으로부터 보호하는 사회복지 재화와 서비스의 생산과 제공이 국가의 책임이며 이는 국민들의 사회적 권리를 인정하여 사회적 보호를 하는 것이 복지국가의 중대한 정책이라는 것을 나타내줌을 의미한다. 종합해서 복지국가출현에 영향을 미친 요인들을 정리해보면 아래와 같다.

첫째, 노동계급의 성장: 지주-소작관계로 땅에 묶여 있던 농부들이 새로운 경제체제의 출현과 함께 공장으로의 대규모 진입을 통해 노동자집단을 형성하였고 이들은 계급의식의 성장과 노동조합중심의 사회적 보호에 대한 요구투쟁을 통해 그들의 권리 및 자본가계급의 착취구조를 조정하기 위해 노력하였다.

둘째, 사회적 권리 즉, 시민권의 발전: 민주주의가 발전하면서 국민들의 사회적 위험을 국가가 책임져야 하며 국민들의 기본적이고 안정적인 생활을 보장하는 것이 국가의 당연한 책무라는 국민의 사회적 권리의 신장이 이루어졌다.

셋째, 산업화의 등장으로 인한 새로운 사회문제의 출현: 빈곤구제가 핵심적인 사회문제이고 빈곤에 대한 국가의 대응이 유일한 국가의 책임으로 인식되어졌던 시기가 지나가고 19세기 산업화가 출현하면서 노령, 산업재해, 장애, 질병, 건강, 실업, 노동착취 등 그동안 부각되지 않았던 새로운 사회문제가 등장하였다.

위와 같은 요인들이 종합적으로 영향을 미치면서 유럽 국가를 중심으로 자선과 박애의 시대가 지나가고 국민의 사회적 위험을 사회가 책임지고 보호하는 복지국가는 빠르게 그 기본 틀을 구축하게 되었다.

3. 복지국가의 형성

19세기 후반기부터 독일을 출발점으로 하여 많은 유럽국가들이 독일의 사회보험을 모방하여 발전시키면서 다양한 유형의 각기 다른 방식의 복지국가가 형성되는 복지국가 형성기가 시작되었다. 복지국가는 국민들의 기본적 권리로서 삶의 질 향상을 위해 사회적 보호를 제공한다는 측면에서 그 기본적인 목적은 동일할지라도 나라마다 그 성격은 매우 다양하다. 특히 20세기 들어오면서 특정 국가의 정치구조와 민주주의 발전 정도, 경제발전의 수준 그리고 노동자계급의 성숙 및 요구투쟁의 정도 등은 복지국가의 형성단계에서 복지국가의 성격에 영향을 미친 중요한 특성이었다.

영국 복지국가의 형성은 자유당[10)]의 H. H. Asquith 수상이 1906년에서 1914년 사이에 주도하였던 자유적 복지개혁에 기초한다. 자유적 복지개혁은 아동 및 노인, 노동자와 질병 등에 대한 사회적 보호를 강조하는 일련의 사회적 입법을 포함하며 1906년 총선 이후에 사회적 입법들이 의회를 통과하였다. 물론 자유적 복지개혁기간 이전에도 보수당정권은 1902년 교육기관에 국고보조금을 제공하는 교육법, 1905년 실업법과 아동고용법 등을 통과시켰지만 이 법들은 중앙정부보다는 지방정부의 책임을 강조하였다는 특징을 갖는다. 특히 자유적 복지개혁은 빈민법에 의해 구제를 받던 빈민들에 대한 낙인을 없애는 데 중요한 역할을 하였다.

자유당집권 하에 자유적 복지개혁으로 통과된 사회적 입법들은 1906년 상해를 입은 노동자들을 위한 노동보상법, 1908년의 노령연금법, 1911년 노동자들에게 강제적인 건강보험을 제공하는 국민보험법, 1909년 노동자를 위한 최저임금법 등 총 15개의 사회적 법안들로 구성되어 있다. 영국이 자유적 복지개혁을

10) 자유당은 보수당에 필적하는 대정당이었지만, 1918년 이후에는 노동당에게 제1야당의 자리를 넘겨주고 군소 정당으로 전락하였다. 1988년 3월 영국사회민주당과 합당하여 자유민주당이 되었다.

추진하여 국민들을 위한 강제적 사회보험을 입법화한 원인에 대해서는 다양한 해석이 존재한다. Searle(2004)는 자유적 복지개혁의 등장원인으로 첫째, 노동운동으로부터의 도전을 방어하기 위한 노력의 일환 둘째, 순수 인본주의, 셋째, 선거에서 대중의 표를 얻기 위해, 넷째, 국가효율성(national efficiency)[11]에 대한 고려, 다섯째, 복지자본주의 발전에 대한 소명 등을 제시하였다. 자유적 복지개혁의 등장 원인들을 정리하면 다음과 같다.

첫째, 자유주의(liberalism)이념의 영향이다. 여기서 자유주의는 19세기 자본주의의 출발과 함께 등장한 **개인의 문제는 개인이 책임지는 고전파경제사상**에 기초하는 보수적인 자유이념이 아닌 민주주의의 발전에 영향을 미친 자유주의이념으로서 자유를 위한 최고의 안내자는 정부이며 국민들에 대한 정부의 도움을 증진시키는 역동적인 정부를 강조한다.

둘째, 찰스 부스와 시봄 라운트리가 수행한 사회조사의 영향이다. 이들의 조사는 빈곤의 원인이 개인의 게으름이 아니라 노령·질병 및 노동시장과 같은 사회구조에 있음을 강조하였다.

셋째, 노동당으로부터의 위협이다. 이 당시 사회주의는 인기 있는 이념이었으므로 자유당은 선거에서 패배하지 않기 위해 국민들 위한 정책을 추진하지 않을 수 없었다.

넷째, 1910-1912년 기간 동안에 활발하였던 노동조합운동의 영향이다. 만약 노동자들의 상태를 개선하기 위한 노력을 기울이지 않았다면 혁명이나 공산주의로의 전환도 가능한 시기였다.

다섯째, 독일과 미국 등이 영국을 위협하고 압도한 것도 영향을 미치었다. 특히, 독일의 비스마르크가 일련의 사회보험을 입법화한 것이 영국의 자유당이 비슷한 법안을 입안하도록 하는 데 영향을 주었다.

종합하면 의회민주주의 국가인 영국은 독일보다는 몇 년 늦게 사회적 보호의

11) 타 국가(특히 이 당시 독일)와의 경쟁에서 뒤떨어지지 않기 위해서 낡은 관습과 제도 등을 버리기 위한 노력 또는 시도를 의미

수준을 높여서 모든 국민들을 대상으로 하는 사회보험을 도입하였는데 이는 영국복지국가의 출현이 국민들로부터 표를 얻기 위한 노력으로 **민주주의 발전의 산물**일 수도 있고 다른 한편으로는 (독일과 같은)**노동운동의 결과물**이나 **산업화의 논리**(더 많은 자본축적을 위해 노동자의 생활을 최소수준으로 인정하는 노동력재생산에 대한 필요성으로 사회보험을 도입하였다는 논리)에 따른 부산물이라고 할 수도 있음을 잘 나타내준다.

덴마크는 독일이 입법한 3개의 사회보험을 1891년과 1898년 사이에 입법화하였다. 1889년에 독일이 입안한 노령연금은 사전기여금을 지불한 국민들에게만 연금을 지급하였지만 1891년에 입법화한 덴마크의 노령연금은 이전 10년간 빈곤구제를 받지 않은 60세 이상의 국민들에게 자산조사를 거쳐 사전기여 없이도 연금을 지급하도록 하였는데 이러한 사전기여금(보험료) 없이도 연금을 지급하는 덴마크의 노령연금법은 뉴질랜드(1898년)와 호주(1908년) 그리고 스웨덴(1913년) 등으로 보급되었다. 덴마크는 질병보험을 1892년에 그리고 실업보험을 1907년에 입안하였다. **스웨덴**은 1891년 질병에 대한 현금급여를 시작으로 사회보험이 입안되었다. 특히 1913년 노령연금을 도입하였는데 덴마크의 사전기여 없는 보편적 노령연금의 성격으로부터 보다 발전된 형태로서 도입하였으며 모든 시민들이 연금을 받도록 하는 보편적 연금제도라는 특징이 있다. **노르웨이**는 독일의 사회보험을 많은 부분 모방하였는데 1894년에 산업재해보험법을 입안한 이후 1906년 실업보험, 1909년 질병보험 그리고 1936년 노령연금을 입안하였다. **프랑스**는 세계최초로 국가 수준에서 자발적 실업자들에게 혜택을 주는 실업보험을 입법화한 국가이다. 노르웨이 1906년, 덴마크가 1907년, 독일은 1927년 아일랜드가 1911년에 실업보험을 도입하였지만 프랑스는 이보다도 빠른 1905년 실업보험을 도입하였다.

덴마크와 스웨덴 그리고 노르웨이와 같은 노르딕국가들과 프랑스 등 유럽국가들은 독일로부터 영향을 받아 사회보험을 입법화하고 발전시켰지만 독일보다 발전된 형태의 사회보험 방식을 도입하는 경향이 있었다(Kuhnle and Sander,

2010). 미국의 경우는 1908년 산재보험을 먼저 도입하였지만 1930년대 까지 복지국가의 발전이 지체되다가 1930년 중반 경제대공황이 터지자 1935년 루즈벨트 대통령의 뉴딜정책에 따라 사회보험에 대한 중요성을 인지하고 노령연금법과 실업보험을 도입하게 된다. 따라서 미국의 경우는 1930년대가 복지국가도입의 시기라고 할 수 있다(Trattner, 2007).

1차 세계대전이 종결된 후 2차 세계대전이 발발하기 전까지의 시기는 유럽 국가들이 복지국가의 틀을 다지기 위해 노력하는 시기이다. 이 기간 동안에 노동운동과 사회민주주의 정당은 급속도로 발전하였다. 특히, 노동자정당과 사회민주주의 정당들이 대거 의회에 진입하여 의회를 이끌어나가면서 정부정책에도 관여하여 유럽 국가들의 사회보장제도는 급격하게 범위가 확대되는 시기였다.

양차 세계대전 사이 기간인 1920년대에 복지국가의 사회보험의 확장과 함께 사회적 보호를 위한 노력은 **첫째, 보호할 수 있는 사회적 위험 범위의 확대, 둘째, 사회적 위험에 대한 국민들의 포함 범위(coverage) 확대 그리고 셋째, 강제조항의 확대**라는 측면에서 발전되었다(Flora and Alber, 1981). 예를 들어 산업재해나 연금, 질병보험 등으로부터 혜택을 받을 수 있는 노동자들의 범위가 더 확대되었고 가족에게까지도 보험혜택을 받을 수 있도록 되었다. 독일은 1911년 처음으로 배우자에서 연금이 제공되도록 노령연금을 확대하였는데 1930년대 대부분의 복지국가들이 이 제도를 수용하였다. 노르웨이는 1909년에 가족구성원들에게도 질병을 보호해주도록 의료혜택을 도입하였는데 이 역시 1930년대 대부분의 복지국가들이 이 제도를 수용하였고 뉴질랜드는 1920년대 중반에 가족수당을 처음 도입하였는데 1930년대에서 2차 세계대전 기간 동안에 대부분의 복지국가들이 이 제도를 수용하였다(Kuhnle and Sander, 2010). 아래의 표는 주요 복지국가들의 사회보장제도 설립시기를 나타내준다.

〈표 3-1〉 1945년 이전 주요 복지국가 사회보장제도의 설립시기[a]

국가	질병보험	노령연금	산업재해보험	실업보험	가족수당
호주	1912(cash maternity benefit)	1908(non-contributory invalidity and old age benefit)	1900(Southern Australia)	1944	1941
오스트리아	1854(miners' scheme)	1854(miners' scheme)	1888	1920	1948
벨기에	1844 (seafarers' scheme)	1884 (seafarers' scheme)	1903	1920 (subsidized, voluntary)	1930
덴마크	1892(subsidized, voluntary	1891(non-contributory old age)	1898	1907(subsidized, voluntary)	-
핀란드	-	1937	1895	1917(subsidized, voluntary)	1943
프랑스	1928	1885(seafarers' scheme) 1910	1898	1905	1932
독일	1883	1889 (invalidity and old age)	1884	1927	-
이탈리아	1910(maternity insurance)	1861(seafarers' scheme	1898	1919	1936
룩셈부르크	1901	1911(wage-earners' scheme)	1902	1921	-
네덜란드	1913(cash benefit & medical ass.)	1913	1901	1916 (subsidized, voluntary)	1939
뉴질랜드	1938	1898(non-contributory old age)	1900	1930	1926
노르웨이	1909	1936	1894	1906 (subsidized, voluntary)	1946
스웨덴	1891(cash benefit & medical ass.)	1913(invalidity and old age)	1901	1934 (subsidized, voluntary)	1947
영국	1911	1908(non-contributory old age)	1897	1911	1945
미국	-	1935(old age benefit)	1908	1935	-
일본	1922	1941	1905(miners' scheme)	-	-

출처: Kuhnle and Sander, 2010, p. 71 표 5-1에서 재수정

복지국가의 틀을 잡아가기 위해 대상자를 늘리고 혜택을 확대하는 등의 사회보험의 진전은 1차 세계대전 이후 대부분의 국가들에게 있어 중요한 사회·경제정책이 되었다. 가장 빈곤한 사람들에게 빈곤구제혜택을 제공하는 것에서부터 시작되어 특정 위험을 해결하기 위하여 사회적 보호를 제공하는 것을 시민에 대한 당연한 권리로서 제공하는 사회보험의 발전은 1945년 세계대전 종결 이전 시기까지 유럽 및 미국 등에서 복지국가가 형성 및 발전하는 데 밑거름이 되었다. 이 당시 사회보장제도는 시민에 대한 사회적 권리로서 제공된다는 측면과 노동자계급의 투쟁에 대한 해결책으로서 제공되는 측면이 있었으므로 복지국가는 노동자계급을 위한 국가였고 민주주의의 측면에서 보면 사회적 권리에 대한 요구와 연관되어 사회민주주의와 깊은 연관을 가지고 있었다. 따라서 1차 세계대전 이전과 이후시기에 유럽 국가들에게 있어 국가의 역할은 사회적 권리의 **보호자**이면서 사회복지혜택의 **제공자**라고 할 수 있었다(Briggs, 1961).

하지만 모든 국가가 위와 같은 경로(path)를 거쳐 복지국가로 발전하는 것은 아니었다. 예를 들어 미국은 지금까지도 다른 유럽 복지국가들과는 달리 가장 허약한 건강보험체계를 가지고 있는 국가로 남아 있으며 유럽 국가들에 비해 복지국가 발전이 더딘 국가로 지목되기도 한다. 즉, 미국의 경우, 아동이나 미망인 그리고 참전용사들에 대한 복지혜택은 빨리 도입되었지만 전 국민을 대상으로 하는 사회보험의 도입은 1935년 사회보장법이 입안되면서 도입되어 다른 국가들에 비해 지체되었다(Skopol, 1995).

1차 세계대전 이전에 유럽 국가들은 대부분 4대 사회보험 중 2개 이상을 도입하였으며 유럽 이외의 국가인 호주는 3개의 사회보험을 그리고 뉴질랜드는 2개의 사회보험을 도입하였다. 특히 2차 세계대전 이전시기에 뉴질랜드, 프랑스 그리고 벨기에가 가족수당을 선도적으로 도입하였다. 그리고 **경제대공황과 2차 세계대전 발발 이전의 시기**에 사회보장제도의 개혁이 이루어져 대부분의 국가들이 실업보험을 도입하였으며 가족부양자를 포함하는 더 많은 국민들이 보편적 혜택을 제공받도록 사회보장혜택이 확대되었다.

2차 세계대전은 전후 복지국가가 한 단계 발전하는 데 영향을 주었다고 평가받는다. 1942년에 영국에서는 유명한 베버리지보고서가 제출되어 정부가 5대 사회악(결핍, 무지, 질병, 나태, 불결)과 싸워야 하고 "요람에서 무덤까지 보장" 해주는 것이 강조되었으며 마샬(Marshall, 1964)과 티트머스(Titmuss, 1950, 1976)는 전쟁의 경험이 계급이나 지위에 상관없이 보편적 사회혜택이 모든 국민들에게 제공되도록 하는 노력을 증가시켰으며 연대성의 정신이 복지국가의 중요한 기초가 되도록 하였다고 강조하였다.

제 3 절 복지국가의 발전

1. 1945년 이후 복지국가 발전시기

1945년은 복지국가가 새로운 단계로 이행하는 시기라고 알려져 있다. 즉 1945년을 기점으로 복지국가가 질적 측면에서 더욱 발전하였다고 할 수 있다. Flora와 Alber(1981)는 복지국가발전의 시기를 구분하면서 초기 독일 사회보험 입법부터 1914년까지 복지국가 도입시기로, 양차세계대전 기간을 복지국가 확장시기로 그리고 전후(1945년)시기를 복지국가 완성시기라고 제시하였다. 왜 복지국가발전에 있어 1945년 이후를 중요한 시기로 인식하는가는 몇 가지 이유가 존재하는데 그 이유는 이 시기가 첫째, 경제대공황을 회복하고 경제가 다시 활성화되는 시기였고 둘째, 베버리지보고서(1942)에 의해서 제기된 보편주의에 기초한 주요한 사회정책이 등장하여 사회복지전반에 개혁이 이루어진 시기이며 셋째, 사회보장 및 정책을 중요시하는 케인즈 경제학의 등장으로 복지재정이 급속도로 확대되었던 시기이기 때문이다(Nullmeier and Kaufmann, 2010; 지은구, 2005). 이러한 이유로 인하여 1945년 이후 시기는 복지국가가 강화되고 발전한 시기라고 일컬어진다. 이러한 이유 외에도 전쟁이 종결된 1945년을 복지국가강화발전을 위한 시기구분의 기준 연도로 삼는 이유는 첫째, 2차 세계대전에 발생한 자유민주주적 권리에 기초한 보편적 인간의 권리가 사회적 권리의 중요한 가치로 자리 잡은 시기가 전후 시기라는 점(Kaufmann, 2003), 둘째, ILO(국제노동기구)가 1944년에 보편적 사회보장을 강화하여야 한다는 원칙을 필라델피아에서 발표(필라델피아선언)하여 사회보장의 발전에 영향을 주었다는 점 등이 지목되기도 하였다(Lee, 1994).

복지국가발전의 맥락에서 살펴보면 1945년 세계대전 이전과 이후의 차이점은 매우 명확하다. 2차 세계대전 이전시기까지 사회정책의 패러다임은 노동자와 빈곤자들에게 선별적 복지혜택을 제공하는 선별적 패러다임에 그쳤지만 1945년 이후 시기에 복지국가는 모든 국민들에게 혜택을 확대하는 보편적 패러다임으로 수정되었다. 이러한 패러다임 전환은 곧 사회보험이라는 용어에서 사회보장으로 그리고 사회정책이라는 용어에서 모든 국민을 보호하는 복지국가로 용어 변화가 가능하게 하는 계기가 되었다(Nullmeier and Kaufmann, 2010).

2. 1970년대 복지국가의 축소시기

2차 세계대전 이후 1960년대까지 **복지국가의 황금시기(Golden time of welfare state)**를 통해 복지국가가 지속적으로 확대·발전하면서 유럽을 포함하여 미국 등의 복지국가들은 고용, 건강, 연금 및 산재 등과 같은 국민들의 사회보장을 위한 4대 사회보험을 정착시키고 국민들의 최저한의 삶을 보장하기 위한 공적 부조제도를 정착시켰으며 다양한 사회복지서비스를 통해 국민들을 "요람에서부터 무덤까지" 책임지는 국가적 복지시스템을 지속적으로 확대하였는데 이러한 복지국가의 물적 토대는 바로 기업과 국민들로부터 거두어들인 세금이 결정적이었다. 1960년대까지 대부분의 복지국가는 케인즈 경제학의 투자의 사회화와 유효수요창출과 같은 사회투자정책을 기반으로 하는 재정정책을 통해 막대한 재원을 사회복지사업에 지출하였다. 하지만 초기 산업자본주의의 발전으로 사회적 위험이 국민들의 기본적인 삶을 위협하면서 국민들의 생활안정 및 복지제도를 통한 삶의 질 개선을 위해 복지제도를 확대할 필요가 있다는 복지국가에 대한 국민적 공감대는 복지제도가 일정정도 기반을 갖추게 되고 경제가 점차 활력을 잃은 1970년대 초반을 거치면서 희석되기 시작하였다.

1970년대 들어 세계경제는 인플레이션과 실업이 공존하는 심각한 경제위기에 빠지게 되었으며 특히 **1973년 오일쇼크**라고 일컬어지는 이란과 이라크의 전쟁은 세계경제가 경제대공황 이후 다시 불황으로 들어가게 하는 직격탄이 되었다. 1973년 미국은 월남전에서 철수를 하여 베트남전 패배를 인정하였으며 전쟁으로 인한 막대한 재정적자와 더불어 인플레이션이 유발되었고 그 해 10월에는 이란과 이라크 사이에 중동전쟁이 터지고 석유파동이 일어나 세계경제는 대혼란으로 빠지게 되었으며 세계 각국의 통계는 물가인상(인플레이션)이 계속되면서 실업이 증가하는 스태그플레이션을 나타내 주었다. 1973년 이전시기까지만 해도 실업문제는 물가인상을 통해서 어느 정도 해결이 가능한 것으로 인식되었다. 즉, 물가인상을 각오하기만 하면 생산을 늘리는 일은 어렵지 않은 것으로 인식되어 실업이 문제가 된다면 물가인상정책을 써서 노동자들의 반발(해고하지 않으므로) 없이 실질임금을 하락시킬 수 있고(물가가 상승하면 당연히 화폐가치는 하락) 이렇게 실질임금이 하락하면 기업들은 이윤이 증가하므로 기업생산성을 증가시키기 위해 더 많은 노동자들을 고용하고 실업은 줄어들 것이라는 케인즈주의자들의 생각은 1970년대 경제위기에서는 전혀 효과가 없었던 것이다. 다시 말해 물가인상(인플레이션)이 계속되는데도 실업이 감소하지 않고 계속 증대하는 현상이 나타났던 것이다. 따라서 물가인상을 유발시키는 정책을 통해 고용을 확대해서 경제 불황을 극복하는 것을 강조하였던 케인즈주의자들은 물가인상과 동시에 실업이 증가하는 경기침체를 극복하기 위한 정책적 대안을 제시하지 못하게 되고 세계경제는 더 큰 혼란으로 빠져 들어가게 되어 복지국가는 심각한 경제적 어려움에 처하게 되었다(지은구, 2005).

경제학적 측면에서 보면 1970년대 중반이후 불어닥쳤던 지속적인 인플레이션과 경기침체로 말미암은 케인즈 경제학의 위기로 고전파 경제학을 계승·발전시킨 신고전파 경제학이 등장한다. 특히 신고전파 경제학은 낮은 인플레이션의 중요성, 정부정책의 무용성(ineffectiveness)과 복지정책 축소, 공급측면 강조, 자본이동(capital mobility), 시장에 대한 탈규제와 시장 유연성을 강조하였으며 자본이동과 세계무역이 강조되는 세계화의 이론적 토대를 제공하였다. 즉, 신고전파경제정책은 시장에 대한 정부개입에 대한 반대(정부축소), 자유경쟁시장경제체제에 대한 신념과 공급측면의 강조(시장 확대), 세금축소, 복지비지출 축소 등을 강조하는 신자유주의 경제학적 흐름에 크게 영향을 미쳤음을 의미한다. 결국, 이러한 신고전파 경제적 흐름에 영향을 받아 영국과 미국 정부는 지속적인 인플레이션을 제거하기 위해 공급중심의 통화주의정책을 대거 도입하였으며 이러한 정책은 대처정권과 레이건 행정부의 경제적 토대를 이루었고 인플레이션 제거에 어느 정도 효과를 나타내었지만 신자유주의의 경제적 토대를 제공하였다고 볼 수 있으며 이는 케인즈 경제학에서 다시 고전파경제학으로의 회귀를 의미한다고 볼 수 있다. 즉, 통화주의 경제와 신고전파 경제적 배경을 기반으로 하는 정권의 등장 역시 복지국가가 축소되는 정치적 이유라고 볼 수 있는데 **영국의 대처정권**(1979-1990) 그리고 미국의 **레이건행정부**(1981-1989)시기에 복지국가는 더욱 심각한 재정삭감에 따른 복지사업의 대폭적인 축소 내지는 구조조정으로 인하여 **복지국가는 위기(또는 재정위기)시대**[12]에 빠지게 된다. 1970년대 복지국가 축소의 시기는 1980년대까지 이어지는데 특히 1980년대의 시기는 **사회정책의 공백 기간 또는 복지국가의 휴지기간**이라고도 불린다(Taylor- Gooby, 2002).

복지국가에 있어 경제개발이나 경제성장의 목적은 모든 사회구성원들 특히, 기본적 욕구를 해결할 수 없는 위험에 처해 있는 집단의 구성원들에게 경제성장의 혜택이 돌아갈 수 있도록 하는 것에 있다고 할 수 있다. 하지만 1970년대 이후 자유무역과 탈규제화된 시장에 대한 신념을 고수하는 통화주의자를 포함하는 신-자유주의적 고전파 경제학자들의 영향력은 노동조합뿐만 아니라 복지

12) 복지국가의 재정위기에 대한 구체적인 내용은 본 저서 제7장 복지국가의 재정에서 확인 바람.

국가의 사회복지 전 분야를 손상시켰다. 이러한 결과로 인해 건강, 안전, 사회적 안전망, 그리고 환경보호를 위한 규제들은 탈규제화된 세계무역의 증진에 의해 심각하게 제한 받았다.

신고전파경제학의 흐름에 영향을 받은 1970년대 이후 복지국가 축소의 시기는 다음과 같은 특징을 지니고 있는 것으로 정리될 수 있다(지은구, 2005).

첫째, 국가의 시장에 대한 개입을 최소수준으로 유지하며 자유경쟁시장이 유일한 생산, 소비, 분배의 조정양식임을 강조한다.

둘째, 수요보다는 공급을 강조하는 공급측면을 강조하여 노동자보다는 기업생산성을 향상시키는 것을 추구한다.

셋째, 국가의 개입 없이 민간부분이 자발적으로 노동량을 증가시키고 자본량을 증가시키며 기술진보를 촉진할 수 있도록 하기 위한 유인책을 강조하였다. 즉, 유인책인 공급량을 증가시킬 것이기 때문에 이러한 유인책으로서 대규모의 감세조치인 기업과 부자들에 대한 세금감면정책을 시행하게 된다.

넷째, 기업 활동에 대한 정부규제의 완화를 강조한다. 즉, 기업의 생산과 투자활동을 위축시키는 각종 정부규제들(예를 들어 독과점규제, 소비자보호, 노동자보호, 공해규제 등)을 완화시키는 것을 강조한다.

다섯째, 정부의 재정적자가 인플레이션에 큰 영향을 주었다고 보기 때문에 국가의 재정적자를 예방하기 위한 조치로 사회적 지출 특히, **사회복지에 대한 지출을 강력하게 제한하는 복지축소정책들을 강조**한다. 따라서 주택정책, 보건의료정책 등을 포함하는 저소득층을 위한 각종 정책들이 폐지 또는 축소된다. 이러한 사회복지비 지출의 감소는 국가재정적자를 예방하며 나아가 부자들이나 기업가들에 대한 세금감면정책을 가능하게 하였지만 1990년대 이후 신사회적 위험에 대한 국가적 대응부재를 가져다 주는 중요한 요인으로 작동한다.

결국, 1970년대 이후 불어닥친 복지국가의 축소 시기는 경제를 활성화시키기 위해 복지를 경제에 복속시키는 복지재정에 대한 축소와 긴축정책으로 인한 사회복지 전 분야의 사업축소 및 지출 감소를 의미한다. 이러한 복지국가 축소 시기는 지속적인 공급중심의 경제정책 우선정책이 모든 국가들이 직면하였던 다양하고 복잡한 국민의 욕구에 대해 적절한 대안이 되지 못하였을 뿐만 아니라 지속적인 경제성장우선을 강조하는 공급중심의 시장 확대정책이 국민들의 삶의 질을 개선하지 못하고 빈곤의 심화 및 경제적 양극화를 더욱 확대하였으며 실업 역시 지속적으로 증가하는 등 국민들의 삶의 질에 부적절한 대응방식이라는 점을 노출시켰다. 특히, 복지국가 축소 시기는 사회적 양극화, 저출산, 고령화와 같은 1990년대 이후 모든 복지국가에 보편적으로 불어닥친 신사회적 위험에 대한 대응부재를 가져다 주는 결정적인 요인으로 작동하게 된다.

3. 1990년대 이후 복지국가

1990년대 이후에도 복지국가가 지속적으로 발전할 것인가를 살펴보기 위해서는 다음과 같은 질문에 대한 답을 찾는 것이 우선이다.

첫째, 복지국가축소 시기 이후 복지국가에서 실질적으로 복지축소가 이루어졌는가? 보편적 복지혜택이 증가하고 있는가? 축소되고 있는가?
둘째, 복지국가가 경제를 활성화시키기 위해 사회적 지출을 지속적으로 감소하였는가?
셋째, 복지국가는 국민들의 삶을 어느 정도는 개선하였는가?

만약 복지재정의 축소가 국민들의 삶의 질 개선 및 심각한 사회문제의 해결에 도움을 주었다면 복지국가는 지속적으로 축소되고 쇠퇴할 수도 있었을 것이다. 즉, 경제적 부의 증가가 국민들의 행복감에 지속적인 향상을 가져다주고 물질적인 부의 창출이 자본주의의 고유 문제인 빈곤 및 불평등을 완화 내지는 축소시켰으며 국민들의 삶에 부정적인 영향을 주는 새로운 사회적 위협요소들이 더 이상 등장하지 않았다고 한다면 국민들의 복지에 대한 욕구는 증가하지 않을 수 있으며 확대된 복지국가로의 회귀나 복지지출의 증대는 일어나지 않았을 수 있다. 1990년대 이후 이러한 복지국가의 축소는 지속적으로 이루어지고 있는가? 복지국가에서 복지제도의 축소 및 사회복지지출의 감소가 현실적인 현상이고 모든 복지국가가 경험하는 수렴화된 현상인가?

결론적으로 보면 대부분의 복지국가들은 경제가 활성화되어 GDP가 지속적으로 증가하였어도 사회복지혜택을 유지 및 확대하기 위해 사회적 지출을 감소하지 않고 지속적으로 증가하여 왔음을 알 수 있다. 이는 부의 증대가 곧 국민들의 삶의 질을 보장하는 절대적 요소가 될 수 없고 상대적 요소로서 일정정도의 부는 삶을 윤택하게 하지만 삶의 질과 사회의 질에 영향을 주는 더 중요한 요소는 사회보장 및 안전 그리고 건강 및 사회참여활동 등 매우 다양하다는 인식이 자리 잡게 되었음을 의미한다. 따라서 1990년대 이후 복지국가가 사회의 질 향상을 위해 노력하는 시기는 복지국가 재도약을 위한 조정의 시기라고 할 수 있다.

1990년대를 지난 2000년대가 복지국가 재도약을 위한 조정의 시기라는 점은 2000년대 이후 복지국가의 복지관대성비율이 지속적으로 증가하고 있고, 복지혜택을 위한 사회적 비용 역시 지속적으로 증가하고 있음을 알 수 있다. 특히, 2017년을 기준으로 OECD 국가가 사회적 지출로 GDP에서 평균 20% 이상을 지출하고 있으며 보편적 혜택인 아동수당, 청년수당 나아가 모든 국민들에게 매월 기본 소득을 제공하는 **기초소득**(basic income)의 도입 등으로 지속적으로 확대되고 있는 실정이다. 사회보험 및 공공부조 중심의 전통적 사회보장제도는 장애인 돌봄에서 노인 및 아동 돌봄 영역으로 급속하게 **돌봄 서비스**의 영역이 확대되었고 **교육 및 주거보장(교육복지 및 주거복지)** 문제로까지 복지혜택의 범위가 확대되었다. 즉, 복지국가의 사회보장정책의 범위 및 혜택은 1990년대 이후 더욱 넓어지고 있다.

아래의 표는 빈곤에 대한 복지혜택의 효과를 보여주는데 절대적 빈곤과 상대적 빈곤에 상관없이 복지국가에서 제공되는 복지혜택이 빈곤을 감소시키는 데 결정적인 역할을 하였음을 알 수 있다.

〈표 3-2〉 빈곤에 대한 복지혜택의 효과 비교

국가	절대적 빈곤율(1960-1991) (미국 중위소득가구 40%이하 기준)		상대적 빈곤율(1970-1997)	
	복지혜택 전	복지혜택 후	복지혜택 전	복지혜택 후
스웨덴	23.7	5.8	14.8	4.8
노르웨이	9.2	1.7	12.4	4.0
네덜란드	22.1	7.3	18.5	11.5
핀란드	11.9	3.7	12.4	3.1
덴마크	26.4	5.9	17.4	4.8
독일	15.2	4.3	9.7	5.1
스위스	12.5	3.8	10.9	9.1
캐나다	22.5	6.5	17.1	11.9
프랑스	36.1	9.8	21.8	6.1
벨기에	26.8	6.0	19.5	4.1
호주	23.3	11.9	16.2	9.2
영국	16.8	8.7	16.4	8.2
미국	21.0	11.7	17.2	15.1
이탈리아	30.7	14.3	19.7	9.1

출처: Kenworthy, 1999; Bradeley, et al. 2003에서 재인용.

사회적 지출에 대한 자료를 보더라도 복지국가의 재정위기가 가장 극렬하게 논쟁이 되었던 1980년에서 1990년 사이에 대부분의 복지국가들은 사회적 지출을 줄이기보다 더욱 확대하였음을 알 수 있다. 자료가 제출된 OECD 국가들은 평균 GDP 대비 1980년에 약 14.4%를 사회적 지출로 사용하였는데 1990년에는 약 16.4%를 지출하여 재정위기에도 불구하고 국민들의 사회적 위험을 보호하기 위한 국가의 재정에서 사회적 지출확대는 필연적이었음을 알 수 있다. 이는 복지국가 중 재정적 위기로 파산한 국가는 존재하지 않으며 오히려 재정을 더 확충하여 재정적 위기가 현실에 기반하지 않는 실체가 없는 복지국가 반대에 대한 이념적 논쟁이었음을 의미하기도 한다.

〈표 3-3〉 시기별 사회적 지출 비교(GDP 대비)

국 가	1980	1990	2000	2010
호 주	10.3	13.1	18.3	16.59
오스트리아	21.9	23.1	25.7	27.56
벨기에	23.1	24.4	23.5	28.28
캐나다	13.3	17.5	15.8	17.53
체코		14.1	17.9	19.72
덴마크	20.3	21.9	23.8	28.59
핀란드	17.7	23.3	22.6	27.34
프랑스	20.1	24.3	27.6	31.04
독 일	21.8	21.4	25.4	25.90
그리스	9.9	15.7	17.8	24.85
헝가리			20.1	23.04
아이슬란드		13.5	14.6	16.90
아일랜드	15.7	16.8	13.2	24.57
이탈리아	17.4	20.7	22.7	27.12
일본	10.0	10.9	15.4	21.26
한국		2.7	4.5	8.22
룩셈부르크	19.4	18.3	18.7	23.14
멕시코		3.1	4.4	7.37
네덜란드	23.3	24.0	18.8	17.78
뉴질랜드	16.2	20.3	18.2	20.43
노르웨이	16.1	21.6	20.4	22.03
폴란드		14.2	20.2	20.63
포르투갈	9.5	12.2	18.5	24.47
슬로바키아			17.6	18.00
스페인	15.0	19.2	19.5	24.72
스웨덴	24.8	27.2	26.8	26.26
스위스	12.7	12.1	13.9	15.06
터 키	2.2	3.8	7.5	12.34
영 국	15.6	14.9	16.2	22.42
미 국	12.8	13.2	14.3	19.37
칠 레		9.8	10.4	10.43
에스토니아			13.8	18.30
이스라엘			16.2	15.44
슬로베니아			22.0	23.40
라트비아			15.4	19.50
리투아니아			15.4	19.39
OECD	14.4	16.4	17.69	20.80

출처: https://data.oecd.org

2000년대 이후 복지국가의 가장 확실한 변화는 빈곤법 이후 자산조사를 거쳐 급여를 제공하는 선택주의(selectivism)라는 기준이 역사의 장막으로 후퇴하고 있고 모든 국민들에게 보편적인 서비스를 제공하는 보편주의(universalism)가 대부분의 복지국가 정책의 기준이 되고 있다는 점이다. 예를 들어 모든 국민들에게 기본적인 생계유지를 위한 현금급여를 제공하는 기초소득은 2000년대 들어 많은 국가들이 제도개발에 대한 연구를 수행하였으며 시범적인 시행을 하고 있는 국가들이 등장하고 있다. 예를 들어 아프리카의 나미비아는 2008년 1월부터 2009년 12월까지 otjievero와 Omitara지역에서 기초소득프로젝트를 시행하여 아동빈곤 및 교육정책에 상당한 효과를 가져온 것으로 평가받았으며 인도는 2011년부터 2개의 지역에서 기초소득프로젝트를 시행하고 있고 마카오 역시 2008년부터 기초소득과 비슷한 제도(Wealth Partaking Scheme)를 시행하고 있다. 유럽은 이미 1987년에 기초소득유럽인엽합(Basic Income European network)을 결성하여 활동하고 있고 2015년부터 프랑스의 지역인 Aquitaine에서는 지역의회의 결정으로 기초소득을 시행하고 있으며 캐나다는 2017년부터 온타리오주의 해밀톤시(Hamilton), 린드세이시(Lindsay) 그리고 선더베이시(Thunder Bay)에서 온타리오기초소득프로젝트를 시행하고 있다.

기초소득의 원리는 보편적 급여인 수당(allowance)으로부터 시작되었는데 수당이 복지국가에 도입된 것은 가족수당이 최초로서 1926년 뉴질랜드가 가족수당을 보편적 혜택으로 제공한 이후 아동수당, 장애수당, 노인수당(우리나라는 기초연금), 청년수당 등 다양한 형태로 대상자별 수당혜택은 대부분의 복지국가에서 확대되었다.

기초소득에 대한 최근 동향

- 2008년 Susanne Wiest가 독일에서 기초소득을 위한 최초의 공식 청원서를 제출하여 탄원서는 수락되었고 Susanne Wiest는 독일 의회 청원위원회에서 청문회에 초청되었지만 청문회가 끝난 후 탄원서는 "실현 불가능"으로 마감

되었다.

- 2013-2014년 사이 **유럽 시민 운동**(European Citizens 'Initiative)은 유럽위원회(European Commission)가 기초소득을 연구하도록 요구하는 28만 건의 서명을 수집하여 위원회에 제출하였다.
- 2015년 스페인의 시민 발의(citizen's initiative)는 기초소득에 대해 185,000건의 서명을 받았으며, 의회가 그 제안을 토의하도록 명령하는 데 필요한 수에는 미치지 못하였다.
- 2016년 6월 5일 스위스에서 세계 최초의 기초소득 국민 투표가 76.9%의 다수로 거부되었다. 하지만 2016년에 시행된 여론 조사에 따르면 58%의 유럽인이 기본 소득에 대해 알고 있고 65%는 그 아이디어에 찬성투표를 했다.
- 2017년 Politico / Morning Consult는 미국인 1,994 명에게 미국의 국가 기본 소득에 대한 태도를 질문하였는데 43%는 기초소득을 "강하게 지지"하거나 "다소 지지"하였다.

제 4 장

복지국가 이론

제 1 절 복지국가의 출현 및 발전을 설명해 주는 이론적 패러다임

복지국가를 이해하기 위해서 또는 복지국가가 왜 탄생하고 발전하며 쇠퇴하고 다시 조정단계를 거쳐 재도약하는가를 이해하기 위해서는 반드시 복지국가 발전을 설명해 주는 이론적 틀이 필요하다. 19세기 복지국가의 출현은 명백히 두 가지 이유로 설명이 가능하였는데 그것은 첫째, **사회경제적 요인이 영향을 주었다는 기능주의적 관점**과 둘째는 **노동자들의 요구투쟁을 강조하는 사회민주주적 관점**이다. 독일을 포함하여 영국 그리고 많은 유럽 국가들은 산업자본주의의 등장과 함께 노동의 상품화에 따른 경제적 이득(가치)을 오직 자본가계급만이 취하게 되면서 계급 간의 갈등과 이에 따른 노동자들의 계급의식의 고취 그리고 노동운동 및 사회주의운동의 등장 및 세력화에 대응하기 위해서 또는 자본가계급의 위기의식에 대한 발로로서 노동자들의 노동 상태나 생활조건을 개선하기 위한 사회보험제도를 도입 및 발전시키게 되었다.

또한 영국을 중심으로 많은 유럽 국가들은 산업자본주의가 가지고 온 사회경제적 어려움을 극복하는 데 있어 발전된 민주주의 및 자유주의 이념에 따른 복지에 대한 권리를 강조하는 사회적 권리가 반영된 새로운 제도를 도입하고 발전시키게 되었고 많은 복지국가들은 이러한 제도들을 따라 주요한 사회보험제도를 수용 및 도입하면서 복지국가 형성 및 발전에 있어 특정국가의 복지제도를 따라가는 즉, 비슷한 경로를 밟게 된다는 경로의존성(path dependency)이라는 개념을 등장시켰다. 경로의존성은 복지국가형성과 발전을 설명해 주는 개념으로서 후발 국가들이 독일이나 영국 등과 같은 선진복지국가들이 도입하고 발전시킨 사회복지정책이나 제도에 의존한다는 것을 나타낸다. 따라서 경로의존성은 복지국가가 선진복지국가들의 경로를 따라서 또는 경로에 의존하여 발전한다는 것을 나타내준다. 경로의존성이라는 측면에서 본다면 한국복지국가의 형성 및 발전도 미국이나 유럽복지국가의 제도나 정책이 걸어가는 길을 따라 가는 경로의존성에서 크게 벗어나지는 못한다고 볼 수 있다. 본 장은 복지국가의 출현과 발전을 설명해 주는 이론적 틀과 배경에 대해 살펴보기로 한다.

제 2 절 신기능주의이론

1. 신기능주의이론과 복지국가

복지국가출현 및 발전에 대한 기능주의이론에서의 해석은 기능주의이론을 중심적 축으로 하지만 기본적으로 개인, 가족, 조직 및 사회의 주요 구조 사이의 기능과 적응을 강조하는 기능주의이론에서 보다 거시적으로 국가의 기능 및 형태에 대한 해석을 강조함으로써 신기능주의이론이라고 불린다. 신기능주의이론(neo-functionalism)은 복지국가의 출현 및 성장과 발전이 **"사회경제적 변화에 대한 압력을 해결하기 위한 국가의 정책변화에 의해 나타난 현상"**이라고 바라본다(Schwartz, 2001). 특히 신기능주의이론은 복지국가출현 및 발전을 **산업화이론과 현대화이론** 등으로 구분하여 설명한다. 산업화이론은 주로 윌렌스키(Wilensky, 1975)에 의해서 주장되었으며 현대화이론은 프로라와 알베르(Flora & Alber, 1981)에 의해서 강조되었다.

1) 산업화이론

산업화이론은 복지국가가 산업화의 산물이라고 본다. 산업자본주의가 등장한 이후 시간이 지나면서 다양한 인구·사회적 변화 및 경제적 변화에 따른 문제가 발생하게 되며 국가는 이를 해결하기 위해 새로운 정책을 개발하고 시행하게 되는데 이러한 과정에서 복지제도 및 정책을 강조하는 복지국가가 출현하고 발전하였다는 것이 **산업화이론의 핵심**이다. 산업화이론은 산업자본주의 하에서 생산성이 증대하고 부가 증대하면 경제가 발전하므로 사회적 지출을 확대할 수 있어 복지국가가 발전하며, 생산성이 낮아지고 경제가 후퇴하면 당연히 사회적 지출은 줄어들게 되어 복지국가는 축소한다고 본다. 특히 산업화에 따른 다양한 인구·사회적 변화 즉, 저출산이나 인구고령화와 가족구조의 변화 등과 같은 사회구조의 다양화와 사회적 욕구 변화는 이에 대한 대응으로 복지국가가 발달하게 됨을 강조한다(World Bank, 1994; Castles, 2004, 2005).

2) 현대화이론

복지국가를 설명하는 현대화이론은 사회의 전반적인 현대화와 민주화 그리고 대중동원이라는 맥락에서 복지국가가 발전하였다고 강조된다. Flora와 Alber (1981)는 산업화와 도시화로 인해 사람들의 삶의 모습이 바뀌었고 도시가 발전하면서 새로이 생겨난 생활상의 불안정을 극복하기 위하여 복지국가가 출현하고 발전하였으며, 민주주의의 발전으로 국민들의 복지에 대한 욕구가 확대되면서 이에 대한 대응으로 사회정책과 복지서비스가 제공되는 복지국가가 발전하였음을 강조하였다. 즉, 현대화과정에서 전통적인 사회적 기능 및 관계가 해체되고 가족 및 공동체중심적인 상호부조와 자조 등의 기능이 사라지며 그 자리를 대신하여 복지국가가 출현·발전하였다는 것이 현대화이론의 핵심이다. 현대화이론은 결국 사회변동에 따른 새로운 사회적 욕구의 등장과 사회적 보호 및 안정과 통합의 필요성 그리고 민주주의 성장 등의 복합적 요소들이 복지국가발전의 원동력이 된다.

2. 신기능주의이론의 한계

신기능주의이론이 복지국가의 출현 및 발전을 설명하는 데 있어 아래와 같은 한계점들이 지적된다.

첫째, 신기능주의이론 특히, 산업화이론은 복지국가 사이의 간극의 차이를 설명하는 데 한계를 가지고 있다는 점이다. 즉, 경제성장이 반드시 복지제도 및 사회정책의 발전을 가져오는 것은 아님에도 불구하고 경제성장 및 인구·사회적 변화가 반드시 이에 상응하는 복지국가의 발전을 가져온다고 전제한다는 점이 한계점으로 지목되고 있다. 경제수준이 같은 국가라고 해도 그 사회의 다양한 요인들에 의해서 복지국가의 수준은 동일하지 않을 수 있는데 산업화이론은 이를 등한시한다. 예를 들어 독일과 스웨덴, 미국이 경제수준의 정도가 비슷하다고 해도 복지의 물적 토대는 상이하게 나타나고 수준의 차이도 존재한다. 하지만 산업화이론은 이러한 차이점을 분석하는 데 한계를 갖게 된다(Starke, 2006).

둘째, 신기능주의이론은 복지국가 출현 및 발전을 설명하는 데 있어 계급 간의 불일치 및 노동자들의 계급투쟁 그리고 자본주의 자체가 갖는 구조적 특징 등을 무시한다는 점이다. 자본주의는 기본적으로 빈곤과 불평등을 양산 및 확대·재생산하며 시장에서 노동자계급의 상품화를 통해 이익을 창출한다. 이러한 착취과정에서 노동자들의 계급투쟁은 이들의 생활조건을 향상시키는 복지국가의 출현 및 발전에 중대한 영향을 미치었으며 이러한 요구투쟁은 곧 경제사회적 불평등을 예방하고 개선하기 위한 복지제도의 발전을 가져왔다는 점은 부인할 수 없는 사실이다. 또한 자본주의사회의 통제 및 사회지배수단으로 복지국가가 발전되기도 하였다는 점 역시 갈등주의이론의 핵심적 주제이지만 신기능주의이론은 이러한 점을 무시한다.

제 3 절 갈등주의이론

1. 갈등주의이론과 복지국가

갈등주의이론에 따르면 복지국가출현과 발전은 기능주의이론이 강조하는 사회경제적 변화에 대한 순응이나 적응이라기보다는 "분배구조에 대한 정치투쟁의 결과"이다(Stark, 2006). 특히 갈등이론은 복지국가가 사회주의운동이나 노동조합이 긍정적으로 작동한 결과라고 본다(O'Conner and Olson, 1998; Schmidt, 1996; van Kersbergen, 1995).

갈등주의이론은 초기 복지국가의 출현 및 형성에 있어 매우 결정적인 영향을 미친 이론이다. 역사적으로 산업자본주의가 시작하면서 노동자들의 계급의식이 고취되고 자본주의 착취논리에 대한 비판으로 계급에 기초한 운동 및 협력이 노동자들의 노동조건과 생활조건개선을 위한 요구의 증가를 가지고 왔고, 이는 곧 자본가계급에 기반한 국가 유지적 차원에서 대응을 이끌어내고 이것이 복지제도의 도입 및 발전에 영향을 주었음을 독일 복지국가발전과정에서 확인할 수 있었다. 갈등이론의 관점에서 복지국가발전을 설명해주는 이론으로는 **사회민주주이론**과 **신마르크스이론**으로 분류될 수 있다. 이들 이론들에 대해 살펴보면 다음과 같다.

1) 사회민주주의이론

사회민주주의는 혼합자본주의 경제와 자유민주주의 정치의 틀 안에서 사회정의를 증진시키기 위한 경제·사회적 개입을 지지하는 사회·정치·경제철학을 의미한다(Heywood, 2011: Bsdie. Berg-Schlosser & Morlino, 2011; Miller, 1998). 사회민주주의는 사회정책의 측면에서 자본주의적 경제제도를 인정하되, 특히 노동자의 재생산 조건에 국가가 개입하여 계급 간 격차의 심화를 막는 한편, 자본주의 사회의 사회적 통합과 안정에 기여하기도 한다. 따라서 사회민주주의는 계급타협의 성격을 지닌다고 본다(Sandkühler, 1990). 사회민주주의 정당은 급진민주주의적, 개혁주의적 정당 및 집단은 물론 사회주의적, 혁명적 집단을 지칭하기도 하는 등 다양하게 쓰였으며 지금은 법치국가적 민주주의를 인정하면서 '부르주아 정당'들과의 평화적 협력과 연정을 하기도 하고, 수단으로서의 폭력을 거부하며, 법 등의 제도개혁을 통해 점진적인 사회개혁을 추구하는 정당 또는 집단을 의미한다(윤도현, 2017).

사회민주주의이론은 노동자계급의 힘 또는 자원이 복지국가발전에 영향을 주었다고 하는 **권력자원이론(power resource theory)**이 핵심이다. 즉, 노동계급의 권력자원의 동원 정도에 따라 복지국가 발전이 크게 달라진다고 주장한다(Korpi, 1983, Giddens, 1983, Cameron, 1984, Esping-Andersen, 1985, Esping-Andersen & Korpi, 1984, Therborn, 1987). 일반적으로 노동계급의 권력자원 동원 정도는 첫째, 노동계급의 조직화(노조가입률) 정도, 둘째, 노동계급 내부의 결속 정도(노조조직 간의 통합 혹은 분절 정도) 그리고 세 번째로 노동계급과 좌파 정당 간의 결합 정도(좌파 정당의 지지도)로 나눌 수 있다(Korpi, 1983; 김태성 · 성경륭, 2014). 따라서 스웨덴처럼 노조가입률이 높고 전국적으로 통일적인 노조조직을 갖추었으며, 사회민주당과 노동운동 세력 간의 연계성이 강한 국가일수록 노동계급의 요구가 정책에 반영되어 복지국가 발전이 높게 나타나는 반면에 그러지 못한 국가들, 예를 들어, 독일 같은 국가들에서는 스웨덴보다 낮은 수준의 복지국가 발전을 이룩하게 되고, 미국 같이 노동자들의 권력자원 동원 정도가 매우 낮은 국가들은 선진국 중에서 복지국가발전이 가장 낮게 나타남을 사회민주주의이론은 설명해 준다.

2) 신마르크스주의이론

마르크스주의자들은 복지국가를 자본주의 발전의 산물로 본다. 즉, 자본주의의 작동양식에 의해 자본의 착취가 점점 증가하여 노동자들의 노동력 재생산마저 위협받게 되자, 잉여가치 창출을 안정적으로 확보하기 위해 국가가 나서서 노동자 보호조치들을 취하게 되고, 이 과정에서 산재보험을 도입하고, 나아가 건강보험 또는 사회복지서비스 등을 실시하게 되었다는 것이다. 또한 마르크스주의자들은 자본주의 시장경제의 순환적 경제 불황과 이에 따른 사회적 불안정을 보완하기 위해, 국가가 다양한 형태의 공적 지출을 하여 노동소득이 없는 집단들의 구매력을 유지시키기 위해 복지국가가 등장하였다고 본다(윤도현, 2017). 따라서 임노동과 자본 간의 모순을 완화시키려고 복지국가는 노동자들을 사회적으로 통제하며, 자본주의 정치체제에 대중들이 계속 지지하도록 하는 역할을 떠맡게 된다. 신마르크스주의자들이 강조하는 복지국가의 출현 및 발전이론은 크게 국가독점자본주의학파와 자본논리학파로 대변된다.

(1) 국가독점자본주의학파

국가독점자본주의학파에 의하면, 오늘날의 자본주의 국가는 자본가 계급의 지배와 착취를 정당화하고 보장하기 위한 수단으로 복지국가를 발전시킨다는 것이다. 자본가계급의 자본축적을 정당화하기 위한 수단으로 노동자계급을 달래기 위해 최소수준의 복지급여를 제공하는 복지국가가 출현 및 발전한다는 것이다. 이러한 시각은 주로 과거 소련, 동유럽 진영에서 1945년 이후의 서구 자본주의의 지속적인 경제발전을 보면서, 그동안 자본주의의 지속적 발전 가능성을 과소평가했던 반성에서 나온 것이다(Wirth, 1972). 따라서 국가독점자본주의학파는 자본주의 모순을 은폐 및 완화하기 위한 국가의 위기관리 능력, 그리고 '독점부르주아지'의 국가정책에의 적극적인 개입과 영향력을 강조한다(윤도현, 2017).

(2) 자본(축적)논리학파

자본축적논리학파는 복지국가의 출현 및 발전이 자본가계급의 자본을 축적하기 위한 필요성 때문이라고 강조한다. 즉, 자본가 계급의 지배와 착취를 정당화하고 보장하기 위한 수단으로 복지국가가 출현 및 발전한다기보다는 자본가계급의 착취를 보다 안정화시키기 위한 필요성 즉, 자본의 논리에 의해서 복지국가가 등장한다는 것이다. 자본논리학파는 "노동과정과 가치증식(자본축적)과정의 통일로서의 자본주의적 생산과정에서 나오는 모순(빈곤 및 불평등 그리고 계급갈등 등)들로부터 국가 개입의 필연성과 한계를 각각 밝혀내는"(Müller & Neusüβ, 1971) 새로운 분석이 필요하다고 주장한다. 결국, 자본논리학파는 국가는 자본주의적 생산관계로부터 자립적인 주체가 아니며, 분배관계에의 복지국가적 개입을 통해 자본주의적 생산관계의 안정화를 시도한다는 것이다. 즉, 여기서는 복지국가를 **'독점부르주아지의 의식적인 개입'이 아닌, '자본주의 생산관계 자체에서 나오는 필연적 현상'**으로 간주하고 있다. 다시 말해, 자본주의 체제가 자신을 재생산하기 위해서 복지국가라는 것을 필요로 하게 되고, 이 과정에서 노동 계급은 여전히 체제의 희생물로서, 피착취 계급의 처지를 벗어나지 못한다는 것이다. 따라서 복지국가를 새로운 단계의 질적 사회발전으로 보는 것은 일종의 잘못된 '환상'에 불과하다고 주장한다(윤도현, 2017).

2. 갈등주의이론의 한계

갈등주의이론이 복지국가의 출현 및 발전을 설명하는 데 있어 아래와 같은 한계점들이 지적된다.

첫째, 복지국가의 발전이 반드시 정치투쟁의 산물만은 아니라는 점이다. 특히, 사회주의운동이나 노동조합운동을 통한 복지요구투쟁이 현대 복지국가에게 있어 과거에 비해 점점 사라지고 있지만 복지국가는 지속적으로 축소단계를 거쳐 재조정되고 도약하는 것에 대한 이론적 설명이 부족하다는 점이다.

둘째, 사회민주주이론은 노동자계급적 입장만 지나치게 강조한다는 점이다. 즉, 복지국가의 발전을 지나치게 노동자 계급 중심적으로, 다시 말해, 노동자 계급이 사회내의 어떤 다른 집단보다 가장 복지욕구를 강하게 가지고 있다고 전제한다. 즉, 노동자집단의 상대적인 계급권력이 커지고, 이에 기반한 노동자 정당의 정치력이 확대될수록 복지국가적 발전은 이루어진다고 가정하고 있다는 것이다. 하지만 복지국가의 발전에 있어서 오히려 결정적인 요인들은 노동자 계급의 권력자원 동원뿐만 아니라, 중간 계급의 입장, 그리고 노동자 계급과 중간

계급과의 연대여부라는 것이다. 즉, 중간 계급이 언제나 복지확대에 반대하는 이해를 가지는 것은 아니며, 이들의 복지에 대한 입장의 변화, 그리고 이에 기반한 복지동맹의 구축 또는 실패가 복지발전에 있어서 보다 결정적이라는 점이 지적된다(Baldwin, 1990; Goodin & Le Grand, 1987; 김영순, 1996; 안상훈, 2000).

셋째, 신마르크크스주의이론을 형성하는 국가독점자본주의론과 자본축적논리론 등은 이론적으로는 가능하지만 모두 실체가 없음이 한계로 지적된다. 특히 독점자본주의이론은 지배계급의 지배도구로서 복지국가를 설명하고 비판하지만 지배계급이 복지국가를 얼마나 지배하고 조작하는지 그리고 조직 및 관리의 한계는 어디까지이고 무엇을 조작하여 복지국가를 발전시키는지에 대한 명확한 분석 및 증거가 존재하지 않는다는 점이다. 또한 자본축적논리론에 비추면 복지국가는 자본축적을 정당화하기 위한 필요성으로 출현 및 발전한다고 주장하지만 실질적으로 복지국가의 발전이 자본가계급의 착취를 위한 필요성보다도 노동자들의 노동조건 개선 및 생활개선을 위한 요구투쟁의 결과라는 사실을 도외시한다는 점이 문제점으로 지적된다.

하지만 위와 같은 문제점에도 불구하고 갈등주의적 관점의 복지국가이론은 복지국가와 자본주의 경제체제와의 상호관계 하에서 생산과 분배에 대한 분석을 통해 복지국가의 출현 및 발전을 설명해준다는 장점을 가지고 있다.

제4절 제도주의이론

1. 제도주의이론과 복지국가

제도주의이론은 간략하게 정의한다면 "국가의 정치제도나 복지제도가 복지국가를 발전시킨다는 것을 강조하는 이론"이다. 특히, 제도주의이론은 복지국가의 경로의존성을 잘 설명해주는 이론적 틀이다. 특정 국가가 도입한 정치제도와 복지제도 또는 정책이 복지국가를 발전시켰으며 나아가 다른 국가에 전파되어 복지국가가 발전하였다는 것을 강조하는 것이 곧 제도주의이론의 핵심적 내용이다. 여기서 제도란 정치제도와 복지제도로 다음과 같이 구분된다.

첫째, **정치제도**: 정치제도 또는 정치게임의 규칙, 예를 들어 중앙집권주의인가 연방주의인가, 의회가 단원제인가 양원제인가 직접민주주의인가, 위헌법률제도가 있는가 등에 의해서 정치제도가 영향을 받고 이러한 정치제도의 영향력이 곧 복지국가의 발전에도 영향을 준다는 점이 강조된다.

둘째, **복지제도**: 복지정권이라고 유형화되는 개별국가의 사회적 제공의 현재구조(즉, 현재의 사회보장제도), 예를 들어 선별주의와 보편주의의 정도, 현금과 현물 및 서비스 비중의 정도, 복지국가의 재무구조와 조직적 측면(전달체계)에서 거버넌스의 수준 등의 복지제도가 복지국가발전에 영향을 준다는 점이 강조된다.

정치권력이 수평적 그리고 수직적으로 분산되어 있는 미국이나 스위스 같은 국가들은 제도의 변화에 대해 거부하는 집단이 많은 관계로 복지국가의 발전(또는 후퇴)이 잘 발생하지 않을 수 있지만 정치권력이 한곳으로 집중되어 있는 경우 정권이 마음먹은 대로 복지개혁을 할 수 있는 여지가 충분하므로 정치제도가 복지국가의 발전(또는 후퇴)에 영향을 미치게 된다(Tsebelis, 2002). 결국 미국과 같이 연방주의로 인해 권력이 분권화된 국가들은 스웨덴과 같이 중앙집권화된 국가들에 비해 복지국가의 발전이 느리게 진행될 수 있음을 제도주의이론은 정치제도를 통해 설명해준다. 결국 **정치제도와 복지수준은 밀접한 연관을 가지고 있으며 복지국가의 발전 및 후퇴에도 영향을 준다는 가정이 곧 제도주의이론**이다.

제도주의이론은 정치제도와 함께 현존하는 복지제도가 또한 복지국가발전에 영향을 미친다는 점이 강조된다. 즉, **복지정책에 대한 피드백**이나 **현존하는 복지국가의 제도**가 미래 복지국가발전에 영향을 준다는 것이다. 에스핑-앤더슨(1990)은 복지제도인 개별 복지국가의 사회적 제공(social provision)은 현재 구조가 복지국가의 사회적 지출이나 복지국가의 규모보다도 복지국가의 발전에 더 많은 영향을 준다고 주장하였다. 그는 계급 간 연합이 보편주의적 복지국가 형성의 토대가 되었다는 **권력자원이론**(power resource theory)을 적용하여 보편주의를 채택하는 스칸디나비아 복지국가들은 중간계급으로부터의 충성심이 높아 잔여적 선택주의적 제도를 가진 미국이나 영국 등과 같은 자유주의적 복지국가보다 복지제도가 발전할 가능성이 더 높음을 강조하였다.

복지정책에 대한 피드백은 곧 **경로의존성**을 의미한다. 경로의존성은 특정 복지제도의 경험이 곧 다른 국가의 복지제도에 영향을 주므로 복지국가들이 복지제도가 발전하는 경로에 의존하게 된다는 점을 강조하는 용어이다. 일반적으로 경로의존성에 대한 예는 연금제도에서 찾을 수 있다. 연금제도가 적립방식이라고 한다면 부과방식으로 제도를 변화 또는 개혁하는 것은 현실적으로 어렵다고 할 수 있다. 이는 적립방식 연금의 경로에 의존할 수밖에 없는 조건을 극복하기 어렵기 때문에 나타나는 현상이다. 적립방식에서 부과방식으로 제도를 개혁하여 경로를 완전히 바꾸게 되면 연금을 저축하는 노동자들은 현행 은퇴자들을 위한 연금에 대한 부담과 자신들이 향후 은퇴한 후 지불받아야 하는 보험료를 모두 부담하여야 하므로 이중으로 보험료를 지불하는 이중지불논란에 빠지게 되고 이를 방지하기 위해 경로를 이탈하지 않고 적립방식의 연금제도를 수정이나 개혁없이 지속해나가게 된다. 또한 연금제도를 새로이 수립하여 시행하려는 복지국가들은 외국의 연금제도 경로를 보면서 그 나라에 적합한 연금제도를 수립하고 시행하여 보다 발전된 형태의 복지제도를 수립하여 시행할 수 있게 된다는 점 역시 경로의존성이 복지제도에 미치는 영향을 설명해준다. 즉, 기존 복지제도에 영향을 받아 새로운 복지제도가 수립되고 진행될 수도 있으므로 경로의존성은 제도주의이론을 지지해주는 논리를 제공한다.

2. 제도주의 이론의 한계

제도주의이론이 복지국가의 발전을 설명해 주는 데 있어 아래와 같은 한계점들이 지적된다.

첫째, 정치권력이 중앙에 집중된 국가가 정치제도를 통해서 복지국가를 발전시킬 가능성이 더 많다는 제도주의이론은 역으로 정치제도가 복지국가발전에 회의적이라는 시각을 제공하기도 한다. 이는 힘이 집중되어 있는 정치체계는 책임성 역시 집중되어 있으므로 복지정책에 불만이 많은 투표권자들에게 표를 얻어 정권 또는 현 정치체계를 유지하기 위해서 또는 정책의 책임성으로부터 자유로울 수 있도록 또는 정책에 대한 비난을 회피하기 위하여 복지제도의 축소 내지는 복지재정의 삭감을 시도할 수 있으므로 정치제도가 복지국가의 발전에 역행하게 된다.

둘째, 계급적 지지기반이 높은 보편주의적 복지제도를 가지고 있는 국가들도 경제적 어려움의 시기에는 보편주의에 기반한 제도를 지속적으로 보호하고 확대하기가 어렵다는 점 역시 제도주의이론의 한계점으로 지적된다. 또한 고용문제가 심각한 문제로 지목된 복지국가의 경우 고용을 살리기 위하여 복지제도를 축소 내지는 수정하려는 시도를 할 수 있게 되며 낮은 임금과 저숙련노동자들의 문제가 심각한 복지국가들은 직업보장 및 임금상승을 위한 정책을 수행하기 위하여 복지제도를 후퇴시킬 수도 있으므로 정치제도나 복지제도가 복지국가의 발전을 가지고 오는 것만은 아니라고 할 수 있다.

셋째, 경로의존성에 대한 문제점이다. 경로의존성은 정책이나 제도의 변화가능성을 낮게 보는 경향이 있지만 경로의존성이 높은 복지제도나 정책이 완전히 변화를 거부한다는 것을 의미하지는 않는다. 즉, 복지제도나 정책이 특정 경로에 의존하여 변화가능성이 낮다고 해도 현존하는 제도적 틀 안에서 경로에 의존하지 않고 지속적으로 개혁을 통해 복지제도의 틀이 발전한다는 점을 지나치게 낮게 본다는 점이 경로의존성에 대한 한계로 지적된다.

제 5 절 시장의 실패와 정부의 강화 그리고 복지국가발전이론

1. 시장실패이론

시장실패이론은 복지국가의 출현과 발전이 자본주의 경제체제운영의 도구인 시장의 실패에 근거함을 강조한다. 즉, 시장실패이론은 시장을 통한 자원할당(분배)이 사회배제적이고 비효율적임을 강조하는 이론적 틀로서 새로운 균형적 자원할당(분배)구조의 필요성을 강조한다. 자본주의 경제체제하에서 시장이라는 생산 및 분배체제가 적절히 작용하였더라면 국가가 시장에 적극 개입하여 사회정책을 통해 분배를 조정하는 사회복지국가의 발전은 요원하였을 가능성도 배제할 수 없다. 시장실패이론은 국가의 시장에 대한 적극적 개입을 강조하여 사회복지체제를 시장에 대한 대안적 자원할당구조로 인정함으로써 복지국가를 구축하고 발전시키는 데 있어 정부의 중요한 역할을 강조하는 이론적 틀이라고 할 수 있다. 따라서 시장실패이론은 경제적 측면에서 복지국가의 출현보다는 오히려 복지국가의 발전을 설명해주며 특히 사회복지시스템이 시장의 실패를 조정해주는 조정양식이라는 측면인 국민들의 기본적 삶의 안정을 위해 반드시 필요한 사회복지 재화와 서비스의 생산과 분배를 조정해주는 조정양식이라는 측면이 강조되는 이론이라고 할 수 있다.

1) 시장

전통적으로 사람들은 시장을 통해서 재화와 서비스를 교환한다. 즉, 물건을 사고판다. 시장은 "특정한 재화와 서비스를 교환함을 목적으로 판매자와 구매자가 모이기 위해 설립된 장치"이다(Gregory and Ruffin, 1994). 또한 시장은 노동의 분업과 전문화를 조정하는 기구로서 역할하기도 한다. 이는 노동의 분업이 시장을 통해서 이루어지고 나아가 시장은 노동의 분업을 더욱 세분화하기도 하는 조정양식으로 기능함을 의미한다. 세분화된 노동의 분업은 시장을 통해서 보상받는다. 또한 시장은 판매자와 구매자 사이의 상이한 수준의 경쟁을 나타내기 때문에 시장과 경쟁은 밀접하게 연관되어 있다. 아담스미스 이래로 고전파경제학자들이 원하는 또는 꿈꾸는 시장은 완전 자유경쟁시장이며 다음과 같은 조건들을 포함한다(지은구, 2013).

첫째, 상품가격이 시장을 통해서 일정해야 한다.

둘째, 가격과 상품의 질에 대한 완벽한 정보가 공유되어야 한다. 예를 들어 특정 자동차를 다른 가게에서도 판다는 정보 없이 한 군데의 가게에서만 가격을 보고 구입하는 경우 경쟁은 불완전하게 된다.

셋째, 기본적으로 일정 수 이상의 판매자와 구매자가 있어야 한다. 통신회사가 한 군데만 있다든지 또는 컴퓨터회사가 한 군데만 있으면 경쟁은 일어날 수 없다.

넷째, 한사람의 구매자나 판매자가 가격을 바꿀 만큼 충분하게 사거나 팔지 않아야 한다. 즉, 독점이 허용되지 말아야 한다.

다섯째, 비슷한 상품이 있어야 한다. 예를 들어 유사한 신발을 위한 판매자와 구매자는 많이 있는데 특정 회사 신발이 최고라고 소비자들이 확신한다면 경쟁은 불완전하게 이루어진다.

완전경쟁시장의 주요 특징은 판매자와 구매자가 경쟁에 직면한다는 것에 있다. 경쟁은 어떤 사람도 가격에 영향을 줄 정도의 힘을 갖지 않음을 나타낸다. 따라서 완전경쟁시장은 어떤 사람이나 집단도 가격을 통제할 수 없음을 특징으로 하며 이것이 시장경쟁이라 불린다(Albelda, Drago, and Shulman, 1997). 소비자는 물건을 싸게 구입하려고 하며 판매자는 물건을 비싸게 판매하기를 원하는데 경쟁은 이러한 행위들에 대한 하나의 대응으로서 시장에서 존재한다.

2) 시장 선호이유와 성공조건

경제학자들이 시장을 선호하는 가장 결정적인 이유는 시장이 가장 효율적이라는 점 때문이다. 이성적 인간이란 개인적 만족을 증진시키기 위해 행동하고 결정하는 인간을 경제학에서는 의미한다. 따라서 경제적 측면에서 자기에게 이익이 되지 않는 한 누군가를 위해 물건을 산다든지 또는 누군가를 위해 시간을 소비하는 행동들은 이성적인 행동으로 생각되지 않으며 개인적인 시간 낭비이기 때문에 효율적이지도 않다. 따라서 이성적인 인간들의 효율적인 행동에 기초한다면 기업가나 또는 어떤 사람도 자기에게 만족이나 이익이 되는 행동을 하게 되는데 자유경쟁시장이 이러한 만족이나 이익을 지켜주는 역할을 담당한다. 자기이익의 실현 또는 자기만족의 실현이 시장을 통해서 이루어지기 때문이다. 판매자와 구매자는 시장에서 거래를 통하여 서로의 만족을 충족시킨다. 거래에서 필요한 것은 자원은 희소하기 때문에 많이 가지는 것이 더 좋다는 것이고 인간은 이성적이기 때문에 인간 개개인들의 만족을 위해 거래한다는 사실이다(Albelda, Drago, and Shulman, 1997).

예를 들어 철수와 영희의 거래에서 둘 다 만족하지 않으면 거래는 발생하지 않는다. 철수가 가지고 있는 사과와 영희가 가지고 있는 배를 교환하는 경우 교환이 이루어진다면 둘 다에게 만족이 있는 것이며 이는 결국 효율적인 거래로 인식되는 것이다. 여기서 중요한 것은 영희와 철수를 제외한 다른 사람들의 선호나 고통은 중요한 요인이 아니며 또한 철수와 영희가 각각 사과와 배를 얼마나 가지고 있는지를 포함하는 그들의 개인적 조건들도 중요하지 않다. 다만 둘다 만족하기 때문에 거래가 성사되며 결국 거래는 효율적이라는 점이 강조된다. 따라서 누가 시장에 참여했는지에 상관없이 시장거래는 효율적이 된다.

시장의 실패는 시장의 성공과 반대되는 개념으로서 시장의 성공을 정의하면 그 반대의 결과로서 시장의 실패에 대한 정의는 자연스럽게 도출된다고 볼 수 있다. 경제학적 의미에서 시장의 성공은 시장을 통해서 자원의 균형적인 할당이 이루어지는 것을 의미한다. 따라서 시장의 실패는 시장을 통해서 자원의 균형적인 할당을 이루지 못하는 상태를 의미한다고 할 수 있다. 시장이 성공하기 위해서는 시장성공을 위한 전제조건이 충족되어야 한다. 그리고 시장성공을 위한 전제조건이 실현되지 않았을 때 시장의 실패는 필연적이라고 할 수 있다. 경제학자들은 시장의 성공조건으로 첫째, 시장이 성공하기 위해서는 다양한 수의 많은 시장이 존재하여야 한다는 점과 둘째, 시장에서 생산자와 소비자가 경쟁적으로 활동하여야 한다는 점 그리고 세 번째로 시장이 성공하기 위해서는 균형(예를 들어 균형가격)이 존재하여야 한다는 점을 들고 있다(Ledyard, 1991).

3) 시장의 실패

정치경제학의 학파들은 대체적으로 시장의 실패를 인정하고 있으나 오스트리안학파는 시장의 실패를 인정하지 않는다. 오스트리안학파에 따르면 시장의 실패는 존재하지 않으며 단지 시장이 비효율적일 수는 있다고 주장한다. Kirzner(1963)에 따르면 사회적 체계(시장을 의미)를 위한 효율성은 개개인들이 개개인들의 목적을 성취하는 것을 허용하는 효율성을 의미한다고 한다. 즉, 시장이 효율적이라는 것은 시장에서 개개인들이 목적하는 것을 얻는다는 것을 의미한다. 따라서 이러한 정의에 따르면 비효율성은 다만 개개인들에 의해서 선택된 수단이 그들이 성취하기를 갈망하는 목적과 양립하지 않을 때 발생한다(Cordato, 1980). 즉, 시장의 비효율성은 개개인들이 시장에서 그들이 원하는 것을 얻지 못하게 되는 경우 발생하게 된다. 오스트리안학파에 따르면 시장은 이윤으로 동기가 부여되는 기업가정신을 통해서 시장의 비효율성을 제거하며 정부는 시장의 비효율성을 조정하기가 매우 어렵다고 주장한다(Cordato,

1980).

공공선택이론의 경우 시장의 실패는 인정하지만 시장의 실패를 극복하기 위한 정부의 개입은 반대하는데 그 이유로 시장의 실패를 수정하기 위한 비용이 정부의 실패를 수정하기 위한 비용보다 더 높기 때문이라고 한다. 특히, 공공선택학파에 따르면 시장에 대한 강제적 정부개입은 자유시장의 파괴를 의미한다. 마르크스경제학은 개인적 소유권의 용인이 바로 시장의 기본적 문제점임을 지적하며 자원은 시장을 통하지 않고 완전히 다른 방식으로 할당되어야 함을 강조한다. 마르크스주의자들은 시장이 비효율적이며 시장의 실패는 자본주의 사회의 내재적 특징이라는 점을 강조한다. 특히 시장이 추구하는 가격체계를 통하여 자원을 할당하는 것보다는 지역주민으로부터 표현되어 사회에 의해서 결정된 욕구에 기초해서 자원이 할당되는 것을 강조한다(Krugman and Wells, 2006).

시장이 실패하는 이유는 간단히 추론하면 위에서 지적하였던 시장성공의 전제조건들의 반대 현상이 나타나는 경우라고 할 수 있다. 예를 들어 첫째, 시장이 성공하기 위해서는 다양한 수의 많은 시장이 존재하여야 하는데 시장의 수가 적다든지 둘째, 시장에서 생산자와 소비자가 경쟁적으로 활동하여야 하는데 비경쟁적인 독점이나 과점이 일어난다든지 그리고 세 번째로 시장이 성공하기 위해서는 균형(예를 들어 균형가격)이 존재하여야 하는데 정보의 불균형 등으로 인해 균형이 존재하지 않게 되면 결국 시장은 실패하게 된다고 할 수 있다. 이에 덧붙여 자유경쟁시장에서는 교환이 이루어지지 않는 상품의 존재 또한 시장의 실패를 설명해주는 한 요인이 된다. 일반적으로 공공재는 시장에서 교환이 이루어지지 않는 재화와 서비스로서 정부가 주도적으로 자원의 할당을 결정하게 된다. 시장이 역동적이고 안정적으로 움직이기 위한 시장성공의 조건들을 다 갖추는 것은 현실적으로 불가능하다고 할 수 있다. 시장의 문제점으로 지적되는 시장실패의 요인들에 대해서 보다 구체적으로 살펴보면 다음과 같다.[13)]

---

13) 시장실패의 요인을 설명해주는 기존의 이론 외에 최근에 등장한 시장실패이론으로는

(1) 시장의 부족

시장이 중심이 되는 경제체계에서 다양한 시장의 부족은 결국 시장의 실패를 가져다준다. 다양한 시장이 많이 존재하여야 한다는 것은 시장이 성공하기 위해서는 필수적이라고 할 수 있다. 이는 예를 들어 조선사업이나 군수산업이 존재하기 위해서는 반드시 철강사업이 존재하여야 하는 것과 마찬가지이다. 따라서 시장과 시장이 상호보완적 행동을 하게 된다. 또한 다양한 시장이 많이 존재하여야 한다는 것은 철을 살 수 있는 시장이 오직 한 군데만 있어서는 철을 필요로 하는 조선공장이나 철도공장의 이익을 대변할 수 없기 때문에 철을 구입할 수 있는 시장은 여러 군데 존재하여야 한다는 것을 의미한다. 결국, 시장이 성공하기 위해서는 다양한 시장들이 많이 존재하여야 하며 반대로 다양한 시장의 부족은 시장의 실패를 초래하게 된다고 볼 수 있다.

(2) 비경쟁(독점 및 과점)

시장성공의 전제조건 중 하나는 위에서도 지적한 것과 같이 시장에서 모든 행위자들이 경쟁적으로 활동하여만 한다는 것이지만 현실적으로 시장은 모든 행위자들이 경쟁적으로 활동하는 것을 제한하는 즉, 행위자들이 비경쟁적으로 활동하게끔 하는 제한요소를 내포한다. 시장에 의해서 나타나는 비경쟁은 가장 대표적으로 판매자와 구매자 간의 동등한 힘을 왜곡하는 독점 및 과점 형태에 의해서 나타난다.

일반적으로 시장에서 생산자는 이윤을 최대화하기 위해 노력하며 소비자는 제한된 예산을 가지고 가장 선호하는 것을 구입하기 위해 노력하게 된다. 하지만 이러한 양자 간의 노력은 생산자나 소비자가 균형가격에 영향을 미치는 행위를 함으로써 깨지게 되며 균형가격을 유지하려는 시장은 실패를 맛보게 되고 이러한 행위의 가장 대표적인 것이 바로 독점 및 과점이라고 할 수 있다(지은

Stiglitz의 효율성임금가정이론, Akerlof의 레몬모델, Williamson의 기회행동개념 그리고 Paul David의 네트웍과 잠금효과이론 등이 있지만 이 책의 범위를 벗어나 구체적으로 소개하지는 않았다. 자세한 내용은 Cowen과 Crampton(2002)의 "Market failure or success"를 참조할 것.

구, 2013). 시장에서 독점 및 과점이 없어지지 않는 가장 결정적인 이유는 바로 수확체증의 법칙 때문이다.

◆ 수확체증의 법칙

수확체증의 법칙(the increasing returns to scale)은 투입된 생산요소가 늘어나면 늘어날수록 산출량이 기하급수적으로 증가하는 현상을 말한다. 쉽게 설명하면 기업의 규모, 사업범위 그리고 소비자(또는 고객)의 수가 증가함에 따라 수익이 커짐을 나타내는 경제학 용어이다. 이익이 늘어나는 것이 시장에 의해서가 아니라 기업의 규모와 같은 비시장적 요인에 의해서 나타남으로써 시장실패의 요인을 설명해 준다. 즉, 수확체증의 법칙은 시장실패를 설명하는 데 있어 독점 및 과점이 발생하는 한 요인을 설명하고 시장이 일부 기업의 수익을 확대하려는 노력에 의해서 실패할 수밖에 없음을 강조하는 법칙이라고 할 수 있다. 수확체증의 법칙에 따르면 시장에서 자본력이 풍부한 기업은 자본력이 풍부하지 않은 기업과의 경쟁에서 풍부한 자본력을 무기로 시장 점유율을 증대시켜나갈 수 있게 되고 자본력이 허약한 기업은 결국 시장에서 자본력이 풍부한 기업과의 경쟁에서 뒤처지게 되고 이는 결국 시장에서 특정 기업으로의 집중현상이 발생하게 됨을 의미하게 된다.

예를 들어 재벌빵집과 동네빵집이 경쟁을 한다고 가정하였을 때 재벌빵집은 막강한 자본력을 바탕으로 동일한 빵의 가격을 50% 낮추어 판매 할 수 있고 자본력이 약한 동네빵집은 지속적으로 동일한 빵의 가격을 낮추어 판매하는 것이 불가능하므로 재벌빵집과의 경쟁에서 뒤처지게 되어 문을 닫게 되고 그 지역에서 재벌빵집은 시장경쟁이 없는 독점판매권을 행사하게 된다.

(3) 불균형

시장이 성공하기 위해서는 균형(예를 들어 일반균형이론에 의하면 균형가격)이 존재하여야 하는 것이 전제조건이다. 시장에서 균형이 존재한다면 자원의 할당은 파레토(Pareto)효율의 상태에서 즉, 모든 사람이 최적의 상태에서 자원을 균등하게 배분받게 된다. 하지만 시장은 여러 가지 요소들로 인해 균형을 유지하지 못하며 이러한 시장의 불균형은 곧 시장의 실패를 가져다주는 문제점으로 지적된다. 시장의 불균형을 가져다주는 가장 큰 요인은 첫째, 정보의 불완전한 공유 때문에 일어나며 둘째, 외부효과에 의해서도 일어나고 셋째, 시장자체가 불균형하기 때문에 나타나기도 한다. 그리고 마지막으로 행위자 간의 힘의 불균형 역시 시장 불균형의 요인이 된다. 다시 말해 시장 자체가 가지고 있는 시장 행위자 간의 비경쟁적 지위에 의한 불균형 즉, 시장 자체가 가지고 있는 구조적 결함 때문에 판매자와 구매자는 상호 경쟁관계에 있다기보다는 판매자의 힘이 더욱 우세하기 때문에 나타나는 힘의 불균형이 시장불균형의 원인이 된다. 이러한 시장불균형의 요인들을 자세히 살펴보면 다음과 같다(지은구, 2013).

a. 불완전한 정보

시장 하에서 완전한 정보의 공유는 있을 수 없다. 시장의 불균형은 필요한 적당한 정보가 제공되지 못하기 때문에 나타나기도 한다. 예를 들어 한 기업이 상품을 과잉생산해서 위기에 직면해 있는 경우 이 기업은 다른 기업이 생산을 줄이기만을 기다릴 것이며 만약 다른 기업이 생산량을 줄이지 않는다면 이 기업은 위기에 처하게 되는 것이다. 즉 적절한 정보의 공유가 없었기 때문에 기업은 스스로 위기에 빠지게 된다. 또한 모든 정보가 완벽하게 공유된다면 소비자는 어떠한 사기도 판매자로부터 당할 수 없다. 결국 현 시장 경제의 정보공유에 대한 원칙은 판매자 또는 생산자 중심의 정보공유 원칙일 뿐 구매자의 입장에서 정보의 공유는 판매자에 의해서 얼마든지 왜곡될 수 있는 모순점을 내포하게 된다. 따라서 시장은 판매자나 생산자 사이에서 정보를 조작할 수 있는 왜곡된 기능을 내포하게 된다.

우리는 시장이 정보를 공유하지 않음으로써 나타나는 폐해들을 너무나도 많이 보아왔다. 예를 들어 주식시장은 조작된 정보에 의해서 특정자본의 이익만을 향해 널뛰기하기도 하며 일반 투자자들은 이 조작된 정보의 꼭두각시로서 특정자본의 자본증식에 그들의 땀과 힘을 그대로 빼앗기는 경우가 발생하기도 한다. 따라서 진정한 의미에서 자유시장 또한 완전한 정보의 공유는 있을 수 없으며 이는 이론적으로만 가능한 자유시장을 위한 시장의 조건이라고 얘기할 수 있다.

b. 외부효과

외부효과(externalities)는 이웃효과(neighborhood effect) 또는 일출효과(spillover effect)라고도 불리며 긍정적 외부효과(또는 외부혜택)와 부정적 외부효과(또는 외부비용)로 분류된다. 외부효과란 시장가격에 의해서 전이되는 것이 아닌, 비용이나 혜택을 유발하는 행동에 동의하지 않는 사람에게 초래되는 비용이나 혜택을 의미한다. 즉, 비용이나 혜택은 시장을 통한 거래에서 유발되어야 하지만 시장의 가격체계를 통해서 비용이나 혜택이 유발되지 않는 거래가 곧 외부효과임을 의미한다. 시장을 통하지 않고 비용과 혜택이 발생하므로 외부효과는 시장의 실패를 나타낸다. 이는 외부효과에 의해서 시장이 스스로 자원의 균형적인 할당을 할 수 없는 경우가 나타나게 된다는 것을 의미한다.

시장은 모든 참여자들이 그들의 행동에 대한 완전한 비용과 완전한 혜택을 누릴 때 시장으로서의 기능을 다한다고 볼 수 있다. 예를 들어, 판매자가 생산에 들어가는 모든 비용을 책임지며 소비자는 물건구매에 따른 완전한 혜택을 누려야 한다는 것을 의미한다. 만약 한 기업이 생산비용에 들어가는 부담을 제3자에게 떠넘긴다면 시장은 적절한 기능을 상실하게 된다. 외부효과는 기업들이 사회적으로 적당하지 않은 자원할당을 하는 경우에 나타나기도 한다. 이 경우 **외부효과**란 기업들이 그들 행동의 전 비용을 부담하지 않고 비용의 일부를 제3자가 떠안는 것을 일컫는다. 한 공장이 비용의 전부를 내지 않고 제3자가 비용의 일부를 떠안는 경우를 예를 든다면 다음과 같다. 어떤 한 화학공장에서 물건을 태워서 생산하고 남은 폐기물을 처리하는 데 하루에 100만 원이 들어가지만 폐기물 처리 시설에서 나오는 연기에 의해서 지역주민의 건강과 환경을 오염시키고 공장을 빨리 낙후시켜서 회복하는 데 들어가는 돈이 하루에 1,000만 원이 들어간다고 한다. 그러면 이 공장의 물건은 하루 천만 원이라는 기대하지 않은 경비를 부담하기 위해 상품가격을 올리게 되고 상품가격이 오르면 소비자는 그 상품을 외면하고 결국 공장은 문을 닫아야 한다. 이 경우 공장은 시장의 기능에 의해서가 아니라 외부효과에 의해서 공장을 폐쇄해야하는 경우에 직면하게 되기 때문에 이 문제의 해결을 위해 국가의 적절한 개입이 필요하게 된다. 결국,

시장가격을 통한 효과와 달리 외부효과가 시장의 경제적 효율성에 영향을 끼치게 되고 시장은 적절한 시장의 기능을 상실하게 된다. 이 경우 외부효과는 제3자에게 비용일부를 부담하게 하므로 부정적 외부효과라고 할 수 있다.

c. 소득외부효과

만약 노동시장 안에서의 경쟁이 실업을 확대하고 실업문제가 가족의 부양을 책임질 수 없는 많은 노숙인들을 생성해낸다고 한다면, 경쟁이 치열한 시장은 경쟁에서 배제되는 노동자 개인들에게 부정적인 영향을 주어 노숙인이 되도록 만들 수 있다. 노숙인이 증가하게 되면 일반 시민들은 그들에게 직접 현금을 제공하기도 하고 노숙인 문제해결을 위한 기부운동에 참여하여 자신의 소득일부를 기부금으로 제공하기도 한다. 이 경우 노숙인 **한 개인의 복지 또는 번영은 그들만의 소득에 의존하는 것이 아니라 다른 사람의 소득에도 의존한다**고 볼 수 있는데 이를 **소득외부효과**(income externalities)라고 부른다(Barr, 1992). 물론 소득외부효과가 반드시 시장의 실패를 의미하는 것은 아니며 모두 국가개입을 초래하지는 않는다. 예를 들어 부자가 자발적으로 가난한 사람에게 10만원을 제공하여 부자와 빈자가 모두 만족한다면 개인 간 소득전이는 아무도 나빠지지 않았으므로 파레토(Pareto) 효율적인 소득전이라고 할 수 있다(Barr, 1992). 이 경우 부자는 자신의 소득 일부를 기부하여 빈자의 소득을 증가시키도록 하였으므로 국가의 개입과는 관련 없는 자선행동으로 시장의 실패를 가져다주지는 않았다고 할 수 있다. 하지만 자본주의 경제체제 하에서 자발적 자선으로 소득격차의 확대에 따른 빈곤문제를 해결할 수 없어 국가가 국민들의 소득재분배에 개입하는 경우 소득외부효과는 시장의 실패를 가져오게 된다.

복지국가가 소득재분배에 직접 나서는 것도 결국 소득외부효과에 의해 나타나는 시장실패를 극복하기 위한 정책이라고 할 수 있다. 노동자들은 노동시장에서 형성되어 있는 소득으로 자신들의 복지를 충족시켜야 하지만 경쟁시장으로부터 배제되는 노동자들의 소득을 보전하기 위하여 국가는 세금을 활용하여 소득을 재분배하게 된다.

d. 시장자체의 불균형

시장에서 판매자(또는 생산자)와 소비자는 기본적으로 균형을 유지할 수 없다. 예를 들면 판매자는 상품가격이 비싸든 싸든 상관없이 자신에게 더 많은 이익을 가져다주는 상품을 계속적으로 판매할 것을 원할 것이며 자신에게 이익을 가져다주지 않는 상품은 당연히 판매할 것을 거부하게 된다. 또한 생산자의 측면에서도 상품가격이 추가비용을 초과하는 상품을 생산하려고 하지 추가비용을 밑도는 상품은 당연히 생산하는 것을 거부할 것이다. 소비자도 마찬가지로 상품가격이 싸다고 생각한다든지 또는 합리적이라고 생각하는 상품은 구매하지만 만약 상품가격이 비싸다고 생각한다면 어떤 소비자도 그 상품을 사려고 하지 않을 것이다. 따라서 기본적으로 시장은 더 많은 이익을 가져다주는 상품을 생산하려는 또는 더 많은 이익을 가져다주는 상품을 판매하려는 측면과 더 싼 것을 소비하려는 측면의 이익이 상충되는 격전장이라고 할 수 있기 때문에 기본적으로 균형가격이 존재하기가 어렵게 된다. 즉, 공급과 수요가 일치하는 균형가격은 존재하지 않게 된다. 이러한 경우 결국 시장은 균형을 유지할 수 없게 된다.

e. 행위자 간의 힘의 불균형

일반적으로 시장은 구매자나 소비자보다는 생산자, 판매자 또는 공급자 중심이라고 할 수 있다. 이는 상품을 판매하는 판매자보호원은 존재하지 않지만 소비자보호원은 존재한다는 사실에서도 쉽게 이해될 수 있다. 상품공급을 계획하는 당사자는 일상적으로 시장 그 자체와 시장을 둘러싼 환경을 지배하고 규정하기 위하여 정치적 행동에 관여한다. 따라서 시장에서는 비대칭이 일반적 현상이기 때문에 힘의 균형을 측정하기란 매우 어렵다. 하지만 자본주의 경제체제에서 시장의 힘을 측정하는 데 있어 돈과 그것을 소유하는 형태 즉 돈의 소유권은 시장에서 힘의 균형을 측정할 수 있는 중요한 결정요인이 될 수 있다. 어떤 경우에 있어서 시장에 들어가는 것은 생존을 위협받는다는 측면에서 위험하다(Sayer, 1995). 이는 돈과 시장이 불안정과 무산계급으로 인도할 수 있기 때문이다. 즉, 시장에서 가지고 있는 돈을 다 날릴 가능성이 있다는 것을 의미한다. 예를 들어 자신이 선택해서 구매한 장난감이 사자마자 고장이 난다든지 과일이나 음식이 썩어서 먹지 못한다든지 하는 일들이 종종 일어날 수 있다. 이것은 선택의 자유(free to choose)라는 시장경제의 가치를 잃을 수 있는 자유(free to lose)라는 측면으로 해석됨을 의미한다(Friedman, 1962; Roemer, 1988).

신자유주의자들은 자유시장이라는 의미를 어떤 방식으로도 방해받지 않는 자유영역, 즉 자발적 생산으로 해석한다. 하지만 시장은 결코 자유로울 수 없다. 공급자와 소비자, 시장의 당사자들 모두가 자유로워야 진정한 의미에서의 시장은 자유로울 수 있지만 자본주의 시장은 한쪽의 자유는 무시한다. 결국 자본주의 경제체제에서 대부분의 시장은 공급자 측면에서 오로지 규정받는다. 이는 공급자의 이익을 우선으로 해서 그들의 이익이 침해받지 않게끔 규정들이 이루어지는 것이다. 소비자에게 있어서 자유는 오로지 선택의 자유만이 있을 뿐이다. 누가 무엇을 가지고, 어떠한 상황에서 선택해야 하는지는 중요하지 않으며 모든 소비자는 동등한 선택의 자유권이 있다고 규정한다. 이러한 의미에서 결국 시장화에 따르는 자유는 자유방임적 자유로서 해석되는 것이다. 시장의 힘은 공급자 또는 판매자 중심으로 치우쳐져 있기 때문에 자본주의 시장에서 구매자 또는 소비자는 힘의 불균형 관계를 극복하기 위한 다양한 시도(특히, 소비자주권운동 등)들을 하게 되는 것이다. 이는 사회복지 서비스나 재화가 시장에서 교환이 이루어지게 되는 경우 소비자인 국민들은 힘의 불균형으로 인해 적절한 복지재화와 서비스를 구매하고 소비하지 못할 가능성이 높다는 것을 의미한다.

(4) 소비자주권의 왜곡: 시장참여의 주체로서 소비자 선택권의 왜곡

소비자 주권의 왜곡에 따른 시장의 실패는 "자기 자신을 위한 선택이 무엇인가를 결정할 수 없는 개개인들에 대한 선택권의 왜곡 또는 순수한 선택을 할 수 없는 경우"에 나타난다. 시장은 시장에 참여하는 행위자들 간 자원의 균형적인 할당을 성취하기 위해 노력하지만 시장에 참여하는 행위자들 간의 사회적 관계는 등한시함으로써 시장에 대한 실패를 초래하게 된다. 다시 말해 시장에 참여하는 두 주체인 판매자와 구매자 또는 생산자와 소비자 중에 한 축인 소비자 또는 구매자가 시장을 통해서는 균형 있는 자원의 할당이 이루어지지 않는다고 생각하여 시장에서의 거래를 거부하는 경우 필연적으로 시장은 제 기능을 상실하게 되는 것이다.

시장은 시장에 참여하는 행동의 주체인 판매자와 구매자 또는 생산자와 소비자를 이성적 결정을 할 수 있는 보편적인 인간으로 규정한다. 이는 소비자의 입장에서 보면 상당한 소비자 주권의 왜곡이 일어날 가능성을 내포하게 된다. 시장을 통해서 모든 행위자들은 자신들의 이익을 결정할 수 있는 순수한 선택을 할 수 있는가? 현실적으로 우리는 자기의지와 상관없이 이익이 된다면 어떤 선택을 따르는 경우가 있다. 예를 들어 자기 자신을 위한 선택이 무엇인가를 결정할 수 없는 개개인들에 대한 선택권의 왜곡현상은 사회적 소수계층들에게서 일상적으로 나타난다. 가령 알코올 중독자나 마약 중독자들이 자신들의 만족을 충족시키는 이성적인 선택이 무엇인지를 결정할 수 있는가? 또는 무의탁노인이나 소년소녀 가장아동들이 그들을 위한 최선의 선택이 무엇인지를 알 수 있는가? 그리고 그들이 그들을 위한 최선의 만족을 보장하는 선택이 무엇인지를 설령 이성적으로 안다고 해도 과연 그들이 그 선택을 시장을 통해서 실현할 수 있을 정도의 사회적 힘을 가지고 있는가? 설사 선택을 한다 해도 그들의 선택이 위에서 언급한 특징들을 가지고 있는 시장에서 이루어질 수 있는가? 즉, 시장의 체제 안에서 그들이 선택한 것들을 그들이 가질 수 있는 생산과 분배의 사회적 관계가 형성되어 있는가? 최저임금 이하의 서비스업에 종사하는 가족의 노동자 세대는 그들이 원하는, 진정 이성적으로 그들의 가족 구성원들이 원하는 삶의 질을 향상시킬 수 있는 상품들의 선택을 자유자재로 할 수 있는가? 장애인들이나 여성 또는 노인들은 현재의 노동시장이 적절한 직장을 자신들에게 균형 있게 할당하는 힘을 가지고 있다고 생각하는가? 무엇이 선택의 자유이며, 이성적 선택의 기준은 과연 무엇인가? 단지 좁은 의미의 교환의 장으로서 자유시장의 기능은 이에 대한 대답들을 할 수 없는 구조적 한계를 가지고 있다.

(5) 공공재

시장만이 재화와 서비스가 생산되고 소비되는 영역을 제공하는 유일한 메커니즘은 아니다. 자본주의 사회에서 대부분의 사람들이 시장을 통해서 상품을 매매하고 구입하며 그들의 만족을 충족시키는 수단으로 사용하고 있지만 정부나 또는 다른 정치적 체제에 의해서 제공되는 재화나 서비스들은 시장을 통해서가 아니라 다른 조정양식을 통해서 생산과 분배가 조정되기도 한다. Sayer(1995)는 시장 이외의 조정양식으로서 기획(planning), 연계망(networking) 그리고 민주적 통제(democratic control) 등을 강조하기도 하였다. Adam Smith(1776)가 시장교환에 한계를 가져다주는 한 요인으로 지적하였던 것과 같이 시장을 통해서 제공되고 소비되지 않는 대표적인 재화나 서비스로서 공공재(public goods)를 들 수 있다. 공공재의 출현과 발전은 결국 시장에서 교환 또는 할당이 이루어지지 않는 자원의 출현과 발전을 의미하므로 시장실패의 직접적 원인이 된다.

공공재의 사유재에 대한 우월성은 공공재가 개개인들의 욕구와 사회적인 욕구에 기초한 권리(entitlement)에 의해서 행해지지, 원함(wants)과 효율성(efficiency)에 기반해서 행해지지 않는다는 점에 있다. Seldon(1977)은 다른 상품이나 서비스와 공공재를 구별하는 데 있어 공공재는 다음과 같은 속성을 가지고 있다고 강조하였다.

첫째, 공공재는 개개인들에게 또는 집단에게 개별적으로가 아니고 집단적으로 공급되어진다.

둘째, 공공재는 함께 지불한다는 일반적 동의에 의해서 제공된다. 즉, 공공재는 서비스를 원하지 않는 사람들이나 그리고 서비스로부터 혜택을 받지 않는 개인들에게 그리고 그들 서로 서로에게 강제하기 위해 자발적이고 집합적인 동의를 필요로 한다.

셋째, 비경쟁적이라는 의미에서 공공재를 사용하는 사람들이 공공재를 통해서 완전한 능력이 도달될 때까지 그 사람들에게 추가비용 없이 많이 사용될 수 있다.

넷째, 공공재는 사용을 위해 지불하지 않는다고 해서 거절되지 않으며 지불할 필요가 없다면 무임승차가 가능하다. 그리고 공공재는 시장에서와 같이 개개인들의 특수한 요구에 맞게 생산되어지지 않으며 세금에 의해서 집합적으로 자금이 조달된다. 즉, 공공재의 자원조달은 전적으로 국민이 지불한 세금에 기초한다는 점이다.

◆ 공공재의 과소공급과 과소소비[14)]

공공재가 시장에서 제공되지 못하는 이유에 대해 경제학자들은 공공재가 비효율적이기 때문이라고 주장하기도 한다. Trugen(2005)은 첫째, 공공재의 비경쟁성이 국민들의 진짜 선호를 숨기도록 하기 때문에 비효율적이며 둘째, 공공재는 무임승객을 만들어내기 때문에 비효율적이라고 설명한다. 공공재가 무임승객을 만들어 낸다는 무임승차론은 공공재의 비배제성 때문에 나타나며 이미 많은 보수주의 경제학자들이 공공재무용론을 강조하면서 주장되었던 논리이다. 한편 공공재가 국민들의 진짜 선호를 숨기도록 하기 때문에 비효율적이라는 것은 공공재로부터 혜택을 받은 국민들이 공공재의 혜택에 대해 보상이나 보답을 하여야 한다는 부담감 때문에 공공재에 대한 선호를 숨기므로 공공재 제공이 제한될 수 있다는 점에서 비효율적이라는 것을 의미한다. 한편 Eger(2005)는 공공재가 시장에서 제공되지 못하는 이유로 첫째, 과소소비(underconsumption) 둘째 과소공급(undersupply)을 지적하였다.

일반적으로 공공재의 사용은 추가비용을 수반하지 않으며 비경쟁적이다. 따라서 가격이 정해져 있지 않은 비경쟁적인 재화에 가격을 책정하게 되면(즉, 시장에서 교환을 위해 가격을 책정하게 되면) 그 재화는 소비가 적게 일어나게 된다. 따라서, 비경쟁적인 재화에 가격을 책정하게 되면 과소소비가 일어나게 되고 과소소비는 재화의 과소생산이라는 경제적 비효율성을 야기한다. 국민의 입장에서 공공재는 비경쟁적이므로 누구나 원한다면 경쟁없이 서비스를 제공받아야 하지만 서비스이용에 이용료를 지불하여야 한다면 국민들의 입장에서는 당연히 소비를 줄이게 될 것이고 소비를 줄이게 되어 과소소비가 일어나게 되면 과소소비는 과소생산을 유발하게 된다.

또한 비경쟁적인 재화에 가격을 책정하지 않는 것도 재화를 제공하는 동기를 만들어내지 못한다. 즉, 비경쟁적인 재화를 만드는 데 일정 정도의 자금이 쓰여졌다고 했을 때 자금이 회수되지 않는다면 재화를 만드는 입장에서는 생산을

14) 과소소비와 과소공급에 대한 논의는 지은구 외(2010). 사회복지서비스의 특성과 이용자 재정지원(나눔의집). pp. 35-36을 참고하였음

줄이게 되어 과소생산이 일어나게 된다. 다시 말해 공공재이지만 재화를 생산하는 데 일정 비용이 지불된다고 했을 때 생산자의 입장에서 생산비용이 보장이 되지 않는다고 한다면 생산을 확대하기보다는 최소한의 생산만을 유지하든지 또는 생산을 줄이게 되어 과소공급이 발생하게 된다.

따라서 공공재의 과소공급과 과소소비는 시장실패를 설명하는 주요 요인으로 지적된다. 서비스를 생산하고 공급하는 입장에서 과소소비와 과소공급이 발생하는 경우 생산을 축소할 수밖에 없고 이런 재화인 경우 시장에서 교환된다는 것은 불가능할 수 있다. 그러므로 공공재와 연관된 시장실패의 가장 확실한 두 요인은 과소소비와 과소공급이라고 할 수 있다. 경쟁이 없는 공공재는 시장에서 제공되는 경우 과소공급과 과소소비가 발생할 수 있으므로 시장에서 제공되는 것은 시장실패의 요인을 제공한다.

결국 정부가 제공하는 공공재로서 사회복지서비스는 특정 집단에게만 서비스가 제공되는 경우가 많아 과소소비가 일어날 가능성이 매우 크고 또한 서비스 생산에 들어가는 비용이 보전되지 않는 경우가 많아 과소공급 문제가 발생할 가능성 역시 매우 크다. 따라서 시장을 통한 공공재로서의 사회복지 재화와 서비스 제공은 제한적으로 이루어질 수밖에 없게 된다. 시장에서는 과소공급과 과소소비가 일어나는 재화에 대해서 생산을 거부할 것이므로 국가는 다양한 집단들에게서 나타나는 사회복지욕구를 충족시키고 국민들을 보다 건강하고 안정적인 삶을 유지·발전시키도록 하기 위해서 과소공급과 과소소비의 문제로부터 자유로운 사회복지 재화와 서비스를 제공하도록 하여야 한다.

결과적으로, 시장을 통해서 교환이 이루어지지 않는, 국가가 생산하고 제공하여 국민들이 소비하는 공공재의 발전은 곧 시장실패의 중요한 요인이다. 이러한 측면에서 본다면 공공재의 성격을 가지고 있는 사회복지 재화와 서비스의 제공 및 발전 역시 곧 시장이 실패할 수밖에 없는 원인이 된다.

4) 시장의 실패와 복지국가의 발전

시장의 실패는 곧 경제우선주의의 실패 나아가 시장자본주의의 실패이고 이는 곧 국가의 대응과 새로운 생산 및 분배체계의 조정양식의 필요성을 대두시켰으며 이는 복지자본주의 그리고 복지국가라는 새로운 체제의 분배구조를 발전시키는 요인으로 작동하였다. 자본주의사회에서 시장은 지속적으로 국민들을 시장으로부터 배제시켰으며 빈곤과 실업 그리고 불평등을 야기시키는 메커니즘이다. 시장이 지속적으로 성공하고 시장이 새로운 문제를 양산하지 않았다면 그리고 시장으로부터 차별받고 배제되는 국민들이 지속적으로 줄어들고 새로운 문제가 시장이 아닌 다른 부분에서 증폭되고 확대되었다고 한다면 시장에 대한 국가개입을 강화하는 복지국가의 출현은 지체되거나 최소한 복지국가는 1990년대 이후 종말을 맞이할 수도 있었다. 하지만 시장은 성공과 실패를 반복하면서 복지국가는 국민들의 사회적 위험을 극복하고 생활안정을 이루기 위한 최소한의 그리고 마지막 보루로서 국민을 위한 사회적 생산 및 분배를 책임지는 조정양식으로 발전하고 있음을 부인할 수 없다.

특히, 시장은 실패요인 중에서 불균형을 양산하므로 불균형을 조정하기 위한 국가적 대응이 필요하며 외부효과에 대해 취약하여 이를 극복하고 긍정적 외부효과를 확산하여 국민들이 안정적인 삶을 유지할 수 있도록 하여야 한다. 또한 시장은 공공재의 과소공급과 과소소비에도 취약하므로 시장을 통한 생산과 제공으로 국민들이 배제되지 않고 생활에 위험을 초래하지 않도록 국가적 차원에서의 대응을 필요로 하는 새로운 생산 및 제공체계로서 복지국가의 발전에 깊은 연관이 있음을 부인할 수 없다.

2. 복지국가발전이론: 복지생산강화론

1) 복지생산강화론이란?

복지국가 토대구축에 중요한 영향을 준 시장실패이론과 신마르크스주의이론 및 사회민주주의이론과 제도주의이론 그리고 신기능주의이론 등은 모두 복지국가발전을 설명하기 위한 이론적 틀로서 부분적인 한계를 가지고 있다. 따라서 복지국가를 발전시키고 강화하기 위한 새로운 이론의 필요성에 주목하여 복지국가발전 및 복지강화의 필요성을 설명해주는 이론이 필요하다. **복지국가발전이론을 설명해주는 복지생산강화론**은 시장의 실패를 극복하고 국민의 건강한 삶을 유지·발전할 수 있도록 하기 위하여 개인주의적 가치에 반하여 집합적 가치를 강조하면서 사회변화를 추구하는 가장 강력한 변화의 대리인이 사회복지의 주요 역할임을 강조한다. **복지생산강화론**은 사회복지가 사회변화의 촉매제이자 대리인이고 사회복지는 변화를 성취하기 위하여 인식을 고취시키고 집합적 행동을 증진시키는 중요한 역할을 수행한다는 사회복지의 진보적 관점에 기초한다. 특히, 복지생산강화론은 "**시장이 양산해내는 경제적 불평등과 빈곤의 심화 그리고 사회적 차별과 배제를 사회복지 재화와 서비스의 생산 및 제공의 확대를 통하여 그리고 자원할당의 배열을 재조정함으로써 극복할 수 있음을 강조하는 이론**"이다.

2) 시장실패에 따른 복지생산강화의 배경

시장이라는 자원할당구조가 양산해내는 자원의 불평등분배와 불균형 그리고 이를 극복하기 위한 사회적 배제와 차별의 조정양식으로서의 복지국가의 발전은 시장실패요인과 밀접한 연관이 있다. **시장의 실패요인들 중 사회복지제도나 정책의 발전에 직접적으로 영향을 준 요인들을 구분하면 공공재의 발전, 외부효과, 불완전 정보** 등이 포함된다. **공공재**는 시장에서 교환될 수 없지만 국민들의 생활에 직접적인 영향을 주는 대표적인 서비스로서 사회복지 재화와 서비스라는 가치재의 출현과 발전을 가져다주었으며, **외부효과**는 국민들의 삶을 개선, 유지, 발전시킬 수 있는 긍정적 의미의 복지외부효과를 그리고 **불완전정보**는 미래의 위험이나 불확실성에 대한 국가적 개입의 필요성과 이를 극복하기 위한 제도적 방안으로 사회복지제도나 정책의 발전에 따른 사회복지 재화와 서비스의 생산 및 제공의 비약적 발전을 가져다주었다. 따라서 첫째, 사회적 가치의 실현이나 사회적 목적을 실현하기 위해 제공되는 **공공재 나아가 가치재로서의 사회복지재화와 서비스**, 둘째, 많은 사람들에게 그들의 직접적 소비나 지출과 상관없이 행복을 증진시킬 수 있는 **복지외부효과로서의 사회복지재화와 서비스**, 셋째, **불완전정보에 대한 대응**으로 미래에 대한 **불확실성이나 위험을 예방하고 줄이는 데 도움을 주는 사회복지재화**와 서비스 등은 시장실패에 따른 사회문제를 극복하는 데 절대적으로 도움을 준다. 결국, **시장실패요소인 시장의 불완전성, 공공재 나아가 가치재의 출현과 발전 그리고 국민들의 총체적 복지를 향상시**

키는 역할을 하는 긍정적 외부효과는 모두 사회복지발전의 요소이자 촉매제인 사회복지 재화와 서비스의 생산 및 제공을 통해서 이루어지고 있다고 할 수 있다(지은구, 2013).

복지생산강화론 배경이 되는 시장의 지속적인 실패에 따른 사회복지재화와 서비스의 확대 · 강화의 요인들을 구체적으로 살펴보면 아래와 같다.

(1) 가치재로서의 사회복지재화와 서비스[15]의 등장과 복지국가의 발전

시장은 시장을 통한 교환으로부터 배제되는 수많은 소외세력들을 양산해낸다. 화폐가치에 의해서 등가교환의 여부가 결정되는 자본주의시장체제에서 노동자들은 시장에서 교환을 통해 삶을 유지하기 위해 그들의 노동력을 판매한 대가로 지불된 화폐를 교환의 수단으로 하여 필요한 물건을 구입하며 노동력을 재생산한다. 하지만 자본주의시장은 시장에서 교환할만한 가치를 가지지 못한 사람들을 그들이 누구든지 그리고 왜 그렇게 되었는지 등에 상관없이 꾸준히 시장에서 배제한다. 시장에서 배제된 사람들에게 생활하는 데 필요한 물건을 제공하는 자선이나 기부 등의 이타적인 행동은 자본주의 이전의 시대에서는 하나의 해결 가능한 대안이었을지 모르지만 자본주의의 발전과 함께 더욱 확대되어가는 심각한 시장배제집단들과 사회구조적으로 시장에서 등가교환을 할 수 없는 수많은 사회소외집단들의 문제를 해결할 수 없게 되었고 이에 대한 집단적 대응의 한 방안으로 국가의 시장에 대한 적극적 개입 그리고 시장 이외의 자원할당구조를 통한 문제해결을 가능하도록 하는 재화와 서비스의 개발 및 보급을 가져다주었다. 시장이라는 자원할당구조를 수정 · 보완하기 위해 국가에 의해서 제공되는 가장 대표적인 재화나 서비스가 공공재이자 가치재라고 할 수 있다.

가치재는 공공재의 또 다른 모습으로 기본적으로 **"인간다운 삶을 유지·보전하는 데 필요한 재화와 서비스"**로서 사회통합과 사회정의 등과 같은 사회적 목적

15) 사회복지재화 및 서비스의 재화적 성격에 대한 구체적인 설명은 지은구 외(2010), "사회복지서비스의 특성과 이용자재정지원"(나눔의 집), 제2장을 참고할 것. 이하 논의는 앞의 책을 참고하였음.

이나 사회적 가치를 유지하기 위해 국가에 의해서 제공되는 재화이자 서비스라고 할 수 있다. Savas(2000)는 "**가치재를 소비자의 지불능력과 상관없이 사회적 판단이나 사회적 결정에 따라 소비되는 재화나 서비스**"로 정의하였다. 따라서 가치재는 시장을 통한 교환이 아니라 국가가 국민들의 수요에 적극적으로 개입하여 공급을 하는, 국가에 의해 교환이 이루어지는 자원이라고 할 수 있으며 사회적 목적에 의해서 제공된다. 공공재는 시장실패의 한 요인이지만 **시장실패에 따른 사회문제의 확대를 예방하고 모든 국민들이 인간다운 삶을 유지·발전할 수 있게 하므로 공공재 그리고 가치재의 발전과 발달은 복지국가 발전 및 성공의 물적 기반**이라고 할 수 있다.

■ 시장의 가치와 사회의 가치

시장은 일반적으로 특정한 재화와 서비스를 교환함을 목적으로 판매자와 구매자가 모이기 위해 설립된 사회적 기구 또는 장치라고 할 수 있다. 이러한 시장에 대한 정의는 시장이 교환을 목적으로 하는 사회적 제도 또는 기구라는 것을 강조하는 것이다. 따라서 시장의 기본 개념을 이용한다면 사회복지 재화와 서비스의 교환이란 시장에서 판매자와 구매자 사이에 사회복지 재화와 서비스에 대한 교환이 일어나고 교환을 통해 소유권이 이전된다는 것이라고 할 수 있다. 하지만 상품의 단순한 교환관계나 소유관계만을 강조하게 되면 사회복지재화를 무엇을 위해 누가 생산하는지 그리고 누구를 위해 생산하는지 나아가 어떤 사람이 얼마만큼의 복지재화를 왜 필요로 하는지 등의 교환관계나 소유관계 이면에 숨겨져 있는 생산과 소비의 사회적 관계는 모두 등한시되는 결과를 초래하게 된다. 자본주의에서 시장은 판매자와 구매자 사이에서 재화의 단순한 교환 이상의 의미를 내포하고 있다. 교환관계 이면에서 보면 자본주의에서 시장은 판매자와 구매자가 서로의 이익을 실현하는 격전장이라고 할 수 있고 자본주의하에서 시장은 주로 구매자보다는 판매자 중심이며 나아가 부의 집적과 집중을 실현하는 실천 장으로서 역할을 수행하여 자신의 이익을 실현할 수 있는 능력을 가지지 못한 사람들을 의도적으로 배제하는 사회적 차별을 만들어 낸다. 즉, **시장의 가치는 교환관계에 의해서 지지되는 구매능력의 실현 또는 소유권이전이라는 것**을 의미한다. 결국, 시장에서 재화와 서비스가 단순히 교환된다는 것은 구매능력이 있는 구매자의 구매력 실현과 이를 통한 소유권이전이라는 것을 의미한다.

하지만 사회복지 재화와 서비스는 자본주의 시장경제가 만들어낸 불평등과 사회적 배제를 조정하는 사회적 가치재 또는 공공재적 성격을 강하게 띤, **사회적 생산**(social product)이라고 할 수 있어 단순히 교환관계나 소유관계만 강조될 수 없는 측면이 있다. 지은구(2006)는 사회복지 재화와 서비스를 사회적 배제와 차별을 조정하는 조정기구로 정의하였는데 이러한 정의는 곧 사회복지 재화와 서비스가 그 속성상 단순히 시장에서 교환이 이루어지고 그 상품에 대한 책임과 권한이 단순히 사람으로부터 사람으로 이전되는 것 또는 재화의 소유권이 이전되는 구매능력의 실현만이 중요한 것이 아니며 사회복지 재화와 서비스는 그 성격상 생산과 소비 분배의 불평등과 불균형을 시정하여 국민들의 삶의 질을 개선・향상시키는 것을 목적으로 하는 사회적 가치가 실현되는 재화이자 서비스임을 인식하는 것이 중요함을 의미하는 것이다. 따라서 사회복지서비스의 교환은 누가 서비스가 필요하며 왜 서비스를 필요로 하는지에 대한 인과관계분석을 기본으로 하여 어떻게 무슨 방식으로 서비스를 생산 및 제공할 것인지 등을 고려하기 때문에 교환의 관계에서 사회적 그리고 인간적 관계를 매우 중요시한다는 특징이 있다. 또한 누가 왜 서비스가 필요한지를 분석하면서 어떠한 요인이 욕구를 증대시켰고 욕구를 증대시키는 사회적 요인은 무엇인지를 분석하기 때문에 사회적 인과관계에 대한 분석이 사회복지생산 및 제공에는 필요하다.

결국 사회복지 재화와 서비스 교환의 조건은 시장교환의 조건과 같이 단순히 구매능력을 보존하는 것과는 달리 재화와 서비스가 필요한 사람들의 서비스 욕구를 분석하고 필요한 욕구를 해결할 방안을 구체적으로 파악하여 제공되므로 단순한 구매능력이 교환의 조건이 되는 시장에서의 교환과는 기본적으로 차이가 난다고 할 수 있다. 또한 단순히 서비스의 교환이 일어나고 교환 이후에는 어떠한 상황이 일어나는지에 대해서는 아무런 관심이 없는 시장에서의 교환이라기보다는 구매동기와 구매 이후의 변화에 대해 관심을 갖는 목적의식이 있는 교환이라고 할 수 있다. 즉, 시장의 가치실현으로 시장에서 배제되는 사회구성원들을 위하여 모든 사회구성원들의 삶의 질을 보장하고 안정된 삶을 유지·발전시키기 위한 사회적 목적을 지닌 사회적 가치를 실현하기 위한 사회적 생산물로서 사회복지재화나 서비스가 생산되는 것이다.

사회복지재화나 서비스의 사회적 가치재라는 특성은 결국 생산과 제공 전 과정에 대한 국가의 개입과 통제가 불가피함을 의미한다고 할 수 있는데 이는 국가가 사회복지 재화와 서비스에 대한 생산과 제공을 기획하고 실현시킴으로써 모든 사회구성원들의 실질적인 삶의 조건을 향상시키는 데 복지국가 존립의 일차적 목적이 있기 때문이다.

■ 사회복지 재화와 서비스의 공공재적 성격

사람들은 개인적으로 원하는 것들을 시장에서 구체적인 상품을 구매함으로써 획득하게 되지만 사회문제에 영향을 받은 사회구성원들이 갖게 되는 그들 각각의 욕구는 시장에 있는 상품이나 서비스를 통해서 뿐만 아니라 사회적 책임 하에서 공공재적 성격을 띠는 사회적 상품으로서 사회복지상품이나 서비스를 통해서 해결하게 된다. 예를 들어 같은 일반 상품이라고 해도 사회적 목적의식 하에 국가의 개입을 통하여 제공된다고 한다면 그 상품은 일반상품이 아니라 공공재적 성격을 나타내는 사회복지재화가 된다. 즉, 시장에서 개인적 부담능력에 따라 구입할 수 있는 신발이라는 재화가 국가의 재정지출로 인하여 사회구성원들에게 제공된다고 한다면 같은 신발이라고 해도 그 신발은 공공재적 성격을 내포하게 된다. 이는 시장만이 재화와 서비스가 생산되고 소비되는 영역을 제공하는 유일한 메커니즘이 아니라는 점을 의미한다.

자본주의 사회에서 대부분의 사람들이 시장을 통해서 상품을 매매하고 구입하며 그들의 만족을 충족시키는 수단으로 시장을 사용하고 있지만 정부나 또는 다른 정치적 체제에 의해서 제공되는 재화나 서비스들은 시장을 통해서가 아니라 국가적 개입을 통해서 생산과 분배가 조정되기도 한다. 시장을 통해서 제공되고 소비되지 않는 대표적인 재화나 서비스는 사적재와 구별하여 공공재라고 부른다. 정부에 의해서 제공되는 서비스로서 교육이나 또는 사회복지서비스 등은 모두 공공재에 포함될 수 있지만 모든 사회복지 재화와 서비스가 공공재인 것은 아니다. 즉, 정도에 따라 공공재의 성격을 강하게 내포하는 재화가 있는가 하면 그렇지 못한 재화도 있다.

Caporaso와 Levine(1992; 지은구 2006에서 재인용)에 따르면 시장에서 개인의 부담능력에 따라 교환을 통해 사고파는 것이 가능하지 않은 또는 그것에 저항하는 재화나 서비스는 첫째, 우정이나 사랑 그리고 존경심과 같은 가치중심적인 재화 둘째, 친구나 가족과 같은 인간상호 간의 관계 그리고 세 번째로 공통의 가치나 집합적 제공과 연관이 있는 재화와 서비스 등 크게 세 가지가 있는데 그들의 분류에 따르면 공공적 성격의 사회복지서비스는 집합적 제공이나 공통의 가치를 추구하는 세 번째 분류의 재화와 서비스에 속한다고 한다. 따라서 이러한 구분에 의하면 사회복지서비스는 사회 모든 구성원들의 공통적 가치나 집합적 제공에 근거하는 재화이자 서비스로서 시장에서는 거래가 되지 않는 공공재에 포함된다.

공통의 가치나 집합적 제공과 연관이 있는 사회복지 재화와 서비스는 기본적으로 공공재적 성격을 띠고 있다. 사회복지서비스가 공공재적 성격을 나타낸다는 것은 국가가 공공의 이익을 위해(공공성을 위해) 그리고 전체 국민들의 안정적인 삶의 유지를 위해 과소공급이나 과소소비에 상관없이 사회복지 재화와 서비스를 국민들에게 제공한다는 것을 의미한다. 공공재는 생산과도 연관이 있지만 공공부문을 통해서 제공되는 또는 공급되는 재화나 서비스는 공공재라고 할 수 있기 때문에 국가가 재정을 지원하고 서비스가 민간비영리기관을 통해서 제공된다고 해도 주인-대리인관계의 본질은 변하지 않으며 제공은 민간비영리기관에서 이루어지지만 서비스 제공의 주인은 국가이기 때문에 넓게 보면 국가에 의해서 서비스가 제공되므로 공공재라고 할 수 있다. 따라서 국가재정을 통해서 제공되는 서비스는 재정지원방식에 상관 없이 모두 공공재라고 할 수 있다.

특히, 사회가 발전하면서 공공재에 대한 구별도 발전하여 공공재라는 범주 즉, 비경쟁성과 비배제성만으로는 재화의 성격을 구분 짓는 것이 애매한 재화들이 등장하게 되었다. 따라서 학자들에 따라 재화는 단순하게 사적재와 공공재로만 구분된다기보다는 보다 다양한 범주로 구별된다. 하지만 분명한 사실은 사적재라고 하더라도 사회적 목적 하에 재화가 국가에 의해서 배분되는 경우 그 재화는 공공적 성격을 내포하게 되며 가장 대표적인 재화가 바로 사회복지 재화와 서비스라고 할 수 있다. 사회적 목적을 실현한다는 측면에서 사회복지 재화와 서비스는 가치재라고 분류된다. 공공재 그리고 가치재로서의 사회복지서비스는 간접적으로 사회적 만족과 사회복지를 증진시키기도 하며 직접적으로 사회구성원들의 만족과 복지를 증진시키기도 한다. 공공재의 다양한 유형에 대해서 이미 서술한 바와 같이 공공재는 경쟁과 배제라는 전통적인 재화구분을 위한 요소로는 구분할 수 없을 정도의 다양한 유형으로 분화・발전되었다. 예를 들어 국민건강보험 같이 전체 국민들에게 배제나 경쟁 없이 보편적으로 제공되는 순수공공재적 성격의 사회복지서비스도 있지만 경쟁이 있고 배제도 있는 사회복지서비스도 존재한다.

순수공공재는 아니지만 국가에 의해서 제공되며 시장에서 가격체계에 의한 생산과 소비가 이루어지지 않는 재화나 서비스로서 대표적인 것이 경쟁 공공재와 지역 공공재이다. **경쟁 공공재**는 자격이나 기준 없이 모두 혜택을 받을 수 있으나 혜택의 인원이나 자원이 한정되어 있는 경쟁적인 공공재로서 수혜인원과 자원의 한정 때문에 신청을 빨리 할수록 혜택을 받을 가능이 높고 신청을 늦게 하면 할수록 불리한 공공재이다. 예를 든다면 총액(Lump-sum money)으로 예산이 책정되어 있는 사회복지서비스는 예산이 계속적으로 보충되는 것이 아니라 일정시간이 지나면 서비스 제공이 끝나는 서비스가 있다. 즉, 일정하게 제공된 예산 범위 내에서만 서비스가 제공되는 공공재를 의미한다. 따라서 서비스를 빨리 신청한 사람들이 늦게 서비스를 신청한 사람들의 혜택에 영향을 주게 된다. **지역 공공재**는 전체 국가에서 제공되는 공공재이기보다는 특정 지역을 중심으로 그 지역주민들의 사회적 욕구충족을 위하여 공공적 성격이 있는 공공재를 그 지역주민들을 대상으로만 제공하는 재화나 서비스를 의미한다. 예를 들어 현재 정부가 추진하고 있는 전체 국가의 국민들을 대상으로 하지 않고 특정 지역주민만을 대상으로 사회복지서비스를 제공하는 지역 중심의 다양한 지역사회서비스투자사업들은 지역에 따라 다양한 사업으로 제공되고 있으며 특정 지역만을 위한 다양한 사업들이 포함되어 있어 이러한 서비스들은 모두 지역 공공재적 성격을 내포하고 있다고 볼 수 있다.

결국, 사회복지 재화와 서비스의 공공재적 성격은 국가 재정을 통하여 재화나 서비스가 사회적 가치, 사회적 목적을 실현시키기 위하여 집단적으로 제공된다는 점이며 재화의 성격을 구분 짓는 배제나 경쟁은 사회복지재화의 공공재적 성격을 나타내는 결정적 기준이 될 수 없다. 다시 말해 특정 집단만을 위해 서비스가 제공될 수도 있으며 국가재정의 한계 때문에 혜택이 일시적으로 제공되는 경우도 있을 수 있기 때문에 특정 사회복지서비스는 배제적 성격을 나타내기도 하고 경쟁을 통해서 서비스가 제공되는 경우도 있을 수 있지만 기본적으로 어떠한 경우라도 사회복지서비스 제공의 목적은 사회구성원들을 사회적 위험으로부터 예방, 치료하고 그들의 기본적인 삶의 질을 유지·보존한다는 사회적 가치의 실현 또는 사회적 목적의 성취에 있다는 점이 등한시되어서는 안 될 것이다.

(2) 사회복지 재화와 서비스의 가치재적 성격

사회복지 재화와 서비스는 사회적 목적성취라는 사회적 가치를 실현하기 위해 제공되는 재화이자 서비스이기 때문에 종종 가치재(worthy goods)라고 불린다. 앞에서 지적한바와 같이 소비자의 지불능력과 상관없이 사회적 판단이나 사회적 결정에 따라 소비가 이루어지는 서비스는 가치재라고 할 수 있다. 음식이나 교육, 대중교통 등의 서비스가 사회적 결정에 의해서 제공되는 경우나 대부분의 사회복지서비스들은 가치재라고 분류할 수 있다. 즉, 사회적 목적에 의해 제공되는 가치재적 성격을 띠는 사적재의 대표적인 것이 사회복지서비스이다. 이는 사회복지서비스의 일차적 수혜대상자가 대부분 소비능력을 가지지 못한 사회소외계층이기 때문이며 소비가 삶의 질이나 경제·사회적 안정과 연관이 있는 재화에 대한 소비인 경우 불균형 등을 일으키게 되므로 국가적 차원에서 서비스를 제공하게 된다.

물론 공공부문에서 서비스가 직접 공급되는 경우 그리고 국가재정으로 서비스가 대리기관을 통해서 간접 공급되는 경우는 당연히 사회복지서비스의 공공재적 성격을 의미하지만 음식이나 의류, 주택 등과 같은 사적재라도 사회적 결정에 의해서 국가가 소비를 결정하게 되면 그러한 재화의 성격이 가치재적 성격으로 전환되어 넓은 의미에서 보면 가치재의 범위에 포함된다고 볼 수 있다. 가치재는 국가의 재정 부담에 의해서 또는 국가가 직접 모든 국민들에게나 또는 특정 집단의 자격을 가진 성원들에게 제공된다.

결국 배제가 있고 소비도 개인적이기 때문에 사적재와 요금재적 성격을 나타내는 재화라고 해도 국가가 특정 개인(또는 집단성원)에게 국가재정을 사용하여 제공을 결정하므로 가치재는 사적재나 요금재와는 성격이 다르다고 할 수 있다. 또한 모든 사람이 가치재를 소비하면 긍정적 외부효과를 가질 수 있고 배제 없이 서비스를 제공받을 수 있으므로 가치재는 집합재 또는 공동재적 성격을 갖는다고 할 수 있다. 가치재적 성격을 갖는 사회복지서비스를 통해 지불능력이나 지불의지와 상관없이 개인적으로 건강이 보장되며, 소득과 주거가 보장되고 직업훈련이나 고용프로그램을 통해 노동시장의 불안전성이 해소되는 등 국민 모두의 삶의 질은 개선되고 향상될 것이다. 교육이나 예방주사 같은 경우도 가치재적 성격을 갖는다고 볼 수 있는데 이는 교육이나 예방주사가 전체 사회에 혜택을 가져다주기 때문에 소비가 집합적으로 이루어져야하고 특정 나이에서는 의무적 또는 강제적으로 서비스가 생산 및 제공되어야 하기 때문이다.

가치재로서 사회복지 재화와 서비스의 생산 및 제공은 국가직접생산 및 제공방식, 대리기관(제공기관)을 통한 제공자생산 및 제공방식 그리고 국민들이 직접 서비스를 선택할 수 있도록 재정을 국민들에게 제공하는 이용자생산 및 제공방식으로 분류할 수 있다. 어떤 방식이든 간에 소비능력의 유무에 상관없이 서비스가 생산 및 제공될 수 있어야 하기 때문에 가치재로서 사회복지 재화와 서비스 특성에는 분배적 정의나 형평성의 가치가 내재되어 있다고 할 수 있다.

3) 불완전정보로 인한 불확실성이나 위험을 예방하고 줄이는 데 도움을 주는 사회복지 재화와 서비스

불완전정보(또는 정보비대칭)와 사회복지의 발전은 밀접한 연관이 있는데 이는 사회복지재화나 서비스가 불완전정보에 기인하는 미래에 대한 불확실성이나 위험을 예방하고 대처할 수 있도록 해주는 사회적 재화의 목적으로 제공되기 때문이다. 불완전정보와 사회복지 재화나 서비스의 관계를 살펴보면 아래와 같다.

(1) 시장실패와 불완전정보

시장실패의 주요원인으로 지적되는 불완전정보는 소비자가 판매자가 가지고 있는 재화나 서비스에 대해 완전한 정보를 가지고 있지 못함으로써 나타나는 정보비대칭문제를 나타낸다. 자유경쟁시장 하에서 완전한 정보의 공유는 있을 수 없다. 따라서 시장의 실패는 필요한 정보가 제공되지 못하기 때문에 나타난다고 할 수 있다. 모든 정보가 완벽하게 공개되고 공유되어 진다면 소비자는 어떠한 사기도 생산자나 판매자로부터 당할 수 없으며 생산자와 판매자의 이윤창출은 극히 제한적으로 발생한다. 따라서 시장 경제의 정보공유에 대한 원칙은 판매자 또는 생산자 중심의 정보공유 원칙일 뿐 구매자의 입장에서 정보의 공유는 판매자에 의해서 얼마든지 왜곡될 수 있는 모순점을 내포하게 된다. 따라서 시장은 판매자나 생산자 사이에서 정보를 조작할 수 있는 왜곡된 기능을 내포한다(지은구, 2006).

시장에서의 생산자 또는 판매자와 소비자 사이의 불완전정보에 의한 정보비대칭은 특히 판매자나 생산자의 **도덕적 해이**문제를 가져온다. 예를 들어 개인병원을 운영하는 의사들의 이익이 그들이 제공하는 서비스의 양과 밀접한 연관이 있다면 의사들이 제공하는 서비스는 적당한 수준을 넘어서 과잉 공급되는 경향이 나타날 수 있으므로 판매자(의사)는 소비자(환자)의 상태와 상관없이 더 많은 이익을 위해 과잉서비스를 제공하게 되는 도덕적 해이에 빠지게 된다. 다른 한편으로 불완전정보는 생산자의 입장에서 **역선택**(adverse selection)을 하도록 한다는 측면에서 항상 생산자에게 유리한 것만도 아니다. 예를 들어 보험회사들은 위험요인이 높은 경우, 높은 보험료를 책정하는 것이 일반적이지만 건강이 좋지 않은 피보험인이 자신의 건강에 대한 정보를 숨기고 민간보험에 가입하였을 경우 보험회사는 높은 위험에 해당되는 보험료 대신에 평균보험료만을 책정하게 되고 자신의 건강문제를 숨긴 피보험인의 건강에 이상이 발생하는 경우 판매자의 입장에서 보험료지불금액이 상승하는 역선택의 문제가 발생하게 된다. 보편적인 방식으로 욕구가 있는 국민들 누구에게나 제공되는 사회복지 재화와 서비스는 시장실패요인인 정보비대칭으로 인해 나타나는 도덕적 해이와 역선택의 문제로부터 자유롭다. 정보비대칭과 사회복지의 관계를 보다 구체적으로 살펴보면 다음과 같다.

(2) 불완전정보와 사회복지 재화와 서비스의 관계

정치경제학자인 Barr(2001)와 Culyer(1980)를 포함하여 Rosener(2003)와 Walker(2005) 등 대부분의 복지경제학자들은 불확실성을 시장실패와 국가개입의 근거로 제시하고 있다. Culyer는 불확실성으로 인한 일반국민들의 위험에 대한 혐오(risk aversion)는 사회보험의 등장과 발전의 기본 토대임을 강조하였다. 또한 Barr는 그의 저서 "Welfare State as a Piggy Bank(2001)"에서 시장의 실패이유와 복지제도를 통한 국가개입(복지국가발전)의 이유가 **불완전한 정보**, **위험**, 그리고 **불확실성**에서 나타난다고 보았다. 그는 특히 불완전정보, 위험 그리고 불확실성은 사회보험의 결정적 등장이유라고 강조하였다. 그에 따르면 시장은 불확실성, 위험 그리고 불완전정보를 완전히 해결할 수 없으므로 국가개입은 필연적이며, 복지국가가 미래의 불확실성이나 위험 그리고 불완전정보를 극복하여 안정적인 소비를 할 수 있도록 할 수 있는 미래의 소비를 위한 돼지저금통의 역할을 수행하여야 함을 강조하였다.

Barr(2001)는 특히 Fisher모델이 시장의 완전한 정보에 입각한 모델임을 강조하면서 시장의 불완전정보는 국민들의 위험과 불확실성을 가져다줌을 강조하였다. Fisher 모델은 젊었을 때의 소비와 늙었을 때의 소비를 비교하여 인생주기적 관점에서 소비자의 이성적 선택을 강조하는 모델로서 이 모델의 전제조건은 확실성이다. 즉, 시장이 확실하다는 것이다. 미래가 확실하다면 미래의 소비를 예측할 수 있을 것이므로 젊었을 때 노후의 소비를 예측하고 준비할 수 있다. **확실성이라는 것은 완전한 정보가 제공되고 완전한 정보가 위험과 불확실성을 지배할 수 있음을 나타낸다**. 따라서 불확실성과 위험은 불완전한 정보에 의해서 영향을 받는다고 할 수 있다. 만약, 시장이 확실성을 제공한다면 아래와 같은 현상으로 인하여 복지국가의 발전은 그다지 필요하지 않을 수 있다는 것을 나타낸다(Barr, 2001).

첫째, 시장이 확실성을 제공한다면 위험이 없으므로 보험은 불필요하다.

둘째, 시장이 확실성을 제공한다면 완전한 정보와 위험이 없으므로, 사람들은 미래를 예측할 수 있으며 저축을 통하여 그들의 노년을 준비할 수 있다.

셋째, 시장이 확실성을 제공한다면, 임시적 빈곤은 저축을 통해서 극복될 수 있다. 즉, 노년기의 빈곤선을 미리 예측할 수 있으므로 사람들은 젊었을 때 저금을 하여 노년기에 필요한 비용을 미리 준비하든지 아니면 소비를 줄여서 노년기 비용으로 활용할 수 있으므로 노년기 빈곤이 예방된다.

넷째, 시장이 확실성을 제공한다면 정보가 완전히 공개되어 위험이 없는 사회에서 복지국가의 유일한 존재 이유는 영구적 빈곤상태에 있는 사람들을 구제하는 것이라고 할 수 있다.

하지만 시장경제체제에서 불완전정보는 곧 시장의 실패를 의미한다. 만약 시장이 소비자에게 완전한 정보를 제공하고 위험에 적절하게 대응하고 미래에 대한 확실한 보장을 제공한다면 시장에 대한 국가의 개입은 불필요하며 시장실패를 사회복지의 강화를 통해서 극복하려는 복지국가는 출현하지 않았을 것이다. 따라서 여러 시장실패요인들 중에 불완전정보가 복지국가발전에 가장 큰 영향력을 미쳤다고 할 수 있다. 결국, 불완전정보에 따른 위험이나 불확실성 역시 국가개입을 통한 사회복지제도 발전의 결정적 요인이다. 언제 일어날지 모르는 사고에 대한 위험이나 미래의 불확실성은 복지국가의 대표적인 사회보장제도인 국민연금이나 건강보험, 산업재해보험 그리고 고용보험, 노인장기요양보험 등 사회보험 등장과 나아가 아동, 노인, 장애인 등에 대한 돌봄 서비스와 같은 사회복지서비스 발전에 결정적인 요인이라고 할 수 있다.

4) 복지외부효과로서의 사회복지 재화와 서비스

일반적으로 외부효과는 비용을 지불하는 것에 동의하지 않은 제3자가 비용을 부담하거나 혜택을 받는 것을 동의하지 않은 제3자가 혜택을 받는 것을 의미하며 전자는 부정적 외부효과 그리고 후자는 긍정적 외부효과라고 분류되고 사회복지 재화와 서비스는 긍정적 외부효과를 창출한다는 특성을 갖는다. 긍정적 외부효과는 **사회적 외부효과**(social externality)라고도 불린다. 사적재가 외부효과가 있는 사적재로 유형화되는 것과 같이 사회복지재화나 서비스는 외부효과를 만들어내지만 이 외부효과는 일반 사적재와 다르게 대부분 긍정적 외부효과로서 사회복지서비스가 제공됨으로 인하여 서비스를 제공받는 당사자의 행복은 증진되고 동시에 가족을 포함한 대다수 국민들의 행복은 향상될 수 있음을 의미한다. 이러한 사회복지서비스의 긍정적 외부효과는 복지외부효과라고 불린다. 예를 들어 국가에 의해서 장애인복지서비스가 제공되어 많은 장애인들이 혜택을 받음으로 인해 장애인들의 복지가 증진되고 건강한 사회가 실현되면 결국 전체 사회구성원들의 복지가 증진되고 행복이 증진되는 결과를 낳기 때문에 장애인복지서비스가 가져다주는 효과는 사회에 긍정적인 효과로서 기능하게 된다.

외부효과에 의해서 나타나는 사회정책의 예들은 아래와 같다(Glennerster, 2003).

첫째, 시장은 미래세대에 비용을 전가한다. 예를 들어 자동차는 현재 없어서는 안 될 정도의 생활필수품이 되었지만 자동차로 인한 대기오염은 우리 다음 세대가 살아야 하는 환경을 오염시키게 되고 누군가는 이 오염에 대한 비용을 부담하여야 한다. 이러한 이유로 정부는 석유가격에 세금을 부과하게 된다.

둘째, 공장의 대기오염가스방출도 시민들의 건강을 위험에 빠트리기 때문에 이 또한 규제되어야만 하고 세금이 부과되어야 한다.

셋째, 자동차가 도시중앙으로 진입하는 경우 교통체증을 유발하고 이로 인해 다른 사람들이 비용을 지불하도록 함으로써 엄격히 제한하고 또는 도시진입비를 부과한다.

넷째, 전염병으로부터의 위험은 정부가 강력하게 그 병에 걸린 사람들을 관리하고 격리하도록 한다.

다섯째, 전체 사회가 제대로 교육받은 사람으로부터 더 많은 혜택을 취할 수 있기 때문에 무상교육이 시행된다.

여섯째, 모든 아동들이 차별 없이 적절한 수준의 점심을 제공받음으로써 건강한 사회구성원으로 성장할 수 있도록 무상급식을 제공한다.

일곱째, 장애인과 비장애인의 통합교육은 장애인들에 대한 교육효과가 더 크고 비장애인들이 장애인에 대한 편견이 사라져 사회적 통합과 연대의 가치가 향상된다.

위의 예에서 보는 바와 같이 외부효과는 기본적으로 국가의 개입을 필요로 한다. 또한 외부효과는 남에게 피해를 끼치는 부정적 외부효과가 있는 반면 사회구성원에게 혜택을 가져다 주는 긍정적 외부효과도 있다. 특히 긍정적 외부효과는 많은 사람들에게 기쁨이나 행복 나아가 복지의 증진을 가져다주는 경우가 대부분이므로 복지외부효과라고 분류할 수 있다. 긍정적 외부효과의 복지외부효과로의 분류는 긍정적 외부효과 또는 복지외부효과가 사회복지제도나 정책 또는 사회프로그램이 외부효과와 밀접한 연관이 있음을 나타내준다.

제6절 소결

복지국가의 발전은 자본주의의 발전(산업화)과 밀접한 연관이 있고 노동자를 포함한 시민들의 사회적 욕구에 대한 투쟁과도 깊은 연관이 있으며 시장의 실패와도 밀접한 연관이 있다. 특히, 복지국가의 확대는 시민들을 시장으로부터 지속적으로 배제 및 차별되는 시장의 실패와 위험을 극복하고 사회의 질을 강화하기 위해 사회복지 재화와 서비스를 확대 생산 및 제공하는 복지생산강화이론으로 설명될 수 있다. 복지생산강화이론은 복지국가가 사회적 목적을 성취하기 위한 가지채로서의 공공적 성격을 갖는 사회복지 재화와 서비스의 지속적 제공을 통한 발전을 설명해 준다. 또한 복지생산강화이론은 사회복지가 사회보호와 지역사회의 경제적 유연성을 강화하며 사람에 대한 투자를 통해 인적자본을 확충하고 사회 불평등과 범죄를 감소시키는 긍정적인 역할을 수행함을 강조한다. 복지생산강화이론은 사회복지의 경제적 기능으로 첫째, 사회복지 재화와 서비스 제공이 국민들의 기본적 생활을 유지·보전할 수 있도록 하므로 경제적 보장의 기능을 수행하고 둘째, 노인, 아동, 장애인 등을 돌보고 보살피는 과거에는 가족이 담당하였던 사회적 재생산의 기능을 수행하며 셋째, 사회복지 재화와 서비스 제공으로 인해 경제적 불황에 시장경제를 자극함으로써 균형자의 기능을 수행하고 넷째, 노동자들을 건강하게 하여 기업의 이윤을 보장함으로써 생산비용의 사회화기능을 수행함을 강조한다.

복지국가를 반대하는 대부분의 학자들은 사회복지 재화와 서비스가 경제 활성화에 도움을 주지 않는 비생산적인 재화와 서비스임을 강조한다. 하지만 복지강화이론은 사회복지 재화와 서비스의 생산적 기능으로 첫째, 사회복지 재화와 서비스가 노동력 제공주체인 노동자들의 노동생산성을 건강하게 유지시키는 노동력 보존기능을 담당하며 둘째, 노동력을 상실한 노동자들의 노동력을 건강한 노동력을 갖도록 해준다는 점에서 사회적 부가가치를 생산하고 셋째, 현금이나 현물로 제공되는 사회복지 재화와 서비스가 현금을 시장에서 소비하고 현물 역시 시장을 통해 공급됨으로써 시장의 활성화에 도움을 준다는 측면에서 소비증대기능을 담당하고 넷째, 사회복지 재화와 서비스가 사회적 가치를 실현하는 가치재로서 사람들에 대한 믿음과 신뢰를 가져다 준다는 점에서 사회자본을 확충하도록 돕는 사회자본 확충의 기능을 수행한다고 본다. 결국 복지생산강화이론의 핵심적 내용은 사회복지 재화와 서비스의 확대된 생산 및 제공을 통해 국가의 사회, 정치, 그리고 경제적 기능이 강화되어 국가는 경제적으로 더욱 발전된다는 점이라고 할 수 있다.

제 5 장

복지국가의 생산방식

제1절 개관

복지국가는 사회구성원들의 번영(well-being)을 위해 사회적인 책임 하에 구성원들이 기본적으로 욕구하는 것들을 해결하기 위해 제공되는 조직화된 체계로서 국민들의 욕구해결을 위해 사회복지 재화나 서비스 등을 생산하여 제공(provision)한다. 즉, 사회복지 재화와 서비스는 사회구성원들의 번영을 위해 사회적인 책임 하에 기본적으로 욕구하는 것을 해결하기 위해 제공되는 실천적인 수단을 의미한다. 따라서 복지국가의 생산방식으로 사회복지의 증진을 위해 제공하는 사회복지 재화와 서비스가 무엇인가에 대한 이해가 반드시 필요하게 된다. 사람들은 개인적으로 원하는 것들을 시장에서 구체적인 상품을 구매함으로써 획득하게 되지만 사회적 위험이나 사회문제에 영향을 받은 사회구성원들이 갖게 되는 그들 각각의 욕구는 시장에 있는 상품이나 서비스를 통해서가 아니라 복지국가의 생산방식 하에 생산 및 제공되는 공공재적 성격을 띠는 **사회적 상품**으로서 사회복지 재화나 서비스를 통해서 해결하게 된다. 사회복지 재화와 서비스를 생산 및 제공하기 위해 복지국가의 생산 및 제공방식[16]은 여러 유

16) 본 저서에서는 생산하여 제공하는 방식을 총칭하여 생산방식으로 부르기로 한다.

형이 존재한다. 국가가 직접 생산하여 제공하는 국가직접생산방식, 시장이 생산하여 제공하는 시장생산방식과 유사(준)시장생산방식 그리고 비영리영역이 생산하여 제공하는 비영리생산방식 그리고 재화와 서비스를 국가와 비영리 그리고 가족이 공동 생산하여 제공하는 공동생산방식 등이 있다. 복지국가는 복지의 책임을 개인이나 가족으로부터 국가로 전환하였지만 완벽하게 복지생산 및 제공을 국가가 100% 책임지는 복지국가는 존재하지 않으며 스칸디나비아 선진복지국가들을 포함해서 대부분의 복지국가들은 위의 방식들이 혼합된 생산방식을 따르고 있다. 본 장에서는 복지국가의 사회복지 재화와 서비스 생산 및 제공방식에 대해 다룬다. 이를 위해 먼저 사회복지 재화와 서비스의 성격에 대해 살펴본 후 복지생산 및 제공을 설명해 주는 국가생산방식으로부터 유사시장생산방식 등과 같은 복지혼합생산방식 그리고 공동생산방식 등에 대해 살펴보기로 한다.

제 2 절 사회복지 재화와 서비스

1. 사회복지 재화와 서비스의 성격[17)]

사회복지 재화와 서비스는 앞장에서 설명한 바와 같이 공공재이면서 가치재로서의 속성을 지닌 재화이자 서비스이기도 하지만 사적재적 성격을 가지고 있다. 사회복지 재화와 서비스가 사적재적 성격을 갖는다는 것은 시장을 통해서 배제하고 경쟁하는 배제와 경쟁의 기준이 사회복지 재화와 서비스에서도 적용 가능하기 때문에 나타난다. 즉, 사회복지 재화와 서비스는 공공재와 사적재에 대한 구분점인 배제와 경쟁이라는 속성이 완전히 유지되는 재화는 아니다. 특히 사적재도 사회복지 재화와 서비스로서 활용될 수 있 때문에 사회복지 재화와

17) 이하의 내용은 지은구(2003). 자본주의와 사회복지, 제6장 및 지은구 외(2009). 사회복지서비스의 특성과 이용자재정지원, 제2장을 참고하였음.

서비스는 성격상 사회적 목적의 실현이라는 가치적이고 공공적 성격을 강하게 내포하고 있지만 경쟁도 하고 배제도 이루어지므로 서비스 자체가 순수공공재(또는 공공재)라고는 할 수 없다.

사회복지 재화와 서비스는 사업의 내용과 그 용도에 따라 유형별로 순수 공공재나 경쟁 공공재에 포함되기도 하고 지역 공공재로 분류되기도 한다. 사적재 또한 국민들의 삶의 질 향상이나 기본적 삶을 유지·보전하기 위한 사회복지 재화와 서비스로 제공되는 경우도 있어 사회복지 재화와 서비스의 유형은 매우 광범위한 스펙트럼을 갖는다. 사회복지 재화와 서비스 중에서 **공공재**의 성격을 갖는 재화 또는 서비스는 보편성을 원칙으로 모든 국민들에게 제공되는 대부분의 사회복지 재화와 서비스들이 포함되는데 대표적으로는 건강보험을 들 수 있다. 건강보험은 누구나 배제 없이 가입할 수 있으며 경쟁 없이 서비스를 제공받는다. 그리고 **지역 공공재**로는 거시적인 측면에서 대상자들의 자격을 제한하는 국민기초생활보장법에 의해서 제공되는 기초소득보장이나 국민연금 그리고 고용보험에 의해 제공되는 실업급여, 산업재해보상법에 의해 제공되는 산재보험급여 등이 있고 미시적인 측면에서는 지역복지관에서 제공되는 자격기준을 갖춘 대상자들에게 제공되는 사회프로그램들의 서비스들이 대부분 지역 공공재에 포함된다고 할 수 있다. 그리고 **경쟁 공공재**는 보건복지서비스로서 지역복지관에서 예산이나 인원 등의 제한으로 선착순에 의해 제공되는 무료예방접종이나 무료컴퓨터교실 등의 각종 교육, 문화여가프로그램 등의 서비스가 있을 수 있다. 무료예방접종 등과 같은 서비스는 인원 또는 예산이 제한적이어서 서비스는 공공적 성격을 띠지만 서비스를 제공받기 위한 경쟁이 필요한 서비스라고 할 수 있다.

일반적으로 사회복지 재화와 서비스는 지역 공공재적 성격과 경쟁 공공재적 성격을 동시에 내포하는 서비스도 존재하는데 서비스가 무료로 선착순으로 제공되지만 서비스를 제공받기 위해서는 일정 나이기준이나 소득기준을 갖는 경우의 프로그램 등이 여기에 속한다. 예를 들어 일정 나이 이상의 노인들에게 무료로 제공되는 인원제한의 문화교실이나 저소득 실업자들에게 제공되는 직업자활, 자활기술프로그램 등은 모두 여기에 해당되는 서비스라고 할 수 있다. **사적재** 또한 사회복지재화나 서비스로 제공된다. 예를 들어 시장에서 구입할 수 있는 쌀이 복지관이나 행정복지센터를 통해 저소득가구에게 제공된다고 했을 때 쌀은 시장을 통해서 교환이 이루어지기 때문에 엄밀하게 보면 사적재이지만 쌀을 구매할 수 없는 집단에게 사회적 목적을 가지고 공급되기 때문에 공공적 성격을 띠는 가치재로서 구분할 수 있다. 예를 들어 바우처를 통하여 특정 서비스인 돌봄 서비스를 제공받는다고 했을 때 돌봄 서비스는 시장을 통해서도 구매할 수 있지만 국가가 바우처를 특정 집단에게 제공하는 경우 바우처가 돌봄 서비스를 받을 수 있음을 보장하므로 비용을 부담할 수 없는 집단에게 돌봄 서비스는 **사회적 목적을 실현하는 가치재**라고 할 수 있어 바우처는 가치재를 실현시키는 도구로서 작용한다.

사회복지 재화와 서비스를 가장 기본적으로 사적재적 특성과 공공재적 특성으로 분류하고 사회적 목적 달성이라는 사회적 가치의 실현과 복지외부효과 등의 특성을 포함하여 분류하면 아래의 표와 같다.

〈표 5-1〉 사회복지 재화와 서비스의 재화적 성격

사회복지 재화와 서비스의 재화적 성격	
공공재적 성격	-공공성확보를 위하여 국가에 의해서 생산 및 제공된다는 특성
	-시장에서는 이윤을 창출할 수 없는 서비스가 많아 시장에서 제공되었을 경우 서비스 과소소비와 과소공급이 발생할 가능성이 있어 국가가 개입하여 서비스를 생산 및 제공한다는 특성
사적재적 성격	-시장이 창출한 재화와 서비스이지만 교환당사자 이외의 많은 사람들에게 긍정적 외부효과를 창출한다는 서비스의 특성 -시장이 창출한 재화와 서비스이지만 사회적 목적(불평등완화나 위험예방 또는 축소 등과 같은)을 실현하기 위하여 제공되는 서비스로서의 특성
가치재적 성격	-국민의 지불능력과 상관없이 사회적 목적을 성취하기 위하여 사회적 판단이나 사회적 결정에 따라 소비가 이루어지는 서비스의 특성

위의 표에서 설명한 바와 같이 사회복지 재화와 서비스는 공공재적 성격, 사적재적 성격 그리고 가치재적 성격을 동시에 가지고 있는 서비스이다. 경쟁이 있고 때로는 배제도 있는 사적재이지만 공적목적으로 제공되는 경우 또는 외부

효과를 만들어내는 경우 등은 모두 비순수사적재적 특성을 가지는 사회복지 재화와 서비스를 나타낸다. 또한 공공재적 특성을 가지고 있는 경우도 경쟁이 있을 수 있고 배제도 있을 수 있어 비순수공공재적 성격을 가지고 있으며 사회적 판단이나 사회적 결정에 따라 소비가 결정되는 경우는 사회복지 재화와 서비스의 가치재적 성격을 나타내며 비순수사적재와 비순수공공재 등은 모두 이 분야에 포함된다. 결국 순수공공재와 순수사적재를 제외하고 나면 모든 비순수사적재와 비순수공공재는 경쟁이 있고 배제도 있을 수 있지만 사적재적 성격과 공공적 성격을 띠는 가치재로서 사회복지 재화와 서비스를 구분할 수 있다. 사회복지의 3대 분야인 사회보험, 공적 부조 그리고 사회복지 재화와 서비스영역에서 제공되는 사회복지 재화나 서비스의 특성에 대해서 자세히 살펴보기로 한다.

2. 사회복지 재화와 서비스의 특성별 분류

복지국가가 생산 및 제공하는 재화와 서비스를 총칭하여 사회복지 재화와 서비스라고 부를 수 있지만 기본적으로 사회복지영역은 크게 사회보험과 공적 부조 그리고 사회복지서비스(또는 사회서비스)영역으로 구분된다. 따라서 사회복지영역에서 제공되는 모든 서비스(사회보험, 공적 부조 그리고 사회복지서비스영역에서 제공되는 현금 및 현물서비스, cash benefit/in-kind benefit)를 사회복지 재화와 서비스라고 부르기로 전제한다면 사회복지 재화와 서비스는 크게 현금서비스와 현물서비스로 구분될 수 있으며 모든 사회복지영역에서 현금과 현물이 혼용되어 제공되고 있다. 구체적으로 사회복지 재화와 서비스는 인간을 대상으로 서비스가 제공되는 교육, 의료 서비스 등과 같이 서비스 자체가 전문적인 기술이나 상담 등의 무형의 서비스와 음식이나 생활비 같은 생계보호서비스나 시설보호 등의 유형의 서비스가 모두 사회복지 재화와 서비스에 포함된다. 연금이나 노령수당 등에서 제공되는 급여는 모두 현금서비스이다. 사회복지의 영역별 재화와 서비스의 특성을 살펴보면 다음과 같다.

1) 사회보험

사회보험영역에서 사회복지 재화와 서비스는 주로 국민연금과 같은 현금서비스와 건강보험과 같은 현물서비스가 주종을 이룬다. 건강보험의 경우 제공되는 서비스는 의료서비스가 대부분이며 국민연금의 경우는 국민들의 노후소득을 보장하는 것이 제도의 목적이므로 현금서비스가 대표적인 서비스이다. 고용보험과 같은 경우는 실업급여와 같은 현금서비스와 함께 적극적 노동시장정책을 위해 일자리창출, 직업훈련이나 교육 등과 같은 현물서비스가 제공되기도 한다. 산재보험의 경우는 재해에 따른 소득상실의 보장이 주된 목적이므로 현금서비스가 대부분이며, 노인장기요양보험과 같은 경우는 의료서비스와 돌봄 서비스 등의 현물서비스가 주종을 이룬다.

2) 공적 부조

우리나라 공적 부조제도는 대표적으로 국민기초생활보장법에 의해서 수급권자에게 제공되는 현금서비스와 의료보호법에 의해서 제공되는 의료서비스로 크게 이원화된다. 2008년부터 제공되고 있는 기초연금은 나이와 자산이라는 기준을 충족시키면 현금서비스가 제공되는 기초소득의 성격을 띠는 현금서비스이다.

3) 사회복지서비스

사회복지서비스영역에서 제공되는 재화와 서비스 역시 현금서비스와 현물서비스로 구분될 수 있다. 특히 현물서비스는 욕구를 가진 개별 국민들을 대상으로 이루어지는 돌봄(care service)서비스가 주종을 이룬다. 하지만 돌봄 서비스 이외에도 개별상담 및 집단상담, 사례관리 등과 같은 전문적 서비스 그리고 국민들에게 필요한 사적재를 제공하는 현물서비스도 일부 포함된다. 현금서비스로는 보편적 성격을 띠는 아동수당과 장애인자녀교육비나 장애인자립자금 그리고 장애인의료비 등이 있다. 특히 최근에 제공되는 사회서비스 바우처사업에서 제공되는 전자바우처는 명확한 현금은 아니지만 이용자가 지정된 액수만큼 서비스를 이용할 권리가 주어지므로 현금같이 사용할 수 있다.

3. 사회복지 재화와 서비스의 유형

사회복지 재화와 서비스는 정도의 차이는 있지만 모두 국가의 재정이 지원된다는 특징을 갖는 가치재이다. 국민기초생활보장제도에 의해서 제공되는 **생계급여서비스**는 대표적인 현금서비스이지만 자산조사를 통해 자격을 심사하여 서비스를 제공하므로 배제성을 띠고 있고 국가 전체적으로 서비스가 제공되어 자격을 획득하고 있으면 누구에게나 서비스가 제공되므로 소비에 있어 경쟁이 없는 공공재이면서 지역에 국한되지 않으므로 국가공공재적 성격을 띤다. **장애수당** 역시 지역에 국한되지 않고 국가 전체적으로 장애등급 판정을 받은 장애인에게 자산조사를 통해 자격을 심사하게 현금서비스혜택을 제공하므로 배제성을 갖지만 일단 장애등급판정을 받으면 소비에 경쟁 없이 누구나 일정한 현금혜택을 제공받으므로 국가공공재적 성격을 나타낸다. 국민연금에서 제공되는 현금서비스 역시 자신이 지불한 기여금이 있어야 혜택을 받으므로 배제성을 갖는 서비스로서 요금재적 성격을 갖지만 국가 전체적으로 연금가입자에게는 특정금액의 연금을 지불하는 소비에 경쟁이 없는 국가공공재적 성격을 갖는다.

우리나라에서 제공되는 기초소득(기초연금)은 외국에서 제공되는 기초소득(basic income)과는 차이가 있다. 예를 들어 유럽(특히 프랑스의 경우)에서 제공되는 기초소득은 자격기준 없이 모든 국민들에게 일정액의 혜택을 제공하는 것으로서 경쟁도 없고 배제도 없는 순수공공재적 성격을 강하게 내포한다. 하지만 우리나라의 기초소득인 기초연금은 자산조사를 거친 노인으로만 대상을 제한하고 있어 배제성을 갖는 국가공공재적 성격의 현금서비스이다. 고용보험에 의해 제공되는 실업급여 그리고 산업재해보상법에 의해 제공되는 산재보험급여 등은 현금서비스이지만 직장에 소속되어 있어야 서비스를 제공받을 수 있으므로 배제가 있는 클럽공공재적 성격을 띤다.

현물혜택으로서 가장 대표적인 것이 건강보험에서 제공되는 의료서비스이다. 의료서비스는 지역에 한정되지 않고 누구에게나 동일한 의료서비스를 제공하는 국가공공재이지만 소정의 기여금을 납부하지 않으면 서비스가 중단될 수 있으므로 배제적 성격을 갖는 클럽공공재(즉, 요금을 지불한 집단에게만 서비스가 제공되는 요금재)라고 할 수 있다.

사회서비스사업 중 하나인 지역사회서비스투자사업의 아동학습지원서비스나 지역종합사회복지관에서 저소득 독거노인이나 장애인들에게 제공하는 도시락배달서비스는 모두 현물서비스로서 아동학습지원서비스는 아동학습능력향상을 위한 학습지원 및 정서함양서비스가 제공되고 도시락배달서비스는 가정에 고립되어 있는 노인이나 장애인에게 식사를 가정으로 배달하여 주는 현물서비스이다. 학습지원과 도시락배달은 사적재적 성격을 갖지만 특정 지역의 주민들에게 사회적 목적(예를 들어 도시락배달서비스의 경우 고독감제거 및 최소 영양상태 유지)을 가지고 제공되는 서비스로서 지역공공재와 사회적 목적을 가진 사적재이고 가치재적 성격을 담고 있다. 정서적 지지서비스 역시 민간 심리상담소에서도 제공되는 사적재이지만 지역공공재적 성격과 특정 사회적 목적(자존감 및 사회성향상)을 실현하기 위하여 제공된다는 측면에서 역시 가치재적 성격을 나타내는 사회적 목적을 가진 사적재로 구분할 수 있다. 특히 학습지원서비스나 정서적 지지서비스는 서비스대상자뿐만 아니라 대상자가족 나아가 지역사회에게도 긍정적인 외부효과를 가져다 주는 사적재라고 할 수 있다.

보육서비스는 대표적인 대인 돌봄 서비스(personal care service)로서 국가가 제공하는 대표적인 공공재적 성격을 나타내는 서비스이다. 즉, 보육서비스는 지역에 구분 없이 전체 국가의 국민을 대상으로 보육서비스가 필요한 모든 가정에 제공되어야 하는 국가공공재적 성격을 나타내지만 보육료는 소득에 따라 차등 지원되므로 배제성을 갖는 요금재적 성격을 띤다. 거동이 불편한 장애인이나 노인에게 제공되는 이동목욕서비스의 경우 민간에서 제공되는 이동목욕서비스는 존재하지 않으므로 시장에서 구입할 수 없는 공공재적 성격을 갖는 서비스이다. 즉, 이동목욕서비스는 민간이 서비스를 제공하는 경우 서비스단가가 맞지 않아(서비스이용자 수의 부족에 비해 노동 강도가 높고 이용시설의 단가가 높음) 이윤을 추구하지 않는 국가가 서비스를 제공하여야 하는 공공적 특징을 갖는 서비스로서 예산과 목욕차량 등에 제한이 있어 원하는 모든 사람이 서비스를 제공받을 수 없는 경쟁적 성격을 갖고 특정 지역에만 서비스가 이루어지므로 지역공공재적 성격을 갖는다.

노인돌봄서비스사업이나 중증장애인활동지원사업, 산모・신생아돌보미 사업 그리고 가사간병서비스 등에서 제공되는 대표적 서비스인 돌봄 서비스는 사적재적 성격을 나타내는 서비스이지만 국가가 사회적 목적(돌봄의 사회적 책임에 따른 국가적 책임강화 등)을 실현하기 위하여 제공하는 긍정적 외부효과가 매우 큰 사적재이며 시민의 권리 보전을 위해 전체 국가에서 제공하는 국가공공재적 성격을 갖는 국가공공재이고 사회서비스제공을 통한 삶의 질 향상이라는 사회적 목적을 가지는 사적재의 성격을 갖는다. 하지만 예산이 제한적이므로 소비에 제한이 있는 경쟁적 성격을 갖는 국가공공재라고 할 수 있고 본인부담금이 있는 경우 요금재적 성격을 갖는다.

특정 사회복지 재화와 서비스는 민간시장에서 생산 및 제공이 이루어지지 않아 순수공공재적 성격을 갖지만 특정 집단에게만 서비스가 제공되어 배제성을 가지고 있어 지역공공재적 성격을 나타내며 일부 서비스는 요금을 징수하므로 요금공공재 또는 클럽공공재의 성격을 나타낸다. 그리고 시장에서 교환이 이루어지는 사적재이지만 국가가 재정을 공급하고 사회적 목적을 가지고 제공되어 사회적 목적을 가진 사적재라고 분류할 수 있다. 또한 국가재정의 한계로 인하여 특정 사회복지 재화와 서비스는 집단구성원 사이에 경쟁이라는 속성을 가지고 있는 경우도 존재한다.

특히 대부분 사적재로서 제공되는 사회복지 재화와 서비스는 복지외부효과라는 긍정적 외부효과를 창출한다. 결국 비순수사적재와 비순수공공재적 성격을 갖는 사회복지 재화와 서비스는 시장에서 공급이 이루어지든 아니면 제공기관이나 국가에 의해서 공급이 일어나든 국가가 창출하는 가치재라고 분류할 수 있다. 또한 국가에 의해 이용자재정지원방식으로 제공되는 서비스는 많은 경우 시장에서 이루어질 수 있는 사적재적 성격을 가지고 있지만 국가가 특정한 사회적 목적이나 가치를 유지하기 위해 기본적으로 국가재정을 제공한다는 점에서 이용자들이 수요를 창출하든 아니면 제공기관이나 국가가 수요를 창출하든 배제와 경쟁의 성격을 가지고 있는 가치재라고 할 수 있다.

제 3 절 사회복지 재화와 서비스의 생산방식

1. 국가생산모델

1) 국가생산모델의 기본적 배경

국가생산모델(또는 국가직접생산모델)은 복지국가가 직접 사회복지 재화와 서비스를 생산하고 제공하는 가장 전통적인 모델이다. 즉, 국가의 공공행정을 통해서 서비스가 직접 공공기관을 통해 생산되고 국민들에게 제공되는 방식이다. 지금까지 선진복지국가에서 활용하는 사회복지생산방식으로 가장 일반적으로 많이 사용되는 모델이라고 할 수 있다. 국가생산모델에서 관리들은 시민들을 위한 서비스를 생산 및 제공하고 설계하는 배타적 권한과 책임성을 가지고 있는 집단이다. 사회복지제공에 있어 국가생산모델은 공공부문 즉, 정부가 직접 공공 및 사회복지서비스를 기획하고 제공하는 경우를 설명하는 모델이다. 따라서 국가생산모델은 국가가 운영하는 시설을 포함하여 정부부처를 통한 직접적 서비스제공을 수행한다. 국가생산모델의 발전은 **첫째, 서비스의 형평성강화라는 측면과 둘째, 시장실패에 대한 정부개입이라는 측면**에 의해서 설명되어진다. 국가생산모델은 사회복지생산에 있어, 특히 서비스전달 및 혜택에 있어 국가가 직접 서비스를 생산 및 제공하는 방식이 국민들에게 평등성을 보장할 수 있는 가장 공평한 방식이라는 장점을 가지고 있는데 이는 실업 및 빈곤 등과 같은 전통적인 사회문제의 원인이 시장의 직접적인 실패요인에 의해 확대되었고 이에 대한 대처는 국가의 적극적 시장개입을 통한 사회정책의 시행에 있다는 복지국가의 기본적 목적에 근거한다.

형평성의 측면에서 보면, 국가생산모델은 국가가 시장을 통하지 않고 직접 개입하여 국민들에게 공공 및 사회복지서비스를 생산 및 제공함으로써 무엇보다도 서비스의 형평성을 강화할 수 있는 가장 효과적인 방안이다. 복지국가는 국민 전체의 사회복지증진을 위해 노력하여야 하고 모든 국민들이 인간적인 삶을 유지할 수 있도록 하여야 하는 책임이 있으며 이러한 사회적 목적을 실현하기 위해 노력하게 된다. 특히, 복지국가는 국민들이 동일한 욕구에 대해 동일한 서비스를 제공받고 있는지, 서비스를 제공받을 수 있는 기회는 동등하게 제공되고 있는지, 그리고 기본적인 삶이 유지될 수 있는 정도의 서비스가 국민들에게 제공되고 있는지를 끊임없이 확인하여 국민들이 형평한 서비스를 제공받을 수 있도록 노력하여야 한다. 중앙화된 공공행정을 통해 서비스를 필요로 하는 모든 국민들에게 공평한 결과를 가져다줄 수 있도록 하여 국가의 책임성을 강화할 수 있다는 것이 국가직접생산모델의 가장 큰 장점이라고 할 수 있다. 즉, 사회복지전달에 있어 형평성과 책임성 강화는 국가생산모델의 가장 큰 장점이다.

정부의 시장 개입측면에서 보면, 시장에 대한 국가개입을 통하여 국가가 직접 서비스를 제공하는 것은 시장실패를 극복하기 위한 가장 효과적인 방안이 될 수 있다. **외부효과(특히 부정적 외부효과)와 국민들 사이의 정보불균형 그리고 시장독점이 가져다주는 수확체증 등은 시장이 가지고 있는 가장 강력한 실패요인**이다. 국가가 직접 생산 및 제공하는 서비스가 없으면 시장에서 서비스를 구매할 수 없는 국민들은 지속적으로 시장에 의해서 소외되고 배제되어 사회복지 향상을 통해 국민들의 삶의 질 보장 및 사회적 안정을 추구하고자 하는 복지국가의 사회적 통합노력은 불가능할 수 있으므로 복지국가는 사회적 목적 실현을 위한 구체적인 수단으로 공공재적 성격을 띠는 사회복지 재화와 서비스를 규정과 규칙에 따라 직접 국민들에게 생산 및 제공해야할 필요성이 제기되는 것이다. 결국, 사회적 목적을 실현하기 위하여 경쟁시장에 의존하지 않는 공공재적 성격의 사회복지 재화와 서비스를 국가가 직접 제공하는 것이 가장 효율적인 방안이므로 자원의 형평한 분배 및 시장실패를 극복하기 위해 국가가 직접 사회복지를 생산하는 국가생산모델이 필요하게 되었다고 할 수 있다.

2) 국가생산모델의 특성

정부(국가)가 직접 사회복지를 생산하는 국가생산모델에서 일반적으로 사회복지 재화와 서비스는 중앙 집중화된 공공기관을 중심으로 제공되며 제공기관에게 이용자를 할당하는 것은 국가가 정한 다양한 규정이나 규칙에 따른다. 즉, 누구에게 얼마만큼의 자원이 할당될 것인가는 규정이나 규칙에 따라 이루어진다. 정부기관이나 정부부처는 서비스이용자나 자원을 위해 경쟁하지 않으며 예산은 주로 정부수준에 따라 할당된다(Le Grand, 2011). 국가생산모델에서 국가는 단일한 사회복지 재화와 서비스 전달체계의 행정가 역할을 수행하며, 서비스제공자와 제공기관은 전문가로서 역할을 수행한다. 서비스를 제공받는 이용자는 서비스수혜자로서 특정 조건이 충족되면 서비스를 제공받게 된다. 국가생산모델에서 국가가 공공기관을 통해 전적으로 서비스를 제작하고 공급하므로 서비스시장이 필요치 않으며, 서비스는 공공기관을 통해 제공되므로 제공기관은 서비스제공에 있어 독점적 지위를 갖게 된다. 따라서 국가생산모델은 사회복지 서비스생산 및 제공에 있어 독점적 모델이라고 할 수 있다.

Sharp(1980)는 **공공서비스전달을 비교하는 데 있어 두 개의 영역을 가지고 비교하는 방식을 제안하였는데 첫 번째 영역은 제작자의 영역이고 두 번째 영역은 재화와 서비스를 소비하는 client나 시민 또는 이익집단 등의 영역**이다. Sharp의 비교영역에 따르면 국가생산모델은 제작자와 시민의 영역이 중첩되지 않는 모델이다. 즉, 제작자는 국가이고 시민은 제작된 서비스를 소비하는 수혜자일 뿐이다.

〈표 5-2〉 국가생산모델에서 국가와 이용자의 역할

국가의 역할	국민의 역할
• 서비스를 생산하고 공급하는 제작자	• 필요한 서비스를 제공받고 소비하는 수혜자

국가가 직접 사회복지생산을 책임지는 국가생산모델의 경우, 사회복지 재화와

서비스 제공의 전 책임은 국가에 있으므로 국가는 중앙 집중화된 권력을 중심으로 직접 사회복지서비스의 공공성을 확보하고 국민들의 복지권을 보장하는 보편적 서비스를 제공할 수 있으며 서비스제공의 지속성과 안정성이 보장될 수 있다는 장점이 있다. 서비스를 필요로 하는 국민들은 국가가 제공하는 사회복지 재화와 서비스를 통해 기본적 삶의 질을 보장받으면서 전체 사회의 복지는 증진된다. 사회복지 재화와 서비스를 국가가 직접 제공하는 경우 나타날 수 있는 장점들은 다음과 같다.

첫째, 사회복지 재화와 서비스 및 공공서비스의 국가적 책임성을 강화할 수 있다. 즉, 사회복지 재화와 서비스의 사회적 책임에 대한 의식이 강조되어 국민들의 복지권이 강화될 수 있다.

둘째, 보편적인 서비스가 제공되므로 복지서비스의 공공성이 강화되어 특정 계층에 대한 사회적 차별을 극복할 수 있다.

셋째, 국가가 직접 서비스를 생산·공급하므로 서비스제공에 있어 국민들의 접근성이 보장된다.

넷째, 국가가 서비스제공을 책임지므로 서비스 제공의 안정성과 지속성이 보장된다.

또한 사회복지 재화와 서비스를 국가가 직접 생산 및 제공하는 경우 국민들의 입장에서 다음과 같은 장점들이 나타날 수 있다.

첫째, 국민들은 차별 없이 공평한 서비스를 제공받아 사회복지 재화와 서비스에 대한 접근성과 형평성을 보장받을 수 있다.

둘째, 국민들은 사회적 위험에 대한 국가책임성의 강화로 인하여 기본적 삶의 질을 보장받을 수 있어 예측 가능한 사회생활을 영위할 수 있다.

셋째, 국민들은 경쟁시장의 실패요인에 의해서 발생하는 차별과 배제를 극복할 수 있는 사회적 안전망을 제공받음으로써 건강하고 안정적인 생활을 유지할 수 있다.

위에서 언급한 바와 같이 사회복지생산을 국가가 직접 책임지는 경우, 국민들은 국가가 대부분의 사회적 위험에 직접 대처함으로써 위험혐오로부터 자유로울 수 있으며, 시장이 가져다주는 차별과 배제에 국가가 적극적으로 대처함으로써 경쟁시장이 가져다주는 위험으로부터 보호받을 수 있고, 국민들의 서비스접근성이 향상되며 서비스가 지속적이고 안정적으로 제공될 수 있다는 점 등이 큰 장점으로 부각될 수 있다. 사회복지를 국가가 직접 전달하는 국가생산모델의 특성을 분석하여 제시하면 〈표 5-3〉과 같다.

〈표 5-3〉 국가생산모델의 특성

국가생산모델의 특성
1. 전액 국민의 세금으로 국가가 직접 재정총괄
2. 국가가 독점적으로 서비스를 제공하여 국민들의 서비스 선택권은 없음
3. 모든 국민들을 대상으로 서비스가 제공되는 서비스의 보편성으로 표적집단 이외의 국민들에게도 서비스가 제공되어 표적효율성은 낮으며 국민들이 자신들에게 적합한 제공기관이나 서비스를 직접 선택할 수 없으므로 할당효율성도 낮음
4. 국가 독점으로 기관 간 경쟁 없음
5. 사회적 연대, 형평성 그리고 집합적 가치가 강조됨
6. 서비스전달의 효과성보다는 재정적 효율성과 제공된 서비스의 양이 중요
7. 국가기관의 독점적 지위로 인해 민간(자발적 조직)과의 협력 필요성은 적으며 거의 이루어지지 않음
8. 국가가 직접 제공함으로써 직접적 서비스전달 이외에 들어가는 거래비용은 낮음
9. 결정능력의 여부에 상관없이 모든 국민이 대상자로 국민들의 자기결정권 실현 정도는 낮음
10. 국가의 통제 하에 국민들의 서비스에 대한 접근성은 비교적 높음
11. 서비스선택의 폭이 없고 사회문제 또는 상황에 대한 즉각적 대처능력과 유연성이 적음
12. 서비스의 보편적 제공으로 국민들 사이에 도덕적 해이가 발생할 가능성이 있음
13. 국가가 직접 서비스를 제공하므로 서비스 관리의 필요성은 적음. 서비스를 전달하는 조직의 서열체제로 인하여 관리는 주로 공공기관에 대한 감시와 통제 그리고 명령이 강조됨
14. 서비스이용자의 범위가 매우 넓고 대상자도 광범위하여 이들에 대한 관리는 체계적으로 이루어지기 어려움
15. 서비스이용자의 범위가 매우 넓고 대상자도 광범위하여 이들의 개별적 특성을 고려하는 것은 상대적으로 어려움

16. 서비스이용자들에 대한 국가적 차원에서의 개별적 사례관리를 시행하기 위해서는 (공무원)직원 수의 부족과 전문성의 결여를 극복하여야 함
17. 서비스의 성과관리는 가능하지만 이는 전적으로 국가의 관리능력과 의지에 달려있음

3) 국가생산모델과 사회복지제공

국가생산모델은 국가가 직접 국민들이 필요로 하는 사회복지 재화와 서비스를 기획·생산·제공하는 책임자로서의 역할이 강조되는 모델이다. 국민들은 단순하게 서비스의 혜택을 받는 이용자이면서 수혜자이고 복지혜택의 권리를 가진 시민이다. 국가는 직접 사회복지제공을 책임지므로 중앙 집중화된 권력 중심인 직접 사회복지 재화와 서비스의 공공성을 확보하고 국민들의 복지권을 보장하는 보편적 서비스를 제공할 수 있으며 국가가 서비스를 책임지므로 서비스제공의 지속성과 안정성이 보장된다는 측면에서 국민의 복지권을 실현시키고 향상시킬 수 있는 가장 확실한 복지전달체계라고 할 수 있다. 국가생산모델에서 국가가 공공기관을 통해 전적으로 서비스를 제작하고 공급하므로 서비스시장이 필요치 않으며 서비스는 공공기관을 통해 제공되므로 제공기관은 서비스제공에 있어 독점적 지위를 갖게 되지만 전체 사회의 이익을 위해 그리고 국민들의 사회복지 증진을 위해 국가가 직접 제공하는 국가생산모델이 사회복지 재화와 서비스의 내용공공성을 확보하고 국민들을 배제하지 않는 보편적 내용의 사회복지서비스를 전달할 수 있는 가장 최적의 모델이 될 수 있다. 아래의 그림은 국가생산모델을 통한 사회복지서비스전달의 흐름을 나타낸 것이다. 국가생산모델은 중앙정부나 지방정부가 직접 서비스를 제공하는 경우도 있지만 국가가 직접 운영하는 공공기관(돌봄 및 보육시설 등과 같은)을 통해서 서비스가 제공되는 경우도 있다. 기본적인 서비스생산 및 제공에 대한 기획은 정부가 주도하지만 서비스의 제공은 자치단체나 공공기관을 통해서 이루어진다.

〈그림 5-1〉 국가생산모델을 통한 사회복지 재화와 서비스 생산 및 제공의 흐름

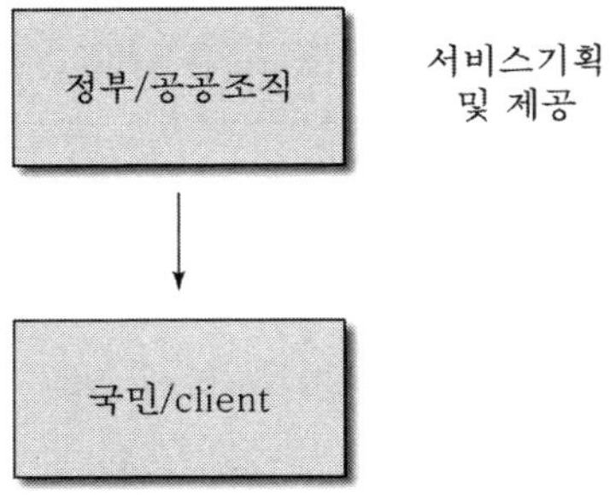

국가생산모델에서 사회복지 생산과 제공의 모든 책임은 국가에게 있으며 국가기관을 통해 직접적으로 서비스가 국민들에게 제공되므로 **표적효율성**은 다른 생산모델에 비해 상대적으로 높은 반면 모든 국민들이 필요로 하는 개별적인 서비스보다는 기본적인 서비스나 표준적인 서비스 그리고 기초생활보장을 위한 서비스 등이 주로 공급되므로 사회복지혜택의 **할당효율성**은 상대적으로 다른 생산모델에 비해서 낮다는 한계를 가진다.

4) 국가생산모델의 한계

국가생산모델은 중앙집중적 그리고 상명하달식(top-down)의 서열적 방식과 법적 규제나 규칙을 통해 사회복지 재화와 서비스가 제공된다는 측면에서 베버의 관료주의이론 등 고전관리이론이 가지고 있는 단점들을 내포하며, 관료가 자기이익 최대화를 실현하기 위해 자신이 속한 부처나 조직의 이익을 최우선으로 반영하는 선택 및 결정을 하여 x-비효율적이라는 한계점으로 인해 민영화를 강조하는 공공선택이론가로부터 정부실패의 주범으로 지목받기도 하였다.

국가가 직접 서비스를 제공하는 경우 나타날 수 있는 문제점으로는 x-비효율성과 할당효율성 그리고 서열주의로 인한 조직경직성 등이다(Le Grand, 2002). 첫 번째 부류의 문제점 즉, x-비효율성은 국가가 직접 서비스를 제공하는 경우 국가가 운영하는 기관이나 정부부처를 통해서 사회복지서비스가 전달되므로 즉, 서비스가 견제나 경쟁 없이 자신들만의 이익을 추구하는 관료들에

의해 독점적으로 제공되면서 나타나는 서비스의 질 저하 문제와 과도한 행정비용을 설명해준다. 두 번째 부류의 문제점인 할당효율성은 국가독점으로 복지서비스에 대한 client나 국민들의 선택이 제한됨으로써 client나 국민들이 가지고 있는 구체적인 욕구나 문제에 적절하게 대응하지 못하여 client에게 가장 필요한 서비스가 효율적으로 할당되지 못하여 나타나는 문제를 의미한다. 조직경직성은 사회복지제공에 있어 관료적 특성으로 나타날 수 있는 서열주의, 폐쇄성, 상황대처능력의 미비와 안전주의, 서비스의 효과성보다는 생산성이나 서비스산출량에 대한 집중 등의 문제를 포함한다.

결국, 국가가 서비스를 직접 생산 및 제공하는 국가생산모델의 경우 국가조직을 통해 서비스가 경쟁 없이 독점적으로 제공되므로 서비스전달에 있어 공공조직의 독점적 지위가 보장되어 서비스 질 향상을 위한 노력은 등한시 될 수 있다. 또한 보편적 서비스가 제공되므로 개인들이 가지고 있는 개별적인 특성이 서비스에 반영되지 않아 개별적 욕구에 기초한 대인서비스(personal service)의 제공은 어렵다는 한계를 갖는다. 그리고 상명하달식의 서열 중심으로 규정과 규칙에 의해 단계적으로 사회복지 재화와 서비스가 전달되므로 기획에서부터 직접 서비스제공까지 걸리는 시간이 상대적으로 길어 시간비용이 증대되므로 시시각각 변하는 사회문제의 복잡성과 다양성에 대한 대책에서 민간조직에 비해 유연성이 상대적으로 낮을 수밖에 없는 한계점을 가지고 있다.

2. 비영리생산모델

1) 비영리생산모델의 기본적 배경

비영리생산모델은 제3부분 생산모델 또는 자발적 부분 생산모델을 포함하는 모델이며 비영리조직중심으로 사회복지 재화와 서비스를 강조하는 모델이다. 즉, **국가가 직접 사회복지 생산 및 제공을 책임지는 것이 아니라 민간영역의 비영리조직이 단독으로 또는 국가와 함께 협력하여 서비스를 생산 및 제공한다. 복지국가는 사회복지 제공의 전체적인 기획을 하고 비영리 자발적 조직에게 재정을 지**

원하여 서비스의 생산과 제공은 비영리조직이 책임지는 방법이 곧 비영리생산모델이다. 초기 자본주의 시기에는 비영리조직이 자발적인 재정을 투입하여 서비스를 생산 및 제공하였지만 복지국가가 발전하면서 공공조직만으로는 국민들의 다양하고 복잡한 욕구를 완전하게 해결할 수 없고 국가직접생산은 비효율적이라는 x-비효율성을 극복하기 위한 대안으로 비영리조직이 국가를 대신하여 재정을 지원받으면서 협력하여 서비스를 생산 및 제공하는 비영리생산모델이 발달하였다.18)

비영리조직은 실질적으로 자본주의가 발전하기 전부터 순수 자발적 조직으로 대부분의 국가에서 사회복지 재화와 서비스 생산에 있어 상당한 역할을 수행하여 왔으며 자본주의의 발전과 함께 법적 지위를 부여받은 비영리조직으로 발전하여 복지서비스를 과학적이고 체계적으로 제공하는 데 많은 역할을 담당하여 왔다. 특히, 복지국가의 등장과 함께 비영리조직은 공공조직보다 앞서는 지식과 기술을 내세워 매우 효과적인 서비스 제공에 기여하여 왔다. 이러한 앞서있는 비영리조직의 지식과 기술 그리고 정보 등을 이용하여 정부조직이 가지고 있는 서열과 독점적 지위로 인해 나타나는 서비스생산의 비효율성 및 낮은 효과성을 극복·개선하고자 하는 것이 바로 비영리생산모델의 가장 주요한 등장배경이라고 할 수 있다.

2) 비영리생산모델의 특성

비영리생산모델은 넓게 보면 민영화모델에 포함된다고 할 수 있다. **민영화**는 "공공부분에서 민간부분으로 서비스 생산 및 제공의 책임을 전이시키는 것"(Ascolil and Rancil, 2002) 또는 "정부생산에서 민간생산으로 생산의 배열을 조정하는 것"(Savas, 2000)이라고 간략하게 정의내릴 수 있으며, 민영화생산모델에는 영리중심의 민영화와 비영리중심의 민영화가 모두 포함된다(지은구, 2009). 기본적으로 민영화는 공공부분에 시장기제(market mechanism)가 도

18) 물론 순수 자발적 부분으로 개인이나 종교단체 등에서 정부로부터의 어떠한 도움 없이 독자적으로 자선과 시혜를 바탕으로 다양한 사회복지혜택을 제공하는 경우도 있지만 비영리생산모델에서 순수 자발적 부분은 제외한다.

입되는 것을 의미하는데 일반적으로 민영화에 의해서 도입되는 시장기제는 이용자선택권, 경쟁, 공개입찰이나 계약을 포함하여 개인소유권과 이용료 등이 언급된다(OECD, 2008). 하지만 시장생산모델과는 달리 비영리생산모델에서는 선택과 경쟁 그리고 이용자들의 자유결정 등의 요소가 강조되지는 않는다. 이는 비영리생산모델이 앞에서 지적한 바와 같이 비영리기관 중심의 민영화모델이기 때문이다. 즉, 국민이 자유롭게 자신들이 필요로 하는 서비스를 시장을 통해서 선택하고 제공기관들이 이용자들로부터 선택받기 위하여 경쟁하는 것이 아니라 국가가 서비스를 기획하고 재정을 책임지지만 비영리기관과의 계약이나 협약을 통해서 서비스가 공급되도록 한다는 측면에서 이용자보다 제공기관이 중심이 되는 공급중심의 민영화모델이라고 할 수 있다. 결국, 비영리생산모델은 민영화모델 중 계약이라는 시장기제를 활용하여 사회복지 재화와 서비스를 제공하는데 있어 국가를 대신하여 민간조직 특히 비영리조직이 서비스를 제공하는 모델을 의미하며 이용자보다는 제공기관을 중심으로 하는 제공기관중심모델이라고 할 수 있다.

3) 비영리생산모델과 사회복지제공

비영리생산모델은 비영리조직이 국가와의 계약(협약)으로 사회복지 재화와 서비스를 제공한다. 계약은 정부(중앙정부와 지방정부를 모두 포함하여)와 비영리조직 간에 이루어지기 때문에 제공기관은 서비스공급자의 역할을 수행하고 사회복지의 생산과 공급에 대한 총괄 기획은 정부가 주도하므로 정부는 서비스제작자의 역할을 수행한다. 아래의 〈그림 5-2〉는 비영리생산모델에서 서비스전달의 흐름을 나타낸 것이다.

〈그림 5-2〉 비영리생산모델에서 사회복지 재화와 서비스의 생산 및 제공의 흐름

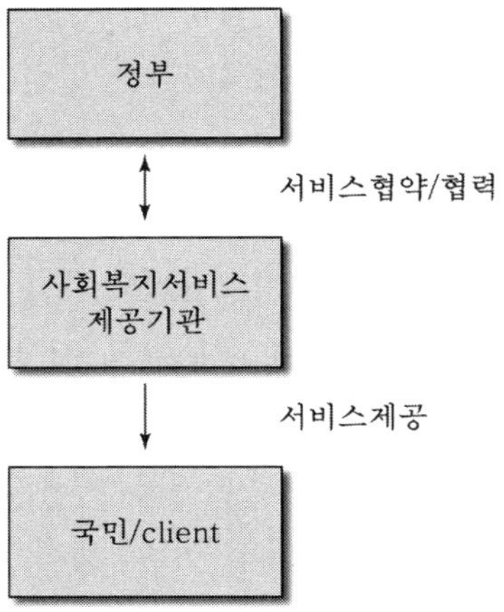

비영리생산모델에서 국민은 서비스를 이용하는 이용자이며 동시에 서비스대상자이다. 국민은 서비스 생산과 공급에 참여하는 참여자가 아니며 욕구사정의 당사자이자 욕구표출가의 역할을 수행한다. 아래의 표는 비영리생산모델에서 정부, 제공기관 그리고 국민의 역할을 나타낸 것이다.

〈표 5-4〉 비영리생산모델에서 국가, 제공기관 그리고 국민의 역할

국가의 역할	제공기관의 역할	국민의 역할
• 서비스제작자(기획자) 및 자금제공자 • 서비스 감독 및 통제자 • 서비스계약의 주체(주인)	• 서비스를 생산 및 제공하는 공급자 • 서비스관리자 • 서비스계약의 객체(대리인) • 서비스제공의 주체	• 서비스를 제공받는 이용자 및 수혜자 또는 대상자

비영리생산모델은 국가생산모델에 비해 전문적 지식과 기술 그리고 풍부한 지역정보를 가지고 있는 지역사회에 기반을 둔 비영리조직과의 계약을 통해 서비스가 제공되므로 더욱 질 좋은 서비스가 제공될 수 있다는 장점을 지니며 서열적 조직구조를 가진 공공조직보다 수평적 의사소통구조와 유연한 조직구조를

가진 비영리조직이 서비스를 제공함으로써 국가생산모델에 비해 사회적 위험에 보다 유연하게 대처할 수 있다는 장점을 가지고 있다.

〈표 5-5〉 비영리생산모델의 사회복지 재화와 서비스의 생산 및 제공의 특징

사회복지 생산 및 제공의 특징	사회복지제공체계의 특징
-국가가 서비스 기획 및 재정을 그리고 비영리제공기관이 생산 및 제공을 주도함 -국가생산모델에 비해 사회적 위험에 더 적극적으로 대응할 수 있는 보다 유연한 서비스의 생산 및 제공 -국가생산모델에 비해 국민들에게 보다 전문적 서비스 및 체계적 관리를 통한 서비스 제공	-공공과 민간조직 간의 재정의 불균형 및 정보의 불균형이 서비스제공과정에 존재 -계약 및 협약에 기초한 규정에 따라 서비스제공

4) 비영리생산모델의 한계

비영리생산모델의 가장 중심적인 한계는 바로 힘의 불균형이다. **힘의 불균형은 크게 재정의 불균형과 정보의 불균형**으로 구분될 수 있다. **주인-대리인이론**[19])을 적용하면, 계약의 당사자인 주인과 대리인은 모두 자기이익을 실현하기 위해 노력한다는 것이 주인-대리인이론의 핵심적 작동원리이므로 제공기관은 그들이 가지고 있는 모든 정보를 정부에게 공개하지 않는다든지 또는 정보를 조작하는 경우도 발생하게 된다. 정부는 전적으로 정보가 완전히 공개되고 있는지에 대한 지속적인 통제와 관리를 수행하여야 하므로 직접적 서비스전달비용 이외에 감독 및 통제를 위한 간접비용이 증가하게 된다. 재정의 불균형적 측면에서 본다면, 민간비영리조직이 제공하는 사회복지의 재정은 전적으로 정부와의 계약에 의해서 제공되므로 비영리조직은 재정적 측면에서 정부조직에 완전히 의존되어 있어 정부의 요구에 전적으로 대응하여야 하는 의무와 책임을 가지게 된다.

---

19) 주인-대리인이론은 신고전파 복지경제이론의 가장 최신 이론이라고 할 수 있으며 민영화를 설명하는 가장 핵심적인 이론이다. 주인-대리인이론(principal-agent theory)은 주인이 제공하여야 하는 서비스를 대리인이 주인과의 계약을 통하여 대신 제공하는 것을 설명하는 이론으로 공공서비스(사회복지서비스를 포함하여)의 민영화를 지지하고 확대하는 데 중요한 영향을 준 이론이다(지은구, 2014).

정보의 불균형은 사회복지제공에 있어 이용자들에 대한 정보, 서비스내용에 대한 정보, 서비스의 결과와 관련된 정보의 불충분한 공개 나아가 정보조작 등을 가져와 바람직한 사회복지제공의 내용을 왜곡할 수 있다. 정부재정에 대한 의존은 비영리조직이 자발적으로 서비스를 조정하고 수정하는 데 제약으로 작동할 수 있으며, 규정이나 규칙을 벗어나는 개입계획에 대해서는 어떠한 재정적 지원도 가능하지 않으므로, 사회복지제공과 관련된 유연한 행동에 대한 제약을 가져다주는 요인으로도 작동할 수 있다. 또한 민간조직과의 계약과정에서 나타나는 거래비용의 증가는 불필요한 사회복지비용의 증가를 가져다주는 결과를 초래하기도 한다.

국가생산모델이 국가독점으로 서비스를 생산 및 제공하는 것이 한계점으로 지적된 것과 같이 비영리생산모델도 계약을 획득한 비영리조직의 독점적 서비스 생산 및 제공을 허락하므로 국가는 제공기관의 자기이익실현을 위한 노력을 지속적으로 관리하여야 한다는 한계를 가지고 있다. 관리적 측면에서 보면, 비영리조직은 국가조직이 아니므로 국가의 비영리기관에 대한 완전한 규제가 불가능하다. 따라서 비영리조직을 간접적으로 관리하기 위한 관리시스템 개발 등의 비용을 수반하며 제공기관을 통한 서비스전달에 있어 통제와 보상을 강조하는 관리방안을 적극적으로 도입함으로써 직접적 서비스와 관련 없는 간접적 관리감독 비용의 증가가 나타나게 된다. 또한 비영리조직의 서비스독점은 국민을 단순한 서비스를 제공받는 대상자로만 여겨 이용자들의 서비스선택에 대한 자기결정권의 실현은 이루어지지 않는다는 한계를 동시에 내포한다.

비영리생산모델은 Le Grand와 Robinson(1984)이 민영화의 유형을 구분하면서 민영화가 국가직접제공의 서비스가 축소한다는 점을 지적하였듯이 국가가 직접 제공하는 서비스를 계약을 통해서 민간비영리기관중심으로 서비스를 제공함으로써 국가가 민간비영리조직에게 서비스제공의 책임을 전가한다는 점이 사회복지에 대한 국가의 공공성 축소를 의미한다는 비판 역시 한계로 지적된다.

마지막으로 지적될 수 있는 비영리중심의 복지생산모델의 한계는 비영리조직의 목적불일치 현상이다. 역사적으로 비영리조직은 정부가 사회복지에 적극적으로 개입하기 이전부터(복지국가시기이전부터) 자발적 조직으로 발전하여 구빈 및 구제사업을 중심으로 정부의 지원 없이 후원금이나 회비 등으로 국민들의 사회복지향상에 보조적인 역할을 수행하여 왔다. 이러한 비영리조직의 자원봉사활동은 복지국가의 발전과 함께 정부와의 계약으로 사회복지 재화와 서비스를 생산 및 제공하는 데 있어 전문가의 활동으로 대체되어 비영리조직은 자원활동가들의 자발적 집단이 아닌 정부의 서비스를 대신하여 전달하는 전문가 집단으로 탈바꿈하면서부터 비영리조직의 중요 활동인 자원봉사활동은 점차 그 영역이 축소되어 가고 있다. 이러한 비영리조직의 변화는 결국 비영리조직에게 있어 정부와의 계약은 조직생존과 직결되는 결정적인 사항으로 변질되어 조직의 목적이 사업지속을 통한 안정과 발전인지 아니면 공동체주의 등과 같은 복지국가의 사회적 가치나 목적의 실현인지를 판단하기 어렵게 만드는 요소로 작동하고 있다.

3. 시장생산모델

1) 시장생산모델의 기본적 배경

시장생산모델은 사회복지 재화 및 서비스를 포함하여 필요한 서비스가 시장을 통해 국민들에게 생산 및 제공되는 모델이다. 국민들이 필요로 하는 서비스를 생산 및 제공하는 데 있어서 시장을 강조하는 시장생산모델은 기본적으로 사회복지생산의 민영화 나아가 시장화의 핵심적 내용이라고 할 수 있으며 **시장이 생산하고 개인 및 가족의 능력으로 사회복지 재화와 서비스가 소비된다는 측면에서 가장 고전적인 복지생산방식**이다. 사회적 보호가 국가적 책임이 아니고 개인 및 가족의 책임으로 여겨졌을 당시 어려움에 처한 국민들은 그들의 문제를 자선이나 박애를 통해 구원받든지 아니면 개인적인 능력이나 가족의 능력(주로 경제적 능력)을 통해서 해결하였는데 주로 시장을 통한 교환에 의존하였다. 이러한 시장을 통한 사회복지 재화 및 서비스의 생산·소비 방식은 현대 복지국가에서도 하나의 서비스 제공방식으로 엄연히 작동하고 있으며 현대에는 민영화와 시장화라는 용어로 분철되어져 있다.

시장생산모델의 기본 아이디어는 국가생산모델이 가지고 있는 문제점들이 극복될 수 있다는 나름대로의 생각에 근거한다. 즉, 시장생산모델은 국가생산모델이 첫째, 서열과 규제 그리고 규정을 강조하므로 자원할당에 있어서 비효율적이며 둘째, 자기이익최대화를 추구하는 관료들에 의해 자신이 속한 조직을 중심으로 하는 관료적 독점현상이 발생하여 사회복지 재화 및 서비스생산에 적합하지 않은 모델임을 강조한다. 특히, 사회복지생산에 있어 시장생산모델의 확대 발전은 신공공관리(New Public Management)의 도입에 영향을 받았다(Pollitt, 1990; Hood, 1991; Massey, 1993; Peters, 1996). 따라서 민영화를 강조하는 공공행정은 바로 **'신공공관리(New Public Management)'**의 핵심적 특징이라고 할 수 있는데 이는 신공공관리의 주요 특징이 바로 공공정치 속으로 시장의 원리를 적용한 것에 있기 때문이다. 사회복지 재화와 서비스의 생산 및 제공에 있어 신공공관리에서 나타나는 시장의 원리란 다음과 같다(Kaboolian, 1998).

첫째, 사회복지 재화와 서비스생산에서 효과성과 형평성에 덧붙여 효율성을 보다 강조한다.

둘째, 정치와 행정관계를 설명하기 위해 공공선택이론, 주인-대리인이론, 거래비용, 계약 등과 같은 경제적 용어 및 시장을 사용한다.

셋째, 경쟁, 성과계약, 이용자만족, 시장인센티브와 탈규제 등과 같은 개념을 관리에 적용한다.

시장생산모델에서는 사회복지 재화와 서비스가 교환되도록 시장을 형성하는 것은 국가의 중요한 정책적 목적이며 시장을 통해서 제공기관의 이익이 실현되는 것을 보호하는 것 역시 정부의 주된 역할이 된다. 또한 관료들은 시장이 경쟁적으로 기능하도록 시장에 대한 각종 규제를 제거하는 탈규제를 시도하게 된다. 시장을 통한 사회복지제공을 강조하는 시장생산모델은 제공기관의 경쟁과 이용자의 선택권을 강조한다. 즉, 구매력을 가진 이용자들이 시장에서 선택권확보를 통해 자신에게 가장 적합한 선택권을 구사하여 사회복지욕구를 해결하며, 사회복지제공의 책임은 비효율적인 정부로부터 뛰어난 지식과 기술력을 가진 민간에게 이양되고 이용자들은 민간조직이 제공하는 서비스를 선택함으로써 조직들 간의 경쟁이 서비스의 품질을 향상시켜 정부의 민간조직관리에 대한 부담 및 관리 필요성은 사라지게 된다. 그러므로 사회복지제공의 관리는 시장을 통해서 자연적으로 이루어지므로 국가는 사회복지제공의 관리에 필요한 인적·물적 자원을 줄일 수 있게 된다.

사회복지 재화와 서비스가 시장을 통해 생산 및 제공되어야 함이 강조되는 시장생산모델이 등장한 가장 결정적인 배경은 바로 사회복지 재화와 서비스의 국가직접생산에 따른 재정지출증가에 대한 부담과 조직성과가 우수한 민간조직을 통해 서비스를 제공하게 함으로써 공공조직의 비효율성을 극복하고 효과성을 강화하기 위한 대안적 성격이 강조되면서부터다. 특히 **시장생산모델은 서비스의 구매를 전적으로 개인의 구매능력으로 제한한다는 측면에서 국가의 공공성 및 사회적 목적 실현을 위한 노력을 등한시하고 개인의 구매력을 강조한다는 특징**을 가지고 있다. 즉, "**개인의 복지는 개인이 책임져야 되는 것이고 개인의 복지증진은 곧 총 사회의 복지를 증진시킨다**"는 기본적 사고가 시장생산모델을 지배한다.

2) 시장생산모델의 특성

사회복지 재화와 서비스의 생산에서 시장의 역할을 강조하는 시장생산모델은 시장을 통해서 서비스가 생산되고 제공되어야 함을 강조하는 모델이다. 특히 시장생산모델은 정부의 실패에 기초하여 대중의 이익은 자기이익을 최대화하려는 의지에 의해 실현됨을 강조하며 경쟁과 선택이 사회복지제공의 기본적 작동원칙임을 주장한다. 이러한 시장생산모델의 강조점들을 살펴보면 아래와 같다.

(1) 정부의 실패

시장의 실패는 시장을 통해서 자원의 균형적인 할당이 이루어지지 않을 때 발생한다. 자유경쟁시장이 실패하는 이유는 첫째, 시장이 성공하기 위해서는 다양한 수의 많은 시장이 존재하여야 하는데 시장의 수가 적다든지 둘째, 시장에서 생산자와 소비자가 경쟁적으로 활동하여야 하는데 비경쟁적인 독점이나 과점이 일어난다든지 셋째, 시장이 성공하기 위해서는 균형(예를 들어 균형가격)이 존재하여야 하는데 정보의 불균형 등으로 인해 균형이 존재하지 않게 되면 결국은 시장은 실패하게 된다고 할 수 있다(Ledyard, 1991). 또한 판매자와 구매자 이외에 제3자가 혜택과 비용을 떠안게 되어 외부효과가 나타나는 경우 그리고 교환의 장치인 시장 이외에서 재화와 서비스가 제공되는 경우 즉, 국가가 공공재를 제공하는 경우도 역시 시장실패의 요인을 설명한다(지은구, 2010).

이러한 시장의 실패요인에도 불구하고 사회복지 재화와 서비스를 포함하는 공공서비스를 시장에서 생산 및 제공하는 것이 효율적이고 효과적이라는 시장화를 강조하는 시장생산모델의 이론적 토대는 바로 **정부실패론**에 근거한다. 사회복지 재화와 서비스를 포함하는 공공재의 출현과 확대는 바로 시장실패를 설명하는 요인이었지만 공공재에 대한 국민수요증대와 국가독점제공에 따른 비효율성 및 비효과성 등은 국가에게 재정적 부담이 되어 사회복지 재화 및 서비스 제공에 대한 민영화 나아가 시장화를 주장하는 시장생산모델이 다시 등장하는 계기가 되었다.

(2) 경쟁과 선택

시장생산모델의 가장 중심적인 논리는 바로 **경쟁과 선택**이다. 사회복지 재화와 서비스의 선택에 있어 이용자들은 여러 선택을 하게 된다. 이용자들의 선택유형은 첫째, 제공기관의 선택(예를 들어 요양기관의 선택, where), 둘째, 제공인력의 선택(예를 들어 요양보호사의 선택, who), 셋째, 서비스의 선택(예를 들어 요양보호사가 제공하는 다양한 서비스의 선택, what), 넷째, 시간의 선택(예를 들어 약속시간의 선택, when) 그리고 마지막으로 의사소통의 방법이나 접근통로의 선택(예를 들어 대면을 통한 서비스나 전화를 통한 서비스의 선택, how)등으로 구성되어 있다(Le Grand, 2007). 따라서 이용자의 선택은 위의 모든 유형의 선택을 포함하는 것이라고 할 수 있다. 특히, 선택의 논리에 따르면, 선택한 것에 대한 책임은 선택한 사람에게 있으므로 선택은 신중하고 현명하게 이루어져야 한다. 시장생산모델은 기본적으로 국민들이 합리적이므로 자신이 무엇을 선택할 것인지를 인식하며 선택한 것에 대해서는 자신이 책임질 수 있음을 강조하는 인간의 합리성을 기본적 토대로 한다.

사회복지생산 및 제공에 있어 경쟁은 사회복지 재화와 서비스를 제공하는 제공기관들 사이에 일어난다. 이용자들이 특정 제공기관이나 제공인력 또는 서비스를 이용하도록 동기 부여하는 것이 바로 경쟁의 논리이다. 경쟁은 오로지 한 제공기관만이 사람들이 원하는 서비스를 가지고 있는 독점적 서비스나 단일서비스와는 정반대의 경우로서 제공기관들은 자신들이 제공하는 서비스가 사람들로부터 선택받을 수 있도록 노력하여야 하며 사람들로부터 선택받지 못한 제공기관 또는 서비스는 경쟁시스템에 의해 시장으로부터 수출되는 과정을 겪는다. 따라서 더 많이 선택받기 위하여 제공기관들은 노력하여야 하므로 국가독점에서 나타나는 비효율성, 비효과성 그리고 비응답성의 문제점들은 경쟁을 통해 어느 정도 해소될 수 있음을 시장생산모델은 강조한다.

(3) 대중의 이익

Peters(1996)는 시장생산모델에서 대중이익은 중요한 개념임을 강조하였는데 그에 따르면 대중이익은 사회복지 재화와 서비스가 얼마나 값싸게 전달될 수 있는가를 확인하는 것이다. 따라서 국가생산모델은 서비스제공에 있어 전반적으로 비용이 많이 들어가고 비효율적이므로 비용을 줄이기 위해서는 다양한 서비스제공기관들이 서비스를 값싸게 제공하도록 하는 것이 효율적임을 시장생산모델은 강조한다.

3) 시장생산모델과 사회복지제공

사회복지제공을 시장에 맡기는 즉, 사회복지 생산과 제공을 전적으로 시장에 의존하는 시장생산모델은 소비자주권을 강조하는 소비자주의의 강화에 영향을 받아 선택권 확보와 자기결정권 강화 등을 바탕으로 이용자들이 서비스제공에 대한 수동적 수혜자에서 서비스를 선택하고 결정하는 소비자로 인식되도록 하는 동기를 제공하였다. 시장생산모델에서 제공기관은 이익을 추구하고 소비자들에게 선택을 받기 위하여 상호 경쟁함으로써 조직 간 경쟁이 곧 서비스의 내용과 질을 조절하도록 하는 조절기제의 역할을 담당한다. 결국, 시장생산모델의 핵심적 가치는 "선택과 경쟁"이 된다. 시장생산모델에서 국가는 자금제공자로서의 역할을 수행하며 서비스제작에 대한 책임은 전적으로 서비스를 제공하는 제공기관에게 있다. 아래의 표는 시장생산모델에서 국가, 제공기관 그리고 국민의 역할을 나타낸 것이다.

〈표 5-6〉 시장생산모델에서 국가, 제공기관 그리고 국민의 역할

국가의 역할	제공기관의 역할	국민의 역할
• 자금제공자 • 시장구축 및 유지 관리	• 서비스생산 및 제공을 하는 생산자 및 판매자 • 필요한 정보제공 • 품질관리	• 서비스를 소비하는 소비자 • 서비스를 선택하는 선택자

앞에서 언급된 시장생산모델의 한계를 포함하여 사회복지제공의 한 유형인 시장생산모델의 사회복지전달 특징을 종합적으로 정리하여 제시하면 아래와 같다.

〈표 5-7〉 시장생산모델 사회복지 재화와 서비스 생산 및 제공의 특징

사회복지 생산 및 제공의 특징	사회복지제공체계 특징
• 사회복지 생산과 공급의 결정요건은 수익창출여부이다. • 서비스 이용자와 제공자의 관계는 신뢰와 믿음의 사회자본이 아닌 단순히 경제적 가치로 측정되는 서비스판매자와 서비스구매자이다. • 보충적 서비스의 제공은 이용자의 조건이나 상태보다는 추가부담능력에 전적으로 의존한다. • 조직 간 경쟁은 조직생존의 필수법칙이다. • 서비스 생산 및 제공에서 시민참여는 불필요하며 전적으로 시장의 수요(demand)에 기초한다. • 조직의 성과(performance)는 가장 측정하기 쉬운 경제적 가치로 측정되며, 조직 성과관리의 일차적 목적은 효율성증진이 된다. • 서비스의 질적 양적 수준은 전적으로 국민들의 경제적 능력과 연관되어 제공된다.	• 조직의 최우선 가치는 수익창출이다 • 국민들은 사회복지서비스 이용 대가를 지불할 수 있는 소비자가 된다. • 수익창출에 도움이 되지 않는 조직 간 상호협력과 조정은 등한시되며 네트워크활동은 불필요한 조직활동이 된다. • 이용자들의 개별적 특성을 고려하는 사례관리는 수익을 창출하는 서비스로서 수입과 연관되어 제공되며 시간 제한적이다. • 서비스결과(outcome)에 대한 책임은 전적으로 서비스를 선택한 개인에게 있다.

5) 시장생산모델의 한계

시장생산모델은 국가로부터 탈중앙화된 사회복지 제공과 소비자들의 자기결정권 실현이라는 측면 그리고 국가에게 서비스전달에 따른 거래비용을 거의 의무화하지 않는다는 점에서 장점을 가지고 있지만 사회복지제공에 있어 국민에 대한 공공성 및 책임성 약화라는 기본적인 한계점을 나타내기도 한다. Johnson(1990)은 복지혼합의 시대에 복지전달은 크게 시장부분, 정부부분, 비영리부분, 가족과 친구 등과 같은 비공식부분으로 구성되며 시장부분 즉, 시장생산모델은 다음과 같은 기본적인 한계점이 있음을 지적하였다.

첫째, 시장생산모델은 사회복지제공에 있어 통제의 문제점을 가지고 있다. 즉, 시장은 사회복지 재화와 서비스의 양과 질을 규제하고 통제하는 것이 현실적으로 불가능하다는 점이다. 그에 따르면 시장은 본질적으로 이익창출을 위해 소비자를 착취하고 학대하므로 매우 강한 규제가 필요하지

만 시장이 이익창출을 위한 행동을 정당화하고 또한 규제를 완벽하게 할 수 있는 방안을 고안하는 것도 어려우며 효과적인 관리방안을 고안하는 것이 비용부담문제를 야기함으로써 시장을 통한 사회복지 생산 및 제공에 있어 양과 질의 규제는 전적으로 시장의 자기-규제적 특성에만 맡기게 되어 규제나 통제가 어렵다고 볼 수 있다.

둘째, 시장생산모델은 비영리조직과 비공식적 부분의 활동에 부정적인 영향을 준다.[20] 영리조직들이 정부의 재정을 확보하기 위해 비영리조직들과 경쟁을 한다. 전체적인 재정지원의 총량은 한정되어 있고 재정지원을 원하는 조직들의 수는 증가하므로 재정경쟁이 비영리조직의 활동에 경제적인 부담으로 작동하게 된다. 또한 조직 간 경쟁심화로 인하여 조직 간 협력과 조정이라는 비영리조직의 가치가 사라져 시장생산모델은 비영리 및 비공식부분의 활동에 부정적인 영향을 미친다.

셋째, 시장생산모델은 국가재정에 대한 영리기업으로의 유입을 정당화함으로써 국민의 세금이 영리기업의 이윤창출실현을 위한 재정원천의 역할을 한다는 점에서 비판을 받는다.

위와 같은 시장생산모델의 문제점 이외 시장생산모델은 사회복지 재화와 서비스의 특성이 다름으로 나타나는 문제, 시장 자체가 가지고 있는 문제, 경쟁으로 인해 야기되는 문제 등이 지적되기도 한다. 시장생산모델의 문제점들을 구체적으로 살펴보면 아래와 같다.

(1) 사회복지 재화 및 서비스와 일반상품과의 차이에서 나타나는 한계

지은구(2010)에 따르면, 사회복지서비스(가치재/공공재)와 일반서비스(사적재)의 가장 큰 차이점은 첫째, 사회복지서비스는 개인적 이윤만을 창출하기 위해 생산 및 제공되지 않는다는 것이고 일반서비스는 개인적 이윤을 창출하는데 있으며 둘째, 사회복지서비스는 순수 사적재와 달리 경쟁과 배제를 통해 소비의 불균형을 만들어내지 않는다는 점이다. 사회복지 재화와 서비스는 국민들

20) 시장이 비영리조직에 미치는 부정적 영향에 대해서는 다음절에서 보다 구체적으로 살펴보기로 한다.

의 사회적 권리의 보장과 사회적 가치의 실현이라는 사회적 동기를 실현하기 위해 제공되지 개인적인 원함이나 이윤창출만의 동기를 실현하기 위해 제공되지는 않는다. 사회복지 재화와 서비스가 이윤을 생성하는가 아니면 이윤을 생성하지 않는가는 그 생산의 주체가 어디인가에 의해서 결정된다. 즉 이윤을 추구하는 영리조직이 복지서비스의 생산과 분배를 책임지고 있다면 복지서비스는 상품으로서 시장경쟁체제 하에 놓여 있다는 것을 의미하고 이는 곧 복지서비스가 소비의 불균형을 만들 수 있는 사적재라는 것을 의미하며 복지상품은 일반상품과 같은 시장체제 하에서 경쟁되어지고 배제되어진다는 측면에서 분석되어야 한다. 하지만 사회복지서비스는 재화적 성격상 시장에서 나타나는 소비의 불균형(지불능력의 차이에 따른 소비불균형)에 의해 영향을 받은 사람들의 소비를 증진시켜 소비불균형을 예방·치료하기 위하여 제공되기 때문에 시장제공에 따른 소비의 불균형으로 인하여 나타날 수 있는 차별 및 배제 나아가 국민들의 기본적 삶을 위협하는 위험요소들은 반드시 수정·보완되어야 한다.

국가나 이윤을 추구하지 않는 민간단체에 의해 사회복지 재화와 서비스의 생산과 분배가 이루어진다면 복지서비스는 이윤을 추구하지 않는 가치재나 공공재의 특성을 갖는다. 복지서비스의 시장경쟁체제로의 편입은 곧 복지서비스를 통한 이윤창출이 인정되고 개인의 욕구에 따른 서비스의 충족이 아니라 개인의 경제적 능력에 따라 복지서비스가 선택되어지는 즉, 서비스를 위해 경쟁하고 배제한다는 의미에서 공공재적 성격을 갖는 사회복지서비스 본질의 전이(전환)를 의미한다. 이는 사회복지서비스가 개인적 선택의 여부에 따라 개인적으로 취사가 가능해지는 상품으로서 시장에서 경쟁력을 생명으로 한다는 것을 의미하며 본인부담능력에 따라 이용자를 배제하며 가격의 높고 낮음에 따라 복지상품에 얼마를 지출하느냐에 따라 복지상품의 질과 양이 결정된다는 것을 의미한다. 이러한 현상은 배제와 경쟁을 강조하는 사적재 교환이 주가 되는 자유경쟁시장에서 일어나는 보편적 현상으로서 **소비의 양극화**가 일어나는 주된 요인으로 작동한다.

결국, 사회복지 재화와 서비스가 시장경제 하에 편입되는 경우에 있어 나타날 수 있는 장점은 첫째, 다양한 서비스가 출현하여 국민들의 선택의 폭을 넓히는 것과 둘째, 대량 생산이나 제공에 의해서 서비스가격이 낮아질 수 있다는 점이다. 하지만 이 경우 대량생산에 의한 서비스 가격하락은 곧 사회복지 재화와 서비스 질 저하를 의미할 수 있다. 단순한 소비의 개인적 만족(individual utility)을 추구하는 일반 상품과는 달리 사회적 만족(social utility)을 추구한다. 모든 인간의 공통적인 욕구를 다루고 인간의 본성인 인간성(humanity)을 다루는 사회복지영역에서 질 낮은 사회복지재화 및 서비스의 제공은 곧 욕구불충족 및 인간성 파멸의 사회적 동의를 인정하는 결과를 초래할 수 있다. 또한 다양한 상품의 출현으로 소비자의 선택의 폭이 확대된다는 점에 있어서도 다양한 상품의 개발과 출현이 시장을 통해서 이루어지는 경우 이윤을 바탕으로 하기 때문에 이윤이 확보되지 않는다면 어느 기관도 사회복지 시장에 뛰어들지 않을 것이다. 그러므로 이윤 확보를 위해 사회복지 재화와 서비스 가격의 조정은 필연적이며 결국 사회복지수요자의 빈익빈 부익부라는 사회문제가 확대·발전하게 되어 자본주의시장경제의 모순이 그대로 사회복지서비스 시장에도 전이될 수 있다(지은구, 2006).

사회복지 재화와 서비스는 가치재이며 공공재인 공공상품 또는 공공서비스의 속성을 가지고 있다. 사회복지 재화와 서비스가 상품이라고 하는 것은 자본주의 경제체제 하에 시장에서 이루어지는 모든 거래는 상품거래라는 경제적 원리에 충실하게 따르는 것으로 이러한 관점에서 본다면 사회복지재화와 서비스는 분명히 상품이다. 하지만 복지상품은 시장에서 자발적인 교환을 통해 생산과 분배가 이루어지는 일반 상품과 달리 국가개입이라는 조정양식을 필요로 한다는 점에서 일반상품과는 차이가 있다. 사회복지서비스의 생산과 분배는 기본적으로 국민의 욕구에 기반하며 복지국가의 규범적 정당성인 사회권, 분배적 정의, 사회적 연대 등과 같은 목적에 부합하는 사회적 가치의 실현을 추구한다는 점에서 단순히 제공자의 이윤을 추구하는 일반상품의 제공방식과는 다르다고 할 수 있다.

(2) 시장배제의 정치경제학

자유경쟁시장을 강조하는 경제학자들의 대부분은 시장에 의해서 나타나는 배제보다 경쟁을 강조하는 경향이 있다. 효율성, 효과성 그리고 응답성 등 경쟁의 장점들이 주로 주장되지만 시장이 가지고 있는 가장 중요한 속성인 배제가 인간 및 사회환경에 미치는 악영향에 대해서는 언급을 주저한다. 시장의 특징은 단순히 재화와 서비스의 생산과 교환에만 관심이 있다는 점이다. 즉, 누가 생산하고 왜 생산하는지에 대한 해답은 생산할 수 있는 자원을 가지고 있는 사람이 자신들의 이윤창출을 목적으로 생산하고 또한 누가 교환하는가는 교환을 할 수 있는 능력이 있는 사람이 교환에 참여하여 교환을 통해서 자신들의 만족이나 원함을 충족시킨다는 점에서 찾는다. 따라서 자유경쟁시장에서 교환의 참여자가 누구인가는 중요하지 않으며 '교환할 재화나 서비스 그리고 경제적 능력을 보유하고 있는가?'만이 중요한 점이 된다.

시장이 다수 존재하지 않은 경우나 대체상품을 포함하여 재화나 서비스가 다수 존재하지 않은 경우 경쟁은 발생하지 않으며 과점과 독점이 발생하고 교환가격은 균형가격을 상실하게 될 가능성이 매우 높다. 또 시장에 참여하는 교환당사자(판매자와 구매자) 간에 생산적 그리고 경제적 부담능력이 차이가 난다면 시장의 배제적 특성으로 인하여 시장에서 배제되는 사람들이 많이 생겨나게 되고 이는 소비의 불균형을 일으키는 가장 큰 요인으로 작동하게 된다. 시장에 참여하는 이유가 단순히 개인적 만족의 충족이라면 배제와 경쟁으로 인한 손해를 개인적으로 감수할 수밖에 없게 된다.

사회복지 재화와 서비스가 일반 순수 사적재를 판매하고 구매하는 자유경쟁시장에서도 교환이 가능한가? 재화적 성격을 구분하는 배제와 경쟁이라는 두 기준을 엄격히 적용한다면 사회복지 재화와 서비스가 자유경쟁시장에서 교환되면 배제와 경쟁이 동시에 발생할 수 있고 교환의 목적이 개인적 이윤의 창출에 기여하게 된다. 사회복지 재화와 서비스를 생산하고 공급하는 가장 큰 이유는 개인적 이익 또는 만족에 있다고 볼 수 없다. 사회복지 재화와 서비스는 앞에서 정의한 것과 같이 사회구성원들을 사회적 위험으로부터 예방, 치료하고 그들의 삶의 질을 보존한다는 사회적 가치의 실현 또는 사회적 목적을 성취하기 위해 제공하는 공공재적 성격을 내포하고 있는 가치재이다. 따라서 복지국가에서 사회복지 재화와 서비스가 사적 이익을 창출하는 목적으로 자유경쟁시장에서 교환이 되는 경우에 발생할 수 있는 **소비의 불균형**을 극복하고 **사회적 생산과 사**

회적 교환이 강조되는 재화와 서비스라고 한다면 사회복지 재화와 서비스는 시장에서 교환이 가능한 재화라고 할 수 있지만 그 시장이 자기이익을 최대로 실현하기 위한 자유경쟁시장은 아니며 자유경쟁시장에서의 교환은 일어날 수 없음을 알 수 있다.

(3) 경쟁 자체의 문제

경쟁은 서비스의 질 하락을 유도할 수 있다는 점 역시 시장의 문제점으로 지적될 수 있다. 제공기관 간 경쟁이 일시적으로 또는 단기간에 품질이 좋은 서비스를 제공할 수 있지만 장기적으로는 서비스를 제공하는 제공기관에게 이익을 가져다주어야 한다는 자본의 논리에 의해서 품질은 곧 가격과 동일한 대접을 받게 된다. 이는 품질이 좋은 서비스는 당연히 가격이 높게 책정될 수밖에 없는 것이 시장의 논리이자 자본의 논리이다. 만약 시장에서 품질이 낮은 서비스와 품질이 높은 서비스가 같은 가격으로 교환된다면 당연히 품질이 높은 서비스를 이용자들이 선택할 것이므로 품질이 높은 서비스의 시장 점유율이 높아지게 된다. 시장점유율이 높아진다는 것은 동일한 가격대의 품질이 낮은 서비스가 시장으로부터 즉, 이용자들로부터 배제된다는 것을 의미하고 이것은 품질이 높은 서비스의 시장 독점을 의미한다. 일단 서비스의 시장 점유율이 높아지게 되면 제공기관은 당연히 그동안 지출되었던 비용을 보전받기 위하여 서비스의 품질을 다시 낮추는 서비스품질 저하현상이 나타나게 된다. 이 경우 이미 이용자들은 그 서비스를 대체할 수 있는 다른 서비스가 시장으로부터 배제되어 있어 사용하는 서비스를 지속적으로 이용하게 되어 이용자들의 비용부담은 상승하게 된다. 또한 제공기관은 서비스품질향상을 위해 들어간 시장점유에 대한 비용을 보전받기 위한 한 방편으로 기관인력을 축소하는 인력감축을 강행하기도 하는데 인력감축은 곧 서비스 유지 및 관리에 문제점을 가져오게 하여 서비스의 품질은 저하하게 된다.

4. 준시장생산모델

1) 준시장생산모델의 기본적 배경

(1) 준시장(Quasi-market)[21]의 개념

준시장생산모델은 기본적으로 1990년대 영국의 학자들에 의해서 주장되고 그 이후로 사회복지 제공의 한 유형으로 적용되었다. 준시장생산모델이 등장한 배경은 바로 영국건강서비스(National Health Service, NHS)의 재정증가에 대한 대응이었으며 건강서비스의 형평성을 개선하면서 효율성을 강화하는 한 방편으로 제시되었다. 영국의 건강서비스는 복지자본주의국가에서는 유일하게 전액 국민들의 세금으로 재정을 지원받는다. 따라서 보편적 서비스이며 모든 국민들이 재정부담 없이 원하는 서비스를 받을 수 있다. 하지만 국민건강서비스에 대한 재정지출의 증가와 서비스 제공기관의 독점적인 서비스 제공으로 인한 비효율성에 대한 대안으로 효율성을 보다 강화하는 준시장생산모델이 등장하였다. 하지만 준시장생산모델은 시장생산모델의 한계로 지적되었던 서비스의 형평성을 등한시하지 않는다는 점에서 시장의 실패에 대한 대응 모델이라고도 할 수 있다. Le Grand는 준시장생산모델이 경쟁과 선택을 강조함으로써 형평성이 더욱 강화될 것이라고 주장하였다. 즉, 그는 중간계급이나 상층계급이 주로 이용하였던 의료시설을 하층계급들도 선택할 수 있고 의료서비스 제공기관들이 더 많은 이용자를 확보하기 위하여 경쟁을 하므로 하층계급 이용자들의 요구에 대해 더 빠르게 응답할 수 있고, 하층계급이 더 좋은 의료서비스를 제공받을 수 있어 형평성이 강화된다고 보았다(Cooper and Le Grand, 2010).

준시장생산모델은 시장이 가지고 있는 "선택과 경쟁"의 가치를 구현함으로써 시장의 원리를 수용하였다는 측면에서 사회복지제공의 시장화를 의미하다고 볼 수 있지만 **시장생산모델과 다른 점은 준시장생산모델에서 구매능력을 위한 재정**

21) 준시장은 유사시장이라고도 불린다.

은 국가가 전액 부담하여 개인적 구매력은 공평하다는 점이 강조된다는 점이다. 하지만 시장이 갖는 정보비대칭, 이용자선별, 수확체증의 법칙에 따른 일부 기업의 독점적 지위 등 시장실패의 가장 핵심적인 요인들이 나타나지 않도록 규제하고 이용자들의 선택권을 강화하며 제공기관들 사이에 경쟁을 통해서 서비스가 향상될 수 있도록 한다는 측면에서 공공 및 사회복지 재화와 서비스 제공의 한 모형으로 등장하였다.

(2) 준시장의 등장배경[22)]

1980년대 복지국가를 중심으로 불어닥친 민영화 이후 영국에서 준시장화가 일어난 영역은 의료, 교육, 지역사회돌봄(community care), 사회주택 등의 분야이며 준시장은 아니지만 **시장유형기제(market type mechanism)**의 도입에 따른 공공부분의 민영화는 대부분의 다른 유럽 국가에도 많은 영향을 미쳤다. Glennerster와 Le Grand(1995)는 국가의 역할이 서비스 제공자에서 서비스 구매자로 전환하는 데 결정적인 영향을 미친 민영화의 영향을 받은 **준시장화가 전면적으로 도입될 수밖에 없었던 이유**를 다음과 같이 제시해주었다.

첫째, 복지국가재정지출을 축소 내지는 감소하여야 한다는 측면: 1970년 후반과 1980년대 불어닥친 경제적 위기는 증가하는 복지요구에 대한 해결을 찾는 데 있어 어려움을 가져다주었다. 즉, 꾸준히 증가하는 복지수요에 적절히 대응할 수 있을 정도의 경제적 성장이 유지되지 못한 점이 준시장도입의 중요한 원인이 되었다. 따라서 국가는 재정지출을 줄이기 위한 하나의 방책으로 준시장을 도입하게 되었다.

둘째, 정부의 규모를 줄여야 한다는 측면: 1980년대 영국의 대처나 미국 레이건정부는 철저한 시장주의로 복지국가가 개인과 가족의 책임을 줄어들게 만드는 결정적 요인임을 강조하였다. 미국 학자인 Murray(1984)는 복지국가로 대표되는 큰 정부가 비효율적인 체제임을 주장하였으며 Savas(1982)같은 학자는 공공부분의 민영화를 강조하는 이론적 근거

22) 윤영진 외(2009), p, 75-76의 내용을 참고하여 수정・보완하였음.

를 제시하였다. 이러한 주장은 대부분 보수주의 경제학자인 Friedman으로부터 영향을 받은 것으로 정부의 행동이 커지면 커질수록 더 많은 사람들이 정부에 고용되고 이러한 큰 정부는 정치적 자유에 위협이 된다는 점을 강조하여 영국에서는 대처 그리고 미국에서는 레이건이 정권을 잡는 데 큰 영향력을 행사하게 된다. 이들 정권은 경쟁이 질과 경제 그리고 효율성과 정부프로그램을 향상시킬 것이라는 점을 강조하였으며 이는 결국 공공부분의 축소와 준시장화나 시장기제가 등장하는 배경이 되었다.

셋째, 작은 정부를 추진하여도 정부의 관료적 힘은 줄어들지 않을 것이라는 측면: Kramer(1990)에 따르면 준시장화로 인하여 자발적 조직(비영리조직)들은 정부의 재정에 더욱 의존하게 되었으며 이는 국가의 확장을 의미하는 것이라는 점을 강조하였다. 결국 국가의 힘이 줄어들지 않고 더욱 확대되는 결과를 초래하며 관료들이 준시장화나 민영화에 큰 반대를 하지 않는 요인으로 작동하였다.

넷째, 준시장의 도입으로 복지국가가 축소되지 않는다는 측면: 준시장화나 시장기제의 공공부분으로의 도입은 국가개입의 확대를 강조하는 좌파학자들에게 복지국가를 약화시킨다는 이유로 거부당하였다. 즉, 준시장화의 도입이 복지국가의 약화를 초래한다는 것이 준시장화를 반대하는 학자들의 대표적인 주장이었다. 하지만 영국을 포함하여 준시장과 같은 시장기제를 도입한 유럽 국가들에 있어 복지영역에서의 재정축소는 일어나지 않았으며 오히려 지출은 계속 증대하는 결과를 초래하였고 특히 영국의 경우 의료분야에서 환자들의 대기시간이 줄어들고, 소비자의 선택이 증대되었으며, 소비자의 욕구에 대해 즉각적인 응답이 이루어지는 효과가 있음이 강조되었다. 이러한 증거는 결국 준시장이 복지국가를 축소시키지 않는다는 것을 강조하는 학자들의 이론적 근거가 되었다.

다섯째, 공공부분도 후기포디즘사회의 경제적 현상에 영향을 받을 수밖에 없다는 측면: 후기산업사회 또는 후기포디즘사회에 있어 경제적 배열은 공공서비스에도 영향을 미쳤다. 기업들은 자신들이 공장을 갖기보다는 하청이나 아웃소싱을 통하여 이윤을 추구하고 있으며 생산과정을 통제하고 관리하는 다양한 신기술이나 정보기술은 공공부분도 이러한 추세에 따를 것을 유도하였다. 공공부분에 도입된 신공공관리(NPM)기법이 대표적인 예라고 할 수 있다. 결국 신공공관리나 성과관리체계 등의 도입은 준시장화의 도입을 설명하는 한 근거가 된다. 이러한 후기포디즘사회의 경제적 제 현상들은 복지영역의 민영화의 한 도구인 계약을 통한 공급이 등장하고 민간을 규제하기 위한 성과관리가 강조되는 토대를 제공하였다.

여섯째, 국민들의 더 많은 욕구에 응답하여야 한다는 측면: 준시장화의 도입은 국민들의 증대하는 욕구에 대한 해결책으로 제시되었다는 것을 의미한다. 이는 사회복지 및 사회서비스분야에서 국민들에 대한 응답성을 높이고 선택을 강화하는 데 있어 경쟁을 도입하는 것이 효과적이라는 점에 기초한다.

일곱째, 준시장화가 도입되는 데 결정적인 이유를 제공한 것이 정치적으로 정부가 사회복지 및 사회서비스대상을 소외계층으로만 보지 않고 평균소득이상을 가진 중산층 이상으로 확대하였다는 측면: 전통적 복지국가는 보편주의라는 가치를 실현시키는 데 있어 정책의 초점을 주로 사회소외계층에 집중하였다. 하지만 준시장은 더 이상 소외계층만을 주된 서비스대상으로 삼지 않았는데 이는 중산층들이 복지국가의 확대에 있어 혜택을 받은 것이 별로 없으며 세금만 증액되고 있다는 불만이 정치적 행동으로 표출되어 이러한 불만을 잠재우기 위하여 사회복지 및 사회서비스의 대상을 중간계급이나 소득중상위계급으로 이동하였다는 것을 의미한다. 중산층들은 대부분 선택을 할 수 있는 시간과 노력 그리고 자금이 허락되어 사회복지영역의 준시장화에 부담을 가진 집단은 아니라고 할 수 있다. 결국, 소외계층에 대한 보편적 사회복지서비스의 확대만을 강조하는 경우 중산층으로부터 정치적인 지지를 잃게 될 수 있다는 점은 정부에게 있어 매우 큰 부담이며 이러한 부담은 많은 재정지출을 하지 않고도 중산층에게 사회복지 재화와 서비스를 제공할 수 있는 준시장이나 시장기제를 도입하는 데 영향을 미쳤다.

위와 같은 준시장의 도입근거들을 살펴보면 준시장과 같은 시장기제의 도입은 복지국가발전에 있어 반드시 필요한 측면이 있다고 생각할 수도 있다. 하지만 준시장과 같은 시장기제의 도입은 첫째, 영국이나 유럽국가를 포함하는 복지선진국들과 같이 형평성에 대한 사회적 합의가 구축되어 있고 둘째, 이미 국가주도형 복지공급체계가 수십 년에 걸쳐 운영되고 있으면서 사회복지의 거의 전분야에서 국가주도형 공급체계가 형성되어 있고 셋째, 사회소외계층에 대한 보편적 서비스와 사회보험 등의 사회복지체제가 이미 구축되어 있으면서 넷째, 사회복지서비스의 대상을 확대하여 전 국민을 대상으로 하는 데 있어 국가의 재정적 책임은 유지되며 재정지출은 계속 확대되는 경우로 한정된다고 할 수 있다. 하지만 위와 같은 도입조건 하에서 준시장생산모델을 도입한 영국과 같은 경우, 준시장은 도입에 대한 필요성에도 불구하고 사회복지전달의 효율성과 형평성을 개선하는 데 큰 효과를 나타내지 않고 오히려 정보불균형과 이용자 선별 그리고 불완전 경쟁 등의 실패요인으로 인하여 그 실효성이 사라지게 되었다. 이는 준시장생산모델 작동을 위한 전제조건이 부족한 상태에서 준시장생산모델을 도입한 결과라고 해석할 수 있다.

2) 준시장생산모델의 특성

준시장생산모델은 시장생산모델의 중심 가치인 경쟁과 선택을 통해 사회복지 재화와 서비스가 생산 및 제공되도록 하므로 시장생산모델의 사회복지영역으로의 확대라고 볼 수 있다. 이는 국가생산모델에서는 중앙집중적 관료시스템에 의해 국가가 직접 사회복지 재화와 서비스를 생산하고 할당하고 분배하였지만 시장중심적인 변화를 통하여 국가는 자금제공자의 역할만 수행하고 시장이 서비스를 할당하고 분배하는 역할을 수행하게 된다. 자금제공자의 역할 측면에서 본다면, 기존과는 달리, 자금이 제공기관에게 계약을 통해 제공되기도 하고 바우처 등을 통하여 국민들에게 직접 제공되는 **재정지원방식**의 변화가 준시장생산모델의 주요 핵심적인 변화라고 할 수 있다. 즉, 사회복지제공에 있어 준시장생산모델은 국가가 사회복지를 기획하지만 서비스의 생산자와 공급자로의 역할을 포기하고 자금제공자의 역할을 수행하여 다양한 민간기관들이 서로 경쟁하면서 국가가 제공하는 자금을 확보하도록 고취시키기 위해 노력하게 된다. 결국, 국가가 독점적으로 서비스를 제공하는 제공자의 역할을 포기하여 민간기관들이 경쟁하여 서비스를 제공하도록 함으로써 시장이 형성되어 경쟁이라는 시장생산모델의 특징적 요소가 강조되지만 전통적인 시장생산모델과는 달리 준시장생산모델이라고 부르는 이유는 다음과 같은 제공방식의 차이 즉, **수요와 공급 측면에서의 차이점**에 기인한다(Le Grand, 1991).

공급측면에서 보면, 시장생산모델에서 제공기관들 사이에는 자신의 이익을 최대화하기 위한 경쟁이 있다. 따라서 모든 독립적인 기업이나 제공자들은 소비자를 확보하기 위해 경쟁을 하여야 한다. 따라서 시장에서 서비스의 공급은 이윤을 창출해내는 정도, 이윤창출을 목적으로 하는 제공기관들의 수 그리고 소비자의 수요 등에 의존하지만 준시장생산모델에서 사회복지 재화와 서비스를 제공하는 제공기관들은 모두 이익실현만을 목적으로 하는 기관들이 아니기 때문이다. 또한 개인에 의해 사적으로 소유된 기관들만 있는 것도 아니기 때문에 이익만을 추구하며 서비스를 공급하지는 않는다는 차이점이 있다. 즉, 정부와 서비스계약을 위해 경쟁하는 비영리조직의 경우 조직의 목적이 이익최대화에 있지 않으며 사회적 목적 실현을 우선적 가치로 간주하므로 사회복지재화와 서비스의 공급은 전적으로 시장에만 의존하지 않는다.

수요측면에서 보면, 시장생산모델에서 소비자의 구매력은 화폐가치로 표현되지만 준시장생산모델에서는 소비자의 구매력이 화폐가치로만 표현되는 것이 아니라 지정된 예산의 유형이나 특정한 서비스만 구매할 수 있는 정부가 지급·보증하는 바우처 등으로 표현되기도 한다. 결국, 시장에서 수요는 소비자의 개인적 구매력으로 표현되지만 준시장에서 사회복지에 대한 국민들의 수요 및 공급은 사회복지재정을 책임지는 국가의 재정력에 크게 의존하게 된다. 아래의 표는 수요와 공급측면에서 시장생산모델과 준시장생산모델의 차이점을 나타낸 것이다.

〈표 5-8〉 수요와 공급측면에서 시장생산모델과 준시장생산모델의 차이점

	공 급	수 요
시장생산모델	-모든 기업이나 기관들은 자신들의 이익을 최대화하기 위해 노력하므로 이윤을 창출 정도, 이윤창출을 목적으로 하는 제공기관들의 수 그리고 소비자의 수요 등이 공급을 결정한다.	-서비스의 수요는 전적으로 시장을 통해서 결정되며 수요가 있는 서비스에 대한 선택은 소비자들에 의해서 결정된다. -개인적 구매력이 수요를 결정한다.
준시장생산모델	-모든 제공기관들이 이익을 최대화하기 위해 경쟁을 하는 것은 아니다. 상이한 조직가치가 존재한다. 즉, 민간비영리조직이 정부를 대신하여 서비스를 공급하고 다른 기관과 경쟁을 할 수 있지만 이는 이익만을 추구하기 위한 행동은 아니라고 할 수 있다. -국가의 재정 능력이 국민의 서비스 공급을 결정한다.	-국가의 재정 능력이 국민의 서비스수요를 결정한다.

Le Grand(1991)는 준시장생산모델이 **x-비효율성과 할당효율성(allocative efficiency)**[23] 문제를 극복할 수 있는 생산모델임을 강조하였다. 이는 국가생산모델이 가지고 있는 관료적 속성으로 지적되는 x-비효율성문제와 할당효율성을 개선하는 데 준시장생산모델이 적합하다는 것을 의미하는 것이다. 국가가 직접 공공 및 사회복지서비스를 제공하는 경우 과도한 행정비용이 수반되며 국민의 세금으로 관료들이 그들만의 이익을 추구하고 국가독점으로 복지서비스에 대한 국민들의 선택은 제한되어 나아가 국민들이 가지고 있는 구체적인 욕구나 문제에 적절하게 대응하지 못하는 x-비효율성과 할당효율성의 문제가 나타나게 되는데 이러한 문제는 곧 준시장화를 통하여 개선될 수 있음을 의미한다. 결국 준시장화는 보수주의 경제학자들에게는 x-비효율성문제를 개선할 수 있는 대안

23) 할당효율성은 여러 기관들이 경쟁을 통하여 서비스가 할당되는 것이 국민의 선택권향상이나 기관 이익창출에 효율적이라는 것을 의미하는 용어이다. 독점은 경쟁과 선택권이 제한되므로 효율적인 할당방식이 아니라고 할 수 있다.

으로 그리고 Le Grand 같은 사회정책학자들에게는 사회복지 재화와 서비스의 할당효율성을 개선할 수 있는 대안으로 인식되어 발전하였다고 할 수 있다.

3) 준시장작동의 전제조건

준시장화는 공공부분의 형평성을 잃지 않으면서 자유경쟁시장의 효율성을 얻기 위한 공공부분의 제도적 구조라고 할 수 있다. 전통적으로 효율과 형평은 상이한 경제적 그리고 사회적 가치를 의미하며 효율성은 시장을 통해서 그리고 형평성은 국가의 개입을 통해서 이루어지는 것으로 알려져 왔다. 이러한 전통적인 견해는 시장이 형평성을 파괴하기 때문에 국가가 개입하여 형평성을 유지한다는 복지국가의 이념적 틀이라고 할 수 있다. 사회복지생산의 준시장화는 정책적 고려에 의해서 부분적으로 수정되었으며 수정의 가장 큰 부분은 바로 **형평성이라는 사회적 가치 또는 목적을 유지**하면서 경제적 효율성을 담보하는 것이 가능하며 이러한 가능성의 토대는 바로 준시장이라는 영역을 통해서 가능하다는 점의 강조였다(지은구, 2009).

Le Grand과 Bartlett 등은 건강보호(healthcare)영역에서 제공(provision)과 구매(purchasing)를 분리하는 이분화를 강조하였으며 이러한 이분화는 바로 준시장화를 의미하는 것이었다. 영국 건강보호영역에서 준시장화는 병원들로 하여금 더 많은 환자를 확보하고 정부재정보조금을 더 많이 확보하기 위하여 더 낮은 비용의 서비스를 국민에게 제공함으로써 경제적 효율성이 증대되었다고 하는 경험적 근거를 제공하였다. 영국건강보호의 재정은 국민의 세금이 원천이었으며 무료로 서비스를 제공받는다는 점은 준시장이 도입되기 이전과 이후가 같으며 차이점은 준시장을 통해서 병원들은 더 많은 이용자를 확보하여야 국가의 재정보조금을 더 많이 지원받을 수 있다는 점이었다. 즉, 국민들의 건강에 대한 형평성은 유지되면서 병원들은 보조금을 위해 경쟁을 하는 **시장의 기제인 경쟁이 도입**되었다. 1997년 노동당은 건강보호영역의 준시장화를 더욱 확대하였는데 이는 건강보호영역에서 준시장화가 의료에 대한 국민들의 형평성은 유지하면서 효율성을 확보하는 데 어느 정도 긍정적인 영향력을 가져다 주었다는 평가에 기인한다. 하지만 영국의 준시장화는 이용자선별의 문제(cream-skimming)를 가져다주었는데 이는 더 좋은 서비스를 제공하는 병원 등의 기관에 더 많은 이용자들이 몰리게 되고 이 경우 병원들은 이용자를 선별하여 서비스를 제공하게 된다는 것을 의미하였다. 영국의 준시장화는 이용자선별이라는 문제 외에도 서비스를 제공하는 기관이 다양하지 않은 경우 경쟁이 나타나지 않아 경제적 효율성의 효과는 없다는 점 그리고 행정 및 관리운영비의 증가를 가져다주어 이 역시 경제적 효율성에 반하는 효과를 가져다주었다는 점 등의 문제점이 나타났다.[24)]

준시장이 가장 활성화되어 있는 국가는 전 세계적으로 영국이라고 할 수 있다. 미국이나 다른 유럽복지국가들은 준시장생산모델이라기보다는 영리를 추구하는 기업의 사회복지영역으로의 참여를 인정하는 시장생산모델이라고 볼 수 있다. 시장생산모델에서는 사회적 가치가 중요하지 않으며 시장의 가치인 이윤추구가 중요하다. 반면 준시장화는 시장기제인 경쟁과 선택을 강조하지만 이러한 시장기제의 도입이 형평성이라는 사회적 가치를 실현한다는 측면에서 모든 재정을 국가가 책임지고 개인적 구매력은 실현되지 않는다는 점에서 엄밀히 구분된다고 할 수 있다.

준시장은 도입을 위한 전제조건 성립여부와 밀접한 연관이 있다. Le Grand와 Bartlett(1993)은 준시장화가 건강보호영역에서 형평성을 강화시킬 수 있음을 강조하였으며 준시장화가 성공적으로 운용되기 위한 조건으로 다음과 같은 점들을 강조하였다.

첫째, 기관들이 경쟁을 할 수 있을 정도의 수와 질이 담보되어야 하며 정부가 적절하게 생산과 재정을 규제하고 국민들이 시장에 참여할 수 있는 시장구조가 필요하다.

둘째, 정보의 비대칭성이 없어야 한다.

셋째, 거래비용이 기존의 정부공급비용보다 낮아야 한다.

넷째, 국민들에 대한 선별이 일어나지 않아야 한다.

24) http://en.wikipedia.org/wiki/Quasi_market.

이들이 지적한 조건을 포함하여 준시장화가 복지국가의 사회복지영역에서 성공하기 위해서는 반드시 다음과 같은 전제조건이 필수적이라고 할 수 있다(윤영진 외, 2009).

첫째, 준시장화의 목적이 사회적 목적의 실현에 부합하는가?
둘째, 서비스혜택에 있어 형평성이 개선되는가?
셋째, 경쟁을 할 수 있을 정도의 기관과 다양한 서비스들이 존재하는가?
넷째, 서비스의 생산과 공급의 전 과정에 대한 국가의 통제와 관리가 가능한가?
다섯째, 국민들에게 정보비대칭문제가 발생하는가?
여섯째, 국민들에 대한 선별이 일어나는가?
일곱째, 준시장화가 사회복지재정을 축소시키는 것은 아닌가?
여덟째, 국가가 사회재화와 복지서비스 재정을 전액 책임지고 있는가?

결국 영국의 준시장 실패의 예와 같이 준시장화를 통하여 사회복지 재화와 서비스제공에 따른 효율성과 형평성이 강화되도록 하기 위해서는 위와 같은 전제조건의 확립은 필연적이라고 할 수 있다. 하지만 준시장 생산모델은 정보 불균형 문제와 이용자선별 그리고 제공기관의 독점과 과점 등과 같은 준시장 실패요인이 완전히 사라지지는 않으므로 이를 극복하기 위한 새로운 생산모델의 등장을 가져다주었다.

4) 사회복지제공과 준시장[25)]

사회복지 재화와 서비스가 준시장에서 제공된다는 것은 시장의 가치인 경쟁과 선택을 통해 서비스제공의 효율성과 서비스 이용의 형평성을 강화한다는 정책적 목적의 실현을 강조한다는 것을 의미한다. 특히 개인적 선택과 책임 그리고 서비스경쟁과 배제가 특징인 자유경쟁시장보다는 공공부분의 형평성을 잃지

25) 일반적으로 준시장과 내부시장이 같은 의미로도 사용되지만 본 연구에서는 사회복지서비스 영역에서의 내부시장은 준시장으로 통일하여 칭하도록 한다.

않으면서 자유경쟁시장의 효율성을 얻기 위한 공공부분의 제도적 구조인 준시장에서 교환이 이루어지는 것이 사회복지 재화와 서비스 제공의 목적에 더욱 부합한다고 볼 수 있다. 공공부분의 형평성을 유지한다는 것은 사회복지재화와 서비스를 제공하여서 국민들 간의 상대적 불평등을 조성하거나 사회적 양극화를 조장하지 않고 국민의 사회적 권리를 보장하고 사회적 연대감이나 분배적 정의를 증진시킨다는 측면을 강조하는 것이다.

구매자가 개인적 부담능력으로 소비를 하고 소비한 것에 대해 개인이 전적으로 책임지며 판매자가 자신들의 이윤만을 창출하는 것을 목적으로 하는 **자유경쟁시장**은 공공적 가치를 실현하기 위한 공공서비스나 사회복지서비스의 교환장소로는 부적합하다고 볼 수 있다. 사회복지 재화와 서비스가 비순수사적재로의 성격을 강하게 내포하여 복지외부효과를 만들어 내고 사회적 목적으로 제공되고 국가재정이 투입된다는 사실이 자유경쟁시장에서의 사회복지 재화와 서비스 제공의 불가능성을 지적하는 것이라고 할 수 있다. 하지만 **준시장**은 자유경쟁시장과는 달리 개인의 구매능력이 시장을 통해서 실현되는 것이 아니라 국가가 재정을 전액 부담함으로써 동일한 구매력을 가진 국민들이 시장을 통해서 선호하는 서비스를 선택하도록 하면 제공기관들 사이에 경쟁이 발생하게 되고 이는 곧 서비스 품질을 향상시킬 수 있다는 점을 강조한다. 따라서 논리적으로 보면 준시장에서 국민들의 서비스 선택권의 강화가 실현되고 국가의 직접적인 제공기관이나 서비스에 대한 통제나 관리가 아닌 간접적인 방식으로 조직들 간의 자발적 경쟁으로 인한 품질향상이 발생하는 것이 사회복지제공에 있어 가장 큰 특징이라고 할 수 있다. 사회복지 재화와 서비스의 교환이 일어날 수 있는 자유경쟁시장과 준시장의 성격을 구분하면 아래와 같다.

〈표 5-9〉 자유경쟁시장과 준시장에서 사회복지 재화와 서비스의 생산 및 제공

	자유경쟁시장	준시장
재정	개인	국가
가치	효율	형평과 효율
시장작동원리	경쟁과 배제	선택과 경쟁
목적	사적 이익추구	개인의 이익실현과 사회적 목적의 실현
사회복지재화의 성격	순수사적재	비순수사적재 또는 비순수공공재
생산	시장, 개인 및 (영리)기관	국가 및 기관(비영리와 영리), 개인
제공	영리기관	비영리기관과 영리기관

시장에서 개인은 교환을 위해 지불능력을 가지고 있어야 한다. 자유경쟁시장에서 지불능력은 소득이나 저축, 자산 등과 같은 개인적 요소에 의해서 이루어지지만 준시장에서 지불능력은 **국가의 재정지원**으로 이루어진다. 또한 사회복지 재화와 서비스의 제공은 자유경쟁시장에서 수요와 공급에 의한 시장법칙에 근거하지만 주로 개인적 필요에 의해서 만들어지거나 아니면 생산자의 이윤창출 동기에 의해서 이루어지는 것이 일반적이다. 하지만 준시장에서 사회복지 재화와 서비스의 제공은 국민들의 욕구를 기반으로 국가의 필요에 의해서 만들어질 수 있으며 서비스를 더 많이 공급하기 위한 기관들의 노력에 의해서도 가능하다. 따라서 사회복지제공은 개인, 국가 그리고 기관에 의해서 동시에 이루어진다고 볼 수 있다.

Le Grand(1991), Goodin과 Le Grand(1987), Brameley, Le Grand 그리고 Low(1990)등은 국가가 직접서비스를 제공하는 국가생산모델의 복지전달체계가 빈곤한 사람들이나 소외계층에 있는 사람들의 특정한 욕구나 문제를 해결하는 것이 아니라 사회복지시스템을 가장 잘 조종할 수 있는 교육을 받은 그리고 자신들의 생각을 정확하게 표현할 수 있는 중간계층의 사람들에게 적합하게 설계되어 있어 비효율적일 뿐만 아니라 형평하지 못하다고 비판하였다. Le

Grand는 특히, 준시장화를 통해 제공기관 사이에 발생하는 경쟁이 자원의 경제적 활용을 개선할 것이며 할당효율성 역시 개선할 것이라고 생각하였다. 즉, 국가가 직접 운영하는 기관들 사이에는 경쟁도 없고 이익실현의 동기도 없지만 준시장화를 통해 기관 간 경쟁을 통한 서비스 제공으로 서비스 전달비용이 줄어들게 되어 효율성이 강화되며, **특정한 욕구에 있는 사람들에게 선택권을 주어 국민들이 자신들에게 적합한 제공기관이나 서비스를 선택할 수 있도록 함으로써 그들의 복지자원에 대한 할당효율성이 강화된다**는 것을 의미한다. 준시장생산모델에서 사회복지 재화와 서비스 생산 및 제공의 흐름을 그림으로 나타내면 아래와 같다.

〈그림 5-2〉 준시장생산모델에 따른 사회복지 재화와 서비스의 생산 및 제공

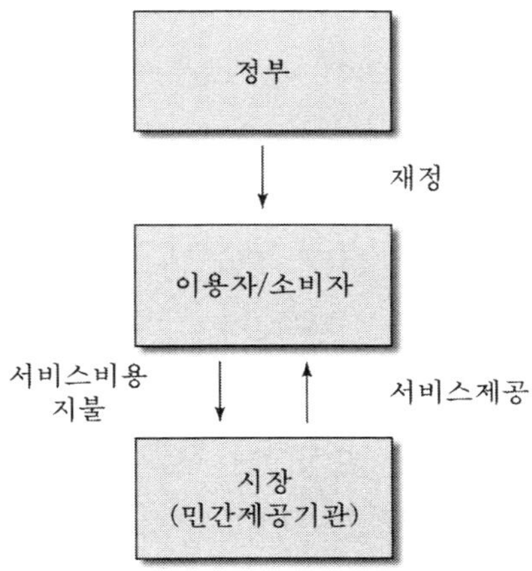

원칙적으로 준시장생산 및 제공의 재정적 부담은 국가에게 있으므로 준시장에서 이용자들은 비용의 지불 없이 무료로 서비스를 제공받는다. 제공기관은 서비스를 제공하여 바우처 또는 제3자 지불방식을 통하여 정부로부터 전액 재정을 보전받는다. 따라서 이용자들에게 특정 제공자가 할당되어 반드시 그 기관에서 서비스를 받는 것이 아니라 이용자들은 제공기관을 선택할 수 있다. 제공기관은 비영리기관뿐만 아니라 영리기관도 포함된다(Le Grand, 2002; 지은구, 2009). 준시장과 시장의 차이점은 결국 준시장의 경우 국민들이 서비스를 무상

으로 이용하여 비용지불을 하지 않는다는 것이라고 할 수 있다. 결국, 개인비용 부담 없이 국가가 비용을 대신 지불하며 제공기관들이 서비스를 독점 공급하는 것이 아니라 국민이 선택함으로써 경쟁이 유발된다(Le Grand and Bartlett, 1993; Le Grand, 2011).

준시장생산모델은 효율과 형평의 거래에 의해서 나타난 대표적인 사회복지재화와 서비스제공방식으로 인지할 수 있다. 이는 준시장생산모델이 한편으로 선택과 경쟁의 가치를 인정하지만 또 다른 한편으로는 준시장에서 정부가 공공서비스를 제공하여 전체 사회복지의 향상이라는 사회적 목적을 실현하는 이타주의와 공공이익을 최대의 가치로 인정한다는 점에서 확인할 수 있다. Le Grand(2002)는 계약에 기초하는 주인-대리인모델에서와 같이, 주인인 정부와 대리인인 제공기관이 각자 자기이익을 최대화하기 위해 노력하는데 대리인인 제공기관 입장에서는 경쟁을 통하여 정부로부터 더 많은 재정을 지원받을 수 있고 주인인 정부의 입장에서는 기본적으로 공공의 이익과 사회적 목적 실현(그동안 이루어졌던 저소득층의 의료선택권과 접근성 제한이 향상되고 이용자 선별이 사라진다는 측면)을 추구하는 것이 가능하기 때문에 준시장생산모델이 효율성과 형평성을 모두 강화하는 모델이라고 강조하였다.

결국, 선택과 경쟁이 실현되는 준시장이 공공서비스 또는 사회복지서비스 제공의 장이 된다. 준시장화는 동일한 서비스를 제공할 수 있는 조직이 한 영역에 다수 포진하고 있어 경쟁이 유발될 수 있는 조건과 국가가 재정을 필요로 하는 국민들에게 전액 지원함으로써 이용자를 제공자가 선별할 수 없는 제도적 장치를 통해 실현된다. 따라서 시장의 가치인 경쟁과 이용자 선택권을 통하여 효율적이고 효과적인 서비스 제공이 이루어지며 나아가 국가가 이용자들에게 본인부담금이나 추가부담금을 요구하지 않고 재정을 전액 보장함으로써 이용자를 제공자가 선별할 수 없는 제도적 장치를 통해 형평성에 기인하는 교환체계가 준시장이라고 규정할 수 있다. **준시장은 효율성을 유지하면서 형평성을 강화하는 것을 목적으로 사회복지 재화와 서비스가 제공되는 사회적 도구**이다. 따라서 이용자 선별이나 정보비대칭, 수확체증의 법칙 등 시장에서 나타나는 시장실패 요인들이 나타나지 않도록 하는 것이 준시장화 성공의 핵심적인 과제라고 할 수 있다(지은구, 2012b).

준시장생산모델에서 국민들은 서비스를 선택하는 소비자이며 제공기관은 서비스를 생산하고 공급하는 생산자 및 공급자로 역할하게 되고 국가는 서비스를 총괄 기획하지만 서비스를 생산하고 공급하는 역할을 시장에 위임하고 서비스 제공에 대한 관리와 시장에 대한 규제 및 통제를 수행하며 자금을 제공하는 자금제공자의 역할을 수행하게 된다. 아래의 표는 준시장생산모델에서 국가, 제공기관 그리고 국민의 역할을 나타낸 것이다.

〈표 5-10〉 준시장생산모델에서 국가, 제공기관 그리고 국민의 역할

국가의 역할	제공기관의 역할	국민의 역할
• 서비스 자금제공자 • 서비스기획가 • 서비스 감독자 및 시장규제자	• 서비스를 생산하는 생산자 및 공급하는 공급자 • 서비스관리자	• 서비스를 소비하는 소비자 또는 이용자 • 서비스 선택자

5) 사회복지제공과 준시장의 특성[26)]

(1) 선택권과 준시장

시장생산모델에서 살펴본 바와 같이 사회복지영역에 시장이 형성되어 국민들이 시장에서 선택권을 행사하여 자신이 선호하는 서비스를 선택하게 되면 이용자주권 즉, 소비자주권은 실현된다. 시장을 통해서 자신이 가장 선호하는 적합한 서비스를 선택할 수 있기 때문에 시장은 이용자들의 욕구가 충족되는 교환의 장이 된다. 특히, 준시장은 경쟁과 선택권 확보가 중심 작동원칙이므로 정부 또는 공공부문에서 재정이 공급되어 서비스를 제공하는 비영리기관뿐만 아니라 영리민간기관도 시장에 참여하는 것을 배제하지 않는다. 하지만 준시장에서 교

26) 이하 내용은 지은구 외(2010). "사회복지서비스특성과 이용자재정지원". 나눔의 집. pp. 132-136의 내용을 수정·보완하였음.

환되는 상품으로서의 사회복지 재화와 서비스는 국가가 특정 사회적 목적의 실현을 위하여 제공되는 재정을 통하여 제공되는 서비스이고 서비스 자체가 복지외부효과와 공적 목적 실현이라는 비순수사적재이면서 가치재적 성격을 가지게 되어 서비스 교환에 있어 국가의 준시장에 대한 개입정도는 일반시장에 대한 개입정도에 비해 더욱 강해야 한다.

국가와 준시장은 각기 역할이 다르다. **수요측면**에서 국가는 국민들의 서비스 욕구를 파악하여 어떤 서비스가 얼마만큼 필요할 것인지를 서비스 제공 이전에 파악하여야 서비스의 효과성과 효율성을 높일 수 있으며 준시장은 국민들의 욕구에 맞는 서비스를 적시에 적당하게 제공하여야 한다. **공급측면**에서 국가는 국민들이 가지고 있는 서비스에 대한 욕구를 충족시킬 수 있을 정도의 서비스 양을 공급하여야 하며 이를 위해 충분한 재정을 확보하고 있어야 서비스 과소공급에 따른 국민들 간의 상대적 불균형 및 불평등을 제거하고 형평성과 연대성의 가치를 보전할 수 있다. 준시장은 국민들의 다양한 욕구에 맞추어 서비스를 제공하여야 시장에서의 생존이 가능하기 때문에 욕구를 충족시킬 수 있는 서비스의 개발과 제공을 책임져야 과소공급에 따른 시장실패를 극복할 수 있다. 따라서 준시장에 참여한 제공기관들이 꾸준히 개별적이고 다양한 서비스를 공급하지 않는다면 준시장은 실패할 수밖에 없게 되는데 이는 국민들의 선호가 왜곡됨으로써 선택권이 실현되지 않기 때문이다.

(2) 사회복지제공에 있어 준시장의 전제조건

사회복지 재화와 서비스가 준시장을 통해서 생산 및 제공되고 국민들은 다양한 서비스와 제공기관을 준시장을 통해서 선택할 수 있다면 국민들의 선택권 확대효과는 그만큼 향상된다고 할 수 있다. 비용측면에서 시장을 통해 이용자들을 확보하기 위한 적당한 경쟁이 제공기관이 제공하는 서비스의 품질을 향상시킬 수 있어 비용효율성은 향상될 수 있다. 이러한 점에서 준시장을 통하여 서비스를 제공하는 경우 다양한 수의 제공기관과 서비스는 성공적 운영을 위한 필수조건이 된다. 만약 선택할 수 있는 다양한 수의 제공기관이나 서비스가 존재하지 않는다면 이용자들의 선택권 확대는 불가능하며 주어진 서비스만을 제공받게 되어 준시장의 주된 장점은 사라지게 된다.

일반적으로 사회복지영역은 다른 산업부분과는 달리 단기간에 이익을 창출한다든지 많은 이익을 꾸준히 창출하는 산업분야라고 볼 수 없다. 사회복지의 대상은 일차적으로 소외계층이다. 복지국가에서 사회복지 재화와 서비스가 일반대중들에게까지 보편화되어 제공되고 있다고 하더라도 특정 분야를 제외하고는 이용자가 급속하게 늘어날 수 있는 분야라고 보기 어렵다. 이용자의 소비가 어느 정도 예측될 수 있으며 소비능력도 제한적이고 국가의 공급량도 정해져 있어 이익만을 창출하는 일반기업이 사회복지분야에 진출하는 것은 상대적으로 어렵다고 할 수 있다. 또한 경쟁기반이 취약하므로 거대자본을 가진 기관의 서비스독점은 일반시장에서보다 훨씬 용이할 수 있다. 이는 독점이나 과점 등과 같은 불완전 경쟁이 존재할 수 있음을 의미하는 것이다.

따라서 국가가 준시장생산모델을 통해서 사회복지 재화와 서비스를 제공하려고 한다면 다수의 제공기관이 서비스를 제공할 수 있도록 하는 물적·제도적 기반을 마련해주어야 한다. 제공기관이 부족하다면 국가가 직접 기관을 설립·운영하거나 기관설립을 적극적으로 지원하여야하며 최소한의 이익이 보장될 수 있도록 관리 운영비도 지원되어야 준시장이 작동할 수 있다. 국민들의 선택권 확대효과의 실현은 국가가 직접서비스를 제공하는 기관과 비영리기관 그리고 민간이익기관 등으로 구성되어 있는 준시장에서 자신의 선호와 이익에 부합하는 즉, 자신에게 가장 적합한 제공기관과 서비스를 국민들이 직접 선택할 수 있도록 하는 실질적인 선택권 확대가 실현되어야 한다. 결국, 사회복지영역의 준시장이 국민들의 자기결정권 실현과 비용효과성을 확대하는 방향으로 작동되기 위해서는 국가에 의한 관리는 필수적인 조건이라고 할 수 있다.

(3) 준시장의 생산과 소비

생산측면에서 본다면 국가는 준시장에서 서비스를 직접 생산하는 주체가 아니고 서비스의 생산을 보조하는 보조적 역할을 수행하므로 단순히 생산적 시각으로 서비스를 얼마나 생산할 것이지를 고려하는 것이 아니라 어떤 서비스가 왜 필요한지 그리고 서비스에 기본적인 내용들이 잘 채워져 있는지 등과 같은 서비스의 내용과 서비스가 불만 없이 잘 제공되고 있고 표준적인 서비스의 질이 담보되어 있는지 등과 같은 서비스의 제공과정과 내용 및 품질을 보다 엄밀히 사정하여야 한다. 준시장은 생산적 측면에서 단순히 생산된 상품을 교환하는 교환의 역할만을 수행할 가능성이 높으므로 생산이나 교환만을 중요시할 것이 아니라 누가 왜 교환에 참여하는지 등을 파악하려는 노력이 필요하다고 할 수 있다.

소비측면에서 국가는 국민들 간의 서비스에 대한 소비가 경제적 부담능력이나 부적절한 기준 등에 따라 불균형이 일어나지 않도록 적절한 관리나 규제를 하여야 하며 국민들에게 나타날 수 있는 이용자선별(차별)을 사전에 차단할 수 있는 법적·제도적 틀을 공고히 하여야 한다. 소비불균형과 이용자선별은 서비스가 준시장을 통해서 나타나는 경우 시장과 마찬가지로 사회복지 재화와 서비스에 대한 시민의 보편적 권리와 사회적 연대성 그리고 분배적 정의 등의 복지국가의 규범적 정당성이 훼손될 가능성이 있으므로 소비불균형이 일어나지 않도록 국가는 모든 서비스와 제공기관에 대한 정보를 철저히 공개하도록 하여야 하며, 경제적 부담 없이 필요한 서비스를 제공받을 수 있도록 하여 소비불균형을 줄이는 데 있어 국가적 책임을 강화하여야 한다. 특히, 본인부담금과 추가부담은 서비스 형평성문제를 일으켜 상대적 불평등을 심화시키고 사회적 연대에 심각한 해를 미칠 수 있는 요인이므로 서비스 이용자들의 경제적 부담능력과 서비스의 필요 정도를 서비스 개시 이전에 심사숙고하여야 한다.

또한, 이용자들이 해결하고자 하는 문제나 질병의 경중에 따라, 살고 있는 지리적 위치에 따라, 또는 인종이나 문화적 차이에 따라, 가지고 있는 경제적 능력에 따라, 그리고 제공하는 노동의 부담 비중에 따라 이용자들이 차별받지 않도록 강력한 규제지침을 마련하고 관리를 하여야 한다. 사회복지 재화와 시비스는 준시장에서 교환이 된다고 하더라도 서비스 자체의 가치재적 특성으로 순수사적재와는 다른 성격을 가지고 있다. 따라서 소비적 측면에서 시장은 서비스단가의 부담으로 인하여 이용자들 간에 소비의 불균형이나 과소소비가 일어나지 않도록 하여야 한다. 사회복지제공에 있어 국가와 준시장의 역할을 정리하면 아래의 표와 같다.

〈표 5-11〉 국가와 준시장의 역할

	국가의 역할	준시장의 역할
수요	국민의 서비스 수요파악	국민의 수요에 맞는 서비스 개발
공급(제공)	서비스 제공의 적절성을 위한 충분한 재정확보 및 지원(공급탄력성확보)	-과소공급이 일어나지 않고 이용자들의 욕구를 해결할 수 있는 다양한 서비스의 제공 -선택오류가 발생하지 않도록 불완전 경쟁요소 제거
생산	국가는 간접생산: 사회복지서비스의 생산에 있어 국가가 직접적인 서비스를 생산하는 것이 아님 -표준화된 서비스가 생산되는지 여부와 적절한 품질이 보장되는 서비스가 생산되는가에 대한 관리 및 감독 -서비스의 과소생산과 서비스의 질이 떨어지는 부적절한 생산을 막기 위해 기관의 무분별한 시장진입에 대한 규제 마련	-생산된 서비스와 교환의 주체들 사이의 관계 파악 -과소생산과 서비스 질 개선을 위한 협력과 조정
소비	-정보 불균형을 포함한 소비불균형에 대한 규제 및 관리(본인부담금 및 추가부담에 대한 규제 등) -이용자 선택오류 및 이용자 선별을 방지하기 위한 기관규제 및 관리	과소소비가 일어나지 않도록 하는 서비스 적정가격 설정

자료: 지은구 외. 2010. p. 137 표 4-3에서 재인용

준시장생산모델 하에서 국가는 서비스를 필요로 하는 이용자들의 지불능력을 책임지게 된다. 개개인들은 서비스를 선택하는 선택권을 가지게 되므로 선택에 대한 자유와 자기결정권이 실현되는 장점을 가지고 있다. 하지만 국가 재정이 곧 서비스의 공급량을 결정하므로 서비스에 대한 국민들의 욕구가 실현되지 않는 과소공급이 발생할 가능성이 있으며, 국가가 준시장을 규제하지 않을 경우 이용자 선별이나 정보비대칭 그리고 수확체증의 법칙에 따른 서비스독점 및 과점 등과 같은 준시장의 실패가 발생할 수 있다. 아래의 표는 준시장생산모델에서의 사회복지제공의 특징을 나타낸 것이다.

〈표 5-12〉 준시장생산모델 사회복지 생산 및 제공의 특징

사회복지 생산 및 제공의 특징	사회복지제공체계 특징
-사회복지생산과 공급의 결정은 국가재정에 달려있다. -서비스 이용자와 제공자의 관계는 서비스 판매자와 서비스 구매자의 관계와 같다. -조직 간 경쟁은 조직생존의 필수법칙이다. -국가의 재정 부담으로 서비스 과소공급이 발생할 수 있다. -조직은 소비자로부터 선택받기 위해 경쟁하며 경쟁은 서비스의 질을 결정한다.	-서비스는 공공, 비영리를 포함한 영리조직이 형성한 시장을 통해서 서비스가 전달된다. -개인의 구매력은 개인에게 지불되는 국가재정지불능력을 의미한다. -서비스에 대한 개인적 선택권이 강화되고 자기결정권이 실현된다.

6) 준시장생산모델의 한계

준시장생산모델은 공공부분의 형평성을 잃지 않고 또는 강화하면서 자유경쟁시장의 효율성을 통해 재정적 효율성을 얻기 위한 공공 및 사회복지 재화와 서비스 생산모형이라고 할 수 있으며 이러한 특성이 바로 준시장생산모델의 기본적인 문제점으로도 지적될 수 있다. 즉, 효율성이 개선되지 않는다든지 또는 형평성이 악화되면 결국 준시장화모델은 그 존재기반을 상실하게 된다. 공공 및 사회복지서비스전달에 있어 형평성과 효율성이 동시에 개선된다는 것은 모든 정부가 선호하는 정책방향이지만 현실적으로 형평성과 효율성을 동시에 개선, 향상한다는 것은 불가능할 수 있다. 사회복지 재화와 서비스는 성격상 국가재정으로 공급이 이루어지고 특정 사회적 위험을 예방·치료하고 국민들의 삶의 질을 유지 및 개선한다는 사회적 목적을 가지는 가치재이므로 국가가 단순히 공급을 하고 공급과정과 소비에 대한 책임을 이용자에게 떠넘길 수만은 없는 서비스영역이다. 따라서 이용의 책임을 개인에게 전가하는 시장생산모델이나 준시장생산모델은 기본적으로 서비스 전달의 한계를 가지고 있는 모델이라고 할 수 있다.

논리적으로 보면 준시장영역은 민간비영리조직이나 영리조직의 진입을 모두 허용함으로써 공공의 이익이나 사회적 목적 실현을 정부가 강조할 수 있고 민간비영리조직도 사회적 목적 실현에 동조할 수 있지만 이윤을 추구하는 영리조

직이 정부의 재정을 단지 이윤 창출적 측면에서만 바라본다면 수확체증의 법칙으로 인하여 소수의 거대 영리조직이 서비스영역을 독점하고 결국 이용자를 선별하는 현상이 발생할 수 있다. 또한 준시장은 이용자들이 서비스를 무상으로 이용함으로써 비용지불을 하지 않고 국가가 재정을 지불하는 것이 특징이므로 이용자가 서비스를 이용하는 데 있어 비용을 지불하게 되면 준시장의 기본 원칙은 무너지게 된다. 즉, 서비스 제공인력(예를 들어 의사), 서비스 내용이나 서비스 제공기관을 선택하고 선택하는 것에 대해 자기부담금을 지출하도록 한다든지 추가적인 서비스를 이용자부담으로 인정하는 행위 등은 모두 이용자 비용부담을 통해 이익을 창출하는 행동으로 형평성을 저해하고 준시장이 작동하지 않도록 하는 가장 강력한 부정적인 요소라고 할 수 있다.

준시장생산모델의 전제는 준시장에서 서비스를 구매하는 구매자의 구매력이 모두 동등하다는 것이다. Le Grand(1993, 2002, 2007)가 강조하였던 바와 같이 준시장에서 상품이나 서비스에 대한 지불은 전액 국가에 의해서 이루어지며 국가는 바우처나 현금지원 등의 수단으로 준시장에서 구매자들에게 지불능력을 제공한다. 따라서 개인적인 재원으로 상품과 서비스가 구입되지 않으며 개인적인 구매력의 차이로 서비스의 양이나 질이 결정되지 않는다는 것이 준시장과 시장의 가장 큰 차이점이라고 할 수 있다. 하지만 준시장에서 서비스를 제공하는 제공기관이 공공기관이나 비영리기관뿐만 아니라 영리기관을 포함하고 있다는 사실이 준시장의 평등한 구매력을 통한 선택과 경쟁의 원칙이 작동하지 않을 수 있다는 점을 나타내 준다. 영리조직의 시장개입으로 평등한 구매력이 실현되지 않을 것이라는 점은 제공기관과 이용자 사이의 정보불균형 그리고 제공기관의 이용자 선별과 같은 사실에 기인한다.

국가생산모델과 시장생산모델의 한계가 준시장생산모델을 불러온 가장 결정적인 요인이지만 시장생산모델의 실패가 국가생산모델의 성공을 의미하지 않는 것과 같이 시장생산모델의 실패가 곧 준시장생산모델의 성공을 의미하지는 않는다. 즉, 준시장생산모델이 성공하기 위해서는 사회복지 재화와 서비스를 제공하는 제공기관이 경쟁이 가능하도록 많아야 하며 제공기관에 대한 국민들의 접근이 공평하게 보장되어야 하고 국민들의 선택은 필요한 정보의 공개에 기초하여야 하고 국민들의 선호가 왜곡되지 않아야 가능하다. Kahkonen(2004)은 준시장생산모델의 실패이유가 역선택과 긍정적 외부효과에 따른 불완전경쟁과 정보불균형에 있음을 주장하였으며 Lowery(1998)는 준시장생산모델의 실패가 첫째, 준시장 형성의 실패 둘째, 선호오류 즉, 잘못된 선호에 의한 실패 셋째, 대체선호에 의한 실패에 기인한다고 주장하였다. **준시장 형성의 실패**는 준시장에 독과점으로 불완전 경쟁이 일어나는 것을 의미하며 **선호오류의 실패**는 국민들이 정보불균형으로 잘못된 선택을 하기 때문에 나타나는 실패를 의미하고 **대체선호실패**는 사적재화가 공공재화를 대체하지 못하는 경우 나타나는 실패를 의미한다. 따라서 준시장생산모델에서는 시장이 열려있으므로 서비스를 제공하는 기관이 다수 존재하는데 공공기관에서 제공하는 재화와 서비스가 민간기관을 통해 대체되지 못하는 경우 국민들은 다시 공공재를 선호하게 되므로 준시장생산모델은 실패할 수밖에 없음을 의미한다.

5. 공동생산모델[27)]

1) 공동생산모델의 기본적 배경

보편주의를 지향하는 사회민주주의 복지국가가 강조하는 것과 같이 사회복지재화와 서비스는 국가를 통하여 생산 및 제공되는 것이 적당한 것인가? 아니면 선택주의를 지향하는 자유주의 복지국가와 같이 시장을 통해서 복지혼합방식으로 생산 및 제공되는 것이 적당한 것인가? 위의 질문은 모든 복지국가에서 사회복지 재화와 서비스의 생산방식에 대한 가장 핵심적인 논쟁영역이라고 할 수 있다. 복지생산을 전통적으로 정부와 제3부분(자발적 조직 또는 시민사회), 시장 그리고 개인 및 가족으로 구분하는 복지생산의 구분에서 개인이나 가족이 전적으로 자신 및 가족(나아가 이웃)의 복지 및 돌봄서비스를 책임지는 것은

27) 공동생산모델은 공동제공모델으로도 불린다.

복지국가발전 이후 점점 사라지고 있다. 특히 돌봄의 국가책임강화로 인해 개인 및 가족은 복지생산의 중심축에서 벗어나 있다. 하지만 2000년대에 들어서면서 돌봄의 사회화의 성격이 강화되고 복지욕구에 대한 다양성과 국민의 선택권이 강화하면서 돌봄 및 복지서비스에 대한 개인이나 가족의 개입이 국가생산 및 비영리생산이나 시장생산의 한계를 극복하는 대안으로 등장하였다.

사회복지 재화와 서비스의 생산과 제공에 대한 **공동생산모델**은 국가도 아니고 비영리제공기관도 아니며 시장도 아닌 국민이 복지서비스의 생산 및 제공에 대해 단순하게 수동적 대상자나 이용자의 자세를 취하는 것이 아니라 복지서비스의 생산 및 제공에 참여하는 능동적인 역할을 수행함을 강조한다(Pestoff, 2006). 따라서 공동생산모델에 따르면 국민들은 단순히 사회복지 재화와 서비스를 제공받는 수동적 입장에 있는 것이 아니라 서비스를 생산하고 제공하는 과정에 참여하는 주체적인 역할을 담당하게 된다. 따라서 공동생산모델은 사회복지 재화와 서비스 이용자가 단순히 사회복지 생산의 객체가 아닌 주체로 자리매김하는 것을 강조하는 모델이라고 할 수 있다(Hunter and Ritchie, 2007).

특히, 공동생산모델은 시장메커니즘에 대한 반대라기보다는 사회복지생산은 정부와 사회복지 및 돌봄전문가 그리고 국민이 공동으로 수행함으로써 시장의 역할은 상대적으로 중요시 않게 된다는 특징이 있다. 따라서 공동생산모델에서는 정부와 전문가 그리고 국민이 공동으로 어떠한 사회복지 재화와 서비스가 필요한지를 결정하지만 필요한 서비스는 국가를 통해서 또는 비영리조직이나 시장을 통해서도 생산 및 제공될 수 있다는 점이 강조된다.

공동생산모델은 1980년대 미국의 공공행정학자들의 주장에 의해서 처음 제기되었으며(Parks, at al., 1999), 사회복지영역으로 도입된 것은 유럽의 아동보육서비스에 대한 부모의 개입으로부터 시작되었다고 알려져 있다. 특히 1990년대 재정적 어려움에 직면한 유럽복지국가들은 사회복지생산의 현 수준을 유지하기 위한 방안으로 공동생산방식을 주목하였다(Pestoff, 2006). 이용자에게 직접 현금을 제공하여 필요한 서비스를 구매할 수 있도록 하는 영국의 직접지불제도나 개인예산제도는 모두 공동생산모델에 영향을 받은 재정지불방식이라고 할 수 있다.

사회복지영역에서 공동생산모델이 등장한 가장 근원적인 배경은 바로 그동안 인간봉사영역 또는 사회복지영역에서 서비스를 제공받는 인간 자체보다는 제공되는 서비스에 보다 많은 관심을 쏟고 있고, 서비스 자체에 대한 지나친 관심은 결국 사람들의 욕구가 제대로 해결되지 않고 심지어 그들의 문제가 더욱 악화되는 경우가 발생하고 있으며 나아가 서비스를 제공받는 사람들에 대한 격리, 낙인, 의존이 심화되고 있다는 점에 대한 인식이었다(Hunter and Ritchie, 2007). 인간중심이 아닌 서비스중심의 해결책은 자원의 부적절한 사용을 가져오기도 하며 서비스가 필요로 하는 사람들에 대한 서비스 과소공급 등의 문제를 동시에 유발시키기도 한다. 따라서 공동생산모델은 서비스가 중심이 아닌 인간중심으로 문제해결의 실마리를 찾는 생산방식이라고 할 수 있다. 공동생산모델에서는 특히, 사회복지재화와 서비스를 제공받는 이용자와 서비스를 제공하는 제공자와의 협력관계(partnership)가 강조된다. 제공자에는 서비스를 직접 제공하는 인력과 제공기관이 포함된다. 공동생산모델은 서비스를 제공받는 이용자가 직접 서비스 생산 제공에 참여하고 제공자와의 협력을 강조한다.

Percy(1984)에 따르면 공동생산은 이용자와 제공자가 같은 재화와 서비스를 생산하기 위한 노력을 취할 때 나타난다. 따라서 **협력은** 공동생산모델의 핵심 주제라고 할 수 있다. 협력이 공동생산모델에서 중요한 이유로 Hunter와 Ritchie(2007)는 협력이 이미 복지국가를 발전시키기 위한 전략이자 통치(government)의 도구이기 때문이라고 강조하였다. 매일 매일의 삶속에서 도움을 필요로 하는 이용자들은 제공자와 협력을 통해 이해관계자 중의 한 명으로 서비스 자원의 배분과정에 참여하게 된다. 또한 공동생산 및 제공을 통해 이용자들은 사회복지 재화와 서비스를 포함하여 공공서비스의 결정에 참여하는 기회를 갖게 되는데 이러한 참여의 기회확대는 사회복지서비스에 대한 이용자 나아가 시민들의 만족도를 향상시키는 역할을 한다.

공동생산은 특히 인간봉사영역에 뿌리 깊게 배어있는 의존과 종속으로부터 벗어나 이용자가 직접 사회복지 재화와 서비스의 설계와 전달에 참여할 수 있도록 하는 기술을 필요로 한다. Hunter와 Ritchie(2007)는 공동생산모델에 영향을 미친 배경을 **서비스전달의 재설계, 더 높은 기준과 더 강한 모니터링, 다양성과 평등성 전략 그리고 이용자역량강화**로 구분하여 설명하고 있다. 서비스전달의 재설계는 기관을 정렬하고 합병하여 거래비용을 줄이는 것과 생산성을 증가시키기 위한 노력, 새로운 기술과 서비스 절차를 도입하는 것, 민간기관과 서비스를 계약하는 것 그리고 전문가가 폭넓은 과업을 수행할 수 있도록 업무경계를 줄이는 것 등을 포함한다. 더 높은 기준과 더 강한 모니터링은 서비스기준을 보다 명확히 하고, 투명성을 강화하며, 서비스 제공자가 더욱 책임감을 갖고 성과를 개선할 수 있도록 노력하는 행동들이 포함된다. 다양성과 평등성 전략은 나이, 인종, 성(gender), 성적취향이나 장애를 가진 사람들이 가장 불이익을 받는 집단이므로 이들에 대해 보다 평등하고, 응답적인 그리고 이들을 모두 포함할 수 있는 포용적인 서비스가 생산 및 제공되며 이들에 대한 태도가 변화하여 서비스에 대한 편향이 사라지도록 하는 것을 의미한다.

그리고 마지막으로 이용자역량강화는 서비스를 제공받는 이용자들이 그들이 진정으로 원하는 또는 필요로 하는 것과 그들이 실제로 제공받는 서비스 사이의 불일치의 원인이 바로 그들이 필요로 하는 것을 얻을 수 있는 힘이 충분하지 않기 때문임을 강조한다. 이를 극복하기 위해서는 첫째, 사람들이 유용한 것이 무엇인지를 알 수 있도록 정보공개를 보장하고, 둘째, 서비스 이용자들이 비용을 지불하는 소비자로 취급받을 수 있도록 그들에게 공적자금을 직접 제공하며, 셋째, 사람들이 서비스를 잘 제공받을 수 있도록 돕는 중개인을 두고, 셋째, 서비스를 이용하는 과정에서 **사람들의 목소리가 강화**될 수 있도록 독립적 옹호를 고취시키는 것이 중요하다. 따라서 이용자 임파워먼트를 강조하는 공동생산모델은 바로 소비자주권의식에 영향을 받았음을 알 수 있다.

소비자주권의식(소비자주의)은 전통적 사회복지생산방식에 대한 분명한 하나의 도전임에 틀림없다. 기존의 서비스생산방식은 국가가 직접서비스를 생산하든지 아니면 민간기관이 국가와의 계약을 통해 서비스를 대신 생산 및 전달하는 방식이다. 이 경우 전문가(사회복지사 또는 서비스제공자)는 이용자가 가지고 있는 문제를 정의하는 데 책임이 있을 뿐만 아니라 해결책을 처방하고 시행하게 된다. 또한 전문가에게는 자원할당의 힘이 주어지므로 서비스 이용자들은 전문가에게 의존하는 현상이 발생하게 된다. 기존의 제공자방식에서 제공자나 제공기관은 서비스가 제공받는 사람들에게 적합한지에 상관없이 서비스를 받을 자격기준이 되면 서비스를 제공할 수 있지만 소비자주의가 강조되는 공동생산모델에서는 서비스를 제공받는 사람들에 대한 보다 면밀한 주의를 필요로 한다. **개별화**는 공동생산모델의 또 다른 중심 개념이다. 인간이 모두 성격과 생김새가 다른 것과 같이 동일한 문제를 가지고 있는 사람들도 제 각각 서로 다른 상황과 환경에 놓여 있으므로 개별화된 서비스를 제공받아야 한다. 따라서 개별화의 측면에서 서비스 이용자(국민)는 서비스의 공동설계자이고 공동관리자이다.

2) 공동생산모델의 특성

공동생산모델에서 국가의 중요한 역할은 사회복지 및 사회서비스전문가(나아가 제공기관)와 문제를 가지고 있는 국민(이용자) 사이에 협력관계가 만들어질 수 있는 조건을 만들어 주는 것이 된다. 협력관계 하에서, 전문가와 문제를 가지고 있는 국민이 같이 문제를 확인하고 문제를 해결할 수 있는 해결책을 구하게 된다. 결국, 공동생산모델은 기존의 복지생산방식의 틀을 바꾸어 협력하여 공동으로 문제를 해결하는 새로운 접근방안을 제시하는 모델이라고 할 수 있다(Leadbetter, 2004). 국가와 전문가 또는 제공기관 그리고 국민의 역할을 구분하여 제시하면 아래의 표와 같다.

〈표 5-13〉 공동생산모델에서 국가와 제공자 그리고 국민의 역할

국가의 역할	제공기관과 전문가의 역할	국민의 역할
-자금제공 -시장구축 -전문가와 이용자 간의 생산적 협력관계를 위한 제도 및 시스템 구축	-서비스생산 및 제공을 위한 경쟁체제 구축 -필요한 정보제공 -품질관리 -이용자의 문제 확인 및 필요한 서비스 선택과 제공 과정 및 절차 협의를 위한 공동설계자와 공동제작자	-자신의 문제인식 및 해결책을 찾는 공동설계자와 공동생산자 -서비스 선택자 -서비스 이용자 -시민

공동생산모델이 소비자주의에 영향을 받았지만 공동생산에 참여하는 국민과 소비자의 역할의 상이성을 이해하는 것 역시 중요하다. 즉, 소비자주의에서 소비자는 단순히 상품을 소비하는 주체이지만 공동생산모델에서 국민은 단순히 서비스를 소비하는 소비자가 아니고 서비스의 제작에 참여하는 주체이다. 따라서 **소비자주권보다 시민권이 보다 강조되는 것이 공동생산모델**이라고 할 수 있다(Pestoff, 2006; Alford, 2002). 따라서 공동생산모델에서 국민은 시민권에 기초한 시민으로서 시민은 물론 소비자이기도 하지만 사회복지 재화와 서비스 생산 및 제공에서 더 이상 수동적인 이용자가 아니다. 그러므로 시민은 세금을 지불하는 납부자이고 그들의 정치적 권리를 행사하는 투표자이기도 하지만 나아가 그들이 필요로 하는 사회복지 재화와 서비스를 요구하고 공동 제작하는 능동적인 참여자이다(Alford, 2002). 결국, 시민의 참여는 사회복지제공에 있어 공동생산모델을 설명하는 가장 중요한 개념이라고 할 수 있다.

공동생산의 개념을 제시하였던 Sharp(1980)는 두 개의 비교영역으로 공공서비스영역을 구분하였는데 첫 번째 영역은 생산자의 영역이고 다른 영역은 서비스와 재화를 소비하는 이용자, 시민 또는 이익집단 영역이다. Sharp의 영역개념으로 분류하면 공동생산모델은 시민이 생산자로 참여하기 때문에 생산자와 시민의 영역이 중첩되는 모델이다. 위의 표에서 보는 바와 같이 공동생산모델은 공공서비스(사회복지서비스를 포함하여)의 제공에 시민과 제공기관(전문가 포함)이 함께 기여하는 행동의 혼합모형을 의미한다고 볼 수 있다(Pestoff,

2006). 제공기관은 서비스제공의 전문가 또는 전문가집단으로 그리고 시민은 자신이 제공받는 서비스의 질과 양을 향상시키기 위해 자발적 노력을 하는 개인 또는 집단이다(Ostrom, 1999; Parks et al., 1981; Brudney and England, 1983). 결국 제공기관과 시민들의 자발적 노력을 강조하는 공동생산은 서비스의 질과 양을 개선시키는 데 중요한 수단임을 공동생산모델을 주장하는 학자들은 강조한다(Pestoff, 2006).

공동생산모델은 사회복지영역에서 client라는 용어가 수동적 의미를 내포하며 그들이 행동을 받아야 함을 나타내기 때문에 이 용어와 대비하여 시민(또는 이용자 나아가 소비자)이라는 용어를 선호하는데 이는 시민이 client와 비교하여 사회복지서비스를 포함한 공공서비스를 제작하는 능동적인 역할을 포함하고 있기 때문이다. 특히, 복지국가의 발전에서 시민의 능동적인 역할을 강조하는 Ostrom(1999)은 어떤 시장도 정부가 제공하는 공공재 없이는 생존하기 힘들고 어떤 정부도 시민의 참여 없이는 형평성이 있고 효율적인 서비스를 제작하기 어렵다는 점을 강조하여 시민의 공동생산 및 공동제공으로의 참여를 주장하였다.

공동생산모델은 위기개입이나 단기적 치료와 개입을 필요로 하는 경우보다 장기적 지원을 요구하는 상황에 보다 적합한 방법이라고 할 수 있다. 즉, 자신에게 적합한 방식을 찾아 개별화된 개입을 필요로 하는 경우, 다양한 사람들과 제공기관이 함께 일하여야 하는 경우, 이용자들에 필요한 것이 계속 변할 것 같은 경우, 서비스가 이용자들의 삶의 질에 중요한 영향을 줄 것 같은 경우 등에는 공동생산모델이 적합한 복지생산방식일 수 있다(Hunter and Ritchie, 2007). 결국, 공동생산모델의 가장 큰 장점은 이용자가 공공생산과 공동제작을 수행함으로써 서비스의 **수용성**(acceptability)을 증진시킬 수 있다는 점과 자신에게 수용성이 높은 적합한 서비스가 제공되어 서비스의 **효과성**이 개선될 수 있다는 점이라고 할 수 있다.

다음의 표는 공동생산모델이 작동하기에 필요한 규칙 및 조건을 제시한 것이다.

〈표 5-14〉 공동생산모델의 작동규칙 및 작동조건

작동규칙	작동조건
서비스를 필요로 하는 사람들은 자신이 가지고 있는 문제를 확인할 뿐만 아니라 해결책을 시행하고 발전시키는 데 개입된다.	• 사람들은 제각각 상황을 달리 이해하고 해석하며, 상이한 가치를 가지고 있고 문제해결책에 대해 상이한 투자를 한다는 사실을 인지하여야 한다. • 하나의 해결책을 추구하기보다는 행동에 대해 공유된 사명감을 공고히 하는 목적을 추구하여야 한다.
이해관계자 사이에 어려움이나 의견불일치가 공개적으로 논의된다.	• 전문가(사회복지사나 돌봄 인력)나 제공기관의 관심과 서비스 이용자들의 관심이 동일하지 않음을 인지하여야 한다. • 사례기록을 작성하면서 이용자들을 바라보며 무엇인가를 이야기하는 것이 서비스를 제공받는 사람들보다 전문인력의 관심이라는 점을 인지하여야 한다.
임상적 또는 서비스뿐만 아니라 사람들의 삶의 질도 중요시한다.	• 서비스의 역할에 관한 겸손과 제공되는 서비스에 대한 한계와 품질에 대한 정직한 인식이 필요하다.
사람을 좋아하고 잘 아는 사람이 개입한다.	• 사회적 관계망 안의 한 부분으로 사람을 바라보고 전문가의 기여만큼이나 친구나 가족의 기여도 많다는 인식이 필요하다.
힘의 차이(이용자와 제공자 사이의)를 줄이기 위한 전략으로 평범한 언어와 업무조건을 활용한다.	• 사람들이 힘을 소유하고 힘의 간격을 늘리기 위해 노력한다는 점을 인식하여야 한다.
보다 폭넓은 지역사회자원을 개입시킨다.	• 안에 있는 것을 바라보는 것만큼 밖에 있는 것을 바라보아야 한다.
결손보다는 능력과 재능에 초점을 둔다.	• 모든 사람이 사회에 무엇인가를 기여할 수 있다는 믿음을 가지고 있어야 한다.

자료: Hunter and Ritchie, 2007. p. 17 표-1에서 재수정

위의 표에서 나타난 바와 같이 공동생산모델에서 사회복지 재화와 서비스를 생산 및 제공하기 위해서 전문가에게 필요한 기술은 이용자의 상황에 대해 다양한 시각과 행동을 가지고 접근할 수 있는 능력과 열린 대화와 열린 작업분위기라고 할 수 있다. 특히 전문가는 조정, 신뢰건설, 협상, 자원개발, 상황에 대

한 해석과 갈등관리 등의 기술이 필요하다. 무엇보다도 공동생산모델을 적용하는 경우 공동생산과 제작을 책임지는 전문가와 이용자는 불확실성, 애매 모호성, 도전, 스트레스, 불안정 등에 노출될 가능성이 크다(Hunter and Ritchie, 2007).

3) 공동생산모델과 사회복지제공

공동생산모델은 복지혼합의 시대에 적합한 사회복지 재화와 서비스생산모델 중 하나이다. 즉, 국가, 민간조직 그리고 시장이 적절하게 혼합되어 서비스를 생산 및 제공하는 경우 공동생산모델은 이들과의 협력관계를 강조하면서 서비스가 생산 및 제공될 수 있도록 한다는 데 그 특징이 있다. 이는 정부조직이나 민간조직 또는 영리조직이 모두 서비스의 생산과 제공에 공동으로 참여할 수 있다는 특징이 있다. 공동생산모델은 소비자주의를 강조하지만 시장에서 강조하는 단순한 상품의 소비자를 강조한다기보다 시민의 권리를 보다 강조한다는 측면이 있으며 모든 국민들을 개별화된 국민으로 바라본다는 특징 있다. 따라서 사회복지생산에서 국민들은 자신들에게 필요한 사회복지서비스를 스스로 결정하고 생산할 수 있는 참여자이면서 동시에 개별화된 인간이고, 협력가이면서 소비자, 시민, 참여자 등의 역할을 수행한다. 또한 공동생산모델은 제공기관이 공공조직이든 민간조직이든 공동생산 및 제작에 참여함으로써 시민의 권리가 보장됨과 함께 제공기관과의 협력과 조정을 통한 서비스제공이 가능한 모델이다.

공동생산모델은 서비스가 중심이 아닌 인간중심으로 문제해결의 실마리를 찾는 서비스 생산방식모델이라고 할 수 있으므로 사람들의 욕구가 정확하게 사정되고 필요한 만큼의 서비스가 제공될 수 있도록 한다는 측면에서 과소공급이나 자원의 부적절한 사용 등과 같은 문제를 해결하여 공급의 효율성과 효과성이 강화될 수 있다. 공동생산모델은 사회복지서비스를 제공받는 이용자와 서비스를 제공하는 제공자와의 협력관계를 통하여 서비스가 전달되므로 서비스를 필요로 하는 국민들의 개별화된 욕구의 실현가능성이 매우 높은 즉, 표적효율성과 서비스내용효율성이 매우 높은 모델이라고 할 수 있다. 국민과 제공자(공공조직 또는 민간조직의 직원)의 직접적 서비스 제공에 있어서 공동참여는 서비스를 필요로 하는 국민들의 사회복지서비스 수용성을 더욱 높여 개별화된 국민들의 복지서비스 체감도를 향상시킬 수 있는 실천적인 방안이 될 수 있다. 서비스를 이용하는 서비스 제공에 국민들이 직접 참여함으로써 자기결정권이 실현되며 공동으로 서비스를 선택할 수 있기 때문에 선택권의 실현도 기대할 수 있다는 장점이 있다. 특히, 사회복지 재화와 서비스를 생산하고 제공하는 데 있어 이용자의 개인적 자원 및 지역사회에서 활용할 수 있는 모든 자원을 활용하도록 유도하여 자원 활용의 효율성을 높일 수 있는 전달모델이라고 할 수 있다. 아래의 표는 공동생산모델 사회복지제공의 특징을 정리한 것이다.

〈표 5-15〉 공동생산모델 사회복지 재화와 서비스의 생산 및 제공의 특징

사회복지 생산 및 제공의 특징	사회복지제공체계 특징
-사회복지 재화와 서비스의 생산 및 제공은 전적으로 제공기관과 이용자 사이에 협력과 조정을 통해서 이루어진다. -서비스의 생산은 전적으로 국민들의 욕구사정에 기초하므로 개별화된 서비스가 생산 및 제공된다. -제공기관과 이용자가 협력과 조정을 통하여 서비스를 제작함으로써 사회적 위험에 보다 적극적으로 대응할 수 있는 보다 유연한 서비스의 생산 및 제공이 가능하다. -개별화된 서비스 이용자들에 대한 전문적이고 체계적 관리는 서비스 생산 및 제공에 있어 필수적 요소이다. -사회복지 재화와 서비스를 생산하는 데 있어 지역자원을 보다 효율적이고 효과적으로 활용할 수 있다.	-국가, 민간조직 그리고 국민이 공동으로 사회복지 재화와 서비스를 제공한다.

4) 공동생산모델의 한계

공동생산모델은 시민참여를 증진시켜 공동생산과 공동제공으로 인해 서비스 수용성이 개선되고 서비스의 효과성이 증진될 수 있다는 장점이 있지만 다음과 같은 한계점을 동시에 가지고 있다.

첫째, 공동생산모델은 자조(self-help)개념의 발전된 또는 또 다른 유형의 자

조라고 할 수 있다. 자조는 개인적 능력건설과 임파워먼트를 통해 이루어질 수 있는 사회복지실천의 임파워먼트모델에서 주로 강조되는 용어이다. 자기 자신이 스스로 능력을 건설하고 장점과 단점 등을 파악하여 역량을 강화할 수 있도록 자원을 활용할 수 있는 사람들에게 자조는 매우 유용하다. 이를 기반으로 하면 자조가 가능한 이용자의 입장에서 공동생산모델에 적합하다고 할 수 있지만 반대로 스스로 능력을 건설할 수 있는 조건이나 상황이 허락되어 있지 않은 사람들에게 스스로 문제를 해결할 수 있게 자원을 활용하도록 한다는 것은 문제해결의 책임을 개인에게 돌리고 결과에 대해서도 개인이 책임지도록 하여 공동생산모델은 개인의 책임을 강조하는 방임적 사회복지생산모델이 될 수 있다.

둘째, 자신에게 필요한 서비스가 무엇인지를 인식할 수 없는 인지능력이 낮은 이용자들은 공동생산모델을 통해 서비스를 제공받는 것이 불가능하다.

셋째, 서비스 이용자가 서비스 생산과 제공의 결정에 참여하여 자신에게 적합한 서비스를 선택하는 것보다 국가가 판단하였을 때 서비스 이용자의 개인적 속성 상 서비스가 반드시 강제적으로 그리고 지속적이면서 안정적으로 제공되어야 하는 경우 공동생산모델을 적용하는 것은 적합하지 않다.

넷째, 서비스를 제공받아야 하는 사람에 대한 전문가의 시각과 이용자의 시각이 다를 수 있다. 특히, 전문가가 판단하였을 때 공동협력관계를 구축하는 것이 불가능하다고 판단되고, 이용자가 선택권을 행사할 수 없는 경우는 공동생산모델보다는 서비스 제작과 제공을 국가나 민간기관이 책임지는 국가생산모델이나 준시장생산모델이 더욱 적합할 수 있다.

다섯째, 단기적인 개입이나 위기개입 등 급속한 서비스가 필요한 경우 장기적 관계를 통한 문제해결을 강조하는 공동생산모델은 적용할 수 없다.

여섯째, 공동생산모델은 반드시 특정 서비스가 필요한 사람이 서비스를 개인적 이유로 제공받지 않을 수 있으므로 표적효과성이 떨어진다.

일곱째, 공동생산모델은 서비스를 제공받을 때까지의 시간과 노력 비용 등 거래비용이 매우 높다.

여덟째, 공동생산모델은 국가가 시장을 형성하고 협력관계가 가능한 조건을 구축하는 등 인프라구축을 위해 들어가는 비용이 높은 반면 서비스 진행 절차에 대한 감시·감독이 불가능하여 서비스제공과 관련하여 국가 책임성의 약화라는 비난을 불러올 수 있다.

제 4 절 복지혼합

1. 복지혼합이란?

복지혼합(welfare mix)은 현대복지국가 복지생산방식을 설명해 주는 용어로서 사회복지 재화와 서비스가 공공조직과 비영리조직 그리고 민간(기업) 등으로부터 혼합되어 생산 및 제공되는 방식을 의미하는 용어이다. 복지혼합이라는 용어를 사용한 학자들은 "사회복지 재화와 서비스를 생산하는 데 있어 다양한 주체들이 참여하는 조합"을 복지혼합이라고 표현하였다(Andreotti et al., 2012; Evers and Laville, 2004; Ascoli and Ranci, 2002). Andreotti와 동료들(2012)은 복지혼합이 복지국가로부터 역동적인 복지사회로 이행하는 것을 쉽게 하기 위해 설계된 시민사회, 시장경제 그리고 공공부분 사이의 관계라고 이해하였으며 Spicker(2008)는 복지혼합이 복지혼합경제 하에서 복지를 제공하고 재정을 지원하기 위해 개입된 행위자들의 조합이라고 제시하고 복지서비스는 국가 이상의 메커니즘을 통해서 분배되는데 복지를 제공하는 제공자는 **공공, 민간, 자발적 부분** 그리고 **비공식적 부분**이 있다고 분류하였다. 특히 Evers (2005)는 복지생산주체로 제3부분이라는 용어를 사용하였는데 제3부분이나 자발적 부분은 시민사회와 동일한 의미이며 자선이나 종교기관을 포함한 비영리조직을 의미하는 것이고 비공식적 부분은 가족이나 친척 등에 의해서 이루어지는 복지제공을 나타낸다. 더욱이 현대 복지국가의 제공방식을 분류하는 경우 비공식적 부분은 가족 특히 여성의 가사노동을 통한 돌봄을 나타내며 사회적 보호를 국가가 책임지는 복지국가의 형성과 발전 이후로는 비공식부분이라는 용어는 돌봄의 질, 서비스의 지속성의 문제를 포함하여 비공식이라는 용어의 불명확성으로 복지생산의 행위자로는 분류하지 않고 있다.

복지혼합에서 **공공부분**(public sector)은 국가가 직접 서비스를 제공 및 배분하는 것을 나타내므로 국가제공방식이라고 말할 수 있다. 국가직접생산방식은 서비스의 분절(파편적으로 서비스가 제공되는 것)을 예방하고, 규모의 경제를 실현할 수 있으며, 통제와 관리가 용이하고, 보편적인 최소수준의 복지를 보장할 수 있다. **민간부분**(private sector)은 상업적인 수요와 공급에 기반하며 경쟁이라는 시장메커니즘을 수단으로 이용하는 제공방식이다. 민간부분은 이윤창출과 경쟁으로 종종 서비스의 질과 응답성을 보장할 수 있는 적절한 생산방식이라고 일컬어지기도 한다. 하지만 민간 즉, 시장생산방식은 개인의 시장지불능력에 기초하여 개인의 선택에 의한 생산방식을 의미하므로 서비스와 재화의 불균등한 배분이 발생할 수 있으며 사회적 가치나 사회적 목적의 실현과 같은 복지국가의 목적을 보장하지는 못한다. **제3부분 즉, 자발적 부분**(voluntary sector)은 봉건주의 이래로 발전한 전통적인 종교조직이나 자선조직 그리고 자본주의의 출현과 함께 발전하여 복지국가의 형성시기에 비약적인 발전을 이룬 비영리조직이 서비스를 생산 및 제공하는 방식으로 유럽의 경우는 시민사회(civil society)조직이라고도 불리지만 우리나라의 경우는 비영리조직 중심의 비영리부분이라고 분류되는 생산방식이다. 자발적 부분은 전통적으로 상호부조(mutual aid)의 정신이 강하게 존재하며 공동체지향성이나 연대성에 기반하는 집합적 노력을 통하여 개인뿐만 아니라 타인을 지지하고 지원하는 방식을 나타낸다(Spicker, 2008). 자발적 부분은 통상 서비스제공에 있어서 국가와 상보적 관계를 유지하거나 국가가 제공하지 못하는 것을 지원하는 보완적 관계를 나타낸다(지은구, 2017; Oosterlynck et al., 2013).

비공식부분(informal sector)은 돌봄이나 서비스생산을 개인이나 가족 그리고 친척이나 이웃이 책임지는 방식을 의미한다. 비공식부분의 서비스제공자는 대표적으로 여성이다. 여성에 의한 집안에서의 보육과 돌봄노동 등은 전통적으로 복지국가가 발전하기 전의 서비스제공방식으로 서비스의 책임이 국가가 아니라 개인에게 있음이 강조되는 생산방식이다. 자발적 부분의 서비스생산방식은 서비스가 지속적으로 제공되기 어렵고 서비스의 질이 낮다는 점이다. 사회적 보호를 국가가 책임지는 복지국가의 출현으로 자발적 부분은 복지생산방식에서 사라지고 있는 추세이지만 복지의 수준이 낮은 국가에서는 여전히 자발적 부분이 복지제공의 한편을 차지하고 있는 것이 현실이다. 선진복지국가에서 가족이 서비스를 책임지는 경우는 국가 그리고 전문적 비영리조직과의 협의 하에 가족의 돌봄노동이 유급화되어 있고 서비스의 질 및 관리는 국가와 비영리조직이 공동으로 참여하여 책임지는 방식으로 발전하였다.

현대 복지국가는 스칸디나비아의 복지선진국들을 포함하여 모든 국가가 복지혼합모델로 복지서비스를 생산 및 제공하고 있다. 현재 국가가 완벽하게 100% 복지서비스를 책임지고 생산 및 제공하는 나라는 존재하지 않으며 자발적 조직 즉, 비영리조직이 100% 책임지고 서비스를 생산하는 나라 역시 존재하지 않는다. 복지혼합모델은 국가별로 그 나라의 특성에 따라 국가와 비영리 그리고 민간생산 및 제공의 비율이 상이하게 나타날 뿐이며 혼합생산방식이라는 큰 틀에는 모두 부합된다는 측면에서 현 복지국가의 복지생산방식을 설명해주는 중요한 틀이라고 할 수 있다.

복지국가가 복지혼합의 방식으로 사회복지 재화와 서비스를 생산 및 제공하는 이유는 다음과 같다.

첫째, 국민들의 복지에 대한 욕구의 증가이다. 즉, 국민들의 복지서비스에 대한 욕구는 날로 복잡해지고 다양해지면서 공공조직만으로는 국민들의 증가하는 모든 욕구를 해결하는 것이 어렵게 되어 보다 효과적인 대응을 위해 복지제공에 있어 공공조직보다 전문적이면서 오랜 기간의 복지서비스제공의 경험과 지식을 갖춘 비영리조직과 같은 다양한 공급주체들의 도움이 필요해졌다.

둘째, 복지재정의 부족문제이다. 복지국가의 재정은 국가들의 복지서비스에 대한 대응의 수준이 높을수록 증가하게 된다. 하지만 국가재정을 차지하는 세금은 제한적이므로 복지재정의 한계를 극복하기 위해 민간비영리 및 기업조직의 복지생산으로의 참여는 복지국가에서 일반적인 현상이 되고 있다.

셋째, 국민의 참여의식 발달과 소비자만족주의 역시 복지혼합을 가능하게 하는 요인으로 지목될 수 있다. 정부가 복지서비스를 독점 공급하는 것보다 다양한 공급주체들이 서비스를 제공함으로써 국민들의 서비스 선택권은 확대될 수 있으며 복지서비스 결정 및 생산과 공급구조에 국민들이 직접 참여함으로써 그들에게 필요한 서비스를 직접 제공받을 수 있다는 장점으로 인해 다양한 제공주체들이 서비스를 생산 및 제공하는 복지혼합이 필요하게 되었다.

2. 복지혼합에 따른 정부와 민간 참여

다양한 복지생산체계의 등장은 복지민영화의 토대로서 민영화는 국가복지생산체계에 민간생산체계가 부차적으로 복지서비스를 제공하는 혼합식 생산 및 제공을 의미하기 때문에 가장 일차적으로 복지생산주체의 다양화와 복지서비스의 다양화는 국가주도의 생산체계구축과 서비스의 확립에서부터 시작된다고 할 수 있다. 우리나라는 국가가 운영하는 국공립복지조직이 절대적으로 부족하고 민간비영리기관이 운영하는 기관도 그 수에 있어 부족하며 지역적 편차가 심한 것으로 나타나고 있다. 특히 사회소외계층을 위한 사회서비스의 생산 및 제공은 2007년도에 시작한 4대 사회서비스사업이 시작이라고 할 정도로 사회서비스의 확충은 이루어져 있지 않다. 특히 사회보험은 국민의 노후보장이나 건강을 책임질 수 있을 수 정도로 안정적이지 못하며 사회소외계층을 위한 사회서비스는 걸음마단계에 머물러 있어 국민들이 복지서비스를 제공하는 기관을 선택한다든지 자신에게 가장 적합한 사회서비스를 선택하는 것은 불가능하다.

공공과 민간 그리고 자발적 부분(비영리조직)의 생산 및 제공의 비율을 보면 2001년을 기준으로 스칸디나비아국가인 노르웨이 같은 경우는 국가직접생산방식의 비율이 약 68% 정도를 차지하고 나머지 32%의 제공을 비영리조직이 제공하였으며 민간영리조직은 복지서비스를 제공하지 않고 있었고 독일의 경우는 국가직접생산방식의 비율이 약 15% 정도를 차지하고 68%의 제공을 비영리조직이 책임지고 있으며 민간영리조직이 18%를 제공하고 있었다. 자유주의복지국가로 유형화된 영국의 경우는 국가직접생산방식의 비율이 약 40% 정도를 차지하고 14%의 제공을 비영리조직이 생산 및 제공하였으며 민간영리조직이 46%를 차지하고 있었다(Ascoli and Ranci, 2002). 물론 복지혼합의 제공주체별 비율은 나라마다 복지이념과 복지재정 및 복지생산에 대한 정치적 입장에 따라 매우 상이하게 나타나고 있지만 일반적으로 사회민주주의 복지국가는 국가생산방식이 그리고 자유주의복지국가는 비영리와 시장생산방식이 보다 앞서는 것으로 나타났다. 아래의 표는 사회서비스분야에서 유럽의 복지혼합에 따른 국가와 민간비영리(third sector) 그리고 영리조직(private)의 참여비율을 나타낸다.

〈표 5-16〉 사회서비스제공에 따른 구성 비율

시장공유	영국	노르웨이	프랑스	독일	스페인	이탈리아
재가노인 보호			제3부분: 28% 국가:59% 민간:13%	제3부분: 68% 국가:15% 민간:18%	제3부분: 31% 국가:30% 민간:40%	
장애인			제3부분: 85% 국가:11% 민간:4%	제3부분: 84% 국가:7% 민간:9%	제3부분: 56% 국가:26% 민간:17%	
기타 client			(장년) 제3부분: 81% 국가:17% 민간:2%	제3부분: 73% 국가:18% 민간:9%		

시장공유	영국	노르웨이	프랑스	독일	스페인	이탈리아
모든 종류의 이용자	제3부분: 14% 국가: 40% 민간: 46%					제3부분: 81% 국가:19% 민간:0%
아동 돌봄	풀타임서비스 제3부분: 18% 국가: 33% 민간: 49% 파트타임과 풀타임서비스 제3부분: 82% 국가:6% 민간: 12%	제3부분: 32% 국가:68% 민간:0%	제3부분: 70% 국가:26% 민간:3%	제3부분: 62% 국가:37% 민간:1%		
다른 서비스		(장애인) 제3부분: 40% 국가:60% 민간:0% (알코올) 제3부분: 63% 국가:37% 민간:0%			(장애인, 재가) 제3부분: 90% 국가:8% 민간:2% 노인(day care) 제3부분: 37% 국가:34% 민간:8%	
모든 사회서비스			제3부분: 55% 국가:41% 민간:4%	제3부분: 61% 국가:22% 민간:17%		

* 제3부분은 비영리조직을 의미하며 민간은 영리기관을 의미함.
자료: Ascolil and Rancil, 2002, pp. 28-29에서 재인용

위의 표에서 나타나고 있는 바와 같이 외국의 경우 사회보험이 국민들의 기본적인 삶의 질을 보장하고 있지만 새로운 사회위협에 대응하기 위하여 사회서비스분야에서 복지재정의 지출증대에 따른 효율성을 강화하는 한 방편으로서 민영화가 시도되고 있으며 대부분의 경우 영리를 추구하는 조직의 참여는 매우 낮고 민간비영리중심의 민영화가 대세이며 국가가 직접서비스를 생산 및 제공하는 경우도 매우 높음을 알 수 있다.

제 6 장

복지국가와 경제

제 1 절 후기산업사회와 복지국가

1. 후기산업사회의 경제(학)적 배경

신고전파경제학(neoclassical economics)은 세계화(Globalization)의 등장에 경제적 기초를 제공하였다. 세계 2차대전 이후 세계경제는 전쟁으로 인한 노동력 상실과 전후복구사업으로 인한 노동력의 부족으로 인해 완전고용의 시대로 접어들었으며 이는 케인즈 경제학과 복지국가발전의 토대를 형성한다. 하지만 1970년대 이후 급속한 과학기술발전으로 제조업중심의 공장들이 선진국에서 차츰 사라지고 쇠퇴하였으며 신고전파경제학의 연장선상에 있는 통화주의와 새고전학파 등의 출현으로 인해 세계경제와 복지국가는 새로운 변화를 맞이하게 되었는데 이러한 과정에 의해 후기산업사회가 등장하게 되었다. 따라서 후기산업사회는 경제학의 흐름으로는 고전파 경제학의 기본 이론을 계승・발전시킨 신고전파경제학이 중심이라고 할 수 있다. 후기산업사회는 자본집약적이고 기술집약적인 서비스 산업부분의 발전이 중심이었으며 자본이동과 세계무역을 중심으로 발전하게 되었다. 후기산업사회를 규정짓는 경제학의 흐름은 크게 두 개로 분류해서 살펴볼 수 있는데 하나는 케인즈 학파의 후퇴와 통화주의의 등장이다.

1) 케인즈경제학의 후퇴와 복지국가의 위기

실업과 불황을 극복하기 위한 케인즈적 정책은, 제2차 세계대전 중에는 인플레이션을 막기 위한 이론으로서 이용되었고, 전후에는 자본주의 국가들의 경제정책으로서 널리 정착되었다. 특히, 적정한 경제 성장률을 유지하기 위해서 국가가 유효수요량을 조절해야 한다는 유효수요이론이 그 중심이었다. 그 결과, 전후 자본주의는 1930년대와 같은 불황을 겪는 일은 없었지만 그 대가로 점차적인 인플레이션(mild inflation)과 인플레이션에 근원을 둔 국제 경쟁력의 약화를 가져오게 된다. 특히, 신투자에 의한 생산성의 향상을 실현하지만, 국가에 의한 수요 창출 정책에 의해 물가는 내려가지 않고 오히려 상승하는 움직임이 보여, 생산성이 향상된 대기업의 초과이윤 고정화 경향이 두드러지게 나타나기 시작하였다.

❖ 초과이윤 고정화현상(경향)

자본주의에서 기업을 설립하는 가장 기본적인 목적은 이윤창출이다. 이윤창출을 위해서 자본가는 기술혁신과 투자를 통하여 생산성을 향상시키기 위해 노력한다. 생산성이 향상되면 더 많은 상품을 생산하게 되어 상품이 증가하게 되고 상품이 증가하면 물가는 내려가야 하지만 국가가 개입하여 수요가 창출되면서 물가가 내려가지 않게 되어 물가가 오히려 상승하게 된다. 물가가 상승하면 당연히 상품은 팔리지 않게 되고 상품이 팔리지 않으니 초과이윤이 창출되지 않고 고정화되는 현상이 일어나게 된다.

더욱이, 인플레이션(물가상승)을 억제하기 위해 성장 정책(수요창출정책)을 완화시키려 하면 불황조짐(상품이 안 팔리고 실업증가)이 보이고, 또 다시 불황대책(수요창출을 통해 생산을 늘림)에 나서면 인플레이션이 머리를 드러내는 현상을 경험하게 된다. 이러한 경향은 때로는 인플레이션과 디플레이션의 혼재(混在)를 낳고, 불황 속에서도 물가가 상승하는 스태그플레이션(stagflation)

현상으로까지 발전하는 경우도 있었다. 물가 상승이 국제수지를 악화시켜 물가 측면에서 케인즈 정책의 지속은 불가능하게 되고 국제 경쟁력의 강화를 위해서는 케인즈적 유효수요증대 정책을 취하지 말고 자유경쟁으로 돌아가야 한다는 주장이 나타나게 되었으며 케인즈주의자들의 성장우위의 단순성을 비판하는 사람들이 생겨나게 되었다.

2) 통화주의

통화주의는 1970년대 후기산업사회가 등장하는데 결정적인 경제학적 토대를 제공한 경제학적 흐름이라고 할 수 있으며 일반적으로 케인즈주의(keynesianism)와 비교해서 통화주의(또는 화폐주의, monetarism)라고 불린다. 통화주의는 특히 케인즈 경제학을 비판의 주된 표적으로 삼았으며 특히, 인플레이션 정책에 있어 화폐공급의 통제를 통해 인플레이션을 막을 수 있음을 강조하였다.

(1) 통화주의의 등장배경

1970년대 세계경제는 큰 혼란에 빠지게 되었다. 1973년 미국은 월남전에서 철수를 하여 베트남전 패배를 인정하였으며 전쟁으로 인한 막대한 재정적자와 더불어 인플레이션이 유발되었고 그 해 10월에는 이란과 이라크 사이에 중동전쟁이 터지고 석유파동이 일어나 세계경제는 대혼란으로 빠지게 되었으며 세계 각국의 통계는 **물가인상이 계속되면서 실업이 증가하는 스태그플레이션**이 나타났다. 그때까지만 해도 물가인상의 대책으로 생산을 늘리는 일은 어렵지 않았고, 실업이 문제가 된다면 물가인상정책을 써서 노동자들의 반발 없이 실질임금을 하락시킬 수 있었다. 이렇게 실질임금이 하락하면 기업들이 생산성을 증가시키기 위해 더 많은 노동자들을 고용하고 실업은 줄어들 것이라는 케인즈주의자들의 생각은 1970년대 경제위기에서는 전혀 효과가 없었던 것이다. 다시 말해 물가인상(인플레이션)이 계속되는데도 실업이 감소하지 않고 계속 증대하는 현상이 나타났던 것이다(물가가 인상하게 되면 기업은 더 많은 상품을 만들기 위해 노동자들이 필요하게 되어 실업이 줄어들어야 하지만 오히려 실업이 증가함). 따라서 물가인상을 유발시키는 정책을 통해 고용을 확대해서 경제불황을 극복하는 것을 강조하였던 케인즈주의자들은 물가인상과 동시에 실업이 증가하는 경기침체를 극복하기 위한 정책적 대안을 제시하지 못하게 되고 세계경제는 더 큰 혼란으로 빠져 들어가게 되었다.

이러한 1970년대 중반 이후 불어닥쳤던 지속적인 인플레이션과 경기침체로 말미암은 케인즈 경제학의 위기로 통화주의를 비롯하여 고전파 경제학을 계승·발전시킨 새고전파 경제학이 등장하였다. 특히 새고전파 경제학은 낮은 인플레이션의 중요성, 정부정책의 무용성(ineffectiveness), 공급측면 강조, 자본이동(capital mobility), 시장에 대한 탈규제와 시장 유연성을 강조하였으며 자본이동과 세계무역이 강조되는 세계화의 이론적 토대를 제공하였다. 특히 Friedman은 시장에 대한 국가개입의 목적은 안정된 기업경영을 성취하는 것에 모아져야 하며 이러한 의미에서 국가의 공공정책은 첫째, 국가의 군사적 방어를 위해서 그리고 둘째, 공급의 안정성을 보장하기 위해서만 존재하여야 한다고 강조하였다(Prigoff, 2000; Friedman, 1962). 따라서 케인즈 경제학에 반기를 들고 급속히 확대되었던 그 시발점은 Friedman을 포함하는 통화주의(또는 화폐주의)자들이라고 할 수 있다.

(2) 통화주의(monetarism)의 개념

통화(또는 화폐)주의는 화폐의 양이 경제활동과 가격수준에 중요한 영향력을 미친다고 바라보며 화폐정책의 목표는 화폐공급의 성장률을 표적으로 삼아야 최상으로 성취될 수 있음을 강조한다(Cagan, 1991). 통화주의의 대표적인 학자는 미국의 경제학자이며 레이건 행정부의 경제자문이자 칠레 독재정권인 피노체트정권의 경제자문역을 수행했었던 Milton Friedman이었다. Friedman은 경제가 완전고용수준에 이른 상황에서 정부가 총수요확대정책을 쓰는 것은 고용확대라는 효과는 없이 물가인상이라는 대가만을 치를 뿐이라고 주장하였으며 물가상승에 따른 인플레이션을 잡기 위해서는 화폐의 양을 조절하는 것이 효과적인 정책이라는 것을 강조하였다. 결국 통화주의는 화폐공급의 통제를 통해서 인플레이션을 축소시킬 수 있음을 강조하는 경제학의 한 흐름이라고 할 수 있다. 인플레이션에 대한 원인분석에 있어 통화주의자들은 인플레이션이 공급과잉이 아닌 화폐과잉에 따라 나타난 문제이기 때문에 화폐의 양을 조절하는 긴축정책을 사용함으로써 인플레이션은 사라질 것이라고 생각하였던 것이다. 즉, **기업이 생산을 늘리는 공급중심으로 정책을 전환하고 국가가 화폐의 양을 조절하면 물가인상은 당연히 피할 수 있게 된다는 것을 강조**하였음을 의미한다. 물가인상과 이에 따른 화폐가치의 하락을 국가가 긴축통화정책(통화량 조절)을 사용함으로써 어느 정도 상쇄시킬 수 있고 나아가 안정적인 긴축통화에 따른 통화공급의 증가는 대체적으로 낮은 인플레이션 하에서 안정적인 경제성장을 이끌 수 있다는 것이 통화주의 경제정책의 핵심이라고 할 수 있다.

Friedman을 포함하여 화폐주의자들은 부와 소득의 재분배에 있어서 국가의 역할을 거부하였으며 경제적 번영을 위한 핵심적 요소로 보았던 것은 화폐공급에 대한 규정이었다. 따라서 번영을 위한 Friedman의 처방은 화폐공급의 성장률이 GNP 성장률(3%에서 5%의 수준)을 뛰어넘지 않도록 하는 것에 있었으며 이를 통해 인플레이션은 감소하였다. 이들은 화폐공급에 대한 통제를 위해 정부의 사회적 지출을 줄이는 것을 강조였고 또한 기업과 부자들에 대한 세금의 축소, 이자율에 대한 탈규제, 군수산업확충 등을 강조하였다. 결국, 통화주의는 공급측면의 강조, 재정정책을 포함해서 국가의 최소한으로의 시장 개입, 긴축통화정책을 강조하는 신고전파경제학의 한 흐름이라고 할 수 있다.

(3) 통화주의의 영향

Keynes이론은 경제대공황의 원인인 대량실업문제를 해결하기 위해 물가인상과 정부의 개입을 통한 사회적 지출의 확대를 강조하였다. 즉, 실업을 해결하기 위해서는 일자리가 창출되어야 하고 일자리가 창출되기 위해서는 기업의 노동수요를 확대시켜야 하는데 현재의 임금수준으로는 노동수요가 창출되지 않으므로 물가인상을 통해서 노동자들의 실질임금을 하락시킨다면 기업의 노동지출은 그만큼 감소하므로 기업은 더 많은 상품을 만들고 생산성을 증대시키기 위해 더 많은 노동자를 고용하게 된다라는 것이지만 이는 또 다른 측면에서 본다면 곧 노동자들의 임금인상을 허용하는 것을 의미하였다. 이러한 의미에서 통화주의자들은 인플레이션이 임금인상과 노동자들의 요구에 따른 기업의 이윤을 위협하기 때문에 인플레이션을 예방하기 위해 화폐공급을 통제하는 것을 강조하였다고 볼 수 있다. 또한 이자율의 탈규제는 돈을 많이 가지고 있는 부자들에게 이윤율을 증대시켜 줌으로써 그들이 더 많은 자산을 축적할 수 있도록 해주는 화폐공급정책에 지나지 않는다고 볼 수 있다. 이러한 통화주의의 정책은 노동자보다는 기업가 또는 부자들의 입장을 고려하는 정책으로서 고전파경제학의 큰 흐름에서 벗어나지 않는다고 할 수 있다. 부자들과 엘리트집단의 경제적 이익을 중요시하는 통화주의자들의 정책은 노동자들과 빈민들을 더욱 빈곤하게 만드는 부정적인 효과를 가져다 주었다. 특히 Friedman이 강조하였던 긴축통화(화폐) 정책, 미연방준비위의 경기부양책, 세금축소, 군사비 지출은 결국 인간의 권리를 무시하고 자본주의 하에서 인간성을 부정하는 자유경쟁시장체제로의 복귀를 옹호하는 고전파경제학을 계승·발전시킨 신고전파경제학의 경제학적 흐름이라고 결론지을 수 있다(Progoff, 2000). 이러한 결론은 통화주의자들이 시장에 대한 정부개입에 대한 반대, 자유경쟁시장경제체제에 대한 신념과 공급측면의 강조, 세금축소, 복지비지출 축소 등을 강조하는 신자유주의 경제학적 흐름에 크게 영향을 미쳤음을 의미한다. 결과적으로 통화주의에 영향을 받아 미국 정부는 지속적인 인플레이션을 제거하기 위해 공급중심의 통화주의정책을 대거 도입하였으며 이러한 정책은 레이건 행정부의 경제적 토대를 이루었고 인플레이션 제거에 어느 정도 효과를 나타내었지만 신자유주의의 경제적 토대를 제공하였다고 볼 수 있으며 이는 케인즈 경제학에서 신고전파경제학으로의 회귀를 의미한다고 볼 수 있다.

복지국가에게 있어 경제개발이나 경제성장의 목적은 모든 사회구성원들 특히, 기본적 욕구를 해결할 수 없는 위험에 처해 있는 집단의 구성원들에게 경제성장의 혜택이 돌아갈 수 있도록 하는 것에 있다고 할 수 있다. 하지만 통화주의의 목적은 기업주들에게만 이익을 가져다주는 것을 강조한다. 따라서 통화주의자들에게 있어 경제성장에 대한 개념은 경기순환(business cycle)에서의 경기하강을 의미하는 경제적 불안전성을 억제하는 것 또는 인플레이션에 따른 낮은 이윤을 극복하는 것이라고 정의할 수 있다(Progoff, 2000).

결국, 지난 20여 년 이상 동안 자유무역과 탈규제화된 시장에 대한 신념을 고수하는 통화주의자를 포함하는 신-자유주의적 고전파 경제학자들의 영향력은 노동조합뿐만 아니라 사회복지프로그램과 사회복지의 전 분야를 손상시켰다. 이러한 결과로 인해 건강, 안전, 사회적 안전망, 그리고 환경보호를 위한 규제들은 탈규제화된 세계무역의 증진에 의해 심각하게 제한받고 있다.

※ 후기산업사회의 경제적 흐름을 유지·확대하고 있는 신고전파경제학의 특징

첫째, 국가의 시장에 대한 개입을 최소수준으로 유지하며 자유경쟁시장이 유일한 생산, 소비, 분배의 조정양식임을 강조한다.

둘째, 수요보다는 공급측면을 강조하여 노동자보다는 기업생산성을 향상시키는 것을 추구한다.

셋째, 국가의 개입 없이 민간부분이 자발적으로 노동량과 자본량을 증가시키며 기술진보를 촉진할 수 있도록 하기 위한 유인책을 강조하며 이러한 유인책이 공급량을 증가시킬 것이기 때문에 대규모의 감세조치 즉, 기업과 부자들에 대한 세금감면정책을 시행하게 된다.

넷째, 기업활동에 대한 정부규제의 완화를 강조한다. 즉, 기업의 생산과 투자활동을 위축시키는 각종 정부규제들(예를 들어 독과점규제, 소비자보호, 노동자보호, 공해규제 등)을 완화시키는 것을 강조한다.

다섯째, 정부의 재정적자가 인플레이션에 큰 영향을 주었다고 보기 때문에 국가의 재정적자를 예방하기 위한 조치로 사회적 지출 특히, 사회복지비에 대한 지출을 강력하게 제한하는 복지축소정책들을 강조한다. 따라서 주택정책, 보건의료정책 등을 포함하는 저소득층을 위한 각종 정책들이 폐지 또는 축소되었다. 이러한 복지비 지출의 감소는 국가재정적자를 예방하며 나아가 부자들이나 기업가들에 대한 세금감면정책을 가능하게 하였다. 그리고 세금감소가 노동자들의 근로의욕을 고취시킴으로써 노동공급을 확대시키는 유인으로 작동한다고 강조한다.

2. 후기산업사회 복지국가의 특징

농업사회 붕괴의 결정적인 원인이 공장체제의 등장으로 인한 대규모 생산으로의 발전이었다고 한다면 산업사회붕괴의 원인은 가내수공업이 제조업으로 이행하고 제조업분야가 붕괴되어 서비스분야로 발전하게 된 점에서 찾을 수 있다. 따라서 후기산업사회의 특징은 제조분야의 쇠퇴와 서비스분야의 발전이다. Esping-Anderson(1999)은 **세계무역**과 **자본이동**(global trade and capital mobility)이 탈산업사회의 주범이라고 강조하였다.

후기산업사회에서 낮은 기술력을 가진 단순작업의 제조업분야에 일하는 노동자들이 급속도로 감소하였으며 서비스 산업의 발달로 인한 다음과 같은 새로운 직업들이 급속도로 발전하였다. 이러한 직업들은 대다수의 낮은 임금을 받는 직업과 소수의 높은 임금을 지불 받는 직업으로 양분되며 특히 낮은 임금을 받는 직업의 양산을 가져왔다(Esping-Anderson, 1999).

- 기업서비스분야(business or producer services): 재정, 보험, 부동산, 그리고 회계나 컨설팅, 마케팅, 기계설비, 설계, 기업합병이나 축소 등과 같은 기업관련 전문적 서비스분야
- 유통서비스분야(distribute services): 운송, 수송, 커뮤니케이션, 도매, 소매분야
- 소비자서비스분야(personal or consumer service): 요리사, 가정부, 정원사, 청소, 세탁, 오락, 수선, 미용사, 음식이나 주류 서비스 등의 분야(대체적으로 노동집약적이고 숙련도가 낮은 직업이 대부분이다)
- 사회서비스분야(social services): 의료, 교육, 사회복지분야(대체적으로 기술 및 노동집약적인 직업이 주종을 이룸)

19세기 산업화의 성장 또는 산업주의(industrialism)는 수많은 집합적 치료

를 필요로 하는 사회문제와 산업자본주의의 기본적 변화를 요구했던 노동운동을 양산했다. 결국, 산업사회는 수많은 사회문제의 양산과 함께 노동운동의 발전 그리고 이에 따른 복지국가가 성장하고 발전하는 데 중요한 토양을 제공하였다. 따라서 복지국가는 산업사회에서 기인하는 산업화 시대의 하나인 산물이라고 할 수 있다. 하지만 후기산업사회는 복지국가가 발전하고 지체하는 양 부분에 동시적인 토양을 제공하였다고 볼 수 있다. 후기산업사회는 복지국가에 있어 위협이기도 하면서 기회이기도 한데 이를 기회와 위협으로 살펴보면 다음과 같다.

3. 후기산업사회와 복지국가의 위협과 기회

국가의 복지에 설립기초가 되었던 계급구조가 용해되었다. 다시 말해 고 연봉 노동자들의 대거 출현으로 인해 노동자들에게 있어 계급의식은 사라지고 대신에 더 높은 연봉을 위한 경쟁력 강화에만 관심이 모아지게 되었다는 것을 의미한다. 이는 **복지국가가 시장이 중심이 되는 사회 그리고 더욱 개인주의적 사회로 변화한다는 것**을 의미한다. 따라서 이것은 복지사회에 대한 하나의 위협으로 등장한다.

후기산업사회에서 복지시설이나 제도 등이 후기산업사회에서 더욱 필요하다는 국민들의 욕구가 확대되고 구체화되었다. 또한 노동에 대한 소외가 더욱 심해지고 소외계층이 확대되면서 복지제도에 대한 필요성이 더욱 증가하였다. 이러한 사회복지제도에 대한 필요성의 공감대 확산은 복지국가발전 내지는 확대·강화를 위한 기회라고 할 수 있다. 사회복지학적 관점에서의 후기산업사회는 다음과 같은 문제의 대응을 위한 복지국가발전의 기회라고 볼 수 있다.

첫째, 급속한 가족의 해체와 가족구성의 다양화(특히 전통적인 가족이 붕괴되고 한부모가족의 증가와 동성 간 가족의 출현 등 가족구조의 새로운 유형 등장)

둘째, 인구고령화
셋째, 성(남성과 여성)의 역할 변화와 조정
넷째, 휴먼서비스 욕구충족을 위한 민영화된 사회복지조직(특히 비영리조직)의 급속한 발전
다섯째, 사회문제의 복잡성과 다양성의 증대

※ 후기산업사회에 있어 복지국가의 사회복지서비스에 대한 신마르크스주의관점

신마르크스주의자들은 자본주의 국가가 **자본축적**과 **사회조화의 증진**(정당화)이라는 두 기본적인 기능을 한다고 보며 **사회조화의 증진은 사회복지서비스를 통해 해결한다**고 강조한다. 즉, 복지국가가 제공하는 사회복지 재화와 서비스가 사적자본을 위해 직접 이익을 창출하지는 않지만, 사회조화를 위해 사용된다고 보는 것이다. 따라서 신마르크스주의자들의 관점에 따르면 사회복지는 자본의 측면에서 다음의 두 속성을 갖는다. 첫째는 자본의 이윤창출을 위해 노동자들에게 최소의 생활조건과 노동재생산의 물질적 조건을 제공함으로써 노동생산성을 유지 내지는 확대하기 위해서이며, 두 번째는 계급의식의 생성과 발전에 따른 노동운동의 발전이 자본주의 경제체제의 테두리를 벗어나지 않도록 하기 위해서 사회복지를 확대·재생산하게 된다는 것이다.

이러한 관점에 따르면 자본주의 하에서 복지국가는 양면성을 갖게 된다. 즉, 복지국가가 제공하는 사회복지는 시민들의 욕구를 해결하기 위해 다양한 사회적 서비스(social services) 또는 프로그램을 제공하기도 하지만 한편으로는 사회통제를 위한 수단으로 작용된다.

Burghart와 Fabricant(1987)는 신마르크스주의적 관점으로 국가가 자본의 영향력에 대한 지원을 강화시키기 위해 사회복지사를 노동계급의 태도와 행동을 변화시키는 데 사용한다고 주장한다. 즉, 노동통제를 위해 사회복지사들을 이용만 하고 정당한 대접을 하지 않으려는 경향을 의미한다. 이는 국가의 제한적인 사회복지비 지출과 사회복지체계를 변화시키려는 의지의 결여 그리고 사회복지노동의 저임금화를 설명해주는 이론적 토대를 제공해준다. 결국 이러한 사회복지의 양면성은 사회복지사들이 후기산업사회에서 그들의 역할에 대한 억제(**역할억제** role strain)와 과다한 노동 등에 의해 정신적, 육체적으로 탈진화가 가

장 빠르게 일어나는 노동을 형성할 수밖에 없게 되는 원인을 설명해준다고 볼 수 있다.

※ 사회복지사의 역할억제(role strain)

사회복지사는 사회복지사가 갖추어야 하는 실천윤리와 임무 그리고 역할에 대해 국가로부터 억제를 받게 되는데 이는 사회복지 예산삭감이나 프로그램의 축소 그리고 사회복지 노동에 대한 봉사와 자선적 의미의 강조 그리고 사회문제 해결에 있어 개인적 치료를 강조함으로써 일어난다. 따라서 이러한 사회복지의 사회 통제적 성격에 대처하기 위해 사회복지사들은 불이익을 받은 지역 또는 집단, 피지배집단을 위한 사회조건을 개선시키고 복지지출을 증대시키기 위한 지역복지운동과 사회운동 특히 산업복지 실천운동과 조직화에 참여해야하는 필요성이 제기되는 것이다.

제 2 절 후기포디즘사회 또는 후기포디스트사회

1. 후기포디즘사회

복지자본주의 경제체제의 기반을 산업사회와 후기산업사회로 구분하여 바라보는 입장과 함께 자본주의사회를 대량생산과 소비를 통해 생산성의 확대를 강조하였던 **포디즘사회**와 생산의 유연성과 소비의 다양성을 강조하는 **후기포디즘(post-Fordism)사회**[28]로 구분하여 바라보는 경향이 있다. 일반적으로 포디즘(Fordism)은 서열(hierarchical) 작업구조와 대량생산을 의미한다. 포디즘은 Taylor의 과학적 관리(또는 경영)이론에 영향을 받았기 때문에 기본적으로 과

28) 후기포디즘사회는 일반적으로 1980년대 이후 등장한 것으로 알려져 있다.

학적 관리이론의 중심인 시간(time)과 동작(motion)에 대한 중요성을 강조한다고 볼 수 있다. 따라서 짧은 시간에 더 많은 노동을 통해서 생산성을 높이는 과학적 관리의 기본적 생산토대인 조립라인(assembly line)이 강조된다. 하지만 조립라인은 생산된 상품의 측면에서는 유용성이 떨어진다. 즉, 소비자들은 그들의 기호를 생산되어서 나오는 상품에 맞추어야 하는 불편함을 감수하여야 한다. 이는 자기만의 특별한 상품을 갖는 것이 아니라 획일화된 대중적인 상품을 갖는다는 것을 의미한다. 이는 포디즘이 요구가 획일화된 그리고 유행(fashion)과 오락산업을 통해서 쉽게 조종될 수 있는 대량소비를 의미하는 것이다. 다시 말해 유행에 맞추어서 소비자들은 그 상품을 대량소비하며 유행이 지나면 다시 다른 유행의 상품을 대량소비하는 소비유형을 의미한다. 또한 포디즘 하에서 요구수준을 유지하는 것은 높은 사회적 비용, 완전고용, 그리고 노동조합과 고용주 사이에 잘 유지되는 타협(조합주의)을 필요로 하는 대량소비를 의미한다.

후기포디즘 이론가들(Hall and Jacques, 1989; Amin, 1994)에 따르면 위와 같은 포디즘은 더 이상 생산의 증가를 가져오지 않으며 기술이 더욱 복잡화하면서 조립라인은 노동자의 창의력과 업무만족에 반생산적 방해물이 되었다고 한다. 또한 동시에 소비자들이 더욱 약아졌으며 그들의 개인적 그리고 비 표준화된 원함과 욕망을 억누르지 않게 되었다고 한다. 따라서 **후기포디즘**은 생산에서의 유연성 또는 유연한 전문화(specialization) 그리고 소비에서의 다양성과 관련이 있다고 할 수 있다(Piore and Sabel, 1984).

즉, 산업사회에서 후기산업사회로 이행하면서 제조업 고용의 쇠퇴와 서비스 고용의 발전과 확대는 유연하고 비전통적인 유형의 고용인, 일시고용, 비정규직 고용, 계약직 고용, 자영업고용 등의 고용변화를 가져다주었으며 후기포디즘은 이러한 비전통적인 고용의 유형이 노동자집단을 크게 양분하였다는 것을 강조한다(Ferguson, Lavalette, and Mooney, 2002). 이는 노동자집단이 핵심노동자군(core labor force)과 주변부노동자군(peripheral labor force)으로 양분되었다는 것을 강조한다. 핵심 노동자군은 기술 집약적인 노동을 주로 수행하며 그들의 다양한 기술들을 제공함으로써 노동의 기능적 유연성을 기업가들에게 제공하며 주변부 노동자군은 낮은 임금의 단순직, 임시 시간직, 계약직노동으로 노동집약적 노동을 주로 수행하여 노동의 수적측면에서의 유연성을 주로 기업가들에게 제공한다.

이러한 후기포디즘의 일시적이고 주변부에 머무는 그리고 인공적인 직무조직의 변화는 자본주의의 초기 포디즘과 비교해서 새로운 자본주의를 구성하였으며 이것이 곧 후기포디즘의 핵심적 요소가 되었다고 볼 수 있다. 즉, **포디즘**은 표준화된 상품의 대량생산, 단순조립기술, 수요를 창출하기 위한 대량마케팅과 광고, 거대노동조합, Keynesian경제학에 기초를 둔 국가의 전략과 복지국가에 대한 사명감, 적은 수의 생산물을 지배하는 세계기업 등으로 그 성격을 규정지을 수 있으며 반면에 **후기포디즘**은 더욱 급변하는 그리고 시장 수요에 더욱 응답적이 되기 위한 유연한 작은 기업들, 대량보다는 적재적소의 생산 강조, 발전된 컴퓨터기술의 사용, 시기적절한 기술 등으로 과잉생산의 위기를 극복하였으며 기업들이 소비자들의 수요에 빠르게 응답하도록 허락하였고 노동조합은 핵심 노동자군과 주변부 노동자군의 재편으로 급속하게 그 힘이 약화되었다. 이는 핵심 노동자들은 높은 임금과 직위의 상승으로 노동조합의 필요성을 더 이상 느끼지 못하였으며 이에 비해 주변부 노동자들은 비정규직, 임시직 등의 증가로 일회적이 되어 조직화하는 것이 어렵게 된 것에 기인한다(Ferguson, Lavalette, and Mooney, 2002). Fitzpatrick(2001)은 **후기포디즘이 다음과 같은 특징**을 나타낸다고 정리하였다.

첫째, 단일한 기능의 기계는 컴퓨터로 만들어진 체계로 대체되었다.
둘째, 중앙 집중화된 공장이 탈중앙화로 되는 것 같이 수직 서열체계는 수평적 연계망(networks)으로 대체되었다.
셋째, 조립라인은 감독을 덜 받는 그리고 자율적인 팀 작업으로 대체되었다.
넷째, 9시 출근 5시 퇴근의 직장문화는 유연한 출퇴근 시간으로 대체되었다.

다섯째, 대량 마케팅은 공급이 전문화된 수요에 의해서 맞추어진 적재적소 마케팅으로 대체되었다.

여섯째, 대규모창고는 적시에 보관과 운송이 이루어지는 형태로 바뀌었다. 이는 적재적소의 소비유형을 따르는 것이 강조된다는 것을 의미한다. 즉, 후기포디즘은 소비가 사회의 생동감을 주는 부분이라는 측면에서 소비를 강조한다. 후기포디즘이론가들에 따르면 사람들이 단일한 유행이나 패션을 전만큼 따르지 않기 때문에 다양성을 가진 가게들이나 전시실이 증가한다고 한다. 결국 대중보다는 한사람의 기호와 관심이 더욱 중요하다는 점을 강조한다.

Jessop(1994)은 포디즘이 첫째, 지배적인 노동과정으로 대량생산을 강조하고 둘째, 거시경제체제로서는 대량생산과 대량소비의 균형주기(cycle)를 강조하며 셋째, 경제적 규제의 사회적 양식으로 집합적인 협상과 Keynesian 복지국가의 역할을 강조하고 넷째, 포디즘이 함축적으로 도시 산업사회, 중간 대중사회, 돈을 벌 수 있는 사회 등을 의미한다고 하였다. 반면에 후기포디즘은 지배적인 노동과정으로서 유연한 생산을 강조하며, 거시경제체제로서는 영속적으로 혁신적인 유형의 축적을 강조하고, 경제적 규제의 사회적 양식으로서 규제의 중요한 영역에서의 유연성과 수요측면의 혁신이 강조된다고 한다. 또한 Loader와 Burrows(1994)는 포디즘이 대량생산과 대량소비 사이의 상동관계, 모더니즘적인 문화적 유형 그리고 복지에 대한 대중적인 조항을 의미하고 **후기포디즘이 유연한 생산사이의 연합, 차별화된 그리고 분파적인 소비유형, 포스트모더니즘적인 문화적 유형 그리고 재구성된 복지국가를 의미**한다고 하였다.

결국, 후기포디즘은 후기산업사회의 등장과 비슷한 시기에 등장하여 산업사회의 대량생산과 대량소비의 원칙을 비판하며 발전하였다고 볼 수 있다. 특히 후기포디즘은 신마르크스이론을 포함하는 좌파이론보다는 신자유주의의 극우 보수적 사상과 결합하였으며 대처리즘의 이념적 성향이 그 대표적이라고 할 수 있다. 따라서 신자유주의와 후기포디즘이 결합하여 등장한 대처리즘(Thatcherism)은 사회적 지출을 줄이고, 높은 고용수준을 위해 낮은 인플레이션을 선호하며, 노동보다는 자본에 더 강력한 힘을 주는 것을 특징으로 한다.

2. 후기포디즘사회의 경제학적 배경

후기포디즘사회의 경제학적 배경은 Keynesian경제학의 쇠퇴와 Keynes이론을 비판하며 등장하였던 통화주의와 신고전파경제학적 배경에 의해서 영향을 받은 **Schumpeterian경제학**에 그 뿌리를 두고 있다. Schumpeter는 오스트리아의 경제학자로서 생존 당시에는 Keynes와 달리 그리 크게 경제학적 후광을 받지는 못하였지만 1980년대 이후 신자유주의적 사상과 복지국가의 쇠퇴와 함께 경제학적으로 일-복지(workfare)에 대한 강조가 두드러지면서 새로운 후기포디즘사회의 경제학적 배경을 설명해주는 경제학적 조류로 자리 잡았다고 할 수 있다. Schumpeter는 경쟁(competitiveness)을 Ricardo나 List, 그리고 Keynes와 달리 영속적인 혁신으로 개입하기 위한 집합적 그리고 개인적 능력을 개발시키는 것에 의존한다고 보았다(Jessop, 2000)[29]. 경쟁을 능력개발과 연결시킴과 함께 Schumpeter는 경쟁이 **혁신(innovation)**을 증진시키기 위해 자원을 할당하는 역동적인 효능에 의존한다는 것을 강조하였으며 혁신은 경제가 더욱 효과적으로 경쟁할 수 있도록 하며 경제성장을 위한 방향과 속도를 바꿀 수 있다고 바라보았다. 따라서 그는 능력개발을 통한 경쟁확보, 경쟁확보를 통한 혁신 그리고 혁신을 통한 경제성장을 강조하였다고 볼 수 있다. 결국 경쟁에 대한 그의 사고는 일-복지(workfare)가 등장하는 데 경제적 토대를 제공하였다고 볼 수 있다. 이러한 그의 경제적 사고는 1912년 저술하였던 『경제발전이론(Theory of economic development)』에 잘 나타나 있는데 그의 경제발전이론은 이윤추구를 위하여 기업가가 행하는 새로운 생산방법과 새로운 상품

29) Ricardo는 경쟁이 가장 풍요롭고 값싼 생산요소를 착취하고 이 요소를 내포한 상품을 다른 상품과 교환하는 것(즉, 비교우위)에 의존한다고 보았으며 List는 경쟁을 이미 유용한 과정과 상품 속에서 자원을 할당하여 효율성을 성장시키는 것으로 바라보았고 Keynes는 노동자를 포함하는 자원의 완전고용을 통해 경쟁이 이룩되는 것으로 바라보았다(Jessop, 2000).

개발 등의 기술혁신이 경제성장을 위해 중요함을 강조한 것이라고 할 수 있다.

Schumpeter의 경제이론을 계승한 Schumpeterian경제학은 경쟁과 혁신을 강조하고, 세계경제를 위해 열려있는 경제를 보다 강조하며 통화주의를 포함하여 신고전파경제학이 강조하였던 공급중심의 경제정책을 강조한다는 특징을 지닌다. 즉, 경쟁의 기초인 능력중심, 경제적 세계화, 그리고 공급중심의 시장정책을 강조하였다. 능력중심은 개개인이 생존하기 위해서 또는 노동시장에서 살아남기 위해서는 일하는 것이 당연한 의무이며 능력을 고양시킴으로써 노동시장에서 살아남고 자신도 생존할 수 있음을 강조하여 권리로서의 복지에 대한 혜택에서 자신이 살아남기 위해서는 당연히 일을 하여 스스로 생존하여야 함을 강조하는 일-복지로의 복지에 대한 가치전환을 시도한 것으로 볼 수 있다. 결국 일-복지는 노동자들의 노동력재생산구조를 능력개발, 경쟁력확보를 통한 시장으로의 개입, 그리고 시장개입에 따른 임금확보와 자체생존력 확보를 기본구조로 하기 때문에 복지 자체가 노동력 재생산을 위해 기능함을 전면적으로 부인하는 개념임을 알 수 있다. 이는 복지혜택의 사회적 임금으로서의 역할을 부인하는 것을 의미한다고 볼 수 있으며 나아가 사회복지정책을 경제정책에 종속시키는 의도라고 할 수 있다. Schumpeterian경제학의 공급중심 시장정책은 Keynesian경제학의 수요중심 정책이 국가가 시장으로의 적극적인 개입을 통해서 이루어진 것과는 달리 시장의 실패를 협력을 중심으로 하는 정치, 사회, 그리고 경제적인 지배메커니즘의 연계를 더욱 강화함으로써 수정할 수 있음을 강조한다. 또한 한 국가 중심의 경제 그리고 사회정책수립의 규모에서 규모가 정해져 있지 않은 열려있는 경제형태로의 전환을 강조하였다.

결국, Schumpeterian경제학은 기본적으로 Keynesian경제학이 역동적 경제성장에 어려움을 겪었으므로 이를 극복하기 위한 방안들을 아래와 같이 제시하였다.

첫째, 자본의 기능과 연관해서, 공급측면을 강조하는 상대적으로 열린 경제에서 영속적인 혁신과 유연성(flexibility)을 증진시키고 경쟁을 강화한다.

둘째, 사회적 재생산과 연관해서, 사회정책을 노동시장의 유연성(flexibility)과 경제적 경쟁으로 종속시키는 일-복지를 강화한다.

셋째, 한 국가의 정책결정규모에서 열린 경제를 강조하여 한 국가를 벗어나는 다른 공간의 규모와 수평행동(수평적 연계망과 같은)의 중요성을 강조한다(이것이 규모의 상대화라고 불린다).

넷째, 정책전달과 연관해서, 국가가 보증하는 경제·사회정책을 제공하는 데 있어서 비-국가적(non-state) 정책전달메커니즘의 중요성을 강조한다. 특히, 국가를 뛰어넘는 비국가적 정책전달메커니즘의 강조는 세계화의 경제적 기초를 제공하였다.

제 3 절 케인지안복지국가와 슘페터의 일-복지국가[30)]

1. Keynesian의 복지국가와 Schumpeterian의 일-복지(workfare)국가의 비교

Keynesian경제학과 Schumpeterian경제학은 사회복지와 경제(특히, 국가의 시장경제에 대한 개입)의 문제에 있어서 서로 상이한 견해를 나타낸다. Keynesianism은 국가의 화폐나 신용에 대한 통제를 통해서 조정되는 수요와 공급사이의 관계라는 측면에서 상대적으로 닫힌 국가 내에서의 경제적 공간의 건설을 강조한다. 반면에 Schumpeterian은 경제적 변화에 대한 유연한 대응과 끊임없는 혁신으로부터 추출할 수 있는 초강력 이익을 위한 경쟁적인 돌파구라는 측면에서 열려있는 기업가적인 경제적 공간을 강조한다.

두 학파의 복지에 대한 차이는 복지정책과 일-복지정책에 대한 강조에서 두

30) 우리나라에서 workfare는 **근로연계복지**라고 불리지만 본 교과서에서는 일-복지라고 총칭하도록 한다.

드러지게 나타난다고 할 수 있다. Keynesian복지정책은 시민권에 부합하는 하나의 권리로서 복지를 강조하며 사회적 임금을 생산비용이라기보다는 수요증진을 위한 원천이라고 바라본다. 반면에 Schumpeterian은 일-복지를 유동적인 노동력이나 노동시장으로의 활동적인 통합에 대한 전제로 바라보며 사회적 임금을 국제적 생산비용으로 그리고 경쟁력을 증진시키기 위한 아래로부터의 압력에 종속되는 것으로 바라본다(Jessop, 2000).

Jessop(1994, 2000)은 후기포디즘사회 하에서 Keynesian 복지국가가 Schumpeterian 일-복지(workfare)국가에 의해서 대체되고 있다고 강조하였다. Jessop(1994)에 따르면, **Keynesian 복지국가**의 경제적 목적은 수요측면의 경영(demand management)을 활용하여 상대적으로 폐쇄적인 국내경제 안에서 완전고용을 보장하며 그리고 대량생산형태를 일반화하기 위한 집합적 협상의 규정을 강조하여 결과물로써 모든 사람들이 경제적 성장의 몫을 공유하는 것을 강조하는 반면에 **Schumpeterian 일-복지국가**는 공급측면에 대한 개입을 통해 국내경제의 구조적 경쟁력을 강화시켜 열린 경제 안에서 생산, 과정, 조직과 시장혁신을 증진시키도록 하는 것을 강조하고 특히, 사회정책(또는 사회복지정책)이 국제적인 경쟁의 제한점들과 노동의 유연성에 대한 필요성에 종속된다고 강조하였다. Keynesian의 복지국가와 Schumpeterian의 일-복지(workfare)국가의 차이를 정리하면 다음과 같다(Fizpatick, 2001).

2. Keynesian의 복지국가

Keynesian의 복지국가는 다음의 네 가지 영역을 의미한다.

첫째, 케인즈주의자들은 경제의 수요측면의 강조를 통한 완전고용의 조건을 지지한다.

둘째, 포디즘주의자들의 성장유형을 존속시켰던 구체적 유형의 집합적 소비뿐만 아니라 대량소비의 유형을 일반화시키는 것에 의한 복지에 관심을 갖는다. 따라서 경제정책과 사회정책은 시민 권리와 밀접하게 연관되어 있다.

셋째, 주로 지방이나 지역 그리고 국제 간의 관계 등은 일 국가의 경제적, 사회적 우선순위에 종속되어 있다고 할 수 있다.

넷째, 혼합경제(시장에 대한 통제를 행하는)는 국가제도에 의해서 형성된다.

3. Schumpeterian의 일-복지(workfare)국가

Schumpeterian(슘페터를 추종하는 사람들)의 일-복지(workfare)국가는 다음의 네 가지 영역을 의미한다.

첫째, Schumpeter(1883-1946)는 경제학자로서 자본주의경제는 창조적 파괴의 풍랑을 구성한다고 강조했다. Keynes주의자에게 있어 경제의 목적은 장기적인 거시경제의 안정을 강조하는 것인데 반해 Schumpeter주의자의 경제는 경쟁이라는 이름하에 유연성과 혁신의 영속성으로 성격이 규정된다. 따라서 Schumpeterian 경제학에서는 경제와 노동시장의 불안정이 중요한 원칙이 되었다.

둘째, Schumpeterian의 일-복지(workfare)국가는 사회정책이 경쟁적인 유연성의 요구에 종속되어 있다는 측면에서 복지보다는 일-복지에 더 많은 관심을 나타낸다. 기업의 욕구와 권리가 개인의 욕구와 권리에 우선한다. 그리고 복지 또는 번영(well-being)의 주요 원천은 고용(employment)이라는 점이 폭넓게 강조된다. 따라서 실업을 해결하기 위한 노동시장정책의 핵심적인 정책인 고용정책이 복지를 해결하는 모든 것으로 비춰진다. 사회정책에서 국가가 수요를 창출하는 수요측면의 개입이 덜 강조되고 노동자를 시장의 불안정을 포용하는 역동적이고 위험을 취하는 기업가로 거듭나게 하여 노동자의 공급을 개선하는 것이 더욱 강조된다. 따라서 소득계단의 맨 아래 있는 사람들(빈곤층)은 일-복지(workfare) 정책에 의해서 당연한 것으로 인정된다(King,

1995, 1999). 즉, 빈곤층이 위험부담을 거부하고 능동적으로 일하지 않았기 때문에 소득이 낮을 수밖에 없게 된다. 결국 일을 하지 않고 요구하는 것은 비윤리적인 것으로 간주된다.

셋째, 국가의 역할이 덜 강조된다. 특히, 국가와 민간과 자발적 부분(비영리조직)과의 다양한 협력관계가 강조된다.

넷째, 국가규모의 사회, 경제적 정책은 첫째, 위로는 국제적 조직(예를 들어 IMF, WTO, The World Bank 등)과 단체에 의해서 둘째, 밑으로는 지방이나 지역적 규모에 의해서 셋째, 옆으로는 경계를 뛰어넘는 통치유형에 의해서 무의미하게 되었음이 강조된다.

〈표 6-1〉 Keynesian의 복지국가와 Schumpeterian의 일-복지(workfare)국가의 비교

Keynesian 복지국가	Schumpeterian 일-복지(workfare)국가
·완전고용 강조 ·닫힌 경제 강조 ·수요중심의 정책 강조 ·하부토대 강조 ·대량소비의 일반화된 규범 강조 ·복지권 강조 ·규모의 상대적 우선권 강조 ·국가가 시장의 실패를 교정할 수 있음을 강조 ·국가와 시장이 혼합하는 혼합경제 강조	·혁신과 경쟁 강조 ·열려있는 경제 강조 ·공급측면 정책 강조 ·경제정책에 사회(복지)정책의 종속 강조 ·복지권 비판 ·사회적 임금에 대한 비판 ·규모의 상대화 강조 ·시장의 실패를 교정하는 데 있어 통치(governance)메커니즘 또는 통치유형의 증진된 역할 강조

* Jessop(2000), p. 173과 175를 참조하여 작성

4. 일-복지(workfare)의 문제점

Schumpeterian의 일-복지(workfare)는 사회복지적 측면에서 다음과 같은 문제점들을 지니고 있다.

첫째, 고용 또는 일을 복지와 동일시 할 수 없다. 즉, 일자리가 곧 복지는 아니다. 일자리는 실업 극복이나 자립을 위한 고용복지정책에서 제공되는 혜택 중 하나이다. 즉, 고용은 실업에 대처하는 국가의 노동시장정책 중에 하나이다. 국

가는 실업이라는 사회문제를 해결하기 위해서 다양한 실업대책을 제공하게 되었으며 이러한 실업대책으로는 일자리 창출 가령 고용의 확대, 실업급여제공, 다양한 기술교육제공 등의 서비스를 제공한다. 따라서 일 또는 고용은 복지가 제공하는 다양한 혜택 중에 하나에 지나지 않는다. 국민들의 복지에 대한 욕구는 다양하며 직장, 일, 또는 고용은 다양한 욕구 중에 하나일 뿐이다. 즉, 고용이 복지라는 일-복지 만능주의는 사회적 욕구의 다양성과 사회문제의 복잡성 및 다양성 그리고 이에 대한 대책으로서의 사회복지 재화나 서비스의 복잡성과 다양성을 등한시하여 근시안적 사회문제해결에 대한 대책을 가져다주는 역효과를 낳을 수 있다.

둘째, 일-복지를 강조하는 것은 고용이 빈곤을 탈피하게 하는 가장 확실한 방법이라는 것을 전제하는 것이라고 볼 수 있지만 현실적으로 고용이 빈곤한 사람들을 빈곤으로부터 탈출할 수 있게 해주는 해결책이라고 볼 수 없다. 예를 들어 일자리를 제공한다고 해서 빈곤층에 있는 사람들이 빈곤으로부터 벗어나는 것은 아니다. 문제는 어떠한 고용이냐 하는 것이 중요하다고 할 수 있다. 금재호(2004)의 연구에 따르면 우리나라 빈곤가구의 절반이상이 취업자가 있는 일하는 빈곤(working poor, 노동빈곤)가구라고 한다. 이는 고용이 빈곤을 해결해주는 것이 아니라 고용 그 자체보다 어떤 고용 또는 일자리냐 하는 일자리의 질이 더 중요하다는 것을 보여준다. 자본주의 하에서 모든 사람들에게 원하는 직업이나 직무가 제공될 가능성이 매우 제한적이기 때문에 그리고 대부분 일자리가 없는 사람들은 낮은 기술의 사람들이 대부분이기 때문이다. 이는 일-복지를 강조하는 경우 후기산업사회의 직업구조상 빈곤계층들에게 낮은 기술의 변두리 직업이 제공될 가능성이 크고 결국 낮은 임금을 받는 저임금노동을 구성하게 되어 저임금 소외계층을 형성하여 빈곤의 고착화와 상대적 박탈감은 더욱 증대될 가능성이 높고 그 결과 사회적 갈등은 증폭될 가능성이 크다.

셋째, 일-복지는 모든 사람을 보편적 사람으로 규정하는 자본주의 경제학의 인간에 대한 가치를 강조하는 이데올로기적 술책에 지나지 않는다고 볼 수 있다. 자본주의경제학에서 인간은 모두 합리적으로 생각하고 결정한다고 하는 합리성이 강조되는데 이러한 인간의 합리성에 대한 가치가 일-복지에도 고스란히 담겨져 있다고 할 수 있다. 즉, 모든 사람이 모두 일자리를 유지하고 확보할 수 있는 기술경쟁력을 가질 수 있다는 보편성이 강조되지만 현실적으로 인간은 개별화된 특성을 지니고 있으며 개인이 놓여 있는 사회, 정치, 경제적 환경에 따른 개인적 차이에 따라 기술경쟁력을 유지·확보할 수 있고 없고가 결정될 수 있다. 따라서 기술경쟁력이 없는 사람에게 일자리가 제공되는 것은 결국 사회적 지출로서 본다면 단순히 사회복지적 차원에서의 하나의 혜택이 제공되는 것에 지나지 않기 때문에 큰 의미가 없다고 볼 수 있다. 중요한 것은 일자리가 아니라 개별적 특성에 맞는 사회복지서비스가 제공되어야 한다는 것이며 이러한 개별화된 특성에 맞는 사회복지서비스가 제공되어야 사회적 지출에 대한 낭비가 제거될 수 있으며 효과적인 사회적 지출로서 인정받을 수 있다.

따라서 일-복지에 의해서 나타나는 위의 문제점들을 사회복지적 측면에서 극복하기 위해서는 다음과 같은 점들이 반영되는 대안들에 대한 고려가 반드시 필요하다.

첫째, 단순하게 단순 저임금 일을 제공하는 것보다 욕구를 가지고 있는 대상자들의 욕구를 파악하여 다양한 욕구해결을 위한 프로그램을 복합적으로 제공하여 일과 생활의 질(quality)에서 안정을 찾을 수 있도록 하는 것이 무엇보다도 중요하다. 예를 들어 일이 필요한 사람들에게 안정적인 일자리를 가질 수 있는 기술을 포함하는 직업교육 그리고 직업교육기간 동안의 보조금지급 등을 동시에 제공하는 욕구에 따른 서비스 제공이 필요하다. 결국, 다양한 수준에서의 복합적이고 상호 지원적인 프로그램의 제공이 무엇보다도 필요하다고 할 수 있다.

둘째, 일-복지에 대한 강요보다는 불안정한 고용구조를 없애는 것이 더욱 시급하다. 즉, 계약직, 임시직 고용을 없애고 고용의 안정을 가져다주는 것이 중요하다. 단순한 일자리가 중요한 것이 아니라 일자리의 질이 중요하다는 측면에서 적극적 고용복지정책을 통해 고용의 질을 개선하는 것이 무엇보다도 중요하다고 할 수 있다.

셋째, 낮은 기술의 노동자들이 충분한 삶의 질을 보장받을 수 있는 수준으로 최저임금의 현실적 증액이 필요하며 노동자들이 스스로 노동능력을 강화하여 노동력을 재생산할 수 있도록 다양한 수당이나 세금혜택 등의 사회적 임금을 확대하여 제공하는 것도 필요하다.

자본주의사회에서 실업문제는 기업의 입장에서 값싸고 질 좋은 노동자를 확보하기 위해 잉여노동인구(산업예비군)를 지속적으로 양산할 수밖에 없으므로 해결이 어려운 고유한 사회문제이다. 노동을 원하는 사람에게 그리고 실업을 해결하기 위해 일자리를 창출한다는 것은 이에 대한 국가적 대응으로서 적당한 노동복지정책이라고 할 수 있다. 하지만 값싼 일자리 즉, 고용의 질이 고려되지 않는 일자리는 곧 노동자들의 생활안정이 불가능한 그리고 노동력 재상산이 불가능한 일자리를 의미하는 것이고 이는 곧 탈상품화하는 복지국가의 고용복지정책으로 적합하지 않다. 일-복지에서 일 즉, 고용은 괜찮은 일자리를 의미하여야 하며 이는 곧 노동력이 재생산될 수 있을 정도의 일자리이고 최소수준의 생활이 보장되는 일자리이어야 한다. 또한 적극적 고용복지정책을 통해 노동자들이 역량이 강화되고 일자리를 얻을 수 있을 때까지 다양한 욕구를 파악하여 이를 충족시키기 위한 보완적이고 보충적인 서비스를 동시에 수준에 맞게 제공되는 것이 필요하다. 그러므로 일자리가 복지는 아니며 적극적 고용복지정책에서 제공되는 서비스 중 하나가 일자리이다.

제 7 장

복지국가의 재정

제 1 절 복지국가의 위기와 재정축소

1. 복지국가의 재정적 위기

1970-80년대 복지국가의 위기를 강조하는 학자들은 대부분 복지국가가 사회복지증진에 많은 세금을 지출하므로 국가재정이 사회복지확대에 따른 재정지출을 감당하지 못하고 결국 복지국가는 위기 나아가 파산할 것이라고 주장한다. 복지국가 재정위기이론들은 주로 복지국가의 사회적 지출 증대가 국가의 개입강화를 의미하고 이는 결국 경제성장에 부정적인 결과를 초래한다고 하는 우려에 기인한다. 복지국가의 재정위기를 Marx주의적 관점에서 분석한 O'Connor(1973)는 복지국가의 재정위기는 다음과 같은 두 전제에 기초한다고 주장하였다.

첫째, 자본주의 국가는 축적과 정당성이라는 기능을 수행한다는 전제: 이 첫 번째 전제는 국가는 반드시 자본축적이 가능한 이윤을 만들 수 있는 조건을 만들고 유지하여야 한다는 점과 국가는 또한 사회적 조화를 유지할 수 있는 조건을 만들어야 한다는 점을 의미한다.

둘째, 국가의 재정위기를 가져다주는 국가지출은 자본주의 국가의 두 기능인 **사회적 자본**(social capital)**과 사회적 경비**(social expenses)와 연관이 있다는 전제: 이 두 번째 전제는 사회적 자본과 사회적 경비의 축적은 정치, 사회, 경제적 위기를 향한 흐름을 만들어 내는 모순적 과정이라는 것을 의미한다. O'Connor에게 있어서 **사회적 자본은 사적자본의 축적을 위해 필요한 지출**을 의미하는데 그는 사회적 자본을 크게 사회적 투자와 사회적 소비로 나누었다. 따라서 그가 사용하는 사회적 자본이라는 개념은 현재 믿음과 신뢰 등을 기초로 하는 사회적 자본이라는 용어와는 완전히 다른 개념이라고 할 수 있다. **사회적 투자**(social investment)는 주어진 노동력의 생산성을 증진시키기 위하여 그리고 이윤율을 증가시키기 위하여 제공하는 서비스나 계획 등을 의미하며 **사회적 소비**(social consumption)는 노동재생산비용을 낮추고 이윤율을 증가시키기 위하여 제공하는 서비스나 계획 등을 의미한다. **사회적 경비**는 국가의 정당화기능을 충족시키는 사회적 조화를 유지하기 위해 필요한 서비스나 계획 등을 의미한다. 따라서 모든 사회복지시스템에 대한 지출이 곧 사회적 경비가 된다. 결국, 국가를 통해 이루어지는 모든 사회적 지출(social expenditure)은 국가의 축적과 정당화를 위해 사용된다고 할 수 있다.

이러한 국가지출에 대한 두 전제에 입각하면 다음과 같은 두 해석이 가능해진다. 첫째, 국가부분(또는 공공부분)과 국가지출의 증대는 독점부분과 총생산의 성장기초(즉, 자본축적과 축적을 가능하게 하는 정당화를 위한 지출)로서 기능한다는 것을 의미하고 역으로 말하면 국가지출과 국가주도프로그램의 성장은 독점산업 성장의 결과가 된다. 다시 말해 국가의 성장은 독점자본의 확대에 대한 원인과 결과를 야기한다는 것을 의미한다. 따라서 O'Connor의 이론에 따르면 더 큰 사회투자와 사회소비지출은 더 큰 사적 투자와 사적 소비지출을 의미하고 이는 나아가 잉여자본과 더 큰 사회적 지출의 양을 야기하게 되는 것이다. 결국, 사회적 자본에 대한 공급이 사회적 경비를 위한 수요를 창출하게 되는데 이는 국가는 더 많은 자본을 축적하기 위해서 더 많은 경비를 사용할 수밖에 없다는 것을 의미하는 것이다. 둘째, 사회적 자본의 축적과 사회적 경비는 정치, 사회, 경제적 위기를 향한 흐름을 만들어 내는 모순적 과정이라는 것을 의미한다. 즉, 사회적 경비를 위한 비용과 자본축적을 가능하게 하는 이익의 사적 전유는 국가세입과 국가지출사이의 구조적 격차(gap) 또는 재정적 위기를 만들어 낸다. 이는 국가지출을 위한 재원이 보충되는 것보다 국가지출이 더욱 빠르게 증대되기 때문에 나타나게 된다. 다시 말해 사적자본의 축적을 위해 필요한 사회적 자본으로서 사회적 투자와 사회적 소비가 증대하고 사회적 경비에 들어가는 지출이 많아지기 때문에 국가의 재정적 위기가 초래한다는 것을 의미한다. 따라서 자본축적을 위해 지출이 증대하고 정당화를 위해 지출이 증대하므로 당연히 국가의 재정적 위기를 초래하게 된다. 결국 국가의 재정적 위기는 특정 목적을 가진 국가의 사적 전유(축적)에 의해서 악화된다.

이러한 O'Connor의 재정위기를 독점자본의 사적 전유의 확대와 연관 지은 이론 외에 복지국가의 위기는 주로 사회적 지출증대가 국가의 경제적 후퇴를 가져다주고 공적부분의 지출증대로 인하여 국가의 재정위기가 가속화한다고 주장하는 보수주의 경제학자들에 의해 주도되었다. 따라서 복지국가의 위기는 정부의 실패를 강조하는 논리와 어느 정도 같은 선상에서 논의될 수 있다. 복지국가에서 이루어지는 국가지출이 경제성장과 밀접한 연관이 있다고 강조하는 학자들은 국가부분의 크기(재정확대에 따른 큰 정부를 의미)가 경제성장에 부정적인 연관이 있음을 강조하기도 한다. 이러한 연구결과를 발표한 학자들로는 Engen과 Skinner(1992), Hansson과 Henrekson(1994) 그리고 Grier(1997) 등이 있다. 하지만 또 다른 측면에서 정부크기와 경제성장은 아무 관련이 없음을 강조하기도 하며 이러한 연구결과는 Easterly and Rebelo(1993), Mendoza, Milesi-Ferreti 그리고 Asea(1997) 등에 의해서 강조되었다. 특히 Castles(2004)은 지난 20년 동안 OECD 21개 국가의 GDP 대비 총 사회적·공적지출, 총 공적 지출대비 사회적 지출, 욕구해결을 위한 사회적 지출비율, 그리고 실제 현금가치로 계산된 지출 등의 사회적 지출자료를 조사한 결과 일부

학자들이 주장하는 경제성장후퇴를 극복하기 위한 사회복지 지출을 포함하는 **사회적 지출비 축소를 향한 경주현상**(race to the bottom현상이라고 알려져 있다)은 나타나고 있지 않다고 강조하였다. 특히 그는 오히려 현재 복지국가들에 있어 사회적 지출감소에 대한 압력보다는 새로운 국민의 욕구를 해결하기 위한 정부의 개입과 공적지출의 확대가 이러한 압력을 상쇄하고 있다고 강조하였다(지은구, 2006).

위와 같은 연구 결과로 인하여 Anderson과 Molander(2003)는 복지국가의 재정지출확대와 공공부문의 확대가 경제성장과 연관이 있는지 없는지를 결정하는 객관적인 증거는 명확하지 않으며 복지국가들의 국가적 상황에 따라 그 여부는 결정될 것이라고 강조하였다. 특히 국가의 개입이 공공부분의 크기를 고려하여 판단될 수 없고 제공되는 서비스나 실천행동들이 조항으로 명문화되어 있는지의 여부와 재정규모 그리고 조직화정도로 판단되어야 한다고 강조하였다. 또한 Anderson과 Molander는 **공공부분의 크기와 경제성장 양자 간의 관계**가 명확하지 않은 이유를 다음과 같이 정리하였는데 그 내용은 다음과 같다.

첫째, 만약 공적부분의 크기가 국가경제발전에 부정적인 영향을 미친다고 한다면 큰 공공부분의 규모를 가진 선진복지국가들에서 그 부정적인 영향을 찾아볼 수 있는 것이 일반적이다. 따라서 양자 간의 관계를 고찰하기 위해서는 공공부분의 크기가 큰 국가들을 샘플로 선정하여야 하지만 실제 연구는 이러한 원칙을 지키지 않았다.

둘째, 공공부분의 크기를 이해하기 위해서는 GDP 대비 공공지출자료 이외에도 국가의 소비, 전이지출, 이자지출 등을 포함하는 다양한 측정지표를 사용하여야 하며 각각의 지표들은 경제성장에 긍정적으로 작용할 수도 있고 또 어떤 지표는 경제성장에 부정적인 영향을 미칠 수 있다는 점이 고려되어야 한다.

셋째, 전이지출이나 세금을 다루는 행정적 다양성이 (양자 간의)인위적인 차이를 만들어 낼 수 있다는 점이다. 즉, 어떤 나라는 가구전이지출

(household transfer)에 세금을 부과하기도 하지만 어떤 나라들은 그렇지 않은 경우도 있고 또한 어떤 나라들은 세금구조를 통해 특정 가구에 보조금을 지급하는 경우도 있다.

넷째, 거시경제의 주요 변수들이나 또는 경제성장률에 영향을 미치지 않는 큰 공공부분과 연관된 중요한 사회경제적 효과가 있을 수 있다.

결국 복지국가의 지출 증대로 말미암은 공공부분의 확대 또는 팽창이 모든 복지국가위기를 가져다주는 공통된 특징이나 성격이라고 할 수 없다. 여기서 한 가지 확실한 점은 시장의 실패는 자본주의의 전 국가가 경험하는 공통적인 현상이며 국가의 개입은 이러한 시장의 실패를 치료하고 국가경제를 더욱 효과적으로 운용하기 위해 이루어졌다는 사실이며 시장실패의 극복은 국가의 개입으로 어느 정도 벗어날 수 있었다는 것이다(지은구, 2010).

2. 복지국가의 재정은 축소되고 있는가?

주로 1980년대 복지국가의 위기를 강조하였던 학자들은 대부분 복지국가의 위기가 공공서비스나 사회복지서비스에 대한 재정확대로 국가의 생산성을 약화시켜 경제성장을 가로막으므로 복지재정을 축소하고 경제영역에 생산성 향상을 통한 부의 창출을 위해 더 많은 투자를 하여야 한다고 주장한다. 따라서 이러한 논의를 따르게 되면 1980년대 이후 지속적으로 복지국가의 재정은 축소되고 있어야 한다.

Atkinson(2001)은 복지국가의 위기 또는 복지국가의 후퇴를 강조하는 복지국가의 재정지출확대가 경제성장을 저하 내지는 감소시켰다고 하는 것과 마찬가지로 복지국가의 확대가 경제적 성장에 동력으로 작동하였다는 것도 존재함을 강조하였다. 특히 그는 복지국가의 사회적 지출확대에 따른 재정지출확대가 경제적 성장에 영향을 긍정적으로 또는 부정적으로 미쳤는지를 결정하는 것은 어렵다는 점을 주장하고 무엇보다도 중요한 것은 복지국가가 가져다 준 순기능에 대한 이해를 하여야 한다는 점을 강조하였다. 특히 그는 복지국가에 대한 후퇴가 특히 강조되었던 1980대 후반과 1990년대 초반에 경제학자들에 의해서 발표되었던 복지국가의 재정지출과 경제성장에 대한 논문들(Landau 1985; Korpi 1985; Weede 1986; McCallum and Blais 1987; Castles and Dowrick 1990; Weede 1991; Sala-i-Martin 1992; Nordstrom 1992; Hansson and Henrekson 1994; Persson and Tabellini 1994 등)을 비교·분석하여 논문들의 연구결과를 크게 세 부류로 나누었는데 첫 번째는 복지국가의 사회적 지출이 경제성장에 영향을 미쳤다는 것를 찾지 못한다는 것이고, 두 번째는 복지국가의 사회적 지출이 경제성장에 긍정적으로 작동하였다는 것이며, 세 번째 분류는 복지국가의 사회적 지출이 경제성장에 부정적으로 작동하였다는 것으로 요약할 수 있다. 하지만 학자들에 의해 제시된 연구결과를 종합해 보면 결국, 복지국가의 재정지출확대가 경제성장에 악영향을 미친다고 단언할 수 없으며 복지국가의 재정지출이 경제성장에 부정적인 영향을 미친다는 주장은 경제적이라기보다는 매우 정치적 영역의 논의임을 나타내준다. 즉, 복지국가의 재정지출확대가 경제성장에 부정적인 영향을 미치고 있으므로 차기 정권은 국가재정 지출 중에 사회적 지출을 줄이고 작은 정부로 공공부분의 영역을 축소하여야 한다는 정치집단이 있을 수 있고 반대로 복지국가에 대한 사회적 지출의 증가는 경제적으로 긍정적인 영향을 미치며 나아가 사회통합과 연대감을 형성하여 굳건한 국가체제를 유지한다고 하는 또 다른 한편의 정치집단을 등장시켜 이 두 집단의 정치적 운명을 결정짓는 국민의 투표행위에 대한 선택을 강조하는 정치행위임을 의미한다. 결국, 국민의 복지의식정도에 따라서 정치행위의 결과는 달라질 수 있음을 의미하며 이에 따라 복지국가의 재정지출은 확대될 수도 또는 축소될 수도 있게 된다.

이에 Atkinson(1995, 2001)은 복지국가지출이 경제성장이나 경제적 성과에 부정적인 결과를 준다는 것은 미약하며 양자 간의 상호관련은 미비하다고 결론지었다. 또한 경제학자인 Lindert(2004)는 복지국가의 사회적 지출이 경제적 생산에 부정적인 영향을 주기보다는 오히려 사회적 지출의 증가가 성장을 지향하는 세금정책의 실행과 같은 정책혁신에 기여한다고 강조하였다. 예를 들어 연간소득이 일정소득 이하인 근로자들에게 세금을 돌려주는 근로소득장려금정책은 근로자들에게 소비능력을 향상시키고 이는 곧 기업들에게 상품생산을 증가시키도록 하므로 근로자들에게 제공되는 근로소득장려금과 같은 사회적 지출의 증가가 경제적 성장을 가능하도록 하는 순기능적인 역할을 하게 된다.

아래의 표는 OECD 국가들의 사회적 지출비용과 정부지출 대비 사회복지지출 그리고 GDP와의 관계를 나타낸 표로서 표를 보면 2000년대 이후 사회적 지출의 평균은 매년 증가하고 있음을 알 수 있으며 경제성장을 나타내주는 사회지표인 GDP 역시 큰 폭으로 증가하고 있음을 알 수 있다. 또한 정부지출에서 차지하는 사회복지지출의 비율이 매년 증가하고 있음을 알 수 있다. 이러한 결과가 나타내주는 의미는 복지국가가 국민들의 사회복지향상을 위해 사회적 지출을 지속적으로 증액하고 있고 이와 비례하여 경제적 부의 창출 역시 지속적으로 이루어지고 있다는 점으로 복지국가의 재정축소는 현 시점에서 복지자본주의 국가들에게서 나타나는 현상이 아니며 오히려 복지국가들은 재정을 지속적으로 확대하여 사회복지강화를 통한 복지자본주의의 물적 토대를 확보하는데 주력하고 있음을 알 수 있다.

〈표 7-1〉 사회적 지출 및 정부지출 대비 사회복지지출과 GDP와의 관계 비교(2000년과 2015년)

국가	2000년			2015년		
	사회적 지출(%)	정부지출대비 사회복지지출(%)	GDP($)	사회적 지출	정부지출대비 사회복지지출	GDP
호주	18.25	51.72	28,260	18.54	49.25	47,351
오스트리아	25.69	50.34	29,380	27.70	52.97	49,954
벨기에	23.49	47.88	27,989	29.19	54.29	45,739
캐나다	15.76		29,363	17.63		44,671
체코	17.91	43.72	16,163	19.40	45.56	33,701
덴마크	23.77	45.11	28,671	28.99	51.57	49,071
핀란드	22.61	47.10	26,753	30.39	50.63	42,213
프랑스	27.58	53.40	26,098	31.98	55.97	40,861

독일	25.39	56.73	27,551	24.86	57.31	47,979
그리스	17.77	38.27	19,519	25.43	46.47	26,902
헝가리	20.05	42.57	11,878	20.89	40.29	26,356
아이슬란드	14.63		29,711	15.48		48,857
아일랜드	13.19	42.73	30,185	15.51	49.56	69,050
이탈리아	22.68	48.65	27,027	28.48	55.99	36,836
일본	15.43		26,841	21.88	55.53	40,406
한국	4.53	18.32	18,083	10.21	32.91	35,761
룩셈부르크	18.70	49.45	55,263	22.10	53.78	102,817
멕시코	4.39		10,870	7.68		18,438
네덜란드	18.85	44.69	31,874	17.73	38.10	50,302
뉴질랜드	18.23		21,481	19.21		37,158
노르웨이	20.40	48.54	36,956	24.70	51.92	60,492
폴란드	20.22	48.06	10,654	20.22	50.29	26,529
포르투갈	18.47	43.31	18,887	24.04	49.19	29,685
슬로바키아	17.55	33.74	11,331	17.80	38.47	29,700
스페인	19.48	49.74	21,541	24.66	54.55	35,054
스웨덴	26.77	50.25	29,321	26.34	52.67	48,437
스위스	13.88	41.11	35,434	15.89	47.41	63,939
터키	7.55		9,430	11.57		25,728
영국	16.19	45.70	26,258	21.61	49.18	42,055
미국	14.25	41.55	36,305	18.85	49.880	56,701
칠레	10.40		9,519	10.77	43.48	22,593
에스토니아	13.82	37.97	9,392	17.70	45.44	29,260
이스라엘	16.21	33.72	24,854	15.54	41.80	35,527
슬로베니아	22.04	47.76	18,046	22.64	44.91	31,649
라트비아	15.35	41.21	8,019	15.71	41.31	24,726
리투아니아	15.38	39.05	8,458	15.82	45.32	28,910
OECD 평균	17.38	41.67	25,210	19.02	46.49	41,338

1) GDP: $로 표시된 국민 1인당 GDP를 나타냄
2) 사회적 지출은 국가의 총 GDP에서 차지하는 사회적 지출비율을 의미
3) 정부지출 대비 사회복지지출은 총 정부지출에서 차지하는 사회복지 지출의 비중을 의미

제 2 절 복지국가와 사회복지재정

1. 복지국가 재정비교

복지국가는 국민들의 사회보장을 국가가 책임지는 국가체제로서 복지재정의 증가는 필연적이다. 따라서 국가의 사회복지재정에 대한 분석을 위한 기초 자료로서 복지국가의 현주소를 나타내 주는 사회지표에 대한 비교를 통해 복지국가 간 차이를 이해할 수 있다. 특히, OECD의 데이터베이스를 활용하면 1960년부터 가장 최근의 자료들까지 복지국가의 재정을 다양한 측면에서 비교·분석 가능한 사회지표들이 총 망라되어 있다. OECD의 사회지표에 대한 복지국가 간 비교로서 활용할 수 있는 자료는 GDP 증가율, 사회적 지출비율, 1인당 국민소득, 빈곤율, 실업률, 고용률, 총 정부지출에서 차지하는 사회적 지출, 건강보호지출 등 다양하며 이들 자료의 비교·분석을 통해 복지국가재정의 흐름을 확인할 수 있다.

2. 복지국가 사회복지지출비교

복지국가가 축소되고 있는가? 또는 복지국가가 해체되고 있는가? 이에 대한 대답을 구하기 위해서는 복지국가의 사회적 지출과 그 내용을 연도별로 분석해 보면 어느 정도 가능한 대답을 구할 수 있다. 복지국가의 사회적 지출수준을 비교·이해하기 위하여 활용할 수 있는 지표는 크게 GDP에서 차지하는 사회적 지출과 공적지출에 대한 지표이다. GDP에서 차지하는 사회적 지출에 대한 지표는 일반적으로 복지국가의 노력이나 복지에 대한 국가적 차원에서의 소명감을 나타내주는 지표로서 널리 사용되고 있는 지표라고 할 수 있고 GDP에서 차지하는 공적지출에 대한 지표 역시 국가의 개입 정도와 사회적 지출에 대한 경향을 알 수 있는 일반적으로 통용되는 지표이다. 즉, 전체 공적지출에서 사회복지영역으로의 지출이 차지하는 양이 증가하였는지 또는 감소하였는지를 보여준다.

일단 복지국가의 경제적 부의 성장 정도는 국내총생산(GDP)의 증가 정도를 확인하면 손쉽게 알 수 있다. 1990년대 이후 대부분의 복지국가들에게서 나타나는 공통적인 현상은 경제적 성장이 급격하게 증가하고 있다는 점을 알 수 있다. 1990년에 OECD 국가의 평균 GDP는 미국 달러를 기준으로 평균 $16,832였지만 2017년에는 $44,256로 약 $27,400 이상의 증가를 나타내었다.

〈표 7-2〉 OECD 국가 GDP 비교(단위: 달러)

국가	1990	2000	2010	2017	1990-2017
호주	17,785.33	28,260.39	42,812.14	52,003.15	34,217.82
오스트리아	19,442.32	29,380.07	42,017.80	53,894.55	34,452.23
벨기에	18,757.83	27,989.14	40,050.44	49,511.91	30,754.07
캐나다	20,246.43	29,362.68	40,106.22	46,596.32	26,349.89
체코	12,623.95	16,163.32	27,554.74	38,037.21	25,413.26
덴마크	18,218.83	28,670.78	43,004.92	54,337.41	36,118.58
핀란드	18,149.57	26,752.93	38,737.07	46,343.69	28,194.12
프랑스	17,618.10	26,098.32	35,909.16	44,191.14	26,573.05
독일	19,439.92	27,550.97	39,916.14	52,574.26	33,134.34
그리스	13,201.06	19,518.92	28,148.31	28,579.72	15,378.66
헝가리		11,877.97	21,534.87	28,798.64	16,920.67
아이슬란드	21,629.42	29,711.08	39,582.07	55,330.09	33,700.68
아일랜드	13,769.52	30,185.18	43,295.79	76,889.33	63,119.81
이탈리아	18,547.43	27,027.18	34,684.96	40,981.30	22,433.87
일본	19,549.49	26,841.23	34,994.37	41,985.39	22,435.90
한국	8,273.46	18,083.00	30,365.35	38,839.36	30,565.90
룩셈부르크	29,660.03	55,263.39	85,514.87	107,525.20	77,865.16
멕시코	7,193.84	10,870.41	15,257.67	19,654.84	12,461.00
네덜란드	19,152.00	31,874.26	45,041.37	54,422.94	35,270.93
뉴질랜드	14,680.95	21,480.88	31,164.95	40,120.55	25,439.60

노르웨이	18,434.55	36,956.11	57,968.52	62,182.47	43,747.91
폴란드	6,188.50	10,653.67	20,789.19	29,573.96	23,385.45
포르투갈	11,749.03	18,886.90	27,308.19	32,554.28	20,805.25
슬로바키아		11,331.45	24,785.09	32,376.23	21,044.77
스페인	13,462.84	21,541.06	31,932.99	39,087.06	25,624.22
스웨덴	20,120.37	29,320.73	41,632.80	51,404.77	31,284.41
스위스	27,266.73	35,434.19	52,859.85	66,299.62	39,032.90
터키	8,272.94	9,432.85	17,231.64	28,152.55	19,879.61
영국	16,701.14	26,258.02	36,016.32	44,909.09	28,207.95
미국	23,835.32	36,304.60	48,393.62	59,774.26	35,938.95
칠레	4,735.82	9,519.17	18,129.09	24,122.42	19,386.60
에스토니아		9,392.26	21,552.17	33,493.19	24,100.93
이스라엘		24,853.84	28,840.03	38,886.06	14,032.22
슬로베니아		18,046.10	27,736.15	36,163.36	18,117.26
라트비아		8,019.09	17,560.80	28,378.07	20,358.98
리투아니아		8,457.73	20,090.72	33,324.96	24,867.23
OECD	16,832.30	25,210.69	35,282.99	44,256.21	27,423.92

아래의 표는 OECD 국가의 사회적 지출비용을 1990년대 이후를 중심으로 구분하여 나타낸 표이다.

〈표 7-3〉 OECD 국가 GDP 대비 총 사회적 지출(%)

국 가	1990	2000	2010	2017	1990-2017
호주	13.1	18.3	16.59	17.8	4.66
오스트리아	23.1	25.7	27.56	27.08	3.93
벨기에	24.4	23.5	28.28	29.18	4.76
캐나다	17.5	15.8	17.53	17.33	-0.22
체코	14.1	17.9	19.72	19.00	4.89
덴마크	21.9	23.8	28.59	28.12	6.17
핀란드	23.3	22.6	27.34	28.88	5.57
프랑스	24.3	27.6	31.04	31.79	7.51
독일	21.4	25.4	25.90	25.05	3.70
그리스	15.7	17.8	24.85	24.85	9.13
헝가리		20.1	23.04	20.18	0.13
아이슬란드	13.5	14.6	16.90	15.94	2.45

아일랜드	16.8	13.2	24.57	14.34	-2.50
이탈리아	20.7	22.7	27.12	28.14	7.44
일본	10.9	15.4	21.26	21.90	10.97
한국	2.7	4.5	8.22	10.63	7.95
룩셈부르크	18.3	18.7	23.14	22.57	4.24
멕시코	3.1	4.4	7.37	7.50	4.36
네덜란드	24.0	18.8	17.78	17.00	-6.99
뉴질랜드	20.3	18.2	20.43	18.57	-1.74
노르웨이	21.6	20.4	22.03	25.34	3.79
폴란드	14.2	20.2	20.63	20.96	6.75
포르투갈	12.2	18.5	24.47	23.71	11.49
슬로바키아		17.6	18.00	17.35	-0.21
스페인	19.2	19.5	24.72	23.85	4.66
스웨덴	27.2	26.8	26.26	26.14	-1.09
스위스	12.1	13.9	15.06	16.12	4.03
터키	3.8	7.5	12.34	12.50	8.71
영국	14.9	16.2	22.42	20.75	5.85
미국	13.2	14.3	19.37	18.89	5.73
칠레	9.8	10.4	10.43	10.95	1.16
에스토니아		13.8	18.30	18.01	4.19
이스라엘		16.2	15.44	16.03	-0.17
슬로베니아		22.0	23.40	21.43	-0.61
라트비아		15.4	19.50	15.79	0.44
리투아니아		15.4	19.39	15.82	0.43
OECD	16.4	17.69	20.80	20.26	3.89

출처: OECD, Social Expenditure Database의 자료를 기반으로 작성

GDP 증가율과 GDP에서 차지하는 사회적 지출비율을 살펴보면 먼저 OECD 국가들의 GDP 증가율은 매우 급속하게 이루어져 지난 20여 년간 평균적으로 약 $27,400 이상이 증가하였으며 사회적 지출은 GDP 대비 1990년에 약 16.4%에서 2010년까지 지속적으로 증가하여 20.8%를 차지하였는데 이는 경제성장의 확대와 함께 대부분의 복지국가들이 국민들의 사회적 보호를 위한 지출을 지속적으로 확대하였음을 잘 나타내준다.

아래의 표는 OECD 국가의 GDP에서 차지하는 총 정부지출의 정도를 나타내준다. 표를 살펴보면 복지국가들의 총 정부지출은 2000년과 2010년을 기준으

로 지속적으로 증가하였으며(OECD 국가 간 평균 42%에서 46%로 증가) 2015년에는 약간의 감소가 있었지만 2000년과 2015년을 비교해 보면 OECD 국가의 GDP에서 차지하는 총 정부지출은 평균 1.13% 증가하여 정부지출에 대한 비중이 경제성장과 함께 지속적으로 증가하였음을 알 수 있다. 또한 정부지출에서 차지하는 사회적 지출의 비중 역시 지속적으로 증가하였다.

〈표 7-4〉 OECD 국가의 GDP에서 차지하는 총 정부지출(%)

국 가	2000	2010	2015	2000-2015
호주	35.29	34.38	36.14	0.85
오스트리아	51.03	52.84	51.13	0.10
벨기에	49.05	53.34	53.75	4.70
캐나다	-	-	-	-
체코	40.96	43.51	41.70	0.73
덴마크	52.69	56.67	54.53	1.84
핀란드	48.01	54.75	57.04	9.03
프랑스	51.65	56.88	56.80	5.15
독일	44.75	47.26	43.71	-1.04
그리스	46.43	52.48	53.47	7.05
헝가리	47.11	49.31	50.09	2.98
아이슬란드	-	-	-	-
아일랜드	30.88	65.04	28.92	-1.95
이탈리아	46.61	49.89	50.27	3.65
일본		39.61	39.44	-0.17
한국	24.71	31.00	32.30	7.58
룩셈부르크	37.81	44.13	41.96	4.15
멕시코	-	-	-	-
네덜란드	42.18	47.86	44.61	2.43
뉴질랜드	-	-	-	-
노르웨이	42.03	44.94	48.80	6.77
폴란드	42.07	45.81	41.67	-0.40
포르투갈	42.64	51.82	48.20	5.56
슬로바키아	52.02	42.15	45.09	-6.93
스페인	39.17	45.63	43.73	4.56

스웨덴	53.28	50.76	49.64	-3.65
스위스	33.75	32.98	34.01	0.26
터키	-	-	-	-
영국	35.43	47.56	42.20	6.77
미국	34.30	43.17	37.93	3.63
칠레	-	-	25.18	25.18
에스토니아	36.39	40.51	39.63	3.24
이스라엘	48.06	41.41	38.35	-9.70
슬로베니아	46.14	49.26	47.72	1.58
라트비아	37.26	45.50	38.22	0.97
리투아니아	39.39	42.30	34.90	-4.49
OECD	42.45	46.76	43.58	1.13

출처: OECD, Social Expenditure Database의 자료를 기반으로 작성

아래의 표는 정부지출에서 차지하는 사회적 지출의 비중을 나타내준다. 표를 보면 2015년을 기준으로 대부분의 복지국가들은 정부지출에서 사회복지를 포함하는 사회적 지출에 매우 비중이 높은 평균 46%정도를 지출하는 것으로 나타났다. 시기별로 보면 2000년에는 OECD 국가의 총 정부지출에서 차지하는 총 사회적 지출 평균 41.6%였지만 2015년에는 46.4%로 증가하여 복지국가들이 국민들의 사회적 보호를 위한 지출에 상당한 부분을 지속적으로 증액하는 것을 알 수 있다.

〈표 7-5〉 OECD 국가의 정부지출에서 차지하는 총 사회적 지출 비교(%)

국 가	2000	2010	2015	2000-2015
호주	51.72	48.27	49.25	-2.47
오스트리아	50.34	52.16	52.97	2.63
벨기에	47.88	53.02	54.29	6.41
캐나다				
체코	43.72	45.32	45.56	1.84
덴마크	45.11	50.45	51.57	6.47
핀란드	47.10	49.93	50.63	3.54
프랑스	53.40	54.56	55.97	2.57

독일	56.73	54.80	57.31	0.58
그리스	38.27	47.36	46.47	8.20
헝가리	42.57	46.71	40.29	-2.28
아이슬란드				
아일랜드	42.73	37.77	49.56	6.84
이탈리아	48.65	54.37	55.99	7.34
일본		53.66	55.53	1.86
한국	18.32	26.50	32.91	14.59
룩셈부르크	49.45	52.44	53.78	4.33
멕시코				
네덜란드	44.69	37.15	38.10	-6.59
뉴질랜드				
노르웨이	48.54	49.01	51.92	3.38
폴란드	48.06	45.03	50.29	2.23
포르투갈	43.31	47.23	49.19	5.89
슬로바키아	33.74	42.71	38.47	4.73
스페인	49.74	54.18	54.55	4.82
스웨덴	50.25	51.73	52.67	2.42
스위스	41.11	45.66	47.41	6.30
터키				
영국	45.70	47.15	49.18	3.48
미국	41.55	44.87	49.80	8.25
칠레			43.48	43.48
에스토니아	37.97	45.18	45.44	7.47
이스라엘	33.72	37.28	41.80	8.08
슬로베니아	47.76	47.49	44.91	-2.85
라트비아	41.21	42.85	41.31	0.11
리투아니아	39.05	45.84	45.32	6.27
OECD	41.67	44.49	46.49	4.82

출처: OECD, Social Expenditure Database의 자료를 기반으로 작성

위의 표들을 보면 복지국가는 기본적으로 재정적 부분이 지속적으로 발전하고 있음을 알 수 있다. 즉, 지속적으로 경제는 성장하고 있으며 국민들로부터

사회적 위험을 보호하고 생활안정을 보장하기 위한 복지국가의 노력은 정부지출의 비율을 늘리는 것으로 대응하고 있음을 알 수 있다. 특히 정부지출에서 차지하는 사회복지비를 포함한 사회적 지출이 정부지출의 절반을 차지할 정도로 증가하여 복지국가는 지속적으로 국민들의 삶의 질 및 사회의 질을 개선하기 위해 노력하고 또 발전하고 있음을 알 수 있다.

3. 복지국가 재정의 분야별 지출비교

복지국가의 사회적 지출을 분야별로 살펴보면 복지국가들이 국민들의 사회적 보호 및 사회보장을 위해 어느 부분에 어느 정도의 지출을 하는지를 확인할 수 있다. 대부분의 복지국가들은 연금 및 건강보호서비스(health care)에 가장 많은 재정을 투입하는 것으로 나타났다. 아래의 표는 연금지출을 나타내고 있는데 대부분의 국가들이 연금으로 2015년을 기준으로 사회적 지출의 약 40%를 지출하고 있으며 이 비율은 매년 조금씩 상승하는 것으로 나타났다.

〈표 7-6〉 OECD 국가 사회적 지출(또는 정부지출) 대비 연금지출 비교(%)

국 가	2000	2010	2015	2000-2015
호주	25.64	22.69	24.31	-1.33
오스트리아	46.28	47.02	49.12	2.84
벨기에	37.26	34.79	36.70	-0.56
캐나다	26.56	24.50	27.12	0.56
체코	38.32	41.03	42.55	4.23
덴마크	26.54	25.05	28.91	2.37
핀란드	32.81	35.82	39.54	6.73
프랑스	41.44	42.60	43.75	2.31
독일	42.59	41.00	40.25	-2.34
그리스	57.14	57.13	67.87	10.73
헝가리	37.07	41.56	45.58	8.51
아이슬란드	14.34	9.32	13.00	-1.34
아일랜드	22.18	19.88	25.06	2.88
이탈리아	59.48	56.93	57.50	-1.98

일본	45.39	45.19	42.78	-2.61
한국	29.73	25.02	27.43	-2.31
룩셈부르크	38.08	34.56	37.06	-1.02
멕시코	17.51	22.23	29.77	12.26
네덜란드	24.79	28.10	31.60	6.81
뉴질랜드	26.59	22.31	26.56	-0.03
노르웨이	23.05	23.45	25.92	2.88
폴란드	51.78	53.58	52.96	1.18
포르투갈	42.35	48.99	56.27	13.92
슬로바키아	35.66	37.74	42.31	6.65
스페인	43.22	36.82	46.18	2.96
스웨덴	25.72	27.83	27.42	1.70
스위스	43.41	40.37	40.23	-3.18
터키	51.77	60.09	56.79	5.02
영국	29.64	28.04	30.06	0.42
미국	39.54	34.21	37.35	-2.20
칠레	47.99	32.47	26.47	-21.53
에스토니아	43.51	41.44	38.87	-4.63
이스라엘	27.82	30.93	29.80	1.98
슬로베니아	46.85	46.88	52.00	5.15
라트비아	56.37	47.62	44.46	-11.91
리투아니아	45.95	39.52	42.27	-3.69
OECD	37.26	36.70	39.58	2.32

출처: OECD, Social Expenditure Database의 자료를 기반으로 작성
※ 폴란드 2015년 자료의 경우 OECD 자료에 누락되어 있어 2014년 자료를 활용함

〈표 7-7〉 OECD 국가 사회적 지출(또는 정부지출) 대비 건강보호 비교(%)

국가	2000	2010	2017	2000-2017
호주	41.73	50.89	51.31	9.58
오스트리아	35.83	37.08	38.11	2.28
벨기에	33.82	34.79	34.34	0.52
캐나다	52.50	60.22	60.09	7.59
체코	31.92	35.13	37.26	5.34

덴마크	34.10	36.14	36.34	2.24
핀란드	30.23	32.44	31.92	1.69
프랑스	34.59	36.02	36.04	1.45
독일	38.71	42.49	45.00	6.28
그리스	40.76	38.47	33.67	-7.10
헝가리	33.74	32.65	35.77	2.03
아이슬란드	61.72	51.89	53.22	-8.49
아일랜드	44.76	42.79	49.51	4.75
이탈리아	33.43	33.01	31.63	-1.80
일본	46.36	43.08	49.06	2.71
한국	88.34	75.96	71.22	-17.12
룩셈부르크	31.56	30.39	26.94	-4.62
멕시코	101.32	81.09	72.05	-29.27
네덜란드	37.43	58.50	59.67	22.23
뉴질랜드	40.97	46.93	48.46	7.49
노르웨이	37.79	40.40	40.93	3.14
폴란드	26.20	31.12	31.85	5.65
포르투갈	45.35	40.12	37.89	-7.45
슬로바키아	30.27	43.34	40.70	10.43
스페인	34.99	36.49	37.06	2.08
스웨덴	27.68	32.32	41.75	14.07
스위스	70.95	71.04	76.03	5.08
터키	61.23	40.97	33.82	-27.41
영국	36.88	37.79	46.48	9.59
미국	87.73	84.74	90.81	3.07
칠레	67.66	64.94	73.90	6.23
에스토니아	37.38	34.61	37.31	-0.07
이스라엘	41.97	45.67	45.98	4.01
슬로베니아	35.32	36.72	37.20	1.88
라트비아	35.49	31.53	39.70	4.21
리투아니아	40.25	35.15	39.92	-0.34
OECD	40.50	41.91	43.46	2.96

출처: OECD, Social Expenditure Database의 자료를 기반으로 작성

위의 표는 건강서비스에 대한 사회적 지출의 비중을 나타내는데 건강서비스에는 2017년을 기준으로 평균 43.4%정도를 지출하는 것으로 나타났고 지속적으로 증가하고 있었으며, 가족수당의 경우 사회적 지출에서 평균 10%정도를 지출하여 2000년도에 비해 2015년도에 소폭 상승하였다.

〈표 7-8〉 OECD 국가 사회적 지출(또는 정부지출) 대비 가족수당 지출 비교(%)

국 가	2000	2010	2015	2000-2015
호주	15.93	15.42	14.91	-1.02
오스트리아	11.40	10.71	9.77	-1.64
벨기에	10.43	9.94	9.67	-0.76
캐나다	5.62	7.22	8.96	3.34
체코	9.90	12.04	10.74	0.84
덴마크	14.29	13.17	12.24	-2.05
핀란드	12.97	11.41	10.78	-2.20
프랑스	10.85	9.43	9.23	-1.62
독일	8.07	8.31	8.87	0.80
그리스	4.60	3.90	4.13	-0.47
헝가리	14.90	14.73	14.70	-0.20
아이슬란드	14.68	21.52	21.30	6.62
아일랜드	14.95	14.99	15.43	0.47
이탈리아	5.15	5.00	6.95	1.80
일본	4.02	5.81	5.98	1.96
한국	2.32	8.51	11.24	8.92
룩셈부르크	15.89	17.03	14.92	-0.97
멕시코	13.69	14.12	13.73	0.05
네덜란드	7.72	8.80	8.56	0.84
뉴질랜드	14.50	16.70	13.96	-0.54
노르웨이	14.68	14.28	12.86	-1.82
폴란드	5.84	6.47	7.16	1.32
포르투갈	5.27	5.66	5.04	-0.22
슬로바키아	11.22	11.08	11.41	0.19
스페인	4.85	5.72	5.18	0.33
스웨덴	10.49	13.11	13.53	3.04

스위스	9.90	9.83	10.65	0.75
터키	2.73	2.57	3.05	0.32
영국	14.91	17.83	16.74	1.82
미국	5.52	3.86	3.40	-2.12
칠레	10.96	14.19	15.54	4.58
에스토니아	12.64	13.99	15.69	3.05
이스라엘	14.91	13.10	11.81	-3.10
슬로베니아	9.65	9.07	8.32	-1.33
라트비아	9.71	11.04	13.50	3.79
리투아니아	8.62	14.67	11.05	2.43
OECD	9.94	10.63	10.55	0.61

출처: OECD, Social Expenditure Database의 자료를 기반으로 작성
※ 폴란드 2015년 자료의 경우 OECD 자료에 누락되어 있어 2014년 자료를 활용함

아래의 표는 GDP 대비 가족에게 제공되는 가족혜택(family benefits)에 대한 비율을 나타낸 것으로서 가족에게 제공되는 혜택은 대체적으로 가족과 아동에게 제공되는 현금 및 현물서비스가 모두 포함된다. 구체적으로는 국가에서 제공하는 가족 및 아동수당, 한부모가족 지원금, 보육비지원금, 아동 및 가족에게 제공되는 각종 재가 돌봄 서비스 및 주간보호와 시설 돌봄 비용 등이 포함된다. 표를 살펴보면 1980년 이후 가족혜택에 대한 지원은 지속적으로 증가하고 있음을 알 수 있는데 특히 2000년과 2010년 사이에 증가폭(OECD 국가 평균 1.76에서 2.21로 증가)이 매우 높았다.

〈표 7-9〉 국가별 GDP 대비 가족혜택지출 비교

국 가	1980	1990	2000	2010	2017(latest)
호주	0.95	1.51	2.91	2.56	2.41(2016)
오스트리아	3.16	2.53	2.93	2.95	2.65(2015)
벨기에	2.94	2.21	2.45	2.81	2.82(2015)
캐나다	0.74	0.58	0.89	1.27	1.55(2015)
체코		2.27	1.77	2.38	2.04(2015)
덴마크	2.74	3.19	3.40	3.77	3.44(2015)
핀란드	2.04	3.14	2.93	3.12	3.11(2015)
프랑스	2.23	2.44	2.99	2.93	2.94(2015)

독일	2.01	1.83	2.05	2.15	2.22(2015)
그리스	0.30	0.65	0.82	0.97	1.03(2015)
헝가리			2.99	3.39	2.97(2015)
아이슬란드		2.40	2.15	3.64	3.40(2015)
아일랜드	1.05	1.91	1.97	3.68	2.21(2015)
이탈리아	1.04	0.87	1.17	1.36	1.96(2015)
일본	0.46	0.36	0.62	1.23	1.31(2015)
한국		0.03	0.11	0.70	1.18
룩셈부르크	1.65	1.87	2.97	3.94	3.37(2015)
멕시코	0.28	0.08	0.60	1.04	1.05(2016)
네덜란드	2.35	1.56	1.46	1.57	1.46(2015)
뉴질랜드	2.12	2.51	2.64	3.41	2.49
노르웨이	1.78	2.69	3.00	3.15	3.26(2015)
폴란드		1.65	1.18	1.34	1.53(2014)
포르투갈	0.64	0.69	0.97	1.39	1.20(2015)
슬로바키아			1.97	2.00	1.98(2015)
스페인	0.46	0.31	0.95	1.42	1.24(2015)
스웨덴	3.51	4.03	2.81	3.44	3.54(2015)
스위스	0.94	1.06	1.37	1.48	1.72(2015)
터키	0.63	0.90	0.21	0.32	0.41(2016)
영국	2.18	1.75	2.42	4.00	3.47(2015)
미국	0.77	0.46	0.79	0.75	0.64(2016)
칠레	0.77(1987)	0.52	1.14	1.48	1.77
에스토니아			1.75	2.56	2.83(2015)
이스라엘			2.42	2.02	2.30
슬로베니아			2.13	2.12	1.78(2015)
라트비아			1.49	2.15	2.13(2015)
리투아니아			1.33	2.84	1.75(2015)
OECD 평균	1.44	1.53	1.76	2.21	1.97(2015)

출처: OECD, Social Expenditure Database의 자료를 기반으로 작성. 자료가 없는 국가는 자료를 제출하지 않은 국가임

노동자들의 실업에 대한 대책으로 지출되는 실업급여가 사회적 지출에서 차지하는 비중은 2015년을 기준으로 평균 3.6%로 2000년도에 비해 소폭 감소하였는데 이는 실업률이 2000년도에 비해 2015년을 기준으로 감소한 영향이 크다고 할 수 있다.

〈표 7-10〉 OECD 국가 사회적 지출(또는 정부지출) 대비 실업급여 지출 비교(%)

국 가	2000	2010	2015	2000-2015
호주	5.08	3.04	3.84	-1.24
오스트리아	3.59	3.61	3.91	0.32
벨기에	11.65	12.40	10.10	-1.54
캐나다	4.28	4.52	3.57	-0.71
체코	3.17	3.80	2.52	-0.65
덴마크	0.00	0.00	0.32	0.32
핀란드	9.37	7.09	8.20	-1.16
프랑스	5.13	5.15	5.10	-0.03
독일	5.16	5.68	3.62	-1.54
그리스	3.31	3.74	1.96	-1.36
헝가리	3.42	3.46	1.54	-1.88
아이슬란드	1.27	8.83	3.15	1.88
아일랜드	6.31	13.06	10.36	4.05
이탈리아	1.74	3.03	3.54	1.80
일본	3.63	1.22	0.79	-2.84
한국	1.63	3.54	2.74	1.10
룩셈부르크	1.81	5.01	6.13	4.32
멕시코	-	-	-	-
네덜란드	7.34	7.41	8.57	1.23
뉴질랜드	7.14	2.78	1.84	-5.30
노르웨이	2.18	2.22	1.76	-0.42
폴란드	4.28	1.31	0.95	-3.32
포르투갈	3.39	5.05	4.13	0.74
슬로바키아	3.65	3.69	2.05	-1.60
스페인	8.40	12.15	8.49	0.09
스웨덴	4.89	2.16	1.27	-3.63
스위스	3.65	6.33	5.02	1.37
터키	0.08	0.93	1.62	1.54
영국	1.79	1.67	0.83	-0.96
미국	1.61	5.63	1.05	-0.56
칠레	0.52	1.00	0.78	0.26

에스토니아	0.93	3.21	1.84	0.91
이스라엘	3.45	2.08	1.92	-1.53
슬로베니아	3.88	2.31	2.54	-1.34
라트비아	3.58	5.48	3.34	-0.24
리투아니아	1.13	2.88	1.43	0.30
OECD	4.18	4.72	3.66	-0.52

출처: OECD, Social Expenditure Database의 자료를 기반으로 작성
※ 폴란드 2015년 자료의 경우 OECD 자료에 누락되어 있어 2014년 자료를 활용함

실업률을 살펴보면 2000년도 OECD 국가들의 평균 실업률은 약 7.63%로 매우 높았지만 2017년을 기준으로 보면 실업률은 약 2% 정도 감소하여 5.7%를 나타내어 이에 따른 실업급여의 비율이 줄어들었음을 볼 수 있다.

〈표 7-11〉 OECD 국가 실업률 비교(%)

국 가	2000	2010	2017	2000-2017
호주	6.29	5.21	5.59	-0.69
오스트리아	3.53	4.82	5.50	1.97
벨기에	7.01	8.29	7.09	0.08
캐나다	6.82	8.06	6.34	-0.48
체코	8.82	7.28	2.89	-5.93
덴마크	4.63	7.46	5.74	1.12
핀란드	9.80	8.39	8.63	-1.17
프랑스		8.87	9.40	0.53
독일	7.76	6.97	3.75	-4.01
그리스	11.35	12.72	21.49	10.14
헝가리	6.42	11.17	4.16	-2.26
아이슬란드		7.55	2.74	-4.80
아일랜드	4.33	14.53	6.71	2.38
이탈리아	10.59	8.36	11.21	0.62
일본	4.72	5.05	2.81	-1.91
한국	4.43	3.71	3.68	-0.74
룩셈부르크		4.35	5.52	1.16
멕시코	2.51	5.33	3.44	0.93

네덜란드	2.95	4.99	4.84	1.89
뉴질랜드	6.15	6.15	4.70	-1.45
노르웨이	3.33	3.52	4.16	0.83
폴란드	16.11	9.64	4.89	-11.22
포르투갈	4.03	10.77	8.87	4.84
슬로바키아	18.76	14.38	8.13	-10.63
스페인	13.92	19.86	17.22	3.31
스웨덴		8.61	6.72	-1.89
스위스		4.81	4.80	-0.01
터키		10.68	10.83	0.15
영국	5.58	7.79	4.34	-1.24
미국	3.99	9.62	4.35	0.36
칠레	9.67	8.15	6.67	-2.99
에스토니아	14.62	16.70	5.76	-8.86
이스라엘	8.77	6.64	4.22	-4.55
슬로베니아	6.73	7.24	6.57	-0.16
라트비아		19.48	8.72	-10.77
리투아니아		17.82	7.07	-10.75
OECD	7.63	8.31	5.77	-1.86

출처: OECD, Social Expenditure Database의 자료를 기반으로 작성

아래의 표는 GDP 대비 노동시장에 제공되는 공적지출(public spending on labor markets)에 대한 비율을 나타낸다. 노동시장에 제공되는 공적지출은 고용에 따른 기업보조금지원, 각종 기술훈련 및 직업훈련서비스비용 그리고 실업급여 등 노동시장정책에 대한 포괄적인 비용을 의미한다. 표를 살펴보면 1980년 이후 노동시장에 제공되는 공적지출은 2010년까지 지속적으로 증가하였고 가장 최근의 자료를 보면 소폭 하락하였음을 알 수 있는데 이는 최근 노동인구의 감소와도 연관이 있을 것으로 추정된다.

〈표 7-12〉 국가별 GDP 대비 노동시장에 제공되는 공적지출 비교

국 가	1980	1990	2000[31]	2010	2016(latest)[32]
호주	1.55(1985)	1.31	1.22	0.83	0.89
오스트리아	1.31(1985)	1.3	1.64	2.18	2.29
벨기에	4.36(1985)	3.31	2.89	2.92	2.31
캐나다	2.39(1985)	2.33	1.08	1.12	0.9
체코	4.62(1986)	5.35	0.45	0.67	0.54
덴마크	2(1985)	1.93	4.17	3.75	3.22
핀란드	2.05(1985)	2.04	2.88	2.71	2.84
프랑스	1.8(1985)	1.74	2.86	2.98	2.98(2015)
독일	0.45(1985)	0.57	3.05	2.18	1.45
그리스					
헝가리			0.84	1.34	1.18
아이슬란드					
아일랜드	4.27(1985)	3.5	1.56	3.69	1.57
이탈리아			1.21(2004)	1.73	1.8(2015)
일본		0.62	0.83	0.54	0.3
한국			0.44	0.61	0.7
룩셈부르크	1.16	0.68	0.75(2002)	1.33	1.41
멕시코			0.02	0.01	0.01
네덜란드	4.26	3.47	2.83	2.56	2.4
뉴질랜드	1.4	2.71	1.72	0.87	0.62
노르웨이	1.05	1.99	1.02	1.1	1.06
폴란드			1.06	1.02	0.69
포르투갈	0.59	0.78	1.39	2.11	1.68
슬로바키아			1.13	0.91	0.6
스페인	3.11	3.3	2.09	3.96	2.52(2015)
스웨덴	2.7	2.3	2.92	1.87	1.73
스위스	0.42	0.32	1.01	1.34	1.33
터키					
영국	1.9	1	0.59(2004)	0.67	
미국	0.78	0.68	0.43	0.89	0.27
칠레				0.3	0.57
에스토니아			0.26(2003)	1.07	0.78
이스라엘			0.98(2005)	0.81	0.63
슬로베니아			0.57(2004)	1.19	0.74

라트비아	0.47(2003)	1.26	0.64
리투아니아	0.35	0.78	0.52
OECD 평균[33]	1.40	1.55	1.29

출처: OECD, Social Expenditure Database의 자료를 기반으로 작성

복지국가의 재정지출의 비중이 가장 크게 증가하는 부분은 연금이나 건강서비스와 함께 증가하는 노인인구에 대한 현금혜택도 하나의 요인이다. 고령화는 모든 복지국가가 공통적으로 가지고 있는 심각한 사회적 위험요소로서 이에 대한 국가적 차원에서의 혜택은 노령인구의 증가와 함께 증가할 수밖에 없다. 아래의 표는 OECD 국가의 65세 이상 노인인구 비율을 나타내주고 있는데 1990년 OECD 국가 평균 12.16%에서 2015년을 기준으로 16.71%로 4.5% 이상 노인인구가 증가하였으며 이에 대한 대책으로 노인인구에 대한 현금혜택 역시 1990년과 2015년 사이 GDP 대비 평균 약 1.33% 증가하였음을 나타내주고 있다.

〈표 7-13〉 OECD 국가 65세 이상 노인인구 비율

국 가	1990	2000	2010	2015	1990-2015
호주	11.10	12.42	13.56	15.00	3.90
오스트리아	14.93	15.43	17.67	18.30	3.37
벨기에	14.92	16.80	17.14	18.00	3.08
캐나다	11.28	12.56	14.16	16.10	4.82
체코	12.51	13.84	15.37	17.80	5.29
덴마크	15.58	14.82	16.55	18.50	2.92
핀란드	13.38	14.91	17.27	19.90	6.52
프랑스	14.03	16.08	16.85	18.40	4.37
독일	15.31	17.24	20.98	20.90	5.59
그리스	13.74	16.63	19.10	21.00	5.36

31) 룩셈부르크 2002년 기준, 에스토니아, 라트비아 2003년 기준, 이탈리아, 슬로베니아 2004년 기준, 이스라엘 2005년 기준

32) OECD평균 2016년: 프랑스, 이탈리아, 스페인 2015년 기준

헝가리	13.35	15.06	16.67	17.90	4.55
아이슬란드	10.64	11.56	12.14	13.50	2.86
아일랜드	11.41	11.21	11.31	12.80	1.39
이탈리아	14.89	18.19	20.14	21.90	7.01
일본	12.08	17.37	23.02	26.60	14.52
한국	5.12	7.22	11.04	12.80	7.68
룩셈부르크	13.42	14.07	13.94	14.00	0.58
멕시코	4.14	4.66	6.18	6.80	2.66
네덜란드	12.84	13.58	15.45	17.80	4.96
뉴질랜드	11.12	11.76	12.95	14.70	3.58
노르웨이	16.32	15.16	14.97	16.10	-0.22
폴란드	10.10	12.23	13.45	15.40	5.30
포르투갈	13.41	16.19	18.48	20.30	6.89
슬로바키아	-	-	-	-	-
스페인	13.58	16.64	16.95	18.50	4.92
스웨덴	17.78	17.26	18.28	19.50	1.72
스위스	14.57	15.32	16.85	17.70	3.13
터키	4.37	6.74	7.12	7.90	3.53
영국	15.73	15.81	15.95	17.70	1.97
미국	12.52	12.43	13.09	14.90	2.38
칠레	6.08	7.17	9.04	10.30	4.22
에스토니아	11.64	14.99	17.44	18.80	7.16
이스라엘	9.08	9.78	9.87	11.00	1.92
슬로베니아	10.70	13.98	16.55	17.90	7.20
라트비아	11.83	14.96	18.24	19.50	7.67
리투아니아	-	-	-	-	-
OECD	12.16	13.65	15.23	16.71	4.55

출처: OECD, Social Expenditure Database의 자료를 기반으로 작성

〈표 7-14〉 OECD 국가의 GDP에서 차지하는 노인인구에 대한 현금혜택비율

국 가	1990	2000	2010	2015	1990-2015
호주	2.8	4.5	3.6	4.2	1.43
오스트리아	8.7	9.7	11.1	11.6	2.88
벨기에	6.4	6.7	7.9	8.9	2.47
캐나다	3.8	3.8	3.9	4.4	0.54
체코	4.8	6.1	7.4	7.5	2.68
덴마크	6.1	6.3	7.1	8.1	2.02
핀란드	6.2	6.5	8.9	10.6	4.42
프랑스	8.8	10.0	11.5	12.3	3.44
독일	6.6	8.4	8.6	8.3	1.66
그리스	9.0	8.4	11.9	14.3	5.27
헝가리	-	6.4	8.3	8.1	1.76
아이슬란드	2.2	2.1	1.6	2.1	-0.10
아일랜드	3.6	2.2	4.4	3.3	-0.33
이탈리아	9.1	11.1	12.9	13.5	4.41
일본	3.8	5.9	8.3	8.1	4.31
한국	0.6	1.2	1.8	2.6	2.04
룩셈부르크	7.1	6.6	6.1	6.7	-0.43
멕시코	0.3	0.5	1.4	2.0	1.74
네덜란드	5.4	4.3	4.8	5.3	-0.17
뉴질랜드	6.9	4.7	4.4	4.9	-2.06
노르웨이	5.1	4.4	4.9	6.3	1.18
폴란드	4.0	8.4	9.1	-	5.12
포르투갈	4.0	6.5	10.2	11.5	7.52
슬로바키아	-	5.3	5.9	6.5	1.14
스페인	6.9	6.4	7.0	8.7	1.81
스웨덴	6.7	6.3	6.8	6.8	0.18
스위스	4.7	5.5	5.6	6.0	1.33
터키	0.0	3.1	6.2	5.7	5.71
영국	4.2	4.6	6.2	6.2	2.00
미국	4.9	4.8	5.9	6.4	1.46
칠레	7.1	4.0	2.7	2.3	-4.75

에스토니아	-	5.7	7.5	6.9	1.20
이스라엘	-	3.8	4.1	4.2	0.37
슬로베니아	-	9.9	9.3	9.7	-0.25
라트비아	-	8.2	9.0	6.8	-1.36
리투아니아	-	6.4	7.1	6.3	-0.15
OECD	5.3	5.7	6.7	6.6	1.33

출처: OECD, Social Expenditure Database의 자료를 기반으로 작성

아래의 표는 GDP 대비 장애에 제공되는 공적지출(public spending on incapacity)에 대한 비율을 나타낸다. 장애에 제공되는 공적지출은 질병, 장애, 산업재해 등에 제공되는 현금혜택과 장애인에 대한 주간보호 및 돌봄 서비스 등에 제공되는 사회적 지출도 포함된다. 표를 살펴보면 1980년 이후 장애에 제공되는 공적지출은 국가별로 상이하지만 OECD 국가 평균은 1990년까지 증가하다가 2000년부터 소폭 감소하는 경향을 보이고 있는데 이중에서도 노르딕국가들은 GDP 대비 4% 이상의 높은 지출을 보이고 있음을 알 수 있다.

〈표 7-15〉 국가별 GDP 대비 장애에 제공되는 공적지출 비교

국 가	1980	1990	2000	2010	2017(latest)
호주	0.92	1.73	2.56	2.33	2.36(2016)
오스트리아	2.72	2.60	2.70	2.33	2.14(2015)
벨기에	3.61	2.56	1.99	2.51	2.93(2015)
캐나다	0.71	1.15	0.94	0.88	0.75(2015)
체코		2.17	2.42	1.99	1.74(2015)
덴마크	4.09	3.67	3.81	5.00	4.41(2015)
핀란드	3.45	4.15	3.69	3.90	3.62(2015)
프랑스	2.71	2.04	1.68	1.61	1.66(2015)
독일	2.04	1.95	2.14	2.00	2.1(2015)
그리스	0.95	1.19	1.43	1.83	1.88(2015)
헝가리			2.61	2.38	1.85(2015)
아이슬란드		1.29	2.18	2.49	2.77(2015)
아일랜드	2.30	1.72	1.31	2.33	1.44(2015)
이탈리아	1.88	1.89	1.37	1.74	1.83(2015)
일본	0.61	0.55	0.69	0.90	0.98(2015)

한국		0.25	0.33	0.52	0.60
룩셈부르크	3.85	2.78	2.98	2.73	2.42(2015)
멕시코		0.02	0.06	0.05	0.03(2016)
네덜란드	6.11	5.95	3.68	3.30	3.42(2015)
뉴질랜드	1.26	2.77	2.59	2.55	2.37
노르웨이	3.36	4.63	4.56	4.18	4.31(2015)
폴란드		3.28	3.45	2.34	2.36(2014)
포르투갈	1.89	2.30	2.24	1.93	1.78(2015)
슬로바키아			2.21	1.83	1.86(2015)
스페인	2.33	2.22	2.33	2.49	2.40(2015)
스웨덴	4.53	5.25	4.87	4.20	4.13(2015)
스위스	2.04	1.63	2.36	2.32	2.22(2015)
터키	0.33	0.17	0.21	0.37	0.46(2016)
영국	0.95	2.00	2.22	2.00	1.85(2015)
미국	1.09	0.97	1.04	1.41	1.31(2016)
칠레		0.87	0.80	0.81	0.75
에스토니아			1.54	2.29	2.28(2015)
이스라엘			2.08	2.49	2.63
슬로베니아			2.58	2.27	1.95(2015)
라트비아			1.54	2.08	2.09(2015)
리투아니아			1.87	2.24	1.97(2015)
OECD 평균	2.12	2.16	2.05	2.12	1.93(2015)

출처: OECD, Social Expenditure Database의 자료를 기반으로 작성

아래의 표는 **복지관대성비율**을 국가별로 나타낸 것이다. OECD 데이터의 제한으로 2000년부터 가장 최근 데이터가 수집된 2015년을 기준으로 10년 단위로 측정하였다. **복지관대성비율(Welfare generosity ratio)**은 단순하지만 증가하는 복지욕구에 대하여 복지국가가 얼마나 잘 대처하고 있는가를 사정하는데 사용될 수 있다. 대부분의 연구에서 지적되는 바와 같이 복지국가지출증대의 가장 결정적인 원인이 노인인구의 증가와 증가하는 실업에 있다는 것을 전제로 **65세 이상 인구비율과 실업률로 사회복지지출(또는 사회적 지출)을 나눈 것이 복지관대성비율**이다. 즉, 복지국가관대성비율이란 복지지출의 요인이 되는 **의존인구(dependant population)를 노인인구와 실업자로 간주하여 사회복지지출**

에 이 두 요인을 반영한 비율이라고 할 수 있다. 따라서 복지관대성비율이 높으면 높을수록 국가가 복지욕구에 적절히 대처하고 있다는 것을 의미한다. 아래의 표를 보면 대부분의 복지국가들에서 복지관대성비율은 2000년 이후 지속적으로 증가하고 있음을 나타내주고 있다. 2000년 OECD 국가의 복지관대성비율 평균은 .83에서 2010년 .87로 그리고 2015년에는 .90으로 증가하여 복지국가 국민들의 복지욕구에 대한 대응은 지속적으로 확대되고 있음을 알 수 있다.

〈표 7-16〉 OECD 국가의 복지국가관대성비율 시기별 비교

국 가	2000	2010	2015
호주	0.98	0.88	0.86
오스트리아	1.36	1.23	1.14
벨기에	0.99	1.11	1.16
캐나다	0.82	0.79	0.77
체코	0.79	0.87	0.92
덴마크	1.22	1.19	1.16
핀란드	0.91	1.07	1.01
프랑스	1.72	1.21	1.14
독일	1.02	0.93	1.02
그리스	0.64	0.78	0.58
헝가리	0.94	0.83	0.91
아이슬란드	1.26	0.86	0.98
아일랜드	0.85	0.95	0.73
이탈리아	0.79	0.95	0.85
일본	0.70	0.76	0.74
한국	0.39	0.56	0.64
룩셈부르크	1.33	1.26	1.16
멕시코	0.61	0.64	0.73
네덜란드	1.14	0.87	0.75
뉴질랜드	1.02	1.07	0.96
노르웨이	1.10	1.19	1.25
폴란드	0.71	0.89	1.03
포르투갈	0.91	0.84	0.81
슬로바키아	-	-	-

스페인	0.64	0.67	0.67
스웨덴	1.55	0.98	1.00
스위스	0.91	0.70	0.72
터키	1.11	0.69	0.67
영국	0.76	0.94	0.94
미국	0.87	0.85	0.98
칠레	0.62	0.61	0.65
에스토니아	0.47	0.54	0.73
이스라엘	0.87	0.94	1.05
슬로베니아	1.06	0.98	0.88
라트비아	1.03	0.52	0.56
리투아니아	-	-	-
OECD	0.83	0.87	0.90

출처: OECD, Social Expenditure Database의 자료를 기반으로 작성

결론적으로 대부분의 OECD 국가들에게 있어 사회복지영역은 국민의 욕구증대에 대한 응답으로서 증대하였다고 할 수 있으며 복지국가는 위기에 대한 논쟁에도 불구하고 대부분의 국가에서 계속적인 재정확대를 이룩하였다고 할 수 있다. 국가 총예산 대비 사회복지지출이나 복지지출을 포함하는 사회적 지출이 증가하였다는 것은 대부분의 국가에게 있어 정부총지출과 비례하여 복지지출의 확대가 가장 시급한 정책우선순위였음을 입증하는 것이다.

제 3 절 복지혼합과 복지국가재정

1. 민영화와 복지재정지원방식의 변화

1) 민영화와 복지혼합

복지국가에서 사회복지 재화와 서비스의 생산과 공급은 일반적으로 국가가 주도하는 경우와 비영리민간조직이 주도하는 경우 그리고 시장이 주도하는 경우로 앞에서 살펴본 바와 같이 크게 생산과 공급주체를 삼원화할 수 있다. 최근 복지재정의 급속한 증대와 국가의 재정적 책임의 한계 등으로 대부분의 복지국가에서는 복지재정의 효율성과 효과성을 강조하는 방향으로 공급체계의 여러 새로운 방향모색을 시도하고 있다. 가장 일반화된 경향은 **민영화**(privatization)를 통하여 서비스의 생산과 공급을 민간비영리조직이 주도하도록 하는 정책적 전환이며 두 번째 경향은 **시장화**(marketization)를 추진하여 복지서비스를 일반 영리기업에서 생산하고 공급할 수 있도록 하는 정책적 전환이라고 할 수 있는데 이렇게 다양한 주체들이 사회복지 재화와 서비스를 공급하는 것들을 이미 언급한 바와 같이 일반적 **복지혼합**(welfare mix)이라고 부른다.

민영화는 공공부분에서 민간부분으로 서비스공급의 책임을 전이시키는 것(Ascolil and Rancil, 2002) 또는 정부생산에서 민간생산으로 생산의 배열을 조정하는 것(Savas, 2000)이라고 간략하게 정의내릴 수 있다. 민영화는 영리중심의 민영화와 비영리중심의 민영화가 모두 포함되며 기본적으로 민영화는 시장기제의 도입을 의미한다고 할 수 있다. 즉, 민영화를 통하여 공공부분에 시장기제(market mechanism)가 도입되는데 일반적으로 민영화에 의해서 도입되는 시장기제는 이용자선택권, 경쟁, 공개입찰이나 계약을 포함하여 개인소유권과 이용료(user fee) 등이 언급된다(OECD, 2008). Savas(2000)는 민영화가 포함하는 요소로서 계약, 프랜차이즈, 보조금(grants), 바우처, 자유시장, 자발적 서비스, 셀프서비스 등을 언급하였다. 즉, 민영화를 통하여 도입되는 시장기제는 구체적으로 이용자 선택권을 강화하는 바우처나 직접 지불 등이 모두 포함되며 비영리중심민영화의 도구는 계약 등이 포함된다고 할 수 있다. 위와 같은 민영화의 요소나 시장기제는 크게 공급을 강조하는 요소나 기제와 수요를 강조하는 기제나 요소로 구분할 수 있다. 공급측면을 강조하는 시장기제는 공개입찰(tendering)이나 계약 등으로 구분할 수 있으며 수요측면을 강조하는 시장기제는 바우처, 보조금 등을 들 수 있다(OECD, 2008). 계약 등의 시장기제는 제공자에게 국가가 재정을 제공하여 공급을 강조한다는 측면이 있으며 바우처나 보조금[34] 등은 특정 상품의 소비를 위한 보조로서 이용자들의 소비를 강화한다는 측면에서 수요측면을 강화하는 기제라고 할 수 있다.

2) 복지국가의 복지재정지원방식이 변화하는 이유

복지국가의 사회복지영역에서 국가의 재정지원방식이 민영화의 영향으로 제공자에게 재정을 제공하는 방식과 이용자들에게 직접 재정을 지원하는 방식으로 전환되고 있다. 재정지원방식의 변화 이유들을 살펴보면 다음과 같다.

첫째, 국가복지축소에 대한 전세계적 보편화현상과 재정적 어려움: 국가복지축소에 대한 전세계적 보편화현상과 재정적 어려움으로 국가주도형복지서비스의 생산과 공급의 확대가 어려움에 처하게 되고 재정적 어려움을 극복하기 위한 방안으로 보다 효과적인 재정지원방식을 고려하게 되었다.

둘째, 정부의 실패에 대한 보수주의자들의 공격: 정부실패에 대한 보수주의자들의 공격은 복지분야에서도 예외가 아니었으며 정부의 실패를 극복하기 위한

34) 보조금의 경우 제공기관에게 직접 제공되는 보조금은 특정 상품에 대해 정부가 보조금을 지원하여 상품가격을 낮게 유지함으로써 소비를 강화하지만 재정보조는 직접적으로 제공기관에게 제공된다는 측면이 있다. 하지만 세금공제나 세금혜택 등과 같은 보조금은 직접 이용자에게 혜택이 제공된다.

하나의 대안으로 국가주도형복지서비스제공은 민간비영리조직 중심(또는 자발적 조직)의 복지서비스제공으로의 변화를 가져왔고 또한 계약을 통한 민간비영리 주도의 복지서비스생산과 공급은 신공공행정기법의 등장으로 인해 국민세금에 대한 책임성을 강화하고 국가가 보다 책임있는 관리와 통제를 요구하는 방향으로 재편되었다.

셋째, 사회보험방식으로는 현존하는 복잡하고 다양한 새로운 사회문제를 해결하는 것이 불가능함: 소비자주권운동과 질 중심 관리 등에 힘입어 이용자중심의 서비스욕구가 증대하였으며 이러한 수요자중심의 서비스제공과 함께 전통적인 복지대상자였던 저소득계층에서 신사회적 위험에 의해 영향을 받은 전체 국민 개개인으로 확대되었다. 특히 돌봄 서비스에 대한 사회적 욕구가 증대하여 그동안 등한시되어왔던 장애인이나 노인 또는 아동 등에 대한 돌봄 서비스의 확대가 수요자중심 서비스 제공과 맞물리면서 이용자 중심의 새로운 재정지원방식의 필요성이 증대하였다.

3) 민영화에 따른 복지재정지원방식모델

민영화를 통해서 국가가 사회복지 재화와 서비스를 전달하는 모델로는 일반적으로 크게 두 방식이 존재하며 첫 번째 방식은 제공자중심모델이고 두 번째 방식은 수요자중심모델이다. **수요자중심모델**은 수요를 창출하기 위한 도구로서 **바우처나 세금감면(tax allowance)이나 수당** 등을 사용한다(Ascolil and Rancil, 2002). 즉, 수요측면을 강조하는 것으로서 국민들에게 직접 현금이나 바우처를 통하여 민간서비스를 구매하도록 유도하며 세금보전을 통해 역시 민간서비스를 구매할 수 있도록 하여 수요를 창출한다. 나아가 사회보험의 영역을 민간보험이 대체할 수 있도록 하는 정책 역시 자유경쟁시장을 통해서 더욱 효과적이고 효율적으로 서비스가 제공될 수 있다는 수요자중심모델에 기초한다. **공급자중심모델**은 공급을 강조하는 민영화방식으로서 국가나 민간조직이 서비스를 필요로 하는 사람들에게 직접 서비스를 제공하는 것을 의미하며 도구로는 계약이나 국고보조금 등이 활용된다. 수요자중심모델에서 활용되는 재정지원방식은 일반적으로 이용자보조금방식(consumer subsidy type)이라고 불리며 제공자중심모델에서 사용하는 재정지원방식은 제공자보조금방식(supplier subsidy type)이다.

일반적으로 사유재는 세금수당이나 직접지급 또는 현금지급이나 바우처 등의 이용자보조금방식을 이용하여 시장을 통해서 구매가 이루어지며 시장을 통해서 구입하는 것이 어려운 서비스인 경우는 국가나 민간비영리조직으로부터 직접 서비스를 제공받는다. 따라서 국가나 비영리조직이 직접 서비스를 제공하는 경우 구매와 판매의 교환은 시장을 통해서 이루어지지 않으며 교환을 위한 시장은 형성되지 않는다고 할 수 있다. 하지만 민영화는 모든 재화와 서비스를 경쟁과 선택의 가치가 지배하는 시장을 통해서 교환이 이루어질 수 있도록 하는 것을 의미하기 때문에 복지재화의 생산과 판매를 통하여 개인이나 집단의 이익이 실현될 수 있다.

민영화를 추진하는 경우 국가는 제공하는 재화나 서비스를 시장을 통해서 수요자가 직접 구입할 수 있도록 하는 소비자보조금방식으로 세금수당이나 직접지급 또는 현금지급이나 바우처 등을 이용할 수 있으며 시장을 통해서 구입하는 것이 어려운 서비스인 경우는 국가나 민간비영리조직으로부터 직접 서비스를 제공받을 수 있도록 하는 현물이나 전문적 서비스 등을 제공하게 된다. 따라서 국가나 비영리조직이 직접 서비스를 제공하는 경우 구매와 판매의 교환은 시장을 통해서 이루어지며 국가나 민간비영리조직이 직접 서비스를 제공하는 경우는 교환을 위한 시장은 형성되지 않는다고 할 수 있다. 민영화에 따른 국가재정지원방식의 두 유형을 자세하게 살펴보면 다음과 같다.

2. 수요중심민영화(demand-driven privatization): 수요자중심모델

민영화의 첫 번째 모델로서 지적될 수 있는 것이 수요자중심모델이다. 이 경우 민영화는 사회서비스를 위한 민간수요를 증대시키는 것이 일차적인 목적이

된다. 수요자중심모델은 기본적으로 적절한 동기부여와 지원으로 사회서비스를 위한 수요가 민간공급으로 재편될 수 있고 이는 결국 민간서비스영역으로의 시장형성에 기여한다는 것을 강조한다. 즉, **수요가 있으면 민간서비스가 창출되고 민간서비스가 창출되면 이는 곧 민간서비스시장의 창출**을 의미한다는 것이다.

수요자중심모델은 수요를 창출하기 위한 도구로서 바우처나 세금수당(tax allowance) 등을 사용한다. 즉, 바우처를 통하여 민간서비스를 구매하도록 유도하며 세금보전을 통해 역시 민간서비스를 구매할 수 있도록 하여 수요를 창출한다는 것이다. 나아가 사회보험의 영역을 민간보험이 대체할 수 있도록 하는 정책 역시 자유경쟁시장을 통해서 더욱 효과적이고 효율적으로 서비스가 제공될 수 있다는 수요자중심모델에 기초한다.

■ 수요자중심모델의 장점

수요자중심모델을 지지하는 지지자들은 이 모델이 공공부분으로부터 제공되는 공적자금과 민간기관으로부터 제공되는 서비스 제공 사이에 기초한 복지혼합의 문제 또는 제한을 뛰어넘을 수 있다고 강조한다. 예를 들어 Le Grand와 Robinson(1984)은 민간수요창출을 목적으로 하는 서비스 제공을 위한 열린 경쟁이 서비스의 축소(또는 서비스 질이 낮아지는 것 등)로부터 공적복지지출을 유지하도록 하는 노력을 방지할 수 있다고 하였다. 즉, 공적지출이 감소하면 서비스의 질이 감소한다든지 공공서비스가 축소될 수 있지만 민간기관들이 서비스 제공을 놓고 경쟁함으로써 질이 확보될 수 있음을 의미한다.

■ 수요자중심모델의 문제점

수요자중심모델이 수반하는 문제점들로는 다음과 같은 점들이 지적된다.

첫 번째 문제점으로 새로운 민간서비스시장이 국가가 담당하여야 하는 공적 서비스의 성장축소를 상쇄할 수 있을 정도로 충분하지 않다는 점이 지적된다. 사회문제에 영향을 받는 국민들의 욕구는 매우 다양하고 복잡하며 이 다양하고 복잡한 욕구를 충족시키기 위한 일차적인 책임은 국가에게 있으며 공공복지서비스는 다양한 욕구에 대한 신속한 대응을 추구하였지만 새로운 민간서비스시장이 다양한 국민들의 욕구를 모두 충족시킬 수 있을 것인가에 대한 문제를 의미한다. 즉, **다양성과 복잡성**이 커지면 커질수록 이 문제는 더욱 부각될 가능성이 매우 크다고 할 수 있다. 욕구는 있지만 경쟁을 유발할 정도가 아니라고 한다면 민간기관은 개입을 자제할 것이고 이 경우 욕구는 있지만 전혀 서비스혜택을 제공받지 못하는 국민들도 나타나게 된다. 즉, **수요가 창출된다고 해서 그 수요가 모두 해결되는 것은 아니라**고 할 수 있다.

이는 Salamon(1993)이 지적한 바와 같이 공적자금에 기초한 민간기관의 서비스 제공이 영리기관이든 비영리기관이든 시장경쟁에서 필요한 기본적 자금을 확보할 수 있는 능력에 영향을 받게 되고 이 경우 기본적 자금을 확보할 수 없는 서비스는 당연히 제공하지 않게 되고 결국 서비스를 제공받지 못하는 소외계층을 만들어 내게 된다. 수요자중심민영화를 추구하였던 미국의 경우가 대표적인 경우라고 할 수 있다. Salamon(1993)은 미국의 경우 공적자금에 대한 대안을 찾는 가장 일차적 목적을 갖는 민영화가 대부분의 민간비영리기관들이 지불능력을 가지고 있지 않은 가장 빈곤한 계층이나 가장 소외받는 소외계층에 대한 서비스 제공을 포기하고 지불능력을 가지고 있는 client에게만 서비스를 제공하도록 하였다고 강조하였다.

두 번째 문제점으로 지적되는 것이 수요자중심민영화모델은 공급체제에 심오한 변화를 가져다주었다는 점이다. 특히 서비스 제공기관으로 대부분을 차지하고 있는 비영리기관들의 공급체제에 변화를 가져다주었다. 수요자중심민영화정책은 민간영리기관들이 사회서비스시장으로 진입하는 데 있어 방어벽인 규제의 철폐와 재정적 제한(constraint)을 필요로 한다. 예를 들어 비영리기관에 대한 정부의 세금혜택은 영리기관들 입장에서는 불공정거래로 인식되었으며 결국 정부는 비영리기관과 같은 세금혜택을 영리기관에게도 주든지 아니면 두 기관 모두에게 공정한 경쟁이 될 수 있도록 세금혜택을 중단할 수 있는데 이렇게 되면 이 두 경우 모두 공급체계에 변화를 가져다주게 된다.

사회서비스시장의 상업화는 또한 사회적으로 소외된 사람들과 작업한다는 비영리기관들의 사명감을 억누르게 되는 것이다. 즉, 시장의 상업화로 인하여 사회적으로 소외받는 계층에 대한 기본적 서비스의 전달이라는 공공서비스의 기본 역할은 축소되게 된다.

결국 수요자중심민영화모델은 **첫째, 현 복지체계의 조직적 구조에 심오한 변화와 둘째, 현 수준의 국가복지의 축소 그리고 셋째, 수많은 거대한 영리기관들을 사회서비스영역으로 들어오도록 한다**고 볼 수 있다. 이러한 변화가 가능하도록 하는 이념적 가정 은 선택을 개인적 능력으로 돌림으로써 정당화된다. 이는 민영기관들이 제공하는 다양한 서비스들을 개개인들이 자유롭게 선택할 수 있다는 점을 전제하여야 가능하다고 볼 수 있다.

3. 공급자중심민영화(supply-driven privatization): 공급자중심모델

민영화의 두 번째 모델은 공급자중심민영화모델이다. 공급자중심모델은 **국가가 복지재정의 책임을 대부분 유지하는 것과 규제도구의 혼합을 수정하는 것**을 전제한다. 즉, 공급자중심민영화는 서비스의 공급기능을 심사숙고하며 사회서비스영역에서 민간수요의 성장을 전제하지 않는다. 따라서 공급자중심민영화모델은 대부분 서비스전달기능을 민영화하는 것과 동시에 국가로부터 민간제공자에게 자금을 전달하는 절차에 경쟁메커니즘을 도입하는 것을 목적으로 한다.

자금전달과정에 경쟁체제를 도입하는 것과 서비스전달기능을 민영화하는 공급자중심정책들은 기본적으로 **수요자중심모델과 마찬가지로 효율적이고 효과적인 복지정책의 수행을 개선하도록 하는 데 있다**고 할 수 있다. 공급자중심모델로 효율적이고 효과적인 복지정책의 개선이 이루어지도록 하기 위해서는 **첫째, 반드시 공공기관에서 민간기관으로 관리의 책임을 전이하여야만 하며 둘째, 다양하고 복잡한 개개인들의 서비스 욕구를 해결할 수 있도록 공급체계가 다양화하여야 한다는 점**이다. 결국 **공적자금을 민간기관에게 제공하여 서비스(수여금 제공)가 전달되도록 하는 것과 계약을 통해서 서비스가 민간기관을 통해서 제공되도록 하는 것은 공급자중심민영화모델의 핵심**이라고 할 수 있다. 그러므로 보조금(grants)제공과 계약(contract)은 공급자중심모델을 실현시키기 위한 가장 핵심적인 도구라고 할 수 있으며 비영리기관에 세금혜택과 서비스 계약을 위한 (공개경쟁)입찰 그리고 새로운 복지정책과 프로그램을 창출하기 위한 공공과 민간의 협력(예를 들어 민사공협력체제, private social public partnership)도 도구가 된다. 공급자중심민영화모델에 있어 민간과 공공의 협력체계구축을 통한 서비스 전달은 매우 중요한 부분이라고 할 수 있다. 따라서 공급자중심모델의 혁신은 국가와 민간제공자 사이의 독립성을 변형시키기 위한 시도를 통해서 이루어지는데 이는 결국 정부와 민간의 **신뢰구축을 통한 상호의존과 국가가 민간제공자가 제공하는 서비스를 구매하는 구매자의 역할을 강조하는 서비스와 자금의 상호교환**에 기초한다는 것을 의미한다.

〈표 7-17〉 수요자중심민영화모델과 공급자중심민영화모델비교

	수요자중심모델	공급자중심모델
도구	바우처와 세금감면(tax allowance)이나 개인계좌 그리고 수당이나 직접지불	계약, 비영리기관에 세금혜택, 공개입찰, 민과 관의 협력체계(PPP 또는 PSPP)
재정지원방식	**이용자보조금방식**으로 수요를 강조	**제공자보조금방식**으로 공급을 강조
특징 (가정)	-국가는 경쟁과 선택으로 재정적 효율성을 확보할 수 있음을 전제 -일부 국가에서는 공적복지재정축소를 전제	-국가는 공적복지재정책임을 유지 -재정적 책임성 및 성과관리강조 -효과성개선을 전제
장점	-재정과 서비스운영관리측면에서 국가는 모두 간접적 책임만 진다. -이용자의 선택권이 강화되므로, 이용자 중심성이 증가할 수 있다. -서비스 공급기관의 품질향상 노력	-국가는 직접적으로 재정적 책임만 있고 운영과 관리는 민간조직에게 있어 공적조직이 가지고 있는 관료적 한계를 극복하고 서비스가 보다 효과적으로 제공될 수 있다. -계약과 같은 제공자보조금방식은 국민들의 새로운 욕구에 보다 빠르게

	이 증가할 수 있다.	대응할 수 있으며 새로운 프로그램을 제공하기에 적합하다.
단점	-정보비대칭으로 취약계층에 대한 사회서비스 제공에 한계가 있다. -공적복지의 국가책임에 대한 도덕적 해이가 발생할 수 있다. -공적복지영역의 축소가 발생할 수 있다. -거대자본을 바탕으로 하는 거대영리 기관이 서비스를 독점하는 경향이 일어날 수 있다. -기관들이 이용자들을 선별하여 서비스를 제공하는 서비스 차별이 일어나 이용자 간에 양극화가 일어날 수 있다. -다수의 공급기관이 형성되기 어려운 서비스나 전문성이 강한 서비스 등에는 효과적이지 않다. -적극적인 정보공개나 품질관리체계가 구축되지 않은 상태에서는 오히려 취약계층에게 불리하다.	-서비스를 독점하는 비영리조직의 도덕적 해이가 발생할 수 있다. -서비스 이용자들은 서비스 이용에 있어 도덕적 해이가 발생할 수 있다. -더 많은 재원을 확보하기 위한 제공기관 간의 부적절한 로비 등의 부작용이 발생한다.

아래의 표는 수요자보조금방식과 제공자보조금방식을 비교한 것이다.

〈표 7-18〉 민영화에 따른 재정지원방식

	수요자보조금 방식	제공자보조금 방식
도구	**바우처**, 직접 지불, 현금, 세금감면(tax allowance)이나 개인계좌 그리고 각종수당	보조금(grants), 계약, 비영리기관에 세금혜택, 공개입찰, 민과 관의 협력체계
민영화방식	**수요자중심 모델**	**공급자중심 모델**
특징	-이용자가 직접 원하는 서비스를 선택하고 이용할 수 있다.	-제공자가 서비스를 기획하고 이용자를 관리, 통제하여 보다 응답적이고 즉각적인 서비스를 제공하는 것이 가능하며 사례관리를 통하여 이용자들의 다양한 욕구가 해결될 수 있다.
장점	-기관에게 제공되는 관리운영비 등이 지출되지 않아 효율적이다. - 이용자들의 선택권이 강화된다.	-소명감에 기초한 조직이 서비스를 제공하는 경우 서비스 전달의 전 과정에 대한 책임성이 강화될 수 있다.
단점	-이용자가 서비스를 선택할 능력을 가지지 못한 경우 서비스 차별이 일어난다.	-서비스를 제공하는 기관의 도덕적 해이가 일어날 수 있다.

	-서비스 선택의 결과에 대한 책임은 전적으로 선택의 주체인 개인이나 가족에게 있다. -개인별로 서비스 효과를 평가하는 것이 현실적으로 어렵다. 특히 서비스 전 과정에 대한 수행력(performance)을 평가하는 것이 불가능하다.	

제 8 장

복지국가의 유형화

제 1 절 복지국가의 사회모델

사회모델은 복지국가의 성격을 설명해주는 이론적 틀이자 토대로서 사회모델에 따라 매우 상이한 복지국가의 유형이 설명될 수 있다. 유럽이든 북미 국가든 또는 아시안 국가든 간에 상관없이 복지자본주의 하에서 복지정권을 유지하고 있는 대부분의 복지국가들은 사회모델의 특성에 따라 그 성격이 구분될 수 있다. Walker(2009)는 가족과 시장 그리고 국가의 역할과 GDP 대비 사회적 지출수준, 복지제공을 결정하는 복지결정모델, 국민들의 탈상품화 정도 그리고 빈곤 및 불평등의 정도 등 8개의 기준으로 복지국가를 구분 지을 수 있는 사회모델기준을 제시하였다. 한편 Gough(1997)는 유럽 사회모델을 GDP에서 차지하는 높은 수준의 사회보호비율과 시민들의 높은 기대, 실제 높은 지출액을 유럽 사회모델의 기준으로 제시하였다. Gough가 제시한 사회모델의 기준은 주로 재정적 측면에서의 기준으로 Walker가 제시한 여러 기준들에 비해 상대적으로 취약한 기준이라고 볼 수 있다.

유럽 국가는 유럽국가의 공통적 특성을 반영하는 사회모델이 존재하며 북미 국가는 북미국가에 맞는 그리고 아시안 국가는 아시안 국가의 특성에 맞는 사회모델이 존재한다는 것은 대륙별 복지국가의 특성이 다르다는 점을 나타내주는 것이다. 물론 공통적으로 적용될 수 있는 아시안 사회모델의 특징 이외에 개별 아시안 국가들이 갖는 고유한 특징이나 성격이 존재할 수 있음은 당연하지만 모든 국가별 특성을 고려하여 개별 국가들에게 맞는 사회모델의 기준을 제시하는 것은 복지국가별 상대적 비교의 측면에서 어렵다고 할 수 있다. 아시안 국가들 중에서 중국, 일본, 한국, 대만 등을 다시 동아시안 국가로 집단화할 수 있고 유럽 역시 서유럽, 동유럽, 북유럽 등으로 구분 지을 수 있으며 이러한 집단화는 집단적 특성을 반영하는 사회모델의 성격이 공통적으로 도출되어야 함을 기초로 한다. 즉, 동질의 사회모델로 집단화되는 국가들은 모두 공통의 사회모델의 성격이나 특성을 가지고 있어야 한다는 점이다.

Taylor-Gooby(1998, 2004)는 유럽국가들 중 서유럽국가 사회모델의 중요한 성격으로 복지에 대한 국가적 책임성의 국민적 수용을 제시하였으며 이는 복지정책적 측면에서 노인들에 대한 소득보장과 건강보호의 발전을 가져다주었음을 강조하였다. 또 다른 한편으로 Jones(1990, 2003)와 Rozman(1991)은 동아시아사회모델의 중요한 성격으로 유교를 강조하였다. 하지만 유럽의 가톨릭성당중심의 종교적 신념은 수천 년에 걸쳐 유럽인들의 생활과 태도 그리고 가치관에 영향을 준 반면 아시안 특히 동아시아에 영향을 준 유교는 신앙이라기 보다는 이데올로기이고 가치관이며 무엇보다도 중국을 포함한 몇 개 국가들을 제외하면 동아시아국가 전 국민들의 생활 전반에 영향을 주었다고 볼 수 없으므로 유교가 동아시아복지국가의 사회모델을 설명하는 중요한 기준이자 성격이라고 해석하기에는 무리가 따른다.

어떤 기준을 적용하든지 복지국가를 연구하는 학자들은 복지국가를 집단화하여 구분하기 위한 다양한 방법들을 시도하였으며 이러한 방법으로 복지국가를 집단화한 것을 복지국가의 유형화(typology)라고 명명하였다. 가장 대표적으로 복지국가 유형화를 시도한 연구는 에스핑 앤더슨이 1990년에 제시한 복지국가 유형화모델이다. 에스핑 앤더슨의 복지국가의 유형화작업에 영향을 받아 많은 유럽학자들은 유럽국가 중심으로 복지정권의 유형화를 위한 작업을 시도하였으며 이러한 작업은 2000년대 아시아권으로도 영향을 미쳤다. 본 장은 복지국가의 성격을 어떻게 구분하여 비교할 수 있는가를 다루는 복지국가의 유형화모델을 살펴본다.

제 2 절 복지국가 모델

1. Esping-Andersen(1990)의 복지국가 모델

1) Esping-Andersen의 복지국가 유형화 기준: 탈상품화

탈상품화는 복지국가의 수준을 결정짓는 중요한 기준이다. Esping-Andersen(1990)은 탈상품화를 복지국가의 유형을 규정짓기 위한 기준으로 활용한 대표적인 학자로 알려져 있다. 탈상품화는 Esping-Andersen에 의해서 복지국가를 설명하는 중요 개념으로 등장하였으며 일반적으로 **'개인이나 가족이 시장에서의 성과(performance)와 상관없이 일상적이고 사회적으로 수용할 수 있는 수준을 유지할 수 있는 정도'**를 나타내지만 본래는 노동의 탈상품화로부터 발전된 개념이다(지은구, 2018).

본래 탈상품화라는 개념을 처음 사용한 학자는 폴라니(Polanyi, 1980)이다. 그는 마르크스(Marx)의 영향을 받아 자본주의는 노동자를 교환을 위해 생산되는 다른 상품들과 마찬가지인 하나의 상품으로 취급한다고 강조하였다. 그는 노동자가 교환을 위해 생산되고, 이것을 유지하는 것(노동의 상품화를 유지)이 사회를 파괴로 인도할 수 있으므로 현실의 사회가 또는 시스템이 생존할 수 있는지 또는 생존할 수 없는지를 확인하기 위해서 노동의 탈상품화를 측정하는 것이 필요하다고 강조하였다(Holden, 2003). 오페(Offe, 1984)는 탈상품화를 '시장관계로부터 멀어지는 또는 자유로워지는 증가하는 수의 사회적 영역과 집단'

으로 정의하였다. 또한 Offe는 탈상품화에 대해서 언급하면서 노동력은 다른 상품과는 다르기 때문에 노동력을 향상시키고 보존할 수 있도록 해주는 노동시장에서는 교환되지 않는 그리고 상품화되지 않은 지원체계를 필요로 한다고 강조하였는데 이는 곧 탈상품화가 시장에서 상품화되지 않는 지원체계로서 확대해석한다면 노동력을 보존하고 향상시킬 수 있도록 돕는 탈상품으로서의 사회복지혜택을 의미한다고 볼 수 있다(Holden, 2003).

탈상품화에 대한 이러한 해석을 현대복지국가를 이해하기 위해 활용한 대표적인 학자 Esping-Andersen은 인간의 종속(특히 인간의 시장에 대한 종속)을 규정짓는 가장 결정적인 기제로서 탈상품화를 강조하였으며 **사회정책은 곧 인간의 시장에 종속을 약화시킬 수 있고 나아가 개개인 그들의 삶을 통제할 수 있도록 하는 공간을 제공한다**는 점을 강조하였다(Esping-Andersen, 2000). 특히, 그는 **탈상품화를 인간의 복지가 시장에 의존하는 정도**로 파악하고 이를 측정하기 위하여 탈상품화지수를 제시하여 복지국가를 유형화하였다.

Esping-Andersen(1990)은 탈상품화를 두 개의 관련된 내용을 갖는 개념으로 정의하였다. 그에 따르면 탈상품화는 **첫째, 일반적 복지, 소득, 노동의 잠재적 상실 없이 시민들이 자유롭게 필요하다고 생각한다면 노동에서 손을 뗄 수 있는 것, 둘째, 개인이나 가족이 시장참여에 의존하지 않고 사회적으로 수용될 수 있는 기본적인 삶의 수준을 유지할 수 있는 정도**라고 정의하였다. 그의 정의를 보면 탈상품화는 국민들이 필요하다면 노동시장에 의존하지 않고도 기본적인 삶이 유지될 수 있는 정도를 나타낸다고 볼 수 있으며 **확대해석하면 탈시장화가 곧 탈상품화의 조건이 된다고 볼 수 있다. 즉, 그는 탈상품화가 첫째, 재화와 서비스가 권리로서 제공될 때 둘째, 시장에 의존하지 않고도 사람들이 기본적인 삶이 유지될 때 발생한다고 보았다.**

Marx가 제시한 바와 같이 자본주의시장경제체제는 노동자계급의 삶에 위협적인 요소로 작동한다. 즉, 노동자들은 삶을 유지하기 위한 생존수단의 교환을 위해서 자신의 노동력을 판매하여야 하므로 노동을 상품화하여야 하고 이는 곧 노동력의 잠재적 발전 자체를 제한하는 기제로 작동하게 된다(Huo et al., 2006). **Esping-Andersen은 이러한 노동의 상품화에 대한 부정적인 측면에 기초하여 복지국가가 발전하기 위해서는 노동의 탈상품화 그리고 복지국가의 탈상품화가 필수적인 요소임을 강조하였다.** Esping-Andersen은 탈상품화를 소비적 측면(소비의 탈상품화)인 기본적 삶을 유지하기 위해 필요한 것을 나타내는 의미로 활용하여 복지국가의 유형화를 시도하였지만 기본적으로 탈상품화는 두 가지 성격 즉 소비의 탈상품화와 자기실현의 탈상품화라는 의미를 동시에 내포하는 개념이다. 이는 탈상품화가 단면적 개념이 아니고 다면적 개념임을 의미한다. 그리고 복지국가의 탈상품화는 국민들이 노동을 하지 않아도 기본적인 생활을 영위하는 것이 가능하도록 국가가 서비스와 재화를 제공함으로써 실현된다.

2) 탈상품화지수

Esping-Andersen(1990)이 제안한 **탈상품화지수(decommodification index)**는 기본적으로 수집된 사회지표를 통해서 상품화의 정도를 비교한다. 그가 사용한 탈상품화지수는 연금, 실업급여 그리고 질병수당(sick pay)에서 추출된 임금대체비율이다. 이를 이용하여 그는 복지국가를 보수적 복지국가, 자유적 복지국가 그리고 사회민주주의 복지국가로 유형화하였다. 물론 객관적이라고 생각되는 국가의 통계지표인 사회지표를 분석하여 탈상품화의 정도를 측정하는 것이 의미가 있지만, 국민 개개인들이 인지하는 주관적 관점에서의 탈상품화정도를 측정하는 것 역시 탈상품화의 정도를 측정하는 지표로서 의미가 있을 수 있다는 단점과 함께 임금대체 가능한 현금혜택의 복지서비스만을 대상으로 자료를 수집하고 분석하였다는 점 등은 한계점으로 지적되기도 한다. 하지만 복지국가를 구분하는 사회적 모델의 기준을 탈상품화지수라는 개념을 활용하여 제시하고 측정가능한 지수를 통하여 복지국가를 유형화하였다는 점에서 매우 중요한 연구업적임에는 틀림없다.

Esping-Andersen은 모든 복지국가를 대상으로 분석을 한 것이 아니라 자료가 수집 가능한 18개 국가들을 대상으로 탈상품화지수를 통해 복지국가를 유형화하였다. 탈상품화지수는 크게 연금과 실업급여 및 질병수당이며 자료는 SSIB data files[35)]을 이용하였다. 구체적인 측정방법은 아래와 같다.

◆**연금**: 연금은 아래와 같이 5개의 변수를 활용하여 측정하였다.

변수 1: 노동자 1인의 정상적인 임금 대비 최소연금혜택

변수 2: 1인당 표준 연금대체비율(표준연금혜택)

변수 3: 급여자격획득을 위해 기여한 기간(year)

변수 4: 개인에게 지불된 총 연금의 분담금(연금재정의 개인적인 몫)

⇒ 개별국가들은 네 개의 변수에서 각각 1, 2, 3점의 점수를 받는다. 1점은 탈상품화의 수준이 낮음을 2점은 중간수준을 그리고 3점은 탈상품화의 정도가 높음을 나타낸다. 1, 2, 3점의 점수부여는 평균값과 표준편차를 이용한다. 예를 들어 평균값 이하에서 표준편차보다 크면 1점, 평균이 표준편차 범위에 있으면 2점, 그리고 평균값 이상에서 표준편차보다 크면 3점 부여

변수 5: 연금혜택을 받는 사람들의 %

⇒ 위의 네 변수에서 나온 1, 2, 3점의 점수들을 모두 합한 후 연금을 실제적으로 받는 사람들의 %에 가중치를 줌

⇒ 그리고 대체율 변수의 점수(변수1과 변수2)에는 2를 곱하여 점수를 1, 2, 3이 아닌 2, 4, 6으로 만든다.

※ 호주와 같이 연금이 자산조사에 기초하는 경우 기여기간에 0을 그리고 혜택을 받는 사람들에게는 가중치 0.5를 부여하였다.

◆**실업 및 질병수당**: 질병과 실업수당의 변수는 대부분 동일하며 아래와 같다.

변수 1: 질병 또는 실업 후 처음 26주 기간 동안의 표준노동자의 세전혜택 소득대체비율(표준급여의 대체비율)

변수 2: 혜택을 받기 전 고용된 주(week)의 수

변수 3: 급여를 받기 위해 대기하는 날짜의 수

35) "Society for the Study of Ingestive Behavior"의 자료

변수 4: 급여를 받을 수 있는 주(week)의 수
변수 5: 질병/실업급여를 실제 받는 비율(%)

⇒ 탈상품화지수는 세 개의 측정영역(연금, 실업, 질병)의 값들을 모두 합하여 국가별로 점수를 부여한다.

위와 같은 현금혜택의 연금, 실업 그리고 질병수당을 중심으로 계산한 18개 국가의 탈상품화 지수는 아래와 같다.

〈표 8-1〉 국가별 탈상품화 지수

국 가	탈상품화지수
호주	13.0
미국	13.8
뉴질랜드	17.1
캐나다	22.0
아일랜드	23.3
영국	23.4
이탈리아	24.1
일본	27.1
프랑스	27.5
독일	27.7
핀란드	29.2
스위스	29.8
오스트리아	31.1
벨기에	32.4
덴마크	32.4
핀란드	38.1
노르웨이	39.3
스웨덴	39.1
Mean	27.2
SD	7.7

자료: Esping-Andersen. 1990. p, 52

3) 복지국가 유형화

Esping-Andersen(1990)이 탈상품화지수를 이용하여 유형화한 복지국가의 특징을 살펴보면 다음과 같다.

첫째, 먼저 미국으로 대표되는 **자유주의복지국가**(미국, 호주, 캐나다)는 탈상품화의 수준이 낮으면서 사회적 권리의 영역을 제한하며 선별적 복지혜택으로 자산조사에 의한 혜택과 낮은 수준의 보편주의적 현금전이와 낮은 수준의 사회보험시스템이 주종을 이루는 국가의 집단이다.

둘째, 독일로 대표되는 **보수주의복지국가**(오스트리아, 프랑스, 독일, 이탈리아)는 조합주의국가라고도 불리며 국가가 복지제공자로서 시장을 대체하는 것을 강조하여 사적보험과 직장혜택이 제한적인 역할을 하고 성당중심의 종교적 성격과 가족중심의 보호가 강조된다. 또한 사회보험은 전통적으로 남성중심으로 일하지 않는 여성을 배제하고 가족혜택은 모권을 고취시킨다. 단기보호(day care)와 가족서비스는 상대적으로 저발달된 특징을 갖고 있는데 이는 국가가 가족이 구성원들에게 서비스를 제공하는 것이 불가능한 경우에만 개입하는 보완의 원칙에 근거한다.

셋째, 스웨덴으로 대표되는 **사회민주주의복지국가**(노르웨이, 덴마크, 스웨덴, 네덜란드)는 보편주의원칙과 사회적 권리의 탈상품화가 신중간계급까지 확대되어 있으며 시장과 가족에 의존하지 않고 가족서비스의 비용을 사회화하고 개인의 독립성을 위한 능력을 최대화한다는 원칙을 유지한다는 특성이 있다.

Esping-Andersen 복지국가유형의 특징은 복지자본주의를 유지하고 있는 복지국가를 정치·경제적 측면에서 구분하여 복지정권으로 유형화하였다는 점이라고 할 수 있다.

4) 탈상품화 기준의 한계

전통적으로 수많은 복지국가들의 국가별 복지수준을 이해하기 위해 또는 복지국가를 유형화하기 위하여 가장 많이 활용된 자료는 사회지출총액 또는 사회지출비(social expenditure, 구체적으로는 GDP 대비 사회지출비용의 비율)로 복지국가의 수준이나 정도를 파악하는 것이다. 사회지출비는 국가의 GDP에서 차지하는 단순히 총액 수준으로 사회적 지출(사회복지지출)에 들어간 돈을 산술적으로 제시하여 사회복지제공의 구체적인 내용을 알 수 없는 한계를 가지고 있지만 GDP라는 경제성장지표가 갖는 한계를 사회적 영역에서 보완할 수 있는 가장 객관적인 사회지표라는 측면에서 OECD는 매년 가입국들의 GDP 대비 사회적 지출비용의 정도를 발표하고 있다.

하지만 사회지출비는 특정 국가적 차원에서 복지의 내용과 질 등을 파악할 수 없는 복지국가재정지출의 단편적인 면만을 나타내주므로 이의 한계를 극복하기 위한 방안인 복지국가의 수준이나 복지국가를 유형화하기 위한 기준으로 제시된 것이 Esping-Andersen이 제시한 탈상품화(decommodification)이다. 탈상품화는 국가에서 제공되는 사회복지혜택 중 현금으로 제공되는 혜택(연금, 실업, 질병수당)을 중심으로 소득대체비율을 통해 복지국가를 유형화하는 기준으로 활용하였다. 즉, 사회지출비 보다 명확하고 구체적으로 사회복지혜택을 수당중심으로 측정하여 제시한다는 측면에서 복지국가제공의 실질적인 측면이 포함되는 사회지표라고 할 수 있다. 물론 그가 제시한 탈상품화지수 역시 사회지출비보다는 복지국가의 수준을 비교하는 데 진일보한 기준임에 틀림없지만 상당한 논란의 중심에 있는 것 역시 사실이다. 특히, **복지국가의 유형을 결정하는 기준으로서 제시된** Esping-Andersen의 탈상품화와 이를 측정하기 위해 그가 사용한 **탈상품화지수(decommodification Index)**는 학자들로부터의 비판에서 자유롭지 못하였는데 그 이유들은 다음과 같다(Bambra, 2005).

첫째, 현금혜택중심으로 현물서비스, 구체적으로 건강서비스나 사회서비스와 같은 복지서비스에 대한 고려를 하지 않는다는 점.

둘째, 탈상품화가 사회중심부에서 외곽화되어 있는 여성을 고려하지 않는다는 점(즉, 탈상품화에 성(gender)인지적 입장이 결여되어 있다는 점).

셋째, 자유주의, 사회민주주의, 보수주의복지국가의 세 유형 이외에 유럽연합에 소속되어 있는 스페인, 포르투갈, 그리스 등과 같은 국가들도 복지국가의 한 유형으로 자리 잡을 수 있다는 점.

넷째, 연구방법론적인 문제로서 그가 사용한 **집단분석(cluster analysis)**이 다른 학자들에 의해서 같은 수준으로 적용되었을 때 상이한 국가들로 복지국가의 유형화가 이루어졌다는 점(예를 들어 미국과 캐나다가 다른 유형으로 분류됨).

다섯째, 복지정권(welfare regimes)이라는 용어에 대한 문제로서 에스핑-앤더슨은 자신의 연구에서 복지정권들을 대부분 수준은 상이하지만 서로 비슷한 현금복지혜택과 복지제공을 가지고 있는 나라들로 규정하였다. 따라서 복지국가들이 나라별로 매우 상이한 복지혜택 및 복지서비스를 제공하고 있음이 반영되지 못하였다는 점.

이러한 한계 또는 논쟁에도 불구하고 탈상품화라는 기준은 복지국가의 수준이나 유형화를 위한 매우 유용한 기준임에는 틀림없다. 하지만 매우 다양한 수준에서 이루어지는 복지국가별 복지제공을 단순히 연금, 질병수당, 실업급여 등의 현금급여중심의 소득대체율로 나타내는 탈상품화지수로는 파악하고 이해하며 유형화하는 데는 분명 한계가 있음 역시 주지의 사실이다. 또한 복지국가의 탈상품화지수는 정부가 발표한 사회지표를 토대로 하므로 국민들이 주관적으로 인지하는 복지국가의 수준이라고 할 수 없어 이 또한 탈상품화지수의 약점이라고 할 수 있다. 예를 들어 정부가 발표하는 실업률은 실업에 대한 공식적인 사회지표이지만 국민들이 인지하는 실업의 정도는 정부가 발표하는 실업보다 훨씬 심각한 것이 사실이므로 사회현실을 있는 그대로 반영하지 못한다는 한계를 그대로 노출한다. 이러한 사회지표의 현실을 반영하지 못하는 현실비적합성은 각종 정부통계에 대한 불신을 초래하는 가장 주된 이유이다. 이는 **객관적 사회**

지표와 함께 사회현실을 반영하는 주관적 지표의 필요성을 동시에 설명해준다. 결국, 복지국가의 수준이나 복지국가의 상대적 비교를 위한 유형화를 위해서는 보다 타당하고 객관적이며 신뢰할 수 있는 지표나 지수의 개발이 필요하다. 예를 들어 설명한 바와 같이 거시적 지표인 GDP 대비 사회지출비, 탈상품화지수 이외에 복지국가의 수준 또는 복지사회의 수준을 설명해주는 보다 포괄적이고 객관적인 거시적인 지표의 필요성이 꾸준히 제기되고 있다(지은구, 2018).

2. Kuhnle과 Alestalo(2000)의 복지국가모델

Kuhnle과 Alestalo(2000)의 복지국가모델은 유럽국가를 분석하기 위해 제시된 모델로서 지역적 한계를 지닌다. Kuhnle과 Alestalo(2000)는 Alestalo와 Flora(1994)가 제시한 국가, 시장, 자발적 조직(시민사회) 그리고 가족의 복지제공의 역할을 중심으로 **대륙국가**(오스트리아, 독일, 프랑스, 벨기에), **스칸디나비아국가**(덴마크, 핀란드, 노르웨이, 스웨덴), **남유럽국가** 그리고 **영국**으로 유럽 복지국가를 네 개의 유형으로 구분하였다. Kuhnel과 Alestalo에 따르면 **스칸디나비아국가는 국가의 복지제공 역할이 중요하며 남유럽국가(이탈리아, 스페인, 그리스, 포르투갈)는 가족과 자발적 조직의 역할이 다른 복지국가들에 비해 더 중요한 특징이 있음을 제시**하였다. 이들의 복지국가유형은 복지국가를 우선 지리적으로 구분하고 그 지역적 특색을 국가, 시장 그리고 가족과 시민사회라는 요소를 적용하여 분석하였다는 점에서 특징이 있다. 이들 구분을 다시 정리하면 아래와 같다.

- 대륙국가: 가족의 복지제공 역할이 중심으로 오스트리아, 독일, 프랑스, 벨기에가 포함
- 스칸디나비아국가: 국가의 복지제공이 중심이며 덴마크, 핀란드, 노르웨이, 스웨덴이 포함
- 남유럽국가: 가족과 비자발적조직(비영리조직 등)이 복지제공의 중심이며 이탈리아, 스페인, 그리스, 포르투갈이 포함

Kuhnle과 Alestalo(2000)의 복지국가유형화를 위한 기준은 복지제공이다. 이들이 제시한 복지제공을 적용하면 복지국가의 특성은 아래의 그림과 같이 나타난다. Kuhnle과 Alestalo(2000)은 복지국가를 시장, 국가, 가족 그리고 사회조직(자발적 조직 또는 시민사회)의 역할을 중심으로 구분하였는데 아래 그림의 예를 보면 유럽대륙국가는 복지제공에 있어 시장의 참여는 미약하고 국가와 비영리부분 그리고 특히, 가족의 역할이 많은 부분을 차지하고 있으며 남유럽국가의 경우는 국가와 시장의 복지제공이 가족과 비영리부분에 비해 상대적으로 약함을 알 수 있다.

〈그림 8-1〉 복지제공의 예

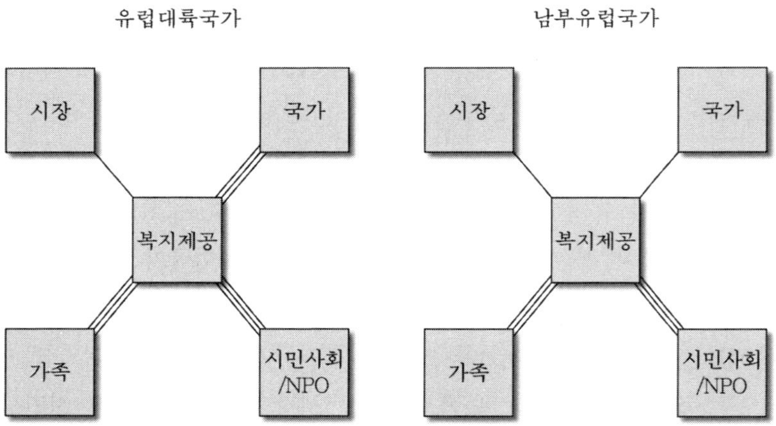

* — : 약한 영향력
= : 중간의 영향력
≡ : 강한 영향력

3. Sapir(2006)의 복지국가모델

Sapir(2006)의 복지국가 분류는 Boeri(2002)가 제시한 세 가지의 기준에 기초하여 이루어졌는데 그 기준은 첫째, 소득불평등과 빈곤에 대한 제거노력, 둘째, 보장받지 못하는 노동시장위험에 대한 보호 셋째, 노동시장참여에 대한 보상이다. 위의 기준을 적용하며 Sapir(2006)는 복지국가를 **노르딕국가, 앵글로색슨(자유주의적)국가, 대륙국가 그리고 지중해연안국가**로 분류하였는데 그에 따르면 각 유형별 특징과 구분은 다음과 같다.

첫째, **노르딕국가**(덴마크, 핀란드, 스웨덴, 네덜란드)는 매우 높은 사회보호지출과 보편적 복지제공 그리고 활동적 정책도구에 기초한 노동시장에 대한 포괄적 재정개입을 특징으로 한다.

둘째, **앵글로색슨**(자유주의적)국가(아일랜드, 영국)는 상대적으로 큰 사회적 원조시스템을 특징으로 하는데 특히 현금전이는 노동세대에 일차적으로 초점이 맞추어져 있다. 노동시장 측면에서 보면 상대적으로 취약한 노동조합과 낮은 임금고용 그리고 임금편차가 큰 것이 특징이다.

셋째, **대륙국가**(오스트리아, 벨기에, 프랑스, 독일, 룩셈부르크)는 실업혜택, 연금과 같은 사회보험에 기초하며 회원 수는 줄어들고 있지만 여전히 노동조합이 강력한 협상력을 유지하고 있다.

넷째, **지중해 연안국가**(그리스, 이탈리아, 스페인, 포르투갈)는 노령연금에 사회적 지출을 집중하고 있으며 권리부여에 대한 세밀한 구분을 통해 복지혜택을 제공하고 있다. 특히 사회복지시스템은 전형적으로 고용보호와 노동시장에서 조기 은퇴한 사람들에게 맞추어져 있다. 임금구조는 강력하게 억제되고 있으며 집단협상에 의해서 이루어진다.

4. 지은구의 복지국가모델

지은구는 2018년 그의 책 “복지국가와 사회의 질”에서 OECD의 자료를 중심으로 가입국들과의 상대적 비교를 통해 복지국가의 성격을 보다 구체적으로 비교·확인하였다. 특히, OECD data set[36]을 활용하여 가장 최근의 자료를 중심으로 복지국가의 성격을 국제적 비교로 분석하려고 시도하였다. 복지국가

36) https://data.oecd.org, https://stats.oecd.org. http://dx.doi.org/10.1787/888933405505

성격규명을 위해 활용한 변수는 GDP **대비 연금지출비율, 노동인구에 대한 소득지원비율, 건강서비스지출 비율, 사회서비스지출비율, 전체 사회적 지출비율, 가족복지혜택지출비율(현금+현물) 그리고 복지관대성비율**(welfare generousity ratio)이다. 위의 7개의 변수 중 복지관대성비율은 GDP 대비 사회적 지출비를 노인인구와 실업률을 합산하여 나눈 것으로 나머지 6개의 변수들은 모두 수량화된 가치로서 나타낸 GDP에서 차지하는 "사회적"영역으로의 지출비율을 나타낸다. OECD 가입국은 2017년을 기준으로 총 35개국이며 본 비교조사를 위해서 영역별 자료가 가장 부족한 슬로바키아를 제외하고 총 34개 가입 국가들의 복지수준을 위의 7개 지표를 가지고 비교·분석하였다.

연구방법으로는 **군집분석**(cluster analysis)을 활용하였으며 자료의 기준은 2015년 자료이고 2015년의 국가별 자료가 부족한 경우는 2014년과 2013년 자료를 동시에 활용하였다[37]. 아래의 표는 군집분석의 결과를 나타낸 것이다.

〈표 8-2〉 군집분석결과

	군집 1	군집 2	군집 3	군집 4	군집 5	F	P
연금지출	14.38	8.72	2.47	5.55	9.25	27.953	.000
소득지원	4.65	4.34	1.37	3.90	6.18	5.538	.002
건강서비스	6.78	6.28	3.50	5.71	6.77	4.012	.010
사회서비스	1.57	2.44	1.70	1.79	5.43	7.532	.000
사회적 지출	27.92	22.3	9.20	17.23	28.80	78.330	.000
복지관대성	.86	.94	.67	.83	1.08	3.676	.015
가족혜택 (현금+현물)	1.78	2.36	.97	1.95	3.35	3.647	.016
	사회적 지출에서 연금 및 건강보호에	사회서비스에 대한 지출과 복지관대성	사회적 영역 전체에서 가장 낮은 사회	사회적 영역에 대한 사회적 지출과 복지	사회적 지출수준이 연금을 제외한 모든		

37) 자료는 부록을 참조

	대한 지출이 가장 높은 유형의 집단	비율이 상대적으로 높은 유형의 집단	적 지출과 복지관대성비율이 가장 낮은 유형의 집단	관대성비율 등이 모두 평균이하인 유형의 집단	영역에서 가장 높으며 복지관대성 역시 가장 높은 유형의 집단		

* $p < 0.05$

아래의 표는 군집분석을 통해 자료를 분석하여 집단화한 34개 OECD 가입국가들을 대상으로 분류한 복지국가의 유형이다.

〈표 8-3〉 복지국가 유형(34개 OECD 가입국가)

구분	1집단	2집단	3집단	4집단	5집단
국가	그리스 스페인 오스트리아 이탈리아 포르투갈 프랑스	네덜란드 노르웨이 독일 룩셈부르크 슬로베니아 영국 일본 체코 폴란드 헝가리	멕시코 칠레 한국	뉴질랜드 라트비아 미국 스위스 아이슬란드 아일랜드 에스토니아 이스라엘 캐나다 터키 호주	덴마크 벨기에 스웨덴 핀란드
합계	6개국	10개국	3개국	11개국	4개국

◆ **안정적 복지국가(1 집단)**: 1 집단에 포함되는 국가들은 스페인, 오스트리아, 이탈리아, 포르투갈, 프랑스, 그리스, 오스트리아 등 총 6개 국가로서 주로 지중해연안복지국가와 유럽대륙의 복지국가들이 포함된다. 1 집단의 특성을 살펴보면 GDP 대비 총 사회적 지출의 비중이 매우 높고(전체 집단 중 2위, 약

27.92 지출), 사회적 지출에서 연금에 대한 지출이 절반 정도를 차지하여 비중이 매우 높았으며(전체 집단 중 1위, 평균 14.38%지출) 건강서비스에 대한 지출도 높았고(전체 집단 중 1위, 약 6.78지출) 노동인구에 대한 소득지원도 높았지만(전체 집단 중 2위, 약 4.65 지출) 상대적으로 사회서비스에 대한 지출이 다른 집단군에 비해 가장 낮았다(약 1.57지출, 전체집단 중 5위). 또한 복지관대성비율로는 전체 집단 중 3위를 차지하였다(.86). 하지만 GDP 대비 공적지출에서 현금과 현물을 포함한 가족복지혜택에 대한 비율은 약 1.78%로서 전체 5개 집단 중 4위를 기록하였다. 결국 전체적으로 7개 영역에서 모든 변수 값을 고려하여 보면 1집단은 **안정적 복지국가**로 규정할 수 있다.

◆ **발전하는 복지국가(2 집단)**: 2 집단에 포함되는 국가들은 네덜란드, 노르웨이, 독일, 룩셈부르크, 슬로베니아, 영국, 일본, 체코, 폴란드, 헝가리 등 총 10개 국가로서 주로 유럽 국가들을 포함하며 아시안 국가로는 일본이 2 집단에 포함된다. 2 집단의 특성을 살펴보면 GDP 대비 총 사회적 지출이 약 20%이상(22.31)을 차지하고 있으며(전체 집단 중 3위), 연금에 대한 지출이 전체 집단 중 3위(약 8.72지출)를 차지하였으며 건강서비스에 대한 지출(약 6.28지출)도 전체 집단 중 3위를 차지하였고 노동인구에 대한 소득지원도 전체 집단 중 3위(약 4.34지출)를 차지하였고 사회서비스(약 2.44지출)와 복지관대성비율(.94)은 전체집단에서 2위를 차지하였다. 그리고 GDP 대비 공적지출에서 현금과 현물을 포함한 가족복지혜택에 대한 비율은 약 2.36%로서 전체 5개 집단 중 2위를 기록하였다. 즉, 2집단은 전체적으로 7개 영역에서 모든 변수 값을 고려하여 보면 **발전하는 복지국가집단**이라고 규정할 수 있다.

◆ **저 발전된 복지국가(3 집단)**: 3 집단에 포함되는 국가들은 한국, 칠레, 그리고 멕시코 등 총 3개 국가로서 남미국가와 동아시아의 한국이 포함된다. 3 집단의 특성을 살펴보면 사회서비스 영역(전체 집단에서 4위)을 제외하고 6개의 모든 지표가 가장 낮은 수준을 나타낸다는 점이다. 즉, 3 집단은 전체적으로 7개 영역에서 모든 변수 값을 고려하여 보면 **저 발전된 복지국가집단**으로 구분

될 수 있다. 3개국 모두 GDP 대비 사회적 지출의 비율이 10%선 이하이며 사회적 지출대비 실업률과 노인인구의 비율을 종합적으로 나타내는 복지관대성은 .67을 나타내었다. GDP 대비 공적지출에서 현금과 현물을 포함한 가족복지혜택에 대한 비율은 약 .97%로서 전체 5개 집단 중 5위를 기록하였고 노동인구에 대한 소득지원도 전체 집단 중 5위(약 1.37%)를 차지하였다.

◆ **보수적 복지국가(4 집단)**: 4 집단에 포함되는 국가들은 뉴질랜드, 라트비아, 아이슬란드, 미국, 스위스, 아일랜드, 에스토니아, 이스라엘, 캐나다, 터키, 호주 등 총 11개 국가로서 주로 여러 대륙 국가들이 혼합되어 있으며 미국을 포함하여 상당수의 자유주의복지국가로 분류되었던 국가들이 포함됨을 알 수 있다. 4 집단의 특성을 살펴보면 GDP 대비 총 사회적 지출이 약 17.23% 정도를 차지하고 있으며(전체 집단 중 4위) 연금에 대한 지출이 전체 집단 중 4위(약 5.55 지출)를 차지하였으며 건강서비스에 대한 지출(약 5.71 지출)도 전체 집단 중 4위를 차지하였고 노동인구에 대한 소득지원도 전체 집단 중 4위(약 3.90 지출, 전체 4위)를 차지하였고 사회서비스는 약 1.79 지출로 전체 집단 중 3위를 차지하였다. 복지관대성비율(.83)은 전체집단에서 4위를 차지하였고 GDP 대비 공적지출에서 현금과 현물을 포함한 가족복지혜택에 대한 비율은 약 1.95%로서 전체 5개 집단 중 3위를 기록하였다. 즉, 4집단은 전체적으로 7개 영역에서 모든 변수 값을 고려하여 보면 **보수적 복지국가집단**이라고 규정할 수 있다.

◆ **발전된 복지국가(5 집단)**: 5 집단에 포함되는 국가들은 벨기에, 덴마크, 스웨덴, 핀란드 등 총 4개 국가로서 주로 노르딕복지국가들이 포함된다. 5 집단의 특성을 살펴보면 GDP 대비 총 사회적 지출이 약 28.80% 정도를 차지하여 가장 높은 지출을 하고 있었으며(전체 집단 중 1위) 연금에 대한 지출이 전체 집단 중 2위(약 9.25 지출)를 차지하였으며 건강서비스에 대한 지출(약 6.77 지출)은 전체 집단 중 2위를 차지하였고 노동인구에 대한 소득지원도 전체 집단 중 1위(약 6.18 지출)를 차지하였고 사회서비스(약 5.43 지출, 전체 집단 중 1

위)와 복지관대성비율(1.08)은 전체집단에서 1위를 차지하였다. 그리고 GDP 대비 공적지출에서 현금과 현물을 포함한 가족복지혜택에 대한 비율 역시 높아 약 3.35%로서 전체 5개 집단 중 1위를 기록하였다. 즉, 5집단은 전체적으로 7개 영역에서 모든 변수 값을 고려하여 보면 대부분 최상위를 기록하고 있어 **발전된 복지국가집단**이라고 규정할 수 있다.

제3절 소결

복지국가의 성격을 구분하여 유형화하는 것은 기본적으로 매우 어려운 작업이다. 이는 복지국가의 정치·문화적 특성과 종교적 특성 그리고 지리적 특성도 복지국가의 성격에 어느 정도는 영향을 미칠 수 있기 때문이다. 예를 들어 한국은 유교적 특성을 그리고 유럽은 카톨릭의 영향을 받아 온 것이 사실이며 이러한 특성은 곧 복지국가의 특성을 설명해주는 하나의 변수로도 작동할 수 있다고 할 수 있다. 하지만 종교적, 문화적 특성을 제외하고 나면 복지국가의 성격을 구분하는 데 가장 적합한 변수 또는 기준은 객관적인 사회지표가 유일하다. 사회복지와 관련된 사회지표를 활용하여 복지국가를 유형화한 가장 대표적인 시도는 바로 탈상품화지수이다. 물론 에스핑-앤더슨이 사용한 탈상품화지수가 발표된 이후 캐슬(Catsle)이 제시한 복지관대성지수 또는 혜택관대성지수 등과 같은 비슷한 종류의 지수들이 많이 개발되었지만 그 성격은 주로 OECD 등과 같은 국제기구가 수집하여 발표하는 자료를 중심으로 국가별 특성을 비교·분석한다는 점이다. 이러한 점에서 보면 복지국가의 특성은 수량적 통계치를 바탕으로 명확하게 구분될 수 있지만 한계는 그 나라의 종교적 특성이나 국민의 특성과 정치·문화적 특성 등이 당연히 사회지표중심의 복지국가 유형화에는 반영되기가 어렵게 된다는 점이다. 결론적으로 보면 복지국가의 유형화는 탈상품화지수와 같이 객관적 사회지표 중심의 지수를 개발하여 활용하는 방법으로 구분한다는 한계를 갖는다.

예를 들어 국민들이 인식하는 공동체지향성이나 정치적 신념에 대한 인식수준(보수, 진보, 중도 등)이나 사회자본의 정도 등은 당연히 복지국가의 성격에도 영향을 미칠 수 있지만 지금까지 이러한 변수들을 고려한 복지국가 유형화와 관련된 연구는 제한적이다.

제 9 장

한국복지국가의 성격

제 1 절 한국복지국가 성격규명의 배경

한국은 복지국가의 기본적 틀을 구축한지 얼마 되지 않는 후발복지국가 중 하나라고 분류할 수 있다. 사회보험과 공적 부조가 1990년대에 들어와서야 기본적인 틀을 갖추었으며 2000년대 들어와서 사회서비스에 대한 국가제공의 틀이 구축되기 시작했다. 특히 한국은 중국, 일본 그리고 대만 등과 함께 유교중심의 전통을 중시하는 **유교주의 복지국가**라고도 분류되지만 복지국가의 유형을 구분하면 어떤 복지자본주의의 틀을 가지고 있는 국가인지를 구분하는 것은 매우 어렵고 복잡한 시도와 노력을 필요로 한다. 일단 Esping-Andersen(1990)이 유형화한 자유주의, 보수주의, 사회민주주의 복지국가 유형을 적용한다면 한국은 자유주의복지국가에 포함될 수 있고, Sapir(2006)의 복지국가 분류방식인 노르딕국가, 앵글로색슨(자유주의적)국가, 대륙국가 그리고 지중해연안국가 중 앵글로색슨국가에 포함될 수 있는 조건을 갖추고 있지만 위의 복지국가 유형화 기준은 주로 유럽국가 중심 또는 유럽국가에 부차적으로 북미 국가들이 포함되어 있어 아시안국가로서 한국은 위의 유형화집단으로 구분되는 데는 많은 한계를 가진다.

아시안국가들은 대부분 복지국가의 역사도 짧으면서 사회적 지출 역시 유럽 국가들에 비해 GDP 대비 10% 안팎의 지출을 하고 있고 가족이나 민간조직 중심의 자선적 복지의 제공이 발달하였다는 특징이 있다. White와 Goodman (1998)은 동아시안국가들의 사회모델의 차이점을 **첫째, 복지에 대한 낮은 지출, 둘째, 복지의 사회적 역할에 있어 시민의 권리와 연관된 사회적 권리의 제공자로서 국가보다는 가족, 지역사회, 고용주에 대한 강조, 셋째, 세금기반의 지불방식이나 보편주의에 기반한 사회보험보다는 선별주의에 기초한 선호를** 강조한다고 주장하였다. 한국복지국가발전을 설명해주는 사회모델은 White와 Goodman (1998)이 지적한 세 가지 동아시안국가들이 갖는 특성을 그대로 유지한다. 즉, 한국은 복지지출이 낮고 선별주의적 혜택이 강하며 주로 국가보다는 가족중심으로 사회복지제공의 책임을 돌리고 있다. 한 가지 특이한 점은 한국의 경우 민간비영리자선단체나 조직이 가족과 함께 중요한 사회복지제공을 담당하여 왔다는 점이다. 이는 자본주의의 이행시기에 서구의 선교사중심의 종교조직이 사회복지제공에 많은 기여를 해왔다는 점과 한국전쟁 이후 수많은 난민과 아동 및 부녀자를 위한 자선단체들이 한국에서 활동하였다는 역사적 사실에 근거한다.

이러한 종교 및 자선민간단체들의 사회복지제공은 1979년까지 이어졌다. 하지만 1980년대 이후 한국이 더 이상 원조를 받아야 하는 절대적 빈곤국가가 아니라 아시아경제를 주도하는 경제국으로 발전하면서 한국에서의 원조활동의 필요성이 사라지게 되어 외국의 자선단체들이 한국 사람들에게 조직이나 단체를 이양하고 철수하면서 지금까지 이어지고 있다. 특히 1983년 사회복지사업법이 개정되어 민간비영리조직의 사회복지제공은 국고보조사업으로 전환되면서 민간비영리조직(특히, 지역사회복지관)들은 국고보조금으로 국가와의 계약을 통해 사회복지를 제공하는 역할을 하게 되었다.

한국은 1980년대 중반 이후 복지국가의 물적 토대를 위한 사회보험의 입안 및 시행이 이루어지기 시작하여 2000년에 이르러서야 국민기초생활보장제도라고 일컬어지는 전 국민을 대상으로 하는 공적 부조제도가 운영되기 시작하였고 본격적으로 2000년대 중반 이후에서야 사회서비스에 대한 국가지출이 본격적으로 제공되기 시작하였다. 특히, 사회보장기본법이 1995년에 제정되었으므로 복지국가의 역사는 매우 짧음을 알 수 있다. 하지만 경제적 측면에서 본다면 한국은 1996년에 OECD에 가입한 가입국이며 국내총생산(GDP)으로 나타나는 경제규모면에서는 세계 10위권(2010년 10위, 2016년 13위)을 유지하는 경제대국이고 국민들의 GNI는 3만불을 뛰어넘어 경제적 부의 성장을 어느 정도 달성한 국가로 발돋움하였다. 1990년대 중반 이후 OECD에 가입하고 경제규모면에서 세계 10위권을 유지하고 있다는 점에 비추어보면 한국은 선진복지국가로의 발전이 매우 더디다고 할 수 있다. 본 장에서는 한국복지국가의 성격을 다룬다. 특히, 복지국가의 성격을 설명해주는 사회모델을 적용하여 한국형 사회모델의 특성을 밝히고 수량화되고 객관화된 자료들을 중심으로 다양한 지표들을 활용하여 국가별 비교·분석을 통해 한국복지국가의 유형화를 시도한다.

제 2 절 유럽복지국가와 아시안 복지국가의 사회모델비교

복지국가를 설명하는 사회모델 측면에서 본다면 유럽은 복지국가의 역사가 가장 오래되었으면서 동시에 GDP 대비 30% 이상의 많은 사회적 지출을 쓰는 선진복지국가들로 구성되어있다. 특히 사회복지제공에 있어 국가의 책임이 강조되면서 대부분 보편주의적 시스템으로 할당이 이루어진다. 물론 Esping-Andersen(1990)이 분류한 것과 같이 영국, 독일이나 프랑스 그리고 스웨덴이나 핀란드 등의 국가별 상이성은 존재하지만 서유럽국가들은 대부분 비슷한 연대의식과 공동체의식을 기초로 사회복지시스템이 발달하였다.

복지국가를 설명하는 사회적 모델의 차이점은 자본주의 발달과정과 맞물리면서 사회·정치적 특성과 경제기반 그리고 문화적 차이성에 근거한다고 볼 수 있다. Walker(2009)는 Esping-Andersen(1990)이 활용한 기준에 덧붙여 8개의 기준을 사용하여 서유럽과 동아시안국가(한국, 일본, 대만, 싱가포르, 중국,

홍콩 등이 포함되며 소위 유교주의 복지국가라고도 불림)의 복지국가를 설명해주는 사회적 모델을 비교해주고 있다. 이를 표로 나타내면 아래와 같다.

〈표 9-1〉 유럽과 동아시안 국가의 사회모델 비교

역 할	동아시아	서유럽
가 족	중간-높음	낮음-중간
시 장	중간-높음	낮음-중간
국 가	낮음-중간	중간-높음
GDP 대비 사회적 지출(%)	5-15	17-34
복지결정모델	개인, 가족, 민간단체나 조직, 기업	개인, 국가, 기업
연대의 범위	가족	국가
탈상품화의 정도	낮음	중간-높음
빈곤/불평등의 정도	중간-높음	낮음-중간

자료: Walker(2009). p. 222에서 재인용

제 3 절 한국복지국가의 특성

Esping-Andersen(1990), Kuhnle과 Alestalo(2000), Alestalo와 Flora (1994), 그리고 Sapir(2006) 등의 연구결과에 근거하여 한국복지국가의 성격을 규명하기 위한 초보적인 논의들이 국내에서 일부 이루어졌다(조영훈, 2000; 남찬섭, 2002; 백승호·안상훈, 2007; 김연명, 2013). 이들 연구에 따르면 한국은 복지제공에 있어 시장-국가-민간비영리-가족 등의 혼합형모형으로 구성되어져 있음은 논의의 여지가 없다. 복지국가의 성격구분에 따른 유형화에 있어 시장화를 강조하는 미국식 자유주의형이나 가족과 자발적 조직의 역할이 더 중요한 스페인이나 이탈리아 같은 남유럽복지국가 유형 그리고 사회보험과 가족중심의 특성을 고려하면 독일과 같은 보수주의복지국가의 성격도 일부 포함하고 있다

고 주장되지만 이러한 논의는 대부분 외국학자들이 제시한 유형화모델에 한국복지국가의 특성을 고려하여 적용한 자의적 수준의 분석이라고 평가할 수 있다. 한국복지국가는 한국만의 특성을 가진 복지체제를 나타낸다. 물론 복지선진국들로부터 다양한 제도나 정책들을 수렴하여 발전시킨 측면도 있지만 중요한 것은 한국식 복지자본주의라는 경제적 토대에 기초해서 정치, 사회, 문화적 특성을 반영하여 발전하여 왔다는 점은 한국식 복지국가의 모형이 기존 연구자들(특히 유럽학자들)이 유형화한 모형에 작위적으로 적용하여 분석하는 데는 한계가 있음을 잘 나타내준다.

위의 분류방식에 따르면 한국은 정치 이데올로기적으로는 자유주의 복지국가 모형에 근접하며 지리적 영역의 특성으로 유형화한 모형에 따르면 남유럽복지국가의 모형에 근접한다. 객관적인 수치를 바탕으로 분석하면 한국은 사회복지 전 영역에서 가장 낮은 수준의 국가적 지출을 하는 저개발된 복지국가들 중 한 곳에 지나지 않는다. 즉, 한국복지체제의 성격은 OECD 국가중 가장 낮은 사회복지지출을 근간으로 하여 낮은 수준의 국가직접제공 그리고 가족중심의 책임과 수준 높은 비영리자발적 조직의 복지제공참여 그리고 영리조직들의 복지제공에 따른 혼탁한 시장구조를 특징으로 한다. 한국복지국가의 특성을 구체적으로 살펴보면 아래와 같다.

1. Walker모델 적용

사회모델은 복지국가의 성격을 설명해주는 이론적 틀이자 토대로서 사회모델에 따라 매우 상이한 복지국가의 유형이 설명될 수 있다. 유럽이든 북미 국가이든 또는 아시안 국가든 간에 상관없이 복지자본주의의 형태를 유지하고 있는 대부분의 복지국가들은 사회모델의 특성에 따라 그 성격이 구분될 수 있다. Walker(2009)는 복지국가의 성격을 구분하기 위해 가족, 시장, 국가의 역할과 GDP 대비 사회적 지출수준, 복지제공을 결정하는 복지결정모델, 국민들의 탈상품화 정도 그리고 빈곤 및 불평등의 정도 등 8개의 기준으로 복지국가를 구분

지을 수 있는 사회모델기준을 제시하였다. Walker(2009)가 제시한 8개의 사회모델 비교 기준을 적용하여 한국의 복지국가 사회모델을 나타내면 아래와 같다.

〈표 9-2〉 유럽과 동아시안 국가의 사회모델 비교한국의 사회모델의 특징

기 준		역 할
가족	높음	• 돌봄은 가족의 책임: 돌봄과 양육에서 개인 및 가족의 책임이 강조됨 - 2017년을 기준으로 OECD 36개 가입국 중 가족에 대한 혜택(현금과 현물포함)은 GDP에서 차지하는 공적지출 중 약 1.2%를 차지하여 32위를 기록(OECD 평균은 2.0%). 가족혜택에 대한 정부지출이 매우 낮다는 것은 그만큼 가족복지에 대한 책임이 가족에게 있음을 나타냄[10)] - 가구의 민간보험료 지출이 매우 높음: 건강보험보장성 약화로 인해 민간보험에 가입한 가구의 가구당 가입 개수는 2012년 4.64개, 월평균 납입료는 34만3488원. 민간실손보험에 가입한 건수는 2013년을 기준으로 3천5백만건에 달함[1)] - 2016년을 기준으로 건강에 들어가는 지출이 매우 높음(GDP에서 2.4%, OECD 평균 1.75%, 24개국 중 6위) - GDP 대비 공교육비 지출비가 약간 높음[2)]. 2015년을 기준으로 4.0%지출(OECD평균은 3.5%, 33개국 중 6위) - 2015년 기준 아동 사교육비에 들어가는 지출은 GDP에서 .51%로 매우 높음(OECD 평균 .32%, 35개 OECD 국가 중 8위). - 아동 1인당 사교육에 들어가는 가구당 평균월액이 2018년을 기준으로 291,000원으로 높음[12)] - 건강에 들어가는 공적지출이 매우 낮음(GDP에서 차지하는 건강분야의 공적지출 수준은 2017년을 기준으로 4.3%(OECD평균은 5.3%, 전체 가입국 36개국 중 30위)[3)] - 국민 1인당 지출하는 의료비용에서 정부혜택은 약 56%를 차지하여 가족이나 개인부담 의료비율이 매우 높음(2016년 기준으로 1인당 의료비 ＄2,729에서 정부부담은 ＄1,538, 개인 또는 가족부담은 ＄1,191)[18)], 2015년 기준으로 가구소득에서 차지하는 의료비가족부담의 비율이 5.1%로 OECD 국가 중 스위스를 제외하고 가장 높음[18)]
시장	높음	• 건강 및 돌봄 서비스(영유아 및 아동, 노인, 장애인 등)는 대부분 복지혼합으로 시장화되어 있어 시장화의 정도가 높음 • 2007년과 2008년 서비스가 개시된 사회서비스투자사업 중 돌봄 사업, 아동심리정서발달사업 그리고 노인장기요양사업의 재가요양은 대부분 영리기업이 사업을 독점하고 있음 - 보육시설: 영리보육시설이 2017년을 기준으로 87%를 차지[13)] - 요양시설: 영리재가노인요양기관이 2015년을 기준으로 91%를 차지[14)] • 건강서비스영역에서 2015년 기준으로 전국 3,205개의 병원 중

		영리병원이 1,706개(약 53%)[17]
국가	낮음	• 국가는 전체 사회복지서비스를 기획하고 재정을 지원하며 민간 기관들을 관리하는 주체적 역할을 담당. 서비스 제공의 측면에서 국가의 역할은 제한적이고 주로 민간비영리와 영리조직들이 서비스를 제공함 • 국가가 직접 복지서비스를 제공하는 비율은 전체 공급 중 영역별로 상이하지만 모든 영역에서 평균 10% 이상을 넘지 못하고 있음 - 건강서비스영역에서 국공립병원은 전체 3,205개 중 64개[17] - 보육서비스영역에서 국공립보육시설은 2017년 기준으로 7.8%[13] - 사회서비스분야 중 장애인 및 노인돌봄서비스영역에서 2012년 기준 국공립시설은 0%[16] - 장기요양영역에서 2015년 기준 노인요양 국공립시설은 전체 2,707개 중 두 곳[14] - 장기요양서비스에서 2015년을 기준으로 국가는 GDP 대비 약 0.8%를 지출하고 있음[18]. OECD 국가의 평균지출은 1.7%
GDP 대비 사회적 지출(%)	낮음	• 2018년 36개 OECD 국가 중 멕시코와 칠레를 제외하고 가장 낮음(11.10%, 2018년, OECD 평균 20.1%)[10]
복지결정 모델	개인, 가족, 민간조직	• 사회복지영역별로 상이하지만 공적 부조와 일부 사회보험을 제외하고 대체적으로 민간비영리조직과 영리조직이 중심
연대의 범위	가족	• 국민들의 가족적이고 개인적인 사고로 인해 연대는 주로 가족 중심으로 이루어짐. 사회적 책임의식이나 사회헌신에 대한 사고는 매우 낮음 - 사회헌신에 대한 인식조사(조사 대상국 58개국)에서 평균 3.47로(5점 척도, 점수가 높을수록 사회헌신에 대한 소명감이 없음) 헌신에 대한 의식이 매우 낮음[11] - 지역사회의 공동체의식 또한 낮음. 공동체의 일원이라고 생각하지 않는다라는 응답이 6.6%로 대표적으로 다민족 사회인 미국(4.1%)보다도 높음[11] - 정부에 대한 신뢰는 매우 낮음[6]. 2015년을 기준으로 정부에 대한 신뢰도는 OECD 평균 약 42%, 한국은 24%로 34개국 중 29위 • 한국은 연대나 공동체의식을 나타내는 사회자본 수준이 매우 낮음 - 친구나 가족으로부터의 연대의 질도 매우 낮은 수준: 친구나 친척으로부터의 지원네트워크(support network)의 질에 대한 OECD 2017년 자료를 보면 76%로서 35개국 중 35위를 차지하여 네트워크의 질이 매우 낮음[7] - 타인에 대한 신뢰도도 낮음: 2013년을 기준으로 26.59%, OECD 평균은 2010년 자료를 기준으로 36.02%[11]

탈상품화의 정도	낮음	• 국민들의 탈상품화 정도는 낮음 - 복지관대성비율 2017년 기준으로 0.63%(OECD 34개 국가 중 31위, OECD 평균: 0.91%)[19] - 연금에 대한 공적지출의 수준이 낮아 탈상품화 수준이 낮음. 2017년을 기준으로 GDP에서 3.0%를 지출(OECD 평균은 7.5%)[8] - 노동가능인구의 소득보장에 대한 공적지출수준이 낮아 탈상품화 수준이 낮음. 2014년을 기준으로 GDP에서 1.3%를 지출(OECD 평균은 4.2%)[8] - 노동시장에 대한 공적지출은 2016년을 기준으로 낮음(0.7%, OECD 29개국 중 18위, OECD 평균은 1.17%) - 건강서비스에 대한 공적지출수준이 낮음. 2017년을 기준으로 GDP에서 4.3%를 지출(OECD 평균은 5.3%)[8] - 사회서비스에 대한 공적지출수준이 낮음. 2017년을 기준으로 GDP에서 6.0%를 지출(OECD 평균은 7.4%)[8] • 노동인구 중 실업급여 수혜자가 매우 낮음은 탈상품화 정도가 낮음을 동시에 나타냄. 2016년을 기준으로 실업보험수혜자 비율 2.2%(OECD 평균은 5.8%, OECD 31개국 중 29위)[9]
빈곤/불평등의 정도	높음	• 한국은 2015년부터 상대적 빈곤율을 사용하여 소득보장정책을 운영하고 있으며 생계보장을 받는 소득수준은 중위소득의 30%이하 수준임(OECD의 빈곤기준은 대체적으로 중위소득 50%이하)[5] • 한국의 상대적 빈곤율(OECD 기준 중위소득 50%이하)은 2014년을 기준으로 14.4%, OECD 평균은 11.4%로 매우 높음[15] • 소득양극화는 매년 심화되고 있음. 2015년 통합소득*을 기준으로 소득상위 10%는 약 1억 2천만 원을 그리고 소득하위 10%는 166만원으로 격차는 약 72배[4]

* 통합소득: 근로소득이나 사업소득, 임대·투자·이자소득 등을 합한 소득

1) 국민건강보험공단·한국보건사회연구원. 2014. 한국 의료패널 심층 분석 보고서.
2) OECD. 2018 Education at a glance.
3) OECD Stat Extracts. health data자료
4) 국민의당 박주현 의원이 국세청으로부터 제출받은 '2008~2015년 통합소득(근로소득과 종합소득) 100분위 자료'
5) 국민기초생활보장제도의 급여별 선정기준은 생계급여의 경우 중위소득의 30%로서 2017년을 기준으로 중위소득 30% 수준은 1인가구의 경우 495,879원이고 4인 가구의 경우는 1,340,214원임(중위가구의 50%수준은 4인가구의 경우 2,233,690원임)
6) Gallup World Poll. 2016. www.Gallup.com.
7) 문제가 발생하였을 때 같이 문제해결을 할 수 있는 친구나 친척이 있다고 대답한 사람들의 %. OECD. 2017 Better life index.
8) OECD. Society at a glance. 2018. OECD Social Expenditure Data Base(SOCX). 2018.
9) OECD. Benefit recipients Database(SOCR)
10) OECD. Social Expenditure Data Base(SOCX). 2018.

11) World Values Survey(Wave 6)
12) KOSIS 통계지표. 13) 복지부, 2018. 보육통계
14) 복지부. 2015. 노인복지시설현황, 15) OECD. Income Distribution Database. 2016.
16) 복지부(2012). 지역사회서비스투자사업안내.
17) 국가통계포털. (2015). http://kosis.kr.
18) OECD. 2017. Health statistics.
19) Castles, F. G. (2004). The future of the welfare state: Crisis myths and crisis realities. Oxford University Press on Demand. 사회적 지출 비율 / (실업률 + 65세 이상 인구 비율)

2. Kuhnle과 Alestalo의 모델 적용

Kuhnle과 Alestalo(2000)의 복지국가유형화를 위한 기준을 적용하면 한국복지국가의 특성은 아래의 그림과 같이 나타난다. Kuhnle과 Alestalo(2000)은 복지국가를 시장, 국가, 가족 그리고 사회조직(자발적 조직 또는 시민사회)의 역할을 중심으로 구분하였는데 한국의 경우는 순수 비공식부분의 자발적 조직보다는 국가로부터 국고보조금을 지원받아 위탁 운영하는 복지제공기관들이 많다는 특징과 함께 전통적으로 복지에 있어 가족이 중요한 기능을 담당하여왔고 국가가 직접 복지를 제공하는 경우는 제한적이며 국민들이 시장에서부터 직접 복지서비스를 제공받도록 하는 복지혼합이 이루어져 있다. 아래의 그림은 한국복지제공의 특성을 나타낸 것으로서 시장과 국가는 복지제공에 참여하고 있지만 가족이나 자발적 조직(비영리 사회조직)에 비해 그 정도는 약하며 사회조직의 복지제공에 있어서 책임이 가장 강한 것이 특징이다.

〈그림 9-1〉 한국 복지제공의 특성

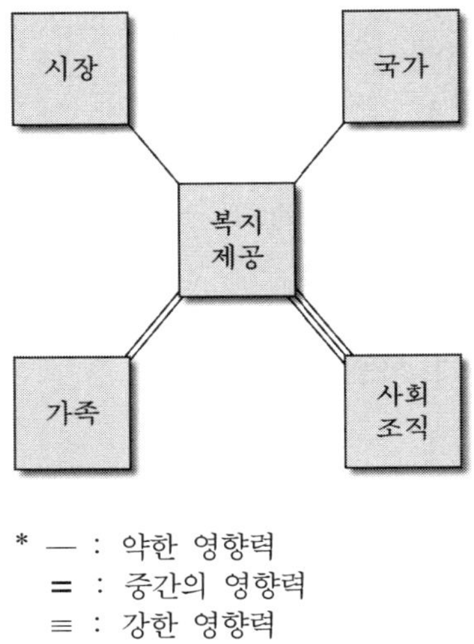

(1) 국가

국가의 제한적인 복지제공은 한국 복지국가 성격을 규정하는 중요한 요소이다. **사회적 지출이 매우 낮은 한국의 복지제공 특성에 비해 상대적으로 질 좋고 다양한 복지서비스가 제공되는 결정적인 이유는 국가직접제공보다 높은 기술력과 지식을 겸비한 저렴한 민간사회복지사들로 인력이 충원된 민간비영리조직이 1980년 중반 이후 대거 사회복지영역에 유입되면서 복지서비스의 질적 발전을 가져다주었기 때문이다.** 국가는 사회복지정책 및 서비스를 기획하고 10%도 채 안 되는 공공직접제공의 취약한 토대를 가지고도 민간영역에 저렴한 비용으로 재정적 지원을 제공하여 최대한의 효과를 누리고 있다.

(2) 시장(준시장)

건강보험영역에서의 영리병원(개인의원 포함)이 제3자 지불방식으로 비용을 보전 받는 시장화이후 2000년 중반 이후 한국의 노인, 장애인, 영유아 등의 돌봄 서비스영역에서 급속한 시장화가 이루어졌다. 일부에서는 돌봄 서비스영역이 시장화가 일어난 것이 아니라 준시장화(유사시장화)가 발생한 영역이라고 주장하기도 하지만 돌봄 서비스영역에서 서비스를 제공받기 위해서는 국가재정과 가족부담이 동시에 발생한다는 점에서 준시장화라고 보기에는 한계가 있다. 특히, 사회적 가치나 공공의 가치 실현이 목적이 아닌 개인의 이익을 강조하는 민간영리조직의 돌봄 영역으로의 대거진입은 한국 돌봄 서비스영역을 가장 혼탁하게 만든 주범이라고 할 수 있다.

한국 사회복지제공에 있어 준시장 또는 유사시장은 성립되지 않았으며 작동하지도 않는다. 2007년 정부는 이용자들에게 선택권을 제공하기 위해 사회복지제공에 있어 시장진입장벽을 낮추고 서비스 제공기관들이 상호 간에 경쟁을 통해서 서비스의 품질을 향상시키도록 하는 사회서비스사업과 2008년 노인장기요양서비스를 시작하였고 이러한 시장을 곧 준시장이라고 주장하였지만 현실적으로 현장에서 비영리사회서비스제공기관들은 경쟁보다는 협력과 조정을 통한 통합적 서비스를 제공하기 위해 노력하고 있고 실질적인 경쟁은 심리상담서비스나 재가요양서비스의 민간영리기관들을 중심으로 발생하고 있으므로 준시장화가 아닌 시장화라고 보는 것이 적당하다. 또한 준시장화는 이용자들이 본인부담 없이 국가의 전액 재정지원으로 서비스혜택을 받는 것을 원칙으로 하지만 한국의 경우는 사회서비스나 돌봄과 요양서비스를 제공받기 위해서는 추가부담비용이 발생하고 이러한 추가부담비용은 영리기관의 이윤확보를 위해 이용자를 선별하는 기제로 작동하므로 한국의 준시장은 성립되지도 않았으며 운영될 수도 없는 조건이라고 할 수 있다. 결론적으로 보면 한국에서는 2007년 이후 사회서비스영역에서 준시장화가 아닌 사회복지시장화가 급속하게 진행되고 있다고 할 수 있다.

(3) 가족

한국 사회복지 할당의 가장 기본적인 기준은 선별주의이다. 즉, 가족이 구성원들의 복지를 일차적으로 책임지고 국가는 최소수준으로 혜택을 받을 만한 사람들에게만 혜택을 제공하는 최소부담원칙과 가족부담원칙을 고수하였다. 이로 인하여 대표적인 공적 부조제도인 국민기초생활보장제도는 중위소득가구의 약 35% 수준 이하의 가구만을 대상으로 생계보호혜택을 제공하고 그나마 기족부담원칙에 따라 부양의무자기준을 적용하여 혜택을 제한하는 기형적 모습을 띠고 있으며 노인 및 장애인 돌봄 서비스도 빈곤가구(차상위계층 포함)에게만 서비스를 제공한다. 노인장기요양서비스 역시 최소부담원칙에 따라 기본적인 시간 이외에 추가적인 재가요양서비스가 필요한 경우 비용은 가족이 책임을 지며 요양시설에 입소하는 경우도 가족부담금의 비율이 높다.

(4) 사회조직(비영리조직)

한국은 민간조직들인 사회복지법인, 학교법인, 사단법인 등 비영리법인 중심의 사회복지제공의 특성을 나타내지만 자발적 조직의 복지제공에 있어 약 60% 이상의 재정은 국가로부터 유입되는 복지제공의 특성을 가지고 있다. 따라서 이러한 국고보조금지원사업은 국가와 비영리법인이 정부와의 계약관계로 서비스를 제공하는 전형적인 주인-대리인의 관계를 나타낸다는 특징이 있다. 하지만 비영리조직은 정부로부터 기획되어진 복지혜택만을 제공하는 것이 아니라 자체적인 재정이나 민간보조금을 통해 복지혜택을 기획하고 제공한다는 측면에서 단순한 대리인의 역할을 수행하는 것만은 아니라는 특징 역시 갖고 있다. 이러한 비영리조직제공중심의 한국 복지국가의 발달은 비영리조직의 소명감 및 사회적 가치지향적 노력에 힘입은 바가 크다.

3. Gilbert, Specht 그리고 Terrell의 정책분석 모델 적용

Gilbert, Specht 그리고 Terrell(1993, 2005)이 제시한 사회복지정책분석모델을 적용하여 한국복지국가의 체계를 분석하면 요점은 다음과 같다.

◆ **할당**: 한국의 복지할당은 선택주의와 보편주의적 방식을 혼합하여 사용하고 있어 혼합형 할당이라고 볼 수 있다. 예를 들어 2018년부터 제공되는 아동수당은 2019년 9월부터 만 7세 미만 모든 아동들에게 보편적으로 제공되는 대표적인 보편적 혜택이다. 하지만 공적 부조인 국민기초생활보장제도는 대표적인 선택주의에 기초한 혜택으로 소득 및 자산조사를 통해 기준을 설정하여 기준 이하의 사람들에게만 혜택을 제공하는데 이는 장애인돌봄이나 노동돌봄 등과

같은 사회서비스사업 역시 동일하다.

◆ **재정**: 2016년 한국의 GDP 대비 사회적 지출은 10.4%로서 자료가 집계된 29개 OECD 국가 중 29위이다. 이는 한국의 GDP 대비 복지재정의 총량이 열악한 수준임을 나타내준다. 2016년 전체 예산에서 차지하는 복지부소관의 복지예산 비중은 14.4%로서 전체예산 386조7천억 원 중 차지하는 비중은 55조 6천억 원이었다. 참고로 보건・복지・노동 등을 모두 합한 예산은 약 122조원으로 전체 예산의 31.8%를 차지한다.

◆ **제공**: 한국의 사회복지제공의 기본적 틀은 현금과 재화, 전문적 서비스 그리고 바우처와 신용(근로장려금) 등으로 구분된다. 실업급여나 공적 부조 그리고 각종 수당은 현금으로 제공되며 2007년 이후 돌봄영역의 사회서비스사업에서 바우처를 지불방식으로 채택하여 바우처(전자바우처)가 이용자들에게 제공되고 있으며 2008년부터 도입된 근로장려금제도는 노동빈곤층에게 세금을 되돌려주는 대표적인 신용(credit)반환제도이다. 정부보조금으로 운영되는 비영리사회복지조직에서는 대체적으로 사례관리, 상담이나 교육 그리고 정서적 지지와 같은 전문적 서비스가 주된 제공이다. 상품이나 재화로 제공되는 사회복지서비스는 대표적으로 노숙인들에게 제공되는 의류나 식사 그리고 절대빈곤층에게 제공된 영구임대주택 등과 같은 주거복지 영역의 제공이 있다.

◆ **전달체계**: 한국의 사회복지서비스의 전달체계는 1990년대 전까지는 민간자선단체 중심의 비공식적 부분이 중심이었으며 1990년대 이후부터 주인-대리인이론에 입각한 비영리제공모델이 중심되었고 2000년 이후 사회복지서비스영역에 시장을 도입하고 상업화를 인정하여 이익을 추구하는 민간조직들이 대거 사회복지서비스 전달을 책임지고 있다. 물론 사회복지서비스의 경우 적은 부분이지만 국가가 직접 사회복지를 전달하는 영역도 존재한다. 또한 1990년대 이후부터는 공적 부조와 사회보험의 경우 국가가 서비스 전달에 있어 주체이지만 건강서비스의 경우는 비영리병원조직이 그리고 노인장기요양서비스는 영리기관

과 비영리기관이 중심적으로 서비스를 전달하는 주체이다. 결론적으로 공적 부조를 제외한 사회복지서비스의 제공은 국가가 직접 제공하기보다는 민간조직(영리 및 비영리 조직을 포함)이 국가의 재정지원 하에 서비스를 제공하는 민영화중심의 서비스 전달체계라는 성격을 내포하고 있다. 2016년(3월 기준)을 기준으로 민간비영리조직(사회복지법인, 비영리법인, 학교법인 등)은 전국의 종합사회복지관(455개 기관)의 90% 이상을 운영하고 있으며 국가직접주도의 종합사회복지관(지자체가 직접 운영하는 기관)은 약 6%(28개 기관)정도에 머물러 있다(한국사회복지관협회, 2016). 건강서비스영역의 경우 2015년 기준으로 총 3,205개의 전국의 병원 중 국·공립 병원은 단지 75개에 불과하며 의료법인을 포함한 비영리법인이 운영하는 병원은 1,404개(약 43%) 그리고 개인이 운영하는 병원이 1,706개(약 53%)로 국가가 직접 서비스를 제공하는 국공립병원보다는 비영리법인과 영리개인을 포함한 민간병원의 수가 절대적으로 많다. 보육서비스의 경우 보건복지부(2014)의 보육통계를 살펴보면 국공립이나 비영리법인이 운영하는 보육시설을 제외한 영리보육시설[38]이 전체 보육시설의 약 89%를 차지하고 있는 실정이다. 즉, 2014년을 기준으로 전체 시설 수 약 43,742개 중에 국공립보육시설은 5.7%(2,499개소)이고 민간(영리조직)이 38,981개를 차지하고 있으며 사회복지법인을 포함한 비영리법인 보육시설이 1,468개로 5.1%를 차지하고 있다. 그리고 노인요양서비스 중 방문요양서비스 기관의 경우는 영리기관의 시장진입이 허용된 이래로 급속하게 시장화가 일어난 영역으로 전체 8,029개의 기관 중 영리기관이 7,298개 그리고 비영리기관이 677개 그리고 국공립기관이 5개로 영리기관이 전체 기관의 91%를 차지하고 있다. 사회서비스사업의 경우 국공립제공기관은 전무하며 2007년 이후 영리기관의 시장 진입이 급격하게 늘어나 2010년을 기준으로 영리기관의 수는 41.7%(58.3%는 비영리제공기관)를 차지하고 있는 것으로 나타났다(지은구, 2016에서 재인용).

시회복지정책분석모형을 적용하여 한국복지국가의 성격을 분석한 결과를 종

38) 여기서 보육시설은 복지부가 관할하는 어린이집을 의미함.

합하면 다음과 같다.

첫째, 한국복지국가의 재정지출은 복지국가 중에서도 매우 낮아 국가적 대응에 한계가 있는 것으로 나타났다.

둘째, 재정적 취약점을 극복하기 위해 국가는 민간비영리부분과 시장을 사회복지 및 사회서비스 전달체계로 적극 활용하여 사회복지 재화와 서비스를 생산 및 제공하도록 정책적으로 유도하여왔다.

셋째, 선택주의에 기초한 빈곤법의 논리를 그대로 이어받아 공적 부조제도는 대부분 선별적 할당시스템을 구축하였고 최근 아동 및 청소년의 무료급식 및 아동수당 등 일부 할당제도에서 보편주의적 할당시스템을 소극적으로 보완하고 있었다.

넷째, 사회복지 재화와 서비스의 제공은 대체적으로 현금과 현물 및 서비스가 주종을 이루고 있으며 사회보험 및 공적 부조는 현금으로 그리고 사회서비스는 현물 및 서비스와 2007년 도입된 전자바우처방식이라는 간접적 방식으로 이루어지고 있었는데 사회서비스 및 돌봄 영역에 바우처방식을 도입한 이유는 명목적으로는 국민들이 시장에서 선택권을 강화할 수 있다는 점이었지만 현실적으로는 서비스 중복 및 이중지원방지 그리고 관리 및 재정의 효율화를 기대한 조치였다고 볼 수 있다. 현행 바우처제도는 본인부담금이 있다는 점과 선택권을 행사할 서비스 제공기관이 부족하여 자기결정권이 제한적인 돌봄 서비스의 경우 선택권의 부여는 의미가 없다는 점 그리고 바우처방식 자체가 낙인을 초래하여 일부 국가를 제외하고는 바우처 대신 현금 및 현물서비스를 주로 제공한다는 측면에서 이용자들의 서비스이용에 대한 자기결정권을 극도로 제한하는 선별주의의 한계를 가지고 있었다.

위를 종합하면 한국은 에스핑 앤더슨이 명명한 북미식 자유주의적 복지국가로 발전할 가능성이 있으며 현 수준으로는 저 발전된 복지국가라고 통칭할 수 있다.

제 4 절 한국복지국가의 유형화(모델)

한국복지국가의 수준을 통해서 나타나는 복지국가의 성격을 분석하고 확인하는 것은 곧 한국 사회발전 및 사회 질 개선을 위한 기본적인 노력이며 복지국가들과의 상대적 비교를 위한 중요한 자료이다. 한국복지국가의 성격을 규정하는 중요한 기준으로 앞에서 설명한 국가, 시장, 가족 그리고 자발적 조직의 복지제공분석을 통해서 나타난 바와 같이 한국은 가족 및 비영리 자발적 조직 중심의 복지제공시스템을 구축하고 있으며 국가와 시장 역시 직접적 복지혜택을 제공하는 전형적 복지제공에 있어 혼합형모델을 나타내고 있다. 또한 Walker가 제시한 8개의 기준으로 복지국가사회모델의 성격을 구분하여도 복지결정에 있어 국가보다는 가족의 책임이 높고 시장이 돌봄 및 건강서비스영역에서 중요한 영향을 미치고 있으며 국가의 직접적인 복지제공의 수준은 보육서비스영역을 포함하여 전체 10% 이하 수준에 머물러 있고 GDP 대비 사회적 지출수준은 OECD 가입국 중 멕시코를 제외하고 가장 낮은 것으로 나타나고 있다.

지은구(2018)가 OECD의 **GDP 대비 연금지출비율, 노동인구에 대한 소득지원비율, 건강서비스지출 비율, 사회서비스 지출비율, 전체 사회적 지출비율, 가족복지혜택 지출비율(현금+현물) 그리고 복지관대성비율**(welfare generousity ratio)**을 이용하여 군집분석**(cluster analysis)**을 통해 복지국가를 유형화한 연구결과에 따르면 한국은** 사회서비스 영역(전체 집단에서 4위)을 제외하고 6개의 모든 지표가 가장 낮은 수준을 나타낸다는 점이다. 즉, 3 집단은 전체적으로 7개 영역에서 모든 변수 값을 고려하여 보면 **저개발복지국가집단에 포함되었다.**[39)]

---

39) 보다 자세한 내용은 본 저서의 제5장 복지국가의 유형화를 참조할 것

제 5 절 한국복지국가의 재정비교

국가의 재정적 측면에서 보면 한국은 후진복지국가, 저발달된 복지국가 또는 발전하는 복지국가라고 할 수 있다. 아래의 표는 국가 재정적 측면에서 한국복지국가의 현 상황을 설명해준다. 1980년 이후로 **사회적 지출**(public social expenditure)은 OECD 국가 평균 GDP 대비 16%에서 2017년을 기준으로 20.2%로 크게 증가하였다. 특히 1990년대 초반 세계적인 경기침체에도 불구하고 사회적 지출이 줄어들지 않고 소폭 증가하면서 20%선을 유지하였다. 대부분의 OECD 국가들의 GDP 대비 사회적 지출은 1980년대와 2017년을 비교하였을 때 감소 없이 증가하였음을 나타내주고 있다. 다음의 표는 2017년을 기준으로 OECD 국가의 GDP에서 차지하는 총 사회복지지출을 나타낸다.

〈표 9-3〉 유럽과 동아시안 국가의 사회모델 비교 OECD 국가의 2017년 GDP 대비 사회적 지출비교

GDP 대비 사회적 지출					
호주	17.8	아일랜드	14.34	스페인	23.85
오스트리아	27.08	이탈리아	28.14	스웨덴	26.14
벨기에	29.18	일본	21.90	스위스	16.12
캐나다	17.33	한국	10.63	터키	12.50
체코	19.00	룩셈부르크	22.57	영국	20.75
덴마크	28.12	멕시코	7.50	미국	18.89
핀란드	28.88	네덜란드	17.00	칠레	10.95
프랑스	31.79	뉴질랜드	18.57	에스토니아	18.01
독일	25.05	노르웨이	25.34	이스라엘	16.03
그리스	24.85	폴란드	20.96	슬로베니아	21.43
헝가리	20.18	포르투갈	23.71	라트비아	15.79
아이슬란드	15.94	슬로바키아	17.35	리투아니아	15.82
36개국 평균	20.26				

자료: OECD. 2019. 사회적 지출데이터베이스(social expenditure data base, SOCX)

위의 표를 보면 멕시코, 칠레 그리고 한국이 평균 GDP 대비 사회적 지출을 가장 적게 쓰는 나라임을 알 수 있으며 특히 한국은 OECD 36개국 중에서 GDP 대비 총 사회복지지출이 10.6%에 지나지 않아 35위를 나타내었다. 아래의 그림은 OECD 국가별 사회적 지출의 구성요인을 나타낸 것이다.

〈그림 9-2〉 유럽과 동아시안 국가의 사회모델 비교 2017년 사회적 지출 구성요인비교

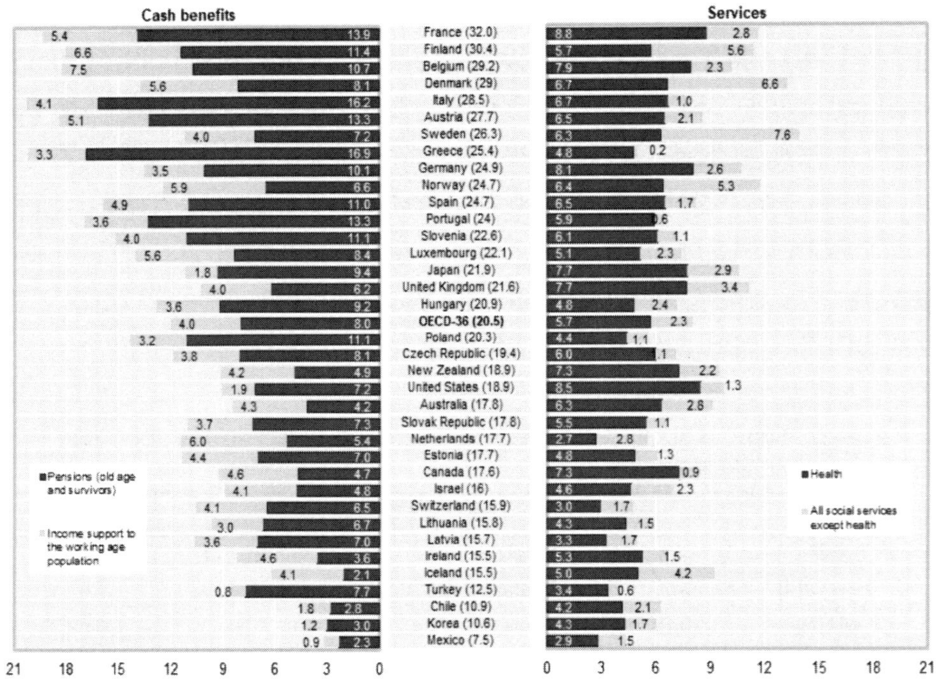

자료: OECD. 2019. Public Social Spending is High in Many OECD Countries. p. 3

위의 그림을 보면 한국의 경우 사회서비스는 GDP 대비 약 1.7%를 지출하였고 건강서비스에 4.3%, 노령연금에 3.0% 그리고 노동인구에 대한 지원에 1.2%를 지원하였는데 대부분 OECD 국가의 평균값에 미치지 못하였고 매우 낮은 순위를 나타내주고 있음을 알 수 있다.

〈표 9-4〉 유럽과 동아시안 국가의 사회모델 비교 2017년 한국의 사회복지재정 분야별 OECD 36개국과 국제비교(단위: %)

사회복지분야	한국 GDP 대비 지출	OECD 36개국 평균	한국순위 (총 36개국)
연금(노령연금과 유족연금)	3.0	8.0	33
노동인구에 대한 현금지원	1.2	4.0	34
건강서비스	4.3	5.7	25
사회서비스	1.7	2.3	30
사회적 지출	10.6	20.5	35

자료: OECD. 2019. 사회적 지출데이터베이스(social expenditure data base, SOCX) 에서 재구성

위의 표에서 보는 바와 같이 한국 사회적 지출은 모든 분야에서 OECD 국가의 평균치보다 훨씬 못 미치는 재정지출을 하고 있는 것으로 나타나 재정적인 측면에서 보더라도 한국의 사회복지수준은 경제규모 10위권의 경제대국이라는 말이 무색할 정도임을 알 수 있다. 위의 표는 OECD 국가들의 GDP 순위와 GDP에서 차지하는 각종 사회보장을 위한 지출비중을 가장 최근의 자료를 중심으로 비교한 것이다. 표를 보면 한국의 GDP 수준은 24위 정도이지만 대부분의 사회보장 지표는 30위권 밖의 하위수준에 머물러 있어 재정적 측면에서 한국 복지국가의 수준은 경제적 부가 더욱 복지영역으로 배분될 수 있도록 하여야 하는 저발달된 수준의 복지국가임을 알 수 있다.

제6절 소결

OECD의 자료들을 비교·분석한 결과 그리고 8장에서 복지국가 유형화를 위한 다양한 국제자료들을 종합하여 군집분석을 통하여 비교 분석한 결과 **한국은 멕시코, 칠레와 함께 가장 발전이 더딘 복지국가의 유형에 속한다. 내용적으로 보면 복지관대성비율이 낮고 가족혜택에 대한 공적지출수준이 낮다는 것은 그만**

큼 탈상품화의 정도가 낮음을 의미하는 것이고 복지의 전 영역에 사회적 지출 수준이 낮아 복지의 수준은 대체적으로 낮은 수준에 있다. 하지만 한국은 칠레나 멕시코와는 달리 GNI나 GDP로 나타나는 경제수준이나 경제적 발전단계가 높으므로 복지에 대한 국가적 지출수준의 증액과 탈상품화의 정도를 강화하기 위한 물적 토대가 멕시코나 칠레에 비해 우수하다는 점에 비추어보면 빠른 시간 안에 발전하는 복지국가로 진입할 가능성이 높은 국가라고 결론지을 수 있다. 아래의 표는 칠레와 멕시코 그리고 한국의 경제수준과 비슷한 뉴질랜드와 스페인을 나타내는 지표들을 비교한 것이다.

〈표 9-5〉 한국의 경제수준비교(단위: $, 2017년 기준)

국가	1인당 GNI	1인당 GDP
한국	38,841	38,839
멕시코	19,192	19,655
칠레	23,191	24,181
뉴질랜드	38,561	40,121
스페인	39,044	39,087

* 자료: https://data.oecd.org[40)]

OECD 가입국 중 한국과 비슷한 규모의 GNI와 GDP를 가진 나라는 스페인과 뉴질랜드가 대표적이다. 스페인은 지중해 또는 남유럽복지국가에 해당되고 뉴질랜드는 자유주의복지국가의 유형에 속하며 지은구(2018)의 군집분석에 따르면 스페인은 안정적 복지국가 집단에 그리고 뉴질랜드는 보수적 복지국가집단에 포함된다. 결국 한국은 지금의 경제적 수준으로 전체 사회복지영역에 대한 지출을 OECD 평균 이상으로 지출하게 되면 사회복지 전반에 대한 질이 향상되어 저 발달된 복지국가집단에서 안정적 복지국가집단 또는 자유주의 및 보수적 복지국가집단으로 진입하여 보다 발전된 복지국가로 진입할 수도 있는 여력이 충분한 국가라고 결론지을 수 있다.

40) OECD가 제시하는 GNI와 GDP는 각국의 통화단위로 산출된 GNI와 GDP를 단순히 달러로 환산해 비교하지 않고 각국의 물가수준을 함께 반영한 즉, 구매력평가지수(purchasing power parity)를 반영한 액수이다.

제 10 장

복지국가의 쟁점

제 1 절 복지국가가 당면한 문제들

본 장에서는 과거에 있었던 복지국가를 둘러싼 많은 논쟁들을 소개한다. 특히 1970년대 후반부터 1980년대까지 불어닥친 복지국가위기론 나아가 복지국가해체론은 1990년대를 거치면서 복지국가가 더욱 확고한 사회정책의 개발 및 시행을 통하여 국민들의 삶의 질을 개선 및 사회적 위험을 해소하고 사회적 질을 공고히 하는 체제로 발전하면서 복지국가에 대한 논쟁은 복지국가강화론으로 수렴화되는 경향을 보이고 있다. 복지국가에 대한 논쟁은 복지국가가 발전하기 위해 숙고하여야 하는 당면한 문제들에 대한 제기와 복지국가에 대한 찬성과 반대에 대한 논쟁 그리고 복지성장과 경제성장과의 관계 등에 대한 논의들이 중심을 이룬다. 먼저, Anderson과 Molander(2003)는 복지국가가 당면한 문제들로서 첫째, 비용과 효과 사이의 거래, 둘째, Baumol효과, 셋째, 국제화, 넷째, 인구변화 등을 강조하였다. 이들의 구체적인 내용을 살펴보면 다음과 같다.

1. 비용과 효과사이의 거래

복지국가가 가져다주는 혜택은 매우 다양하다. 기본적인 생계의 유지가 가능하도록 하는 사회적 안전망의 제공, 노후생활의 안정을 가져다 주는 연금제도와 안전한 직장생활을 유지할 수 있도록 도와주는 각종 사회보험, 국민의 건강한 삶을 유지하도록 도와주는 의료보호 그리고 각종 교육과 대인보호서비스(personal care service) 등은 모두 충분한 수준의 사회적 통합을 이룩하는 데 일정한 역할을 담당한다. 이러한 다양한 복지혜택을 제공하는 데 필요한 복지비용은 크게 **행정비용**, **누수비용** 그리고 **동기부여와 관련된 비용**으로 나눌 수 있다. 사회보험과 사회복지서비스 등 다양한 복지서비스를 제공하기 위해 조직이 필요하고 이에 따른 인건비 등을 포함하여 행정적 비용이 들어가게 된다. 누수비용은 복지혜택을 받아야 하는 표적집단에 포함되는 사람들 이외의 사람들에게 복지서비스가 제공되는 경우 발생하게 된다. 누수비용은 일반적으로 측정하기가 매우 어렵다.

동기부여와 관련된 비용은 일반적으로 사회복지 재화와 서비스를 제공받은 사람들에게 나타나는 인간행동에 대한 수정이나 변형에 따른 비용으로서 가장 중요한 사회복지비용이기도 하면서 측정하기가 가장 어려운 비용이라고 할 수 있다. 일반적으로 동기부여와 관련된 비용은 국민들에게 제공되는 각종 보조금이나 전이금 그리고 세금 등의 형태로 나타난다. 즉, 사회복지서비스나 각종 사회복지제도 등을 통해서 제공되는 보조금이나 전이금 등이 일할 동기를 고취시키는가 아니면 일할 동기를 저하시키는가를 고려하여 일하는 동기를 저하시킨다고 하면 이것을 비용으로 계산하는 것이기 때문에 이 비용은 측정하기가 매우 어렵다고 할 수 있다. 경제학자들은 일할 동기를 저하시킨다는 점을 부각하여 사회복지혜택이 국민들에게 심각한 도덕적 해이를 가져다 줄 수 있다고 강조하기도 한다. 학자들마다 사회복지제도 등을 통해서 제공되는 각종 보조금이나 전이금 등이 일할 동기를 저하시킨다는 것에 일치된 견해를 나타내지는 않는다. Atkinson과 Mogensen(1993)은 사회복지혜택이 동기부여를 저하시키는 것은 매우 미비하다는 점을 강조하기도 하였지만 여전히 학자들은 사회복지혜택이 일할 동기를 저하시킨다는 것을 강조한다. 예를 들어 Carling, Holmlund 그리고 Vejsiu(1999)는 노동-시장보험(예를 들어 실업보험)에 대한 조사를 통해서 혜택의 수준이 일자리를 잃은 사람들의 일자리를 찾는 노력에 강력한 영향을 미친다는 것을 강조하였다. 생애주기적 관점에 따르면 연금도 국민들의 은퇴를 결정하는 데 영향을 미친다고 할 수 있는데 Gruber와 Wise(1999)는 OECD 국가들이 실제적으로 은퇴연령이 점점 줄어들고 있으며 은퇴연령과 계속 일을 하는 동기부여는 밀접한 연관이 있음을 주장하였다. 따라서 동기부여와 관련된 비용은 학자들에 따라 견해가 다를 수 있다.

세금 또한 직접적으로 국민들의 경제적 동기부여에 직접적으로 영향을 준다. 이는 세금이 부과되는 행동이나 재화에 대한 관심은 일반적으로 줄어들게 된다. 즉, 모든 인간은 세금에 부담을 느낀다는 것이다. 결국 세금이 인간의 동기유발에 영향을 준다는 것을 의미하는 것으로 경제학에서 얘기하는 모든 인간은 경제적 또는 합리적이라는 인간에 대한 보편화의 확장된 사고라고 할 수 있다. 따라서 세금에 대한 초과부담은 일에 대한 동기부여를 약화시키며 이는 국민부담비용의 확대를 의미한다는 것이다. 따라서 세금에 대한 국민부담비용을 최소화하는 것이 일에 대한 동기를 최소화하는 것이라는 논리가 성립된다. 하지만 세금을 비용으로 생각하고 인간은 개인적으로 부과된 비용을 최소화하는 것을 원한다고 전제한다면 사회적 지출의 재정적 토대인 세금의 사회적 그리고 경제적 효과는 사장되고 만다. 자본주의 하에서 세금제도는 시장을 통해서 할당된 자원의 배분이 사회적 경제적 약자를 양산하며 이에 대한 대책으로 국가의 재정정책을 통한 자원의 할당 또는 분배를 위한 도구로서 그리고 안전한 국가운영을 위해 반드시 필요한 제도로서 인식하여야 할 것이다.

따라서, 복지국가의 비용과 혜택에 대한 논쟁 사이에서 비용과 혜택의 거래가 중요한 이유는 다음과 같다. 복지국가가 제공하는 다양한 복지재화와 서비스의 혜택의 중요성은 복지서비스 제공에 따른 비용을 최소화하여야 한다는 당위성에 기초한다고 할 수 있으며 국가적 지출증대에 따른 계속적인 비용에 대한 압박은 복지재화와 서비스의 확장과 증대의 과정에서 확대될 수밖에 없는 비용을 최소한으로 줄이기 위한 시도와의 거래이기 때문이다.

2. Baumol효과

Baumol효과는 **Baumol의 비용병**(Baumol's cost disease)이라고도 불리며 복지국가의 재정지출확대에 대한 부정적인 측면을 강조하는 이론이다. 본래 Baumol효과는 음악예술분야에서 생산성이 증대하지 않는다는 것을 강조한 이론으로서 William J. Baumol과 William G. Bowen이 1966년 출간한 "*Preforming arts: The economic dilemma*"라는 책에서 주장하였다. Baumol과 Bowen은 사람이 베토벤의 현악 4중주를 연주하는 데 필요한 시간은 1800년대에나 현재나 똑같다는 것을 강조하며 고전음악의 수행에 있어 생산성이 증가하지 않았음을 강조하였다. 과학기술의 발전으로 수공업이 퇴보하였고 제조업도 퇴보하고 있는 현 시점에 비추어볼 때 노동자들은 과거와 비교해서 놀라운 기술혁신을 통한 새로운 도구의 발전과 장비로 인하여 많은 생산성의 향상을 이룩하였다는 것을 알 수 있다. 예를 들어 자동차산업의 경우 예전에 1대의 자동차를 생산하는 데 일주일이 소요된다고 하면 지금은 과학기술혁명에 따른 자동화로 인해 그 기간은 대폭 축소되어 놀라운 생산성의 발전을 가져다 주었다. 하지만 노동집약적인 산업부분 즉, 대체적으로 교육이나 간호 그리고 사회복지와 같은 인간의 상호행동 또는 상호활동에 많은 부분 의지하는 휴먼서비스(human service)분야나 예술 공연분야의 경우는 수년 또는 수십 년 동안에 걸쳐 낮은 생산성의 발전이나 거의 생산성이 발전하지 않고 있다. 20년 전에 고등학생에게 인수분해를 가르치는 데 1시간이 소요되었다고 한다면 지금도 비슷한 시간이 소요되고 있으며 간호사가 환자의 붕대를 감는 데 들어가는 시간이 30년 전이나 지금이나 똑같은 시간이 소요된다. 더 나아가 간호사의 30년 전 임금과 30년 후의 임금은 상승폭이 높지만 여전히 같은 생산성을 가지고 있어 생산성 증대 없이 비용만 증대하는 매우 비효율적인 현상을 Baumol의 비용병은 강조한다고 할 수 있다.

이러한 Baumol의 비용병에 대한 논의를 공공부분으로 확대한다면 공공서비스에 있어서 낮은 생산성의 성장은 결국 국가지출규모만 확대한 상태에서 생산성은 증대하지 못하고 있다는 비판으로까지 확대하게 된다. 대부분의 공공서비스는 주로 노동집약적이며 정부독점에 의한 제한된 제공자와 소비자의 비율로 인해 수십 년 동안 거의 생산성의 발전을 가져다 주지 못하고 있다는 것이 Baumol의 비용병을 강조하는 학자들의 견해이다. 논의를 확대하게 되면 공공서비스의 민영화를 강조하는 이론적 기초는 Baumol의 비용병 논의에 기초하게 됨을 알 수 있으며 큰 정부에 대한 비판과 작은 정부에 대한 지지 그리고 사회복지서비스의 민영화와 축소 그리고 예산 감축 나아가 궁극적으로는 복지국가에 대한 무용론과 폐지론까지 그 논의가 확대됨을 알 수 있다. 결국 Baumol의 비용병은 관료주의가 생산성 증대보다는 비용을 증대시키게 되는 한 요인이 된다는 점을 강조함으로써 복지국가의 공공서비스 확대에 따른 비용 증대가 생산성 증대에 별로 영향을 미치지 못한다는 것을 주장하는 이론적 토대로 작동한다.

하지만 Baumol의 비용병 이론은 비용이 들어갔으면 반드시 생산성의 확대를 가져와야 한다는 경제성장우선주의와 직종의 다양성 그리고 인간을 다루는 휴먼서비스의 특성을 제대로 파악하지 못한 무리한 적용이라는 것과 국민들의 기본적인 욕구의 해결 및 삶의 질 개선을 목적으로 하는 사회복지의 발전이 성장우선주의 즉, 성장병에 대한 시장의 실패를 치료하면서 더욱 발전하게 되었다는 인과 관계를 이해하지 못한 결과라는 점이 지적되어야 하겠다.

3. 국제화(세계화)

후기산업사회경제발전의 측면에서 국제화 내지는 세계화는 복지국가 경제에 매우 중요한 부분이 되고 있다. 국제화로의 진행은 정치적 결단과 기술적 변화에 힘입은 바가 크다. 경제적 통합을 증진시키고 무역을 활성화시키기 위하여 다양한 유형의 방벽을 허물기 위한 정치적 결단이 이루어지고 있으며 무역활성화를 위한 연계는 더욱 빠르게 진행되고 있고 정보는 매우 빠르게 전 지구적으로 확산되고 있다. 결과적으로 경제적 영역은 일 국가적 차원의 수준을 넘어 세계적 차원으로 확장되고 있다.

국제적 통합과정은 많은 경로를 통해 공공부분에 영향을 미치고 있다. 가장 눈에 띄는 영향은 높은 세금비율을 가지고 있는 국가들의 세금세입분야이다. 즉, 세금을 통한 세입의 중요한 세금기반이 증가된 유동성으로 인하여 축소되어 국가의 세금세입이 축소되고 있다는 점과 왜곡된 유형의 세금이 증가되고 있다는 점이다. 예를 들어 세계화를 통해 제조업 중심의 공장들이 대거 임금이 저렴한 국가로 이전하면서 공장이 빠져나간 국가의 세금기반은 축소될 수 있으며 세계화에 따른 자본이동의 장벽이 철폐되면서 특정 국가의 유동자본(펀드)이 세계 여러 나라를 이동하여 이윤을 창출함으로써 자본이 자국에 투자되지 않아 국가 생산성이 낮아지고 세금이 축소됨을 의미한다.

이러한 세금축소는 국가의 공적지출 중에 사회복지서비스부분에 영향을 미치고 이는 곧 복지국가에 대한 하나의 위협으로 다가오게 된다. 또 다른 측면에서 국제적 통합은 다양한 사회복지시스템을 가진 나라들의 상호의존을 증대시키는 방향으로 진행될 수 있다는 점 역시 지적될 수 있다. 예를 들어 국제아동구호단체나 국제기아대책본부 등은 국제적인 조직으로 국가 간의 상호의존 및 협력활동을 통해서 다양한 국제사업을 전개한다. Castles(2004)은 복지국가가 당면한 위협으로 세계화(globalization)를 강조하였다. 세계화는 첫째, 국제무역을 위한 높은 지출수준은 사회적 지출과 세금을 축소하도록 하는 압력으로 작동하며 (Pfaller, Gough, and Therborn, 1991; Drache, 1996) 둘째, 1980년대 이후 국제경제의 변화로서 국제자본의 엄청난 증가는 **사회적 덤핑**(social dumping)을 위한 강력한 동기를 유발한다고 그는 강조하였다. 사회적 덤핑은 유동자산을 소유한 자들의 자본이동에 놀란 정부가 자본이동을 막기 위하여 관세를 축소함으로써 나타나게 된다. 이러한 세금의 축소는 국가재정축소를 가져다주는 요인으로 작동하게 되어 사회적 지출에 대한 국가의 부담을 줄이기 위한 대안으로 복지국가에 위협이 된다.

4. 인구(통계)변화

복지국가의 사회복지제도 중에서 국민연금, 의료보험 그리고 노인복지서비스 분야는 국가의 사회적 지출 중 큰 부분을 차지하는 매우 중요한 분야라고 할 수 있으며 사회복지제도 중에 가장 연령 의존적인 분야라고 할 수 있다. 따라서 노인인구의 증가에 따른 인구통계변화에 따라 위의 세 분야는 더욱 더 중요성과 이에 따른 지출이 증대되고 있는 실정이다. 우리나라를 포함하여 소위 선진 복지국가들은 대부분 인구의 변화가 진행 중에 있으며 인구변화의 중심에는 노인인구의 급격한 증가가 핵심적 위치에 놓여져 있다. 2014년을 기준으로 OECD 국가의 노인인구는 평균 15.35%이었으며 한국은 이보다는 낮은 12.8%를 기록하였다. 노인인구의 증가를 1970년과 2014년을 기준으로 비교해보면 OECD 국가의 전체인구에서 차지하는 평균노인인구는 1970년에 10.03%였으며 2014년도에는 15.35%로 약 5% 이상 증가하였다.

1970년 OECD 국가들에서 평균 남성의 수명이 66.7세였고 여성의 수명은 73세이었지만 2015년을 기준으로 보면 남성평균수명은 77.9세이고 여성의 평균수명은 83.1세로 늘어났다(OECD 2017, Health at a glance). 우리나라의 경우도 통계청(2015년 생명표) 자료를 보면 1971년 남성의 평균수명은 59세였지만 2015년 79세로 증가하였으며 여성의 평균수명은 2015년을 기준으로 85.2세로 1971년 62.3세보다 20세 이상 증가하였다.

위와 같은 인구·통계적 변화는 가족생활, 사회적 관계 그리고 나아가 공적 재정에 막대한 영향을 미치고 있으며 이는 복지국가의 인구통계적 변화에 따른 대응과 전략을 필요로 한다. 많은 복지국가의 연금은 Pay-as-you-go(부과방식) 형태를 유지하고 있지만 인구통계적 변화는 연금기여액을 지급하는 사람들의 숫자가 줄고 연금을 수령하는 사람들의 수가 증가하여 더 이상 Pay-as-you-go 형태를 유지할 수 없도록 강제할 것이며 새로운 유형의 연금보험제도에 대한 욕구를 증대시킬 것이다.

Castles(2004)은 세계화와 함께 Anderson과 Molander와 마찬가지로 복지국가가 당면한 위협으로 인구·통계적 변화를 지적하였는데 이들이 지적한 인구통계적 변화는 노인인구의 증가로 집약된다. 즉, 인구·통계적 변화인 노인인구의 증가는 의료비지출 증대 그리고 연금지출 증대 등에 직접적인 영향을 미치며 대부분의 OECD 국가들은 노령연금과 의료보장을 위해 총 사회적 지출의 2/3를 사용하고 있고 OECD 국가의 총인구에서 65세 이상 노령인구의 수는 1990년대 13.9%에서 2030년대에는 22.5%로 증가할 것으로 추정되고 있다(Castles, 2004; Bos et al, 1994).

제 2 절 복지국가논쟁

1. 복지국가 반대

복지국가의 확대와 축소에 대한 결정은 결국 앞 절에서 살펴본 바와 같이 매우 정치적인 과제라는 것을 알 수 있다. 복지국가에 대한 찬성과 반대의 논리를 간략하게 정리하면 다음과 같다. 복지국가를 반대하는 입장은 기본적으로 복지국가가 경제적 효율성을 약화시킨다는 점을 강조한다. 즉, 복지국가가 시장경쟁보다는 국가개입을 통한 사회적 지출을 증가시켜 경제적 생산력을 저하시킴으로써 국가경쟁력을 떨어트리는 결정적인 약점을 지니고 있다는 점을 강조한다. 복지국가를 반대하는 학자들의 견해는, 복지지출증대에 따른 생산성 및 효율성을 약화시키고 이러한 결과로 인하여 복지국가가 결국 경제성장을 침해한다는 것이다. 생산성과 효율성이 약화되는 요인은 근로동기가 저하되기 때문이며 경제성장이 침해된다는 것은 국가부채의 증가도 중요한 요인으로 작동한다는 점이다. 이와 더불어 보수주의경제학자들이나 우파 정치가들은 복지국가의 사회적 지출이 국민의 세금에 기인하며 사회적 지출의 증가는 곧 국민세금의 증대로 귀결되고 나아가 국가채무의 증대를 가져와 국가재정은 어려워지고 경제성장은 지체 또는 퇴보할 것이라는 점을 강조한다. 이들이 강조하는 **복지국가의 반대논리**는 다음과 같이 정리될 수 있다(Alcock, Erskine, and May, 2003; 지은구, 2019).

1) 근로동기저하

반복지국가를 강조하는 학자들은 복지국가에서 제공하는 각종 사회보험 특히 실업보험과 기초생활보장을 유지하도록 하는 각종 공적 부조제도는 일정 정도의 꾸준한 소득을 의미하기 때문에 근로동기를 저하시키는 결정적인 요인이 된다는 점을 강조한다. 이는 높은 수준의 복지혜택은 일자리 없이도 생활을 유지할 수 있도록 해주기 때문에 고용에 대한 의지를 꺾고 실업기간을 오랫동안 유지할 수 있다는 것이다. 따라서 복지혜택이 높은 나라에서는 실업률도 높을 수 밖에 없다고 강조한다. 하지만 기존 연구들의 결과들을 살펴보면 혜택수준이 높은 나라가 더 높은 실업률을 유지한다는 즉, 복지혜택의 수준과 실업률 사이에 밀접한 연관이 있다는 결정적인 증거는 존재하지 않는다. 하지만 근로동기저하를 강조하는 학자들은 혜택수준이 근로동기를 저하시키기 때문에 혜택의 조건을 더욱 엄격하게 하기 위해 **자산조사(means-tested)**를 통한 혜택제공을 하나의 대안으로 강조하며 특히 일과 복지의 연계를 강조한 **일-복지(workfare)**를 주장한다.

2) 고령, 연금과 저축

영국 등 많은 나라의 연금제도는 원천징수방식인 Pay-as-you-go(**부과방식)** 체계로 되어 있다. Pay-as-you-go는 현재 지급한 지불금(또는 기여금, contribution)이 현재 연금의 재정을 책임지는 방식을 의미한다. 즉, 고용상태에 있는 사람들이 지불한 기여금(contributions)으로 은퇴한 사람들의 연금을 지급하는 방식을 말한다. 세계은행을 비롯한 학자들은 Pay-as-you-go 시스템이 저축률을 감소시킨다고 주장하는데 Pay-as-you-go 하에서는 사람들이 그들의 노령에 대비하여 저축을 하여야 할 동기를 상실하기 때문이라고 한다. 이는 자신들이 저축을 하지 않아도 후세에 있는 사람들이 지급한 기여금으로 그들의 연금재정이 충당될 것이라는 기대 때문이다. 따라서 연금제도의 Pay-as-you -go 시스템이 저축동기를 상실하도록 하여 투자를 줄이고 이는 결국 경제 성장률을 떨어트리도록 한다는 것이다.[41)]

3) 자본투자에 대한 동기저하

복지지출에 대한 증가하는 세금은 노동(일)과 기업의 자본투자에 대한 동기를 저하시킨다는 것이 복지국가를 반대하는 또 하나의 논리이다. 즉, 늘어나는 소득에 대하여 세금이 추가적으로 증가할수록[42)] 사람들이 더 오래 더 열심히 일하는 노동에 대한 동기를 저하시킬 것이라는 것을 의미하고 이는 기업들이 세금도 많이 내게 되어 결국 기업투자에 대한 의지도 꺾는다는 것을 의미한다. 만약 이러한 주장을 사실이라고 간주한다면 높은 세금을 부과하는 나라(예를 들어 북유럽국가들)들은 기업의 자본투자가 낮아 기업생산성 및 성장률이 더 낮아야 하지만 높은 세금과 기업성장은 별 관계가 없다는 것이 여러 경험적 연구들의 결과라는 점을 생각한다면 높은 세금이 성장을 지체시키는 요인은 아니라고 할 수 있다.

4) 국가부채의 증가

복지국가의 사회적 지출의 증가가 곧 **국가부채**의 증가를 의미한다는 주장 역시 이를 뒷받침할 수 있는 증거가 부족한데 Eierman(2012)은 지속적인 사회

41) 하지만 부과방식은 현재 일하고 있는 사람에게 거두어들인 돈으로 은퇴한 사람들에게 혜택을 지급하는 방식이므로 물가인상에 영향을 받지 않으며 경제성장에 비례하여 연금가치가 상승한다는 측면에서 국민들이 보험료를 적립해 기금을 만들고 이 기금에서 연금을 지급하는 적립방식보다 유리하다.

42) 소득이 증가하면 그만큼 추가 세금을 지불한다는 것을 경제학에서는 Marginal rate of income tax 즉, 소득세에 대한 추가율로 나타낸다.

적 지출의 증가가 국가의 부채증가를 의미하는 것이 아니라 GDP의 증가에 의해서 사회적 지출이 증가되는 것이라고 강조하였다. OECD 국가의 평균 GDP에서 차지하는 사회적 지출은 1980년에 16%였고 2007년에는 평균 19%였으며 2017년에는 평균 약 21%로 증가하였는데 이러한 사회적 지출의 증가는 곧 복지국가가 부채를 통해서 증액한 것이 아니라 GDP의 증가에 따른 당연한 결과라는 점이다. OECD 국가의 평균 GDP는 1인당 1980년에 $8,857에서 2017년에는 $44,256으로 증가하였다(2019, OECD data). 복지자본주의 국가들의 GDP의 증가는 당연히 세금의 증가를 의미하고 이는 곧 국민들의 삶의 질 개선이나 사회의 질을 향상시키기 위한 사회적 지출의 증가를 나타내는 것이라고 할 수 있다.

2. 복지국가 찬성

한편 복지국가를 찬성하는 사람들은 사회복지시스템이 사회적 보호를 통해 노동시장을 유연화하며 이는 국가의 경제력을 향상시키는 요인으로 작동하고 인적자본인, 사람에 대한 투자를 통해서 생산성이나 개인적 경쟁력이 강화될 것이며 불평등과 범죄율을 낮추어 사회통합을 실현하여 전체 국민들의 삶의 질이 향상된다는 것을 강조한다. 예를 들어 Garfinkel과 동료들(2010)은 독일, 호주, 스웨덴, 미국, 영국, 프랑스 등 총 14개의 복지선진국들을 대상으로 세계은행과 OECD 등의 자료를 분석한 결과 복지국가의 프로그램들이 자본주의를 보완하면서 생산성, 효율성 그리고 경제적 부를 증가시키고 있어 복지국가가 효율성과 생산성을 약화시키고 경제성장을 가로막는다는 복지국가의 반대논리는 근거가 없음을 강조하였다. 복지국가가 효율성 및 생산성을 강화하면서 경제성장을 증진시키는 이유에 대한 논리의 근거들을 살펴보면 다음과 같다.

1) 사회보호와 경제적 유연성

일반적으로 복지국가가 제공하는 사회보장제도 중의 일부는 노동시장에서 전반적인 경제적 수행력과 노동의 유연성을 향상시킬 수 있다. 예를 들어 실업보험은 직장이 없는 사람들이 새로운 기술과 지식을 통해 새로운 직장에 더욱 효과적으로 안착할 수 있는 기간을 허용하며 질병이나 임신에 대한 보호(건강보험)는 노동자들이 직장과의 연계를 유지할 수 있도록 돕는 역할을 수행한다. 그리고 고용에 대한 보호는 노동자들의 일에 대한 소명감을 증대시키고 이는 또한 고용인들의 생산성을 향상시키게 된다. 하지만 충분하지 않은 또는 부적절한 사회혜택은 실업자들이 그들의 저축을 고갈시키고 더욱 복지혜택에 의존적이 되게 하며 사회복지혜택 없이(연금보험) 고용인들이 은퇴를 하는 경우 복지지출을 증대시키게 된다는 점이 강조된다. 따라서 적절하게 기금화 되어있는 복지국가의 소득보장제도는 결국, 더욱 큰 생산성을 유도하고 성장을 증대시키는 역할을 수행한다고 할 수 있다.

2) 사람에 대한 투자(인적 투자)

교육받은 사람들의 생산성이 교육받지 않은 사람들의 생산성보다 뛰어나다고 하는 사실이 인적투자에 대한 중요성을 강조한다. 교육과 훈련은 기술을 향상시키고 개인과 집단의 생산성을 증진시키는 데 중요한 역할을 한다. 많은 연구들이 교육에 대한 공적투자가 개인의 소득향상을 가져다주며 더 빠른 성장에 기여한다는 점을 강조하였다. 예를 들어 보육에 대한 공적투자의 확대는 부모들이 일을 할 수 있는 여건을 제공하고 이는 결국 경제를 성장시키는 지렛대로서 역할하게 한다.

3) 불평등과 범죄

복지제도가 뒷받침 되어 있지 않는 나라(예를 들어 미국)들은 높은 범죄율과 빈곤율을 나타내기 때문에 빈곤과 범죄는 상호 밀접한 연관이 있다. 아무 희망도 없는 빈곤가에서 살고 있는 사람은 법의 테두리를 벗어나는 행동에 빠져들기가 쉬우며 이는 빈곤의 세습화와 건전한 시민에 대한 역할모델을 찾기가 어렵게 되는 빈곤문화의 창출을 야기한다. 이것은 Wilson(1987; 1996)이 사회격리이론(social isolation theory)을 통해 언급한 것과 같이 높은 범죄는 높은 빈곤율과 낮은 사회조직의 조직화비율을 나타낸다. 즉, 높은 범죄비율은 그 지역에 대한 투자의지를 꺾고 높은 보험료를 지불하도록 하며 기업은 더 많은 경비직원들을 필요로 하고 결국 기업은 그 지역을 떠나도록 하여 지역은 점점 격리 또는 고립되게 된다는 것을 의미한다.

3. 복지국가와 경제의 관계

복지국가의 높은 사회적 지출 즉, 복지지출과 낮은 경제적 수행력 사이에는 유의미한 관계가 성립되지 않는다는 것을 많은 연구들은 지적하고 있으며 대조적으로 불평등의 정도가 약한 나라들은 높은 경제성장을 이룩한다는 증거가 제시되고 있다(Alcock, Erskine, and May, 2003). 결과적으로 사회발전의 물적 토대로서 사회복지지출은 경제와 밀접한 연관을 가지고 있다. 이는 한 사회의 복지구조가 경제구조에 의해서 영향을 받고 반대로 경제구조도 복지구조에 의해서 영향을 주고받으면서 성장·발전하기 때문이다. 따라서 경제체제 또는 경제구조에서 사회복지시스템은 사회 구성원 개개인들과 경제의 관계를 규정하는 경제적 기능을 가지고 있다고 말할 수 있다. 종합해 볼 때 복지국가의 사회복지지출이 경제에 미치는 효과는 다음과 같이 정리될 수 있다(지은구, 2006).

첫째, 노동력 제공의 주체인 사람들의 노동 생산성을 증대시킨다.
둘째, 사람들의 삶의 기본적 욕구를 해결할 수 있도록 한다.
셋째, 경제적 불안정성을 제거하고 안정적인 경제성장을 보장한다.
넷째, 시장으로부터 피해를 받은 사람들을 보호한다.
다섯째, 경제성장을 위한 하부토대(infrastructure)를 제공한다.

이러한 경제적 기능을 보다 구체적으로 살펴보면 다음과 같다(지은구, 2006).

1) 경제적 보장의 기능

사회복지의 경제적 보장기능은 사회복지가 사람들의 삶의 기본적 욕구를 해결하며 나아가 시장으로부터 피해를 받은 사람들을 보호하는 기능을 의미한다.

즉, 기본적 욕구의 해결과 시장으로부터 소외받은 사람들을 위한 보호기능은 사회복지가 모든 사람들에게 최소 수준의 경제적 보장(economic security)을 제공함으로써 가능하다. 자본주의 하에서 모든 인간은 예외 없이 기본적으로 그들 자신과 가족의 삶을 영위하기 위해서 소득을 필요로 한다. 만약 일을 하지 않아도 살 수 있는 충분한 부를 가지고 있는 경우를 제외하고는 인간은 생존하기 위해 고용되어야 하며 무언가를 위해 일을 하여야 한다. 하지만 노동시장(labor market)은 그리 관대하지 않으며 모든 사람이 동등하게 일하면서 동등한 급여를 받는 것을 허용하지 않고 모든 사람을 동등하게 취급하는 것도 허락하지 않는다. 심지어 경제적으로 호황의 시기에도 노동시장은 일할 수 있는 사람이나 일할 의지가 있는 모든 사람들에게 일자리를 제공하지 않았으며 노동의 유연성이라는 이름으로 항상 산업예비군을 대비시켜 놓았다.

또한 많은 사람들이 나이나 장애, 질병이나 또는 다른 고용 장벽 등으로 인해 고용 자체를 거부당해왔다. 노동시장에서 일자리를 찾지 못한 대부분의 사람들은 노동시장에서 소외당하여 과거에는 가족의 책임 하에 그리고 현대에는 국가의 책임 하에 놓여 있다고 할 수 있다. 그러므로 현대 대부분의 복지국가는 고용차별이나 일자리 부족 등을 포함하는 여러 가지 이유로 인해 노동시장으로의 유입이 어려운 사람들에게 최소한의 경제적 삶을 유지할 수 있도록 최소 수준의 소득보장을 제공하고 있다. 기초생활보장프로그램 등과 같은 국가의 현금소득보장프로그램은 개인이나 가족이 최소 수준의 소득, 주택, 교육, 고용수준에 접근할 수 있도록 돕는다. 결국, 사회복지가 시장경제에 의해서 초래된 불평등으로부터 사람들을 보호하는 경제적 안정의 기능을 수행하게 된다.

2) 사회적 재생산의 기능

사회복지의 사회적 재생산(social reproduction)기능은 가족이 담당하였던 대부분의 기능을 사회복지가 대신하여 담당하는 것을 의미한다. 사회적 재생산은 가족에게 부과되어 있는 일련의 과업들을 의미하는데 종의 유지(출산), 개개인들의 기본적 생존욕구의 해결(소비), 사회에 만연되어 있는 가치나 규범의 수용 등을 포함하는 직장이나 가족의 역할 등에 대한 준비나 자녀 양육(사회화), 그리고 노인이나 아이, 환자, 장애인 등을 돌보는 보호의 역할 등을 포함한다. 가족은 사회적 재생산을 위한 위의 기능들을 수행하기 위해서는 일정 정도의 생계수준을 유지하여야 한다. 하지만 시장은 더 많은 이윤을 추구하기 위해 생산성을 증대시키고 높은 가격수준을 유지하는 것과 낮은 임금수준을 선호한다. 즉, 시장은 모든 사람들이 그들의 가족을 유지하고 재생산하는 데 필요한 임금수준이나 고용수준을 제공하지 않는다. 부적절한 건강보호, 낮은 임금, 열악한 주거상태, 질 낮은 교육 등은 가족의 보호자로서 노동력을 보존할 수 있는 가족의 능력을 손상시키며 이러한 사회적 재생산의 실패는 곧 개개인의 번영과 복지 나아가 가족과 사회의 복지와 번영에 심각한 장애를 가져다준다. 사회적 재생산의 실패는 기업의 이윤 또는 축적구조와 사회적 안정에도 부정적인 영향을 미친다. 또한 사회적 재생산의 실패는 기업생산물의 소비자로서, 생산적인 노동자로서, 그리고 사회적 참여의 주체인 시민으로서의 가족구성원들의 역할에 치명적인 악영향을 초래하게 되고 나아가 사회불안을 야기하게 된다. 결국 사회복지의 사회적 재생산기능은 국가경제성장과 안정을 위한 토대로서 역할을 한다는 것을 알 수 있다.

3) 균형자의 기능

균형자(stabilizer)의 기능은 사회복지가 자본주의 경제체제에서 경제적 불안정성을 제거하고 안정적인 경제성장 즉, 자본축적을 보장하는 기능을 하는 것을 의미한다. 특히 사회복지는 경기침체와 불황의 시기에 경제를 자극하는 기능을 수행한다. 이는 사회복지제도나 서비스를 통해서 사람들의 손에 현금이 제공되고 이것은 소비를 자극하기 때문이며 이러한 소득보장은 경제를 일으키는 동력으로 작동한다는 것을 의미한다. 예를 들어 미국의 경우 1930년대의 경제대공황시기에 현금원조프로그램 등과 같은 사회보장제도가 돈이 없던 사람들을 활동적인 소비자로 만들어 경기를 활성화하도록 하였다는 것이 이를 입증한다. 따라서 경기침체나 불황의 시기에 사회복지프로그램에 의해 제공되고 증가된 구매력(purchasing power)은 재화와 서비스의 생산을 자극하고 서비스와 재화의 생산 증가는 고용을 창출하여 실업을 줄이게 된다(Abramovitz, 2004). 결국,

사회복지가 균형자의 역할을 수행하지 않으면 경기가 침체될 때 경기침체를 더욱 가속화켜 많은 기업들이 노동자들을 해고하게 되고, 그 가족들이 재화와 서비스를 구매할 수 없게 되어 기업이 생존할 수 없도록 한다. 따라서 경제성장의 동력은 사회복지의 균형자 기능에서 찾을 수 있다.

4) 생산비용의 사회화 기능

사회복지의 생산비용의 사회화기능은 기업의 이윤을 보장하도록 하는 비용을 사회복지가 대신 지불하는 기능을 의미하며 이러한 사회복지의 기업에 대한 지출기능은 경제성장을 위한 하부토대(infrastructure)를 제공하는 것을 의미한다. 기업의 이윤을 보장하는 또는 증대시키기 위한 방법은 첫째, 사회복지가 소비자들의 구매력을 자극함으로써 가능하고, 둘째, 임금을 줄임으로써 가능하며, 셋째, 작업생산성을 보장함으로써 가능하게 된다. 사회복지가 소비자들의 구매력을 자극함으로써 기업의 이윤을 보장한다는 것은 기업이 생산한 재화와 서비스를 구매할 수 있는 구매력을 갖춘 소비자군이 있어야 기업은 성장할 수 있으며 이러한 의미에서 사회복지가 제공하는 현금서비스가 구매력을 갖춘 소비자군의 증대를 의미하고 이는 곧 기업이윤의 확보에 영향을 미친다는 것을 의미한다. 그리고 사회복지가 기업주가 부담하여야 하는 임금을 줄여서 보다 많은 이윤을 확보하도록 해준다는 것은 사회복지가 노동자들의 임금을 보전함으로써 기업들이 임금을 낮추어 더 많은 이윤을 확보하게 된다는 것을 의미한다. 즉, 현금으로 이루어지는 소득보장이나 주택비보조, 의료보험 등이 기본적으로 노동자들의 기본적 생활비용을 충당할 수 있을 정도로 제공되면 결국, 사회복지를 통한 직접적인 보조비가 증대되므로 인해 기업들이 임금을 낮게 유지하는 것이 가능하게 된다. 또한 사회복지가 작업생산성을 보장함으로써 기업의 이윤을 보장한다는 것은 의료나 교육, 주택, 그리고 사회복지서비스에 지출되는 사회적 비용이 기업에 추가적인 비용 부담 없이 노동자들을 건강하고 작업조건에 맞게 유지함으로써 작업생산성을 증대시키는 역할을 하게 된다는 것을 의미한다.

이는 국민연금이나 퇴직연금 등과 같은 사회보장제도는 세대 간 복지비 이전으로 국민통합과 사회연대성을 강화하고 안정되고 건강한 노후를 보장받을 수 있다는 기대로 인해 보다 건강한 노동을 제공할 수 있도록 한다. 실업보험(고용보험), 산업재해보험 등과 같은 위험한 노동조건에 대한 대책으로 제공되는 각종 사회보장제도들은 노동시장에서 소외되는 사람들에 대한 국가적 차원의 대안으로서 그들이 다시 건강한 노동생산력을 유지·보존할 수 있도록 도와주고 또는 노동능력을 상실하였어도 빈곤으로 떨어지지 않도록 하여 빈곤을 축소하는 방패로서의 역할을 수행한다. 그리고 의료보험이나 고용지원프로그램 등과 같은 각종 산업복지서비스들은 국민들이 기본적으로 건강한 노동생산력을 유지·보장하는 데 중요하며 주택수당이나 공공주택, 주택보조금제도 또는 식비보조금제도 등과 같은 주택과 기본적 음식에 대한 정책이나 제도 등은 시민들의 기본적 욕구를 해결하는 데 가장 중요한 역할을 수행한다. 또한 기초생활보장제도나 각종 수당, 근로장려금 등과 현금급여를 통한 사회복지서비스의 제공은 소비를 증대시켜 경제 활성화에 직접적인 요인을 제공해주는 효과가 있기 때문에 경제적 불안정성은 그만큼 줄어들게 되어 기업의 자본축적구조를 해치지 않고 경제성장을 위한 토대를 제공한다.

4. 복지국가의 생산적 기능

복지국가가 제공하는 사회복지 재화와 서비스의 생산적 기능은 다음과 같이 정리될 수 있다(지은구, 2006).

첫째, **노동력보존기능**: 노동력 제공주체인 국민들의 노동생산성을 건강하게 유지하고 증대시키는 것이 사회복지 재화와 서비스의 노동력보존기능이라고 할 수 있다.

둘째, **사회적 부가가치의 생산기능**: 사회복지서비스는 시장이라는 조정양식에 의해서 노동력을 상실한 인간을 다시 건강한 노동력을 가진 인간으로 변형시킨다는 점에서 막대한 사회적 부가가치를 생산해낸다고 볼 수 있다. 사회적 부가

가치란 기업이 만들어낸 부가가치와는 달리 사회가 창출해 낸 가치라고 할 수 있다. 기업은 생산과정을 통해서 부가가치를 만들어 내며 사회는 사회적 생산과정을 통해서 사회적 부가가치를 만들어 낸다. 즉, 사회복지를 제공하고 사회복지프로그램이나 서비스가 운영되는 전 과정이 사회적 부가가치를 만들어내는 사회적 생산과정이라고 할 수 있다. 이러한 사회적 부가가치의 대표적인 것이 바로 사회복지 재화와 서비스를 통한 변형된 모습으로서의 클라이언트라고 할 수 있다.

셋째, **소비증대기능**: 제공되는 사회복지 재화와 서비스는 사회복지대상자들의 소비를 증대시킴으로써 생산이 증대되도록 하는 지렛대의 역할을 수행한다. 사회복지분야에 대한 국가의 지출은 사회복지서비스를 제공받는 수혜자들의 소득을 증대시키고 증대된 복지수혜자들은 불어난 소득만큼 그들의 생활을 유지하기 위한 소비자로 탈바꿈하여 빠르게 복지서비스로 인해 생긴 소득을 소비하게 되고 소비는 다시 생산을 자극하여 생산은 증대하게 된다.

넷째, **사회적 자본의 확충기능**: Fukuyama(1999)는 사회적 자본을 확충시키는 방법으로 국가는 간접적으로 사회적 안전망과 같은 사회복지 재화와 서비스 등의 필요한 공공재를 효과적으로 제공함으로써 사회적 자본의 창출에 기여할 수 있다고 강조하였다. 사회복지학은 기본적으로 신뢰, 상호호혜와 연대를 중요한 사회적 가치로 인정하는 학문이기 때문에 사회복지는 공유된 가치와 행동을 강조하는 사회적 자본과 밀접한 연관이 있다고 할 수 있다. 즉, 사회복지가 개인이나 가족, 집단이나 조직 그리고 지역의 구성원들의 역량을 강화하여 개인적 존경이나 자기 확신을 가질 수 있도록 하여 사람들 사이에 절망이 사라지고 더 많은 사회적 참여를 하며 자기존경심이 증대되면 이는 결국 복지국가의 사회복지시스템이 국가의 경제적 성장 동력으로서 사회적 자본(social capital)의 기본요소인 신뢰와 믿음을 건설하는 데 중요한 역할을 할 수 있다는 것을 의미한다.

5. 복지국가의 역동성

복지국가의 발전 또는 복지국가의 운영을 위해서는 경제정책과 사회정책의 조화가 반드시 필요하다. 경제적 영역에서 이루어지는 모든 사회적 행동은 경제적인 보상의 동기부여만으로는 한계가 있다는 것이 모든 학자들의 공통된 견해이며 사회적 행동은 각각 개인들의 다양성을 기반으로 하여 그들이 처한 사회, 정치, 경제, 문화적 정황과 밀접한 연관을 맺으면서 이루어진다고 할 수 있다. 사회적 행동을 규정하는 사회적 규범 역시 인간 개개인들의 행동을 규정하는 데 중요한 역할을 한다는 것을 부인할 수 없다. 이러한 사회적 규범에 의해서 영향을 받는 것을 **규범-의존적 선택**(norm dependent choice)이라고 할 수 있는데 우리는 일상생활을 영위하는 데 있어 규범에 의존한 선택을 하며 규범-의존적 선택이 다른 사람들의 행동에도 영향을 미친다. 선택을 하는 데 있어 일상적 원칙은 다른 사람들이 선택하여 이미 평가받은 것을 선택하는 것이다. 이러한 선택은 일반적으로 위험부담이 적으며 보편적인 것으로 받아들여질 수도 있다.

Lindbeck(1997), Lidbeck, Nyberg, 그리고 Weibull(1999) 등은 사회복지정책의 영역에서 가장 규범-의존적인 행동은 일자리공급, 소비 그리고 저축이라는 점을 강조하였다. 하지만 이 규범들은 소비와 저축이 모두 일정한 소득이 있어야 가능하고 일정한 소득은 일자리를 통해서 가능하다는 것을 강조하기 때문에 일자리가 곧 복지라는 복지의 다양성과 복잡성을 무시하는 경제주의적 규범이라고 할 수 있으므로 사회복지정책의 공동체지향성 및 가치지향적인 규범-의존적 행동과는 차이가 있음을 나타낸다. 일과 복지라는 경제주의적이고 단편주의적 시각에서 벗어나 사회복지를 보다 거시적으로 바라보면 사회복지는 사회포용 및 통합을 위한 사회적 체계이자 사회정의를 실현시키는 조직화된 행동체계이기 때문에 사회복지정책의 영역에서 규범-의존적 행동은 사회정의(분배적 정의)와 포용 및 통합, 그리고 사회자본을 강화시키는 믿음, 신뢰 등이 될 수 있다. 이러한 규범-의존적인 행동은 사회복지의 실현을 위한 전제조건인 경제발전, 안정과 안전에 대한 보장, 그리고 권리에 의해서 발전되고 지지받을 수 있다. 결국 복지국가의 역동성은 일자리확대나 소비증대와 같은 생산을 강조하는 경제적 규범과 사회정의나 신뢰구축과 공동체적 사회적 규범이 적절히 조화되면서 발전한다고 할 수 있다.

경험적 근거에 기반한 명백한 사실은 **경제적으로** 복지국가가 제공하는 다양한 서비스와 재화가 복지국가의 경제주체인 노동자들의 노동력재생산을 강화, 유지하는 데 있어 필수적인 요소로 작동한다는 점이고 **정치적으로** 복지국가가 제공하는 다양한 서비스와 재화는 복지국가의 경제체제인 자본주의가 안정적으로 작동하도록 하는 결정적인 토대를 작동한다는 점이다. **사회적으로** 복지국가가 제공하는 다양한 서비스와 재화는 복지국가의 경제체제인 자본주의시장경제가 가져다주는 소외계층과 사회적 양극화의 확산과 사회문제 증대 등의 문제를 최소화하여 안정적인 사회를 유지할 수 있도록 작동하는 결정적인 토대를 작동한다는 점이라고 할 수 있다. 나아가 복지국가의 순기능으로서 복지국가가 제공하는 다양한 재화와 서비스는 일반 국민들이 가지고 있는 미래에 대한 불확실성을 제거하여 보다 안정적인 삶을 유지할 수 있도록 한다는 점이고 이러한 복지국가의 순기능은 정치, 경제, 사회적으로 널리 확산되어 있다는 것이다. 예를 들어 직장을 잃었을 때, 집안의 주 소득원이 직장에서 재해를 당하였을 때, 은퇴한 후에, 건강에 이상이 생겼을 때, 경제적으로 최저생활을 유지할 수 없을 정도가 되었을 때, 먹을 음식이 없고 당장 거주할 집이 없을 때 등 복지국가는 모든 사회구성원들의 불확실한 삶으로부터 보다 안정적인 삶을 영위할 수 있도록 도와주는 복지국가만의 고유한 기능을 유지하고 있다.

이러한 복지국가의 역동성은 시장이 계속 확대되고 이에 따른 형평성 있는 할당이 국가재정정책의 중요한 순위를 차지할 수밖에 없으며 사회문제가 갈수록 복잡화되고 확대·발전하고 이를 해결하기 위한 사회복지의 재화와 서비스에 대한 국민의 욕구가 갈수록 증대하고 복잡화되는 한 복지국가는 발전할 수밖에 없다는 것을 의미한다고 할 수 있다. 결국, 복지국가는 국민의 일상생활에 위협이 되는 사회문제의 해결과 국민들의 욕구해결을 통해 생산을 보장하고 재생산을 위한 노동력을 비축할 수 있도록 하여 생산과 재생산을 기본으로 하는 국가의 경제적 성장을 위한 토대로서 작동하며, 복지국가의 발전은 곧 국가의 발전을 의미한다고 할 수 있다.

제 3 절 향후 복지국가의 전망

1. 복지국가는 지속가능한 체제인가?

복지국가는 발전, 지속가능한 국가체제인가? 결론적으로 말하면 현 자본주의 경제체제 하에서 유일한 지속가능한 체제는 복지제공에 대한 국가적 책임이 강조되는 복지와 자본주의가 결합한 복지자본주의체제이다. 복지국가 발전의 이론적 측면에서 보면, 사회민주주의이론의 한계인 계급적 기반을 뛰어넘어 증가하는 국민들의 다면적이고 복합적인 욕구나 이를 해결하기 위한 요구투쟁을 통해서 복지국가가 발전할 수 있으며, 제도주의이론과 같이 시민의 권리에 기초한 민주주의의 발전과 같은 정치제도의 발전과 날로 복잡화하고 세분화되고 있는 사회문제를 해결하기 위한 복지제도적 측면에서의 정책적 변화를 통해 복지국가가 발전할 수도 있다. 경제시장의 불확실성과 같은 경제적 변화나 저출산, 고령화와 같은 인구·사회적 변화에 대한 점진적 변화 및 적응을 강조하는 신기능주의이론에 따라 복지국가가 발전할 수도 있다. 하지만 여기서 중요한 것은 아무리 이론적 측면을 강조한다고 하더라도 복지국가는 자본주의와 공존하면서 지속적으로 발전하여야 한다는 점이다. 만약 복지국가가 경제체제인 자본주의의 틀에서 벗어나 새로운 경제체제에서 존재한다고 한다면 복지국가는 새로운 유형의 경제체제에서 새로운 이름으로 불리게 될 것이다.

복지국가는 국가체제이지 경제체제는 아니지만 복지국가와 경제체제는 밀접한 연관이 있음은 주지의 사실이고 이를 뒷받침하는 용어가 바로 복지자본주의이다. 즉, 복지국가가 추진하는 경제체제는 바로 복지제공을 국가가 주도하는 복지자본주의이다. 따라서 자본주의라는 경제체제를 유지하면서 국민들을 위해서 사회복지정책을 추진하는 복지자본주의는 자본주의가 국민들의 행복이나 삶의 질을 보장하지 못한다는 역사적 사실에 근거한다. 자본주의는 자본축적과 경제성장이라는 과실을 성과라고 자신하지만 출현 이후로 지속적인 성장을 유지하는 자본주의는 존재하지 않았으며 성장과 후퇴 내지는 지체를 반복하면서 자본주의가 양산한 사회적 위험에 대한 국가적 대응으로서 국민들의 안정을 위해 복지와 결합하여 복지자본주의로 발전하고 있다. 일시적으로 경제가 후퇴되어 시장이 실패한다고 해도 역사적으로 보면 사회복지지출을 줄인 복지국가는 존재하지 않았다. 이는 사회복지지출을 위한 세금이 경제적 부의 성장으로 지속적으로 증대하고 있으며, 자본주의가 발전하면서 소득이 증가하고 더 많이 이익을 본 개인이나 기업들이 많아지고 있으므로(소득과 부의 집중화 현상 또는 양극화), 당연히 세금은 증가하게 된다. 또한 이에 상응하여 국가지출은 매년 증가하고 국민의 욕구와 사회적 위험에 대한 사회복지지출 역시 매년 증가한다는 것은 복지자본주의의 당연한 논리이다. 따라서 경제가 어려우니 복지지출을 삭감하여야 한다는 논리는 더 이상 유의미하지 않으며 경제가 어려울 때는 과감히 모든 소득에 더욱 철저하게 세금을 부과하고 이익을 창출한 부자와 기업들로부터 세금을 더 거두어들여 이를 사회복지지출로 투자하는 것이 소비를 증대시키면서 생산을 창출하는 올바른 방안이 될 수 있다.

자본주의의 지속적인 부의 성장이나 경제적 성장이 곧 국민들의 행복을 보장하지 못한다는 점이 명확한 증거들로 인해 입증된 이후로 시장에 대한 불확실성은 자본주의 하에서 생활을 유지하는 대부분의 국민들에게 시장을 통한 재화와 서비스의 생산 및 제공을 뛰어넘어 새로운 생산 및 제공구조의 필요성을 등장시켰으며 이는 곧 수정된 복지자본주의 하에서 빠르게 국민들의 노동이 탈상품화하는 복지국가체제로의 발전을 가능하게 하였다. 탈상품화는 17세기 빈곤법에 기초하여 수백 년을 유지하였던 선별주의에서 복지급여의 보편주의로 빠르게 변화하는 복지제공 패러다임의 변화 속에서 유럽복지국가를 중심으로 국민들의 관심 속에 자리 잡게 되었다. 이제 현대복지국가는 국민들이 시장에 의존하지 않아도 기본적인 삶의 유지 및 보전이 가능하도록 하는 그리고 노동시장에 참여하여도 열악한 노동조건 때문에 기본적인 삶의 유지가 어려운 국민들에게 기본적인 삶이 유지되도록 국가생산 및 제공체제를 기본으로 하는 진정한 복지유토피아를 꿈꾸고 있다.

복지국가는 더 이상 자본가계급의 지배도구가 아니며 노동계급을 달래기 위한 정당성을 부여받기 위해 시혜적으로 최소한의 복지급여가 제공되는 체제도 아니다. 이미 복지국가의 정당성은 노동계급에서 일반국민들로 그 범위가 확대되어 복지국가는 국민들로부터 정당성을 부여받기 위해 노력하여야 하는 체제가 되었으며, 복지급여의 범위는 탈상품화하는 복지국가의 기조에 맞추어 모든 국민들에게 당연한 권리로서 다양하게 제공되고 있다. 복지국가는 모든 국민들의 욕구에 대한 해결사로서 또는 국민들의 사회적 위험에 대한 보호자로서의 역할을 담당하고 있다. 대부분의 정치정당은 경제성장만이 유일한 국가발전의 물적 토대라는 근시안적인 시각에서 벗어나 경제는 곧 복지라는 토대를 통해 발전할 수 있음을 인정하고 있다.

시장의 성공은 반드시 실패를 가져오며 시장의 실패는 곧 생산과 공급체제의 불가피한 수정을 필요로 한다. 경제성장은 이에 대한 새로운 반대급부로서 사회경제적 불평등 및 양극화를 확대·재생산하고 있다. 성장지상주의는 경쟁이라는 이기적 가치를 탄생시켰으며 이는 인류의 존엄성에 대한 파괴와 인류의 상호의존성과 공동체지향성 및 사회성을 파괴하고 있지만 새로운 공동체를 지향하는 공평과 연대와 협력이라는 공동의 가치를 강조하는 복지국가는 자본주의가 지속하는 한 역시 지속적으로 발전할 수밖에 없음을 나타내주고 있다.

시장으로부터 배제된 그리고 다양한 차별 및 배제매커니즘에 의해 소외된 국민들이 지속적으로 증가하는 국가체제는 아무리 경제가 성장하고 국민들의 총소득이 증가한다고 하더라도 국민들로부터 배제될 것이며 이는 곧 국가가 국민들로부터 배제되는 배제의 역설을 잘 설명해준다. 국민들은 이러한 배제지향적인 국가체제를 변화시키기 위한 복지요구투쟁을 지속할 것이다. 즉, 자원의 생산 및 제공체제가 국민들의 기본적 삶을 위협하는 국가는 국민들로부터 외면받을 수밖에 없는데 이는 곧 향후 복지국가가 국민들의 신뢰와 협력을 기본적 가치로 하여 국민들에게 새로운 사회 참여적 역할과 모든 인간의 노동이 탈시장화되는 진정한 인간해방을 위한 도구로서 인식될 것이기 때문이다.

복지국가는 1970년대 이후 빈곤율을 10%대 중반에서 약 4%선으로 줄이는 데 성공하였으며 실업과 노동착취 등을 극복하기 위한 적극적 노동시장정책을 통해 장시간노동을 줄이고 노동자들의 안정적 고용을 지원하며 최저수준의 임금을 보전하여 노동의 탈상품화 및 실질적인 노동안정화에 기여하였고 스칸디나비아국가에서는 실질적인 노사협력을 통해 계급갈등을 줄이는 데 성공하였다. 또한 복지국가 국민들은 국제적인 연대를 통한 각종 지원과 협력사업을 통해 빈곤한 국가 국민들의 생활안정 및 그들이 절대적 빈곤으로부터 벗어날 수 있도록 다양한 노력을 기울이고 있다.

대부분의 복지국가들은 1970년대 이후 지속적인 경제성장에 따른 부작용을 최소화하고 국민들을 각종 사회적 위험으로부터 보호하기 위하여 사회적 지출을 확대하여 경제성장과 사회복지지출은 선순환의 관계를 유지하고 있으며 정부지출에서 차지하는 국가지출 비중에서 사회복지에 대한 지출은 거의 모든 복지국가에서 40% 이상의 수준을 차지하고 있을 정도로 단일 규모의 막대한 예산으로 증대하였다. 1980년대 이후 국민들은 더 이상 경제성장이나 부의 성장만이 그에 상응하는 행복을 가져다주지 않음을 인식하였으며 행복은 복지국가가 추진하는 각종 건강 및 복지와 교육정책 그리고 공동체지향성을 통해서 이룩하려는 사회의 질이 일정 정도 이상 완비된 복지사회에서 달성될 수 있음을 인식하였다.

발전된 복지국가는 단순히 복지지출을 늘리고 복지정책을 시행하는 국가가 아니며 이보다 사회적 임금이 확대·강화되고 타인이나 사회를 위해 노동하는 탈상품화하는 복지국가, 복지사회로 사회적 재생산이 지속되는 복지국가, 상호간에 신뢰하며 협력하는 사회자본이 확대되는 복지국가이다. 향후 복지국가는 근본적으로 사회적 재생산구조를 확립하고 국민들이 탈상품화될 수 있도록 사회적 임금을 지불하며, 자신의 노동력재생산을 위해서만 노동하지 않고 타인을 위해 노동하는 임금이 지불되지 않는 각종 사회적 참여활동, 즉, 사회적 노동이 활성화되어 있으며 국민들이 상호 신뢰할 수 있도록 사회자본의 수준이 높은 국가로 발전되어야 한다.

■ **사회적 노동**은 공동체의식과 연대성에 기초하여 개인들의 역량강화를 통하여 자율적으로 실현되는 노동이자 노동시장에서 임금으로 지불되지 않는 노동으로서 사회의 발전을 위하여 국민 개개인들이 사회에 직접 참여하는 사회참여노동이고 인간관계지향적인 노동이며 인간상호 간의 상호행동과 상호이해를 바탕으로 하는 노동이다. 국민들의 사회적 노동으로의 참여정도가 높으면 높을수록 복지국가 사회의 질의 정도는 높다고 기대할 수 있다. 따라서 사회적 노동은 탈상품화로 인하여 노동을 상품화하지 않아도 기본적인 삶이 보장되는 국민들이 자신의 노동을 사회를 위하여 제공하는 노동으로서 대표적인 사회적 노동은 자원봉사와 같은 사회참여활동이 포함된다.

■ **사회적 재생산**은 사회를 유지·보전하기 위해 가족건강성을 보장하고 가족구성원들을 사회적 위험으로부터 보호하는 사회적 혜택을 제공하는 사회적 구조를 생산 및 지속적으로 재생산하는 것을 의미한다. 즉, 종의 유지(출산), 개개인들의 기본적 생존욕구의 해결(소비), 사회에 만연되어 있는 가치나 규범의 수용 등을 포함하는 직장이나 가족의 역할 등에 대한 준비나 자녀 보육 및 교육(사회화), 그리고 가족구성원인 노인이나 아이, 환자, 장애인 등을 돌보는 역할(돌봄)을 하는 사회구조를 지속적으로 재생산하는 것을 의미한다. 사회적 재생산구조가 잘되어 있으면 있을수록 복지국가의 수준은 높다고 기대할 수 있다.

따라서 사회적 재생산은 가족의 재생산개념을 뛰어넘어 일정 수준 이상의 각종 사회보험과 사회서비스 등을 포함하는 사회보장제도를 통해서 사회가 지속적으로 건강하고 공평한 사회로 재생산 내지는 발전하는 것을 나타낸다.

■ **사회적 임금**은 국민들의 기본적 삶을 유지·보전하기 위하여 제공되는 혜택으로 국민들이 노동을 통하지 않고 국가에 의해 제공받는 사회복지 재화와 서비스를 화폐의 가치로 환산하여 나타내는 소득으로서 노동의 탈상품화의 정도나 결과를 화폐적 가치로 수량화하여 나타내주는 사회의 질을 구성하는 구성요소이자 토대이다. 사회적 임금의 혜택수준이 높으면 높을수록 복지국가의 사회의 질 정도는 높다고 예측할 수 있다. 결국, 사회적 임금은 국가가 복지급여를 통해 국민들에게 제공하는 소득을 나타내며 1970년대의 부의 소득세(Negative income tax, NIT)나 근로장려금(EITC) 등과 같은 세금감면혜택을 통한 소득전이(income transfer)와 아동수당이나 가족수당 등을 통한 각종 수당 그리고 기초소득과 같은 정부가 국민들에게 일정한 소득을 유지할 수 있도록 지원하는 각종 소득지원이나 사회보험에 대한 지원금 등이 포함된다.

■ **사회자본**은 국민들 간의 신뢰향상과 공동체의식 함양에 기초가 되는 타인이나 조직 등에 대한 신뢰의 정도로서 개인이나 집단들 사이의 상호행동을 지배하는 협력적 관계, 네트워크 그리고 태도와 가치로 정의되며 국민들이 인식하는 사회자본의 정도가 높으면 높을수록 또는 객관적으로 측정되는 사회자본의 정도가 높을수록 복지국가 사회의 질의 정도는 높다고 기대할 수 있다.

복지국가는 향후 인류가 생존하는 한 가장 이상적인 국가형태일 수 있으며 모든 계급과 계층이 협력하여 공존할 수 있는 국가체제로서 어떠한 경제체제가 결합된다고 하더라도 지속가능성이 높다. 결론적으로 복지국가가 더욱 발전하기 위해서, 복지국가는 모든 국민들에게 사회적 임금을 지불하고 건강하고 정의로운 사회를 재생산하며 사회적 노동을 활성화하고 상호 간의 신뢰를 기초로 사회 자본을 향상시켜 국민들을 진정한 해방으로 나아가도록 노력하며 행복권을 보장하기 위해 노력하여야 할 것이다.

2. 복지국가에서 복지거버넌스의 시대로

복지국가는 탄생 이후로 자본주의라는 경제체제 하에서 변화하였고 지금도 변화하고 있다. 복지국가는 발전과 퇴보 사이에 수많은 논쟁을 불러왔으며 복지국가의 작동원리 및 각종 정책들이 정치와 결탁하면서 선거 때마다 정치권력의 주요 이슈가 되었던 것도 사실이다. 복지국가는 새로운 복지제공 및 생산방식을 꾸준히 찾아가면서 발전하여 왔고 경제적 어려움의 시기마다 경제를 살리는 핵심원리 및 중심축으로 작동하여 왔다. 21세기 들어 복지국가의 가장 큰 변화는 복지정책이 중앙정부에 집중되어(**국가중심주의**, state centrism) 있던 과거방식으로부터 탈피하여 탈중앙화가 빠르게 진행되고 있다는 점이다. 복지국가의 탈중앙화는 복지(정책이나 사업 등)에 대한 중앙정부의 책임을 지방정부에게 떠넘기거나 위임하는 방식이 아니라 국민들의 욕구에 적절히 대응하기 위하여 수준별로 복지제도 및 사업이 제공되는 것이 올바르다는 현실인식에 근거한다. 즉, 국가적 차원에서 복지국가의 물질적 토대를 강화하기 위한 노력(사회적 노동과 사회적 임금의 확산, 사회적 재생산구조 정착 및 사회자본향상 노력을 위한 정책이나 제도 등)과는 별도로 모든 국민들의 복지욕구가 동일하다는 보편적 사고에서 벗어나 지역사회복지의 수준 또는 환경에 따라 주민들의 욕구는 상이할 것이므로 이에 적절히 대응하기 위해서 중앙정부와 지방정부(기초자치단체)는 수준별로 상이한 선택적 복지제도가 제공되는 것이 바람직하다는 점이다. 물론 모든 복지정책이 지자체별로 상이하여야 한다는 것을 의미하는 것은 아니다. 모든 국민들에게 보편적으로 적용되어야 하는 복지정책이나 사업이 있는 반면 지역적 특성에 따라 상이한 복지정책이 필요하다는 것을 의미한다. 이러한 복지국가의 탈중앙화는 복지국가의 지방성(localization) 또는 다중수준 복지국가(multi-level welfare state)라고 불린다(Kazepov, 2010; Oosterlynck et al., 2013). 복지국가의 지방성 이외에 현재의 상황에서 21세기 복지국가의 발전 전망을 예측할 수 있는 가장 중요한 두 단어는 **복지혼합**과 **거버넌스**이다.

21세기에 들어서면서 복지국가가 대응하여야 하는 사회문제의 확대재생산과 사회 · 경제 · 인구 · 통계적 변화 그리고 국민들의 복지욕구가 복잡화되고 다양화되면서 사회적 보호를 국가가 전적으로 책임지는 것은 불가능하게 되었다. 물론 복지국가는 사회적 보호를 국가가 책임지는 체제이지만 경제적 측면에서 보더라도 국민의 세금으로 운영되는 국가재정의 한계를 뛰어넘어 모든 국민들에게 사회복지 재화와 서비스를 생산 및 제공하는 것은 불가능하다. 2000년 들어 증가하는 복지욕구에 대응하기 위하여 복지국가는 새로운 복지생산방식을 도입함으로써 국가를 중심으로 하는 자발적 부분과 비영리와 시민사회부분 그리고 일부 사회적 가치창출에 기여하는 시장부분(준시장포함)이 공동으로 복지를 생산 및 제공하는 복지혼합의 시대로 접어들었다.

1) 복지혼합의 재조직화[43)]

"복지혼합의 재조직화"는 하나의 조직이 아니라 다양한 복지제공조직들이 서비스를 제공하는 것을 나타내는 용어로서 국가와 비영리(자발적)조직 또는 시민사회가 사회복지 재화와 서비스를 제공하는 것을 의미한다(Haugh and Kitson, 2007). 복지혼합의 재조직화는 물론 민간조직 중 영리조직도 서비스 제공의 주체로 참여하는 것을 포함한다. 국가는 복지혼합의 틀 안에서 영리부분은 사회복지재화와 서비스시장에서 국민들의 선택권을 강화하고 서비스의 질을 향상시키는 데 도움을 주며 사회적 가치를 중요시하는 조직(예를 들어 시장에서 활동하는 사회적 경제조직)의 참여를 강조한다.

민영화는 시장에 복지제공을 맡기는 것으로서 특히, **영리기관중심의 민영화(또는 시장화)**는 국가의 돌봄 및 복지에 대한 책임을 개인의 능력 및 시장에 떠넘기는 것으로서 복지국가의 목적 및 원리에 맞지 않는 제공방식이므로 당연히 복지국가의 복지생산방식에 적합한 논리가 아니다. 하지만 복지혼합의 재조직화는 복지제공을 전적으로 민간영리부분에게 떠넘기는 것이 아니라 국가가 복지생산 및 제공에 전적으로 책임을 가지면서 국민들의 복잡하고 다양한 복지

43) 복지국가의 재조직화는 탈조직화라고도 불린다(Haugh and Kitson, 2007).

욕구에 대응하기 위해서 복지제공의 여러 주체들과 협력하여 서비스를 생산 및 제공하는 것을 의미한다. 즉, 전문적 지식과 기술이 뛰어난 자발적 부분의 비영리조직들과 공동 협력하고 재정을 지원하여 서비스를 직접 제공하도록 하는 한편 도전적 기업가정신으로 사업을 진행하는 사회적 경제조직이나 영리조직들도 사회적 책임경영이나 사회적 가치창출과 같은 사회적 목적을 실현하기 위해 사회복지 재화와 서비스 제공조직으로 참여하는 것을 인정한다. 이는 복지국가가 국민들을 사회적 위험으로부터 보호하기 위하여 국가에 내재되어 있고 활용할 수 있는 활용 가능한 자원을 개발하여 제한된 자원으로 보다 효과적이고 효율적인 서비스를 제공하도록 노력할 책임이 있기 때문이다.

국가가 전적으로 복지제공을 책임지는 국가제공방식은 수직적 위계질서, 독점적 권력 및 정보독점, top-down 방식의 정책결정과 전문성 결여 등의 한계를 가지고 있으며 무엇보다도 국가가 전적으로 국민들의 복지욕구를 충족시키는데 한계를 가진다. 시장제공방식은 국민들에게 선택권을 부여하지만 지나친 경쟁과 이윤창출을 위해 사회적 가치가 실종되는 한계를 가지며 지불능력이 없는 국민들을 시장에서 배제하고 차별함과 동시에 공공서비스 및 사회복지서비스의 과소공급 및 과소소비를 해결할 수 없다는 점도 중요한 한계점이다. 자발적 부분 즉, 비영리중심제공방식은 비영리조직의 유연성과 전문성으로 인하여 복지서비스에 대한 효과성을 강화할 수 있지만 역시 비영리조직의 재정적 열악함과 서비스의 지속성을 유지할 수 없다는 한계를 가진다. 비공식부분인 개인과 가족 그리고 친척 및 이웃이 복지제공을 책임지는 방식은 복지국가가 발전하기 전의 낡은 방식으로 이미 복지국가에서 인정은 하되 가족구성원이나 개인의 노력이 임금노동이 아닌 당연한 자선과 봉사로 치부되지 않도록 제공방식의 변화가 이루어지고 있으며 복지국가는 사회적 보호를 개인이나 가족의 책임에서 국가의 책임으로 전환하였다는 측면에서 한계를 가지고 있는 방식이다. 복지혼합은 국가가 사회적 보호를 책임지지만 복지제공에 있어 다양한 주체들과 공동으로 서비스를 제공하는 것을 기본적인 틀로 한다. 앞으로 복지국가는 복지제공방식에 있어 복지혼합을 통해 보다 유연하고 안정적인 서비스를 제공하기 위하여 복지혼합의 재조직화는 더욱 발전할 가능성이 높다.

국민의 입장에서 보면 복지혼합의 재조직화를 통해 복지서비스가 제공되면 다음과 같은 긍정적인 효과를 얻을 수 있다(Ferlie et al., 1996; Pollitt et al., 2007; Levesque, 2012. Oosterlynck et al., 2013).

첫째, 비영리조직 및 시민사회조직들이 복지제공에 주체로 참여함으로써 국민들의 사회참여와 포용을 증진시킬 수 있다.

둘째, 복지제공에 있어 효율성을 증진시키고 비용을 관리할 수 있다. 복지혼합은 수직적, 관료주의적 복지제공, 비전문적이고 시간소모적인 비효율적인 서비스체계를 개선할 수 있으므로 서비스제공에 따른 비용을 절감할 수 있다.

셋째, 복지서비스의 효과성과 혁신을 강화할 수 있다. 다양한 복지조직들이 참여함으로써 국민들의 복지욕구의 다양성 및 복잡성을 충족시키는 것이 용이하여 서비스의 효과성은 증대할 것이며 제공주체들이 상호보완적이고 보충적인 서비스를 제공할 수 있으므로 혁신적 서비스의 개발 및 제공이 가능하다.

2) 새로운 거버넌스

국민들로부터 증가하는 복지욕구 및 다양화하고 복잡화하는 사회적 위험에 적극적으로 대처하기 위해서 복지재정을 확대하는 것과 함께 복지제공을 다각화하여야 한다는 것은 복지국가의 시대적 과업이다. 복지제공을 다각화 또는 재조직화하기 위해서는 복지제공주체들 사이에 협조와 협력은 필수적인 요소이다. **거버넌스**는 공공행정에서 2000년대 이후로 폭 넓게 사용되는 용어로서 **"상이한 목적과 목표를 가진 다양한 행위주체들 사이에 협력과 응집력을 유지하는 것"**과 관련이 있다(Pierre, 2000). 따라서 거버넌스는 논의, 타협, 교섭 등의 중요한 원칙으로 자리한다. 특히, 거버넌스는 정부 각 부처의 상이한 영역사이에서 top-down식 정책결정이 아니라 협조적 관계를 강조하며 비영리조직 등과 같은 비정부 부분과 협력하여 공동결정하는 관계를 의미한다. Pierre와 Peters(2000)는 거버넌스를 "**상이한 구조들이 상호 행동하는 역동적 과정**"으로 묘사하였다. 거버넌스에서는 정책을 결정하고 실행함에 있어 수평적 관계와 문제해결 능력이 강조된다(Hajer van Tatenhove et al., 2004). 또한 거버넌스는 기존의 일방주의적 독점적 통치에서 벗어나 협력하여 함께 정책을 결정하고 실행하는 행동과정이 포함되므로 일방적 특정 집단에 의한 통치가 아니라 다양한 이익집단이나 조직이 협력하여 통치하는 것이 강조되므로 협치(협력하여 통치)라고도 해석된다.

일반적으로 거버넌스에는 여러 유형이 존재한다고 알려져 있다. 특히 Di Gaetano와 Strom(2003)이 제시한 고객지향 거버넌스, 조합주의 거버넌스, 위계적 거버넌스, 다원주의적 거버넌스 그리고 대중주의적 거버넌스가 있고 이 5개 유형에 Oosterlynck과 동료들(2013)이 추가한 참여 거버넌스 등이 있다. 위의 거버넌스 유형 중 복지국가의 발전을 담보할 수 있는 거버넌스는 참여적 거버넌스이다. **참여 거버넌스**에서 공공기관의 역할은 시민을 역량강화하고 동원하는 것이고, 시민조직이 행동의 주체이며, 시민들을 정책과정에 참여시키는 것이 강조된다. 특히 사회변혁을 위해 지방정부의 역할이 강화되고, 결정이 top-down 방식으로 이루어지지 않으며, 협력과 협동의 가치 아래 정책결정이 이루어지는 거버넌스이다.

고객지향 거버넌스는 거버넌스로의 참여와 혜택이 정치가나 관료의 고객(클라이언트)에게만 허용되므로 참여에 대한 권리는 특권으로 비친다. 특히, 자원과 기회는 특정 고객집단들에게만 제공되어 비효율적이고 불공정한 자원배분이 이루어진다. **조합주의 거버넌스**는 거버넌스에 참여하는 이익집단들 사이의 교섭에 기초한다. 서로 다른 이익을 추구하는 대표성을 가진 조직이 거버넌스에 참여하므로 정책결정과 결론에 도달하는 것이 어렵다는 한계를 가진다. **위계적 거버넌스**는 위계질서가 강조되는 거버넌스이다. 따라서 거버넌스 안에서 공공조직은 엄격한 규정과 기준이나 표준을 강조하며 거버넌스의 관리와 통제를 유지하기 위해 노력한다. 엄격한 규정이나 표준이 강조되므로 거버넌스는 사회, 경제 그리고 문화적 변화를 수용하는 것이 제한적이다. **다원주의 거버넌스**는 시장논리에 의해 지배받는 조직이다. 따라서 공공조직의 통제보다는 보다 자유로운 파편적 거버넌스가 유지된다. 자원의 재분배는 제한적이며 시장에 기초하는 자유방임적 논리가 거버넌스의 과정과 결과를 지배한다. **대중주의 거버넌스**는 모든 집단이나 조직이 거버넌스에 참여하는 것을 추구한다.

〈표 10-1〉 거버넌스의 유형

거버넌스모델	공공조직의 역할	개입된 행위자	개입의 정도	사회변혁을 위한 극복과제
고객지향 거버넌스	특권의 배분	관료(또는 정치가)	특정 집단의 독점적 참여	비효율성, 자원의 중복 및 낭비, 만연한 특정집단의 이익
조합주의 거버넌스	교섭의 중개	이익집단	제한적이고 간접적인 참여	엘리트주의, 새로운 이익집단이나 새로운 주제의 배제, 비효율성, 체계적인 논리부족
위계적 거버넌스	관리와 통제	클라이언트와 시민	정의된 기준(규정)에 따른 참여	개입의 표준화, 관리와 통제에 대한 강력한 자원투자욕구, 공공행정으로 민간관리기법의 적용
(시장)다원주의 거버넌스	점차적이고 체계적인 규제	클라이언트, 경쟁자	누구든지 열려있음	중복적인 개입과 파편화, 새로운 아이디어개발의 어려움, 자원 재분배의 어려움
대중주의 거버넌스	대중조직의 동원	지역사회지도자	상징적 의미에서 대중의 참여를 포용함	상징적 개입과 결과의 강조, 지역사회주민과 집단을 동원할 수 있는 능력, 내부분열
참여 거버넌스	시민의 역량강화 및 동원	시민조직	시민의 정책과정참여	지방정부의 역할강화, top-down 방식결정의 지양, 협력과 협동의 가치아래 정책결정

출처: Oosterlynck et al., 2013. p, 34 표-5에서 재수정

그러므로 거버넌스로의 참여에는 제한이 없으며 자원의 재분배는 합의나 동의에 기초한 특정한 기준을 통해서 이루어져야 함이 강조된다. 하지만 역량과 능력이 없는 조직이나 집단이 참여함으로써 거버넌스가 역량이 약하다든지 또는 불공정한 결과를 초래한다면 내부 분열이 일어날 수 있다. 아래는 거버넌스 유형의 특징들을 비교한 표이다.

거버넌스는 복지혼합을 발전시키고 구현하기 위한 수단이자 도구이다. 특히 복지제공의 주체들이 협력시스템을 통해 국민들의 복지욕구에 대응하기 위해서 참여적 거버넌스에 기반한 **새로운 거버넌스**의 구축이 필요함이 제시되고 있다(Lascoumes and Le Gales, 2007; Heritier and Rhodes, 2011; Oosterlynck et al., 2013). "**새로운 거버넌스(new governance)**"는 단순히 사회복지관련 사업을 협력·조정하는 연계기구가 아니며 국가의 사회복지·보장 정책 및 제도를 기획 및 수립하는 기구이자 서비스를 제공하고 정책을 결정하는 기구이다. 과거 권위주의시대에서와 같이 정부가 일방적으로 정책을 결정하고 서비스를 제공하는 권력을 독점하여 **통치(government)**를 하는 것이 아니라 사회의 모든 이해관련 당사자들이 함께 참여하여 정책을 수행하고 결정하는 즉, 협력하여 통치하는 **협치(governance)**의 기능이 강조된다. 거버넌스보다 "새로운 거버넌스"라는 용어를 사용하는 이유에 대해 Lascoumes와 Le Gales(2007)는 공공정책이 덜 위계 질서적이고, 하나의 제공방식으로만 조직화되어 있지 않으며, 권력이 하나의 이익집단에 의해서 점유되지 않는다는 점을 강조하였다.

Heritier와 Rhodes(2011)는 새로운 거버넌스의 원칙으로 컨설트나 협의를 뛰어 넘어 집합적 결정을 통한 공동생산과 공동행동이 실현되어야 하며 분야별로 민과 관의 네트워크들이 구축 및 운영되어야 하고 문제 해결적이고 효과적이며 효율적인 그리고 참여주체 간의 동의를 건설하는 성격을 가진 새로운 스타일의 탈 위계질서적 정책결정을 하여야 함을 제시하였다. 새로운 거버넌스 작동을 위한 원리와 원칙으로 지적되는 사안들을 정리하면 다음과 같다.

첫째, 수평적 관계의 원칙
둘째, 정책결정 및 문제해결능력의 원칙
셋째, 협력과 상호행동의 원칙
넷째, 사회적 참여의 원칙

새로운 거버넌스가 구축되고 실행되기 위해서 **네트워크**라는 도구는 필수적이다. 새로운 거버넌스는 복지제공 주체들 간의 공동기획과 공동결정을 위한 행위의 원칙이자 가치이다. 새로운 거버넌스의 원칙이 지켜지고 시행되기 위해서는 복지정책을 기획하고 실행하며 정책을 결정하는 기구인 네트워크라는 도구가 반드시 필요하다. 복지제공영역에서의 네트워크는 사회적 가치를 성취하는 것을 목적으로 하므로 당연히 사회적 네트워크이다. 자본주의 시장작동원리에 따른 시장제공방식의 문제점 및 국가독점에 따른 서비스 품질저하와 관료주의적 한계를 갖는 국가제공방식의 문제점 그리고 비영리 자발적 조직이 갖는 서비스제공의 비연속성 등의 문제점들을 극복하기 위한 대안으로 나아가 복지국가발전을 위한 새로운 제공방식으로서 새로운 거버넌스에 입각한 복지정책영역별 그리고 부분별 사회네트워크가 복지국가발전의 새로운 형식으로 작동할 가능성이 존재한다.

결론적으로, 복지국가발전을 위해 새로운 거버넌스를 구축하여 실행하고자 한다면 즉, 성공적인 거버넌스구축 및 실행을 위해서는 다음과 같은 점들이 명확히 인식되어야 한다.

첫째, 거버넌스는 복합적인 개념이지만 복지국가발전을 위해 복지제공주체들인 국가, 자발적 부분, 시장 그리고 국민들이 협력하여 결정하는 통치의 유형이라는 점이다. 즉, 거버넌스는 권력을 분점하는 복지제공주체들이 상호 간에 덜 위계 질서적이고 더욱 수평적이며 통치를 위해 협조적이고 논의를 기초로 하여 집합적으로 정책을 형성 및 결정을 하는 통치기구이다.

둘째, 국민들로부터 복지욕구의 다양성과 복잡성이 증대하고 사회적 위험이 날로 급증하는 현 복지국가의 환경에서 정부는 나홀로 복지제공을 완벽하게 책임질 수 없다. 물론 복지국가는 국가가 국민들을 사회적 위험으로부터 보호하는 체제이지만 국민들의 보호를 전적으로 정부 혼자의 힘으로 책임지는 것은 감당하기가 어려운 것이 현실이다. 따라서 복지다원주의적 측면에서 복지혼합은 필수적이지만 복지혼합은 전적으로 국가의 책임 하에 기획되고 실행되어야 한다. 즉, 복지제공의 협력과 협치를 위한 거버넌스의 구축 및 실행의 주체는 곧 국가(중앙정부 및 지방정부)라는 점은 명확하다. 물론 국가가 거버넌스 설립 및 운영에 있어 책임이 있는 주체라는 점이 거버넌스가 준공공조직 또는 정부의 산하조직이라는 것을 의미하는 것은 아니다.

셋째, 복지혼합은 복지제공주체들의 재조직화 또는 탈조직화과정이다. 즉, 시장에서 영리를 추구하는 조직도 사회적 가치를 지향하는 집합적 목적을 성취하기 위해서 복지제공 조직으로 참여할 수 있으며 당연히 자발적 조직이나 비영리조직도 재조직화를 통하여 복지제공의 주체로 참여하므로 조직적 측면에서 복지조직의 재조직화와 탈조직화가 발생한다. 물론 복지혼합에 따른 재조직화와 탈조직화는 두 가지 측면에서 반드시 심사숙고되어야 한다. 먼저 준시장제공조직을 포함하여 시장조직은 복지제공측면에서 효율성을 강화하고, 비용을 줄일 수 있으며 참여의 범위를 확대한다는 긍정적인 측면이 있지만 반대로 국민들의 사회적 권리를 침해할 수 있고, 중앙정부보다 지방정부에 대한 의존성이 강화될 수 있으며 복지급여에 대한 선택주의의 강화로 인하여 자원의 보편적 접근성이 제한을 받을 수 있다는 한계가 인지되고 극복되어야 한다.

넷째, 거버넌스가 실현되기 위해서는 반드시 국민을 포함하여 다양한 영역에서 활동하는 다양한 수준의 조직이 참여하는 네트워크가 구축되어야 한다. 거버넌스는 추상적인 개념이며 협력과 협치를 기본으로 하는 거버넌스가 실현되기 위해서는 정책네트워크 또는 다른 유형의 거버넌스가 설립되어야 한다. 특히 거버넌스는 시민풀뿌리조직부터 비영리 조직 및 사회적 가치지향적인 시장조직의 참여가 보장되어야 하고 논의와 정책결정에 있어 민주주의적 정당성이 확보되어 있어야 한다.

참고문헌

금재호. (2004). 취업으로 빈곤극복이 가능한가. 경제분석, 10(3), 72-111.

김연명. (2013). 한국 복지국가의 성격과 전망: 남부유럽복지체제와의 비교를 중심으로. 한국사회복지조사연구, 36, 27-59.

김영순. (1996). 복지국가의 위기와 재편: 영국과 스웨덴의 경험. 서울대출판부.

김태성・성경륭. (2014). 복지국가론. 나남: 경기.

남찬섭. (2002). 한국 복지체제의 성격에 대한 경험적 연구. 비판사회정책, (11), 163-202.

백승호, 안상훈. (2007). 한국 복지국가의 구조와 성격에 관한 비교사회정책연구-공공사회복지지출 분석을 중심으로. 사회복지연구, 35, 337-362.

안상훈. (2000). 복지정치의 사회적 균열구조에 관한 연구--계급론의 한계와 새로운 분석틀. 한국사회복지학, 43, 193-221.

윤도현. (2017). 복지국가론. 정민사: 경기

윤영진・장승옥・지은구・김은정. (2009). 사회복지서비스 재정지원방식. 청목출판사: 서울.

조영훈. (2000). '생산적 복지론'과 한국 복지국가의 미래. 경제와 사회, 45, 90-113.

지은구・김은정. (2010). 사회복지서비스의 성격과 이용자재정지원. 나눔의집: 서울.

지은구. (2003). 사회복지경제학연구. 청목출판사: 서울.

지은구. (2006). 자본주의와 사회복지. 청목출판사: 서울.

지은구. (2010). 사회복지재정 연구. 집문당: 서울.

지은구. (2013). 사회복지경제분석론. 청목출판사: 서울.

지은구. (2018). 복지국가와 사회의질. 사회평론아카데미: 서울.

Abbott, P., & Wallace, C. (2014). Rising economic prosperity and social quality the case of New Member States of the European Union. Social indicators research, 115(1), 419-439.

Albelda, R., Drago, R. and Shulman, S. (1997), Unlevel Playing Fields: Understanding Wage Inequality and Discrimination. New York: McGraw-Hill Companies Inc.

Alber, Jens. (1982). Vom Armenhaus zum Wohlfahrtsstaat: Analysen zur Entwicklung der Sozialversicherung in Westeuropa. Frankfurt: Campus Verlag.

Alestalo, M., & Flora, P. (1994). Scandinavia: Welfare states in the periphery-peripheral welfare states. The transformation in Europe. Social conditions and consequences. Warsaw: IFiS Publishers.

Alford, J. (2002). Defining the client in the public sector: A social exchange perspective. Public administration review, 62(3), 337-346.

Amin, A. (1994). Post-Fordism: models, fantasies and phantoms of transition. Post-Fordism: a reader, 1, 1-7.

Andersen, T. M., Molander, P. (Eds.), (2003). Alternatives for Welfare Policy: Coping with Internationalization and Demographic Changes. Cambridge: Cambridge University Press.

Andreotti, A., Mingione, E., & Polizzi, E. (2012). Local welfare systems: a challenge for social cohesion. Urban studies, 49(9), 1925-1940.

Angeles, L. (2011). A closer look at the Easterlin Paradox. The Journal of Socio-Economics, 40(1), 67-73.

Ascoli, U., & Ranci, C. (Eds.). (2002). Dilemmas of the welfare mix: The new structure of welfare in an era of privatization. Berlin: Springer Science & Business Media.

Atkinson, A. B. (2011). The restoration of welfare economics. American Economic Review, 101(3), 157-161.

Atkinson, A., & Mogensen, G. V. (1993). Welfare and work incentives: A North European perspective. Oxford: Oxford University Press.

Atkinson, Anthony B., Lee Rainwater, and Timothy M. Smeeding. (1995). Income Distribution in OECD Countries. Paris: Organization for Economic Cooperation and Development (OECD).

Atkinson, T. (2001). Inequality, Poverty and the Welfare State: A European Perspective on the Globalisation Debate (2th ed). Mannheim: Nuffield College.

Badie, B., Berg-Schlosser, D., & Morlino, L. eds. (2011). Social Democracy. International Encyclopedia of Political Science. 8. London: Sage Publications.

Baldwin, P. (1990). The politics of social solidarity: class bases of the European welfare state, 1875-1975. Cambridge: Cambridge University Press.

Bambra, C. (2005). Cash versus services: 'worlds of welfare' and the decommodification of cash benefits and health care services. Journal of social policy, 34(2), 195-213.

Barr, N. (1992). Economic theory and the welfare state: a survey and interpretation. Journal of Economic literature, 30(2), 741-803.

Barr, N. (2001). The welfare state as piggy bank: information, risk, uncertainty, and the role of the state. Oxford: Oxford university press.

Barr, N., & Whynes, D. K. (1993). Current issues in the economics of welfare. Macmillan.

Bartolini, S., & Sarracino, F. (2014). Happy for how long? How social capital and economic growth relate to happiness over time. Ecological economics, 108, 242-256.

Beck, W., van der Maesen, L. J., & Walker, A. (2012). Theoretical foundations. Social Quality: From Theory to Indicators, 44-69.

Beveridge, William. 1942. Social Insurance and Allied Services. London: HMSO.

Blau, J. & Abramovitz, M. (2004). The dynamics of social welfare policy. Oxford: Oxford University Press.

Boeri, T. (2002). Let social policy models compete and Europe will win. In a conference hosted by the Kennedy School of Government. Harvard University 11(12), 22-28.

Bowles, S., Edwards, R., & Roosevelt, F. (1985). Understanding Capitalism: Competition. Command and Change in the US Economy (NY: Harper and Row, 1985), 190-192.

Bramley, G., Le Grand, J., & Low, W. (1990). How Far is the Poll Tax a'Communitv Charge'? The Implications of Service Usage Evidence. Policy & Politics, 17(3), 187-205.

Briggs, A. (1961). The welfare state in historical perspective. European Journal of Sociology. 2, 221-258.

Brudney, J. L., & England, R. E. (1983). Toward a definition of the coproduction concept. Public administration review, 59-65.

Burch, H. A. (1999). Social welfare policy analysis and choices (Vol. 1). Psychology Press.

Burghardt, S., & Fabricant, M. (1987). Working under the safety net: Policy and practice with the new American poor (Vol. 47). Sage Publications, Inc.

Cagan, P. (1991). Monetarism. In The World of Economics (pp. 449-459). London: Palgrave Macmillan.

Cameron, N. (1984). The measurement of human growth. London: Taylor & Francis.

Caporaso, J. A., & Levine, D. P. (1992). Theories of political economy. Cambridge: Cambridge University Press.

Carling, K., Holmlund, B., & Vejsiu, A. (1999). Do Benefit Cuts Boost Job Findings?. Swedish evidence from the 1990s', Swedish Office of Labour Market Policy Evaluation, Working Paper 1999, 8.

Castles, F. G. (2004). The future of the welfare state: Crisis myths and crisis realities. Oxford: Oxford University Press.

Castles, F. G. 2005. Social Expendture in the 1990s: Data and Determinants, Policy & Politics 33(3), 411-430.

Castles, F. G., & Dowrick, S. (1990). The impact of government spending levels on medium-term economic growth in the OECD, 1960-85. Journal of Theoretical Politics, 2(2), 173-204.

Castles, S. (2004). Migration, citizenship and education. In J. A. Banks (Ed.), Diversity and citizenship education: Global perspectives (pp. 17-48). San Francisco: Jossey-Bass.

Chatterjee, P. (1996). Approaches to the welfare state. Washington, DC: NASW Press.

Clark, A. E., Diener, E., Georgellis, Y., & Lucas, R. E. (2008). Lags and leads in life satisfaction: A test of the baseline hypothesis. The Economic Journal, 118(529).

Cordato, R. E. (1980). The austrian theory of efficiency and the role of government. The Journal of Libertarian Studies, 4(4), 393-403.

Cowen, T., & Crampton, E. (2002). Market failure or success. Cheltenham: Edward Elgar Publishing.

Culyer, A. J. (1980). The political economy of social policy. New York: St. Martin's Press.

Dahrendorf, R. (1987). The underclass and the future of Britain. Windsor: 10th Annual Lecture.

Di Gaetano, A. and Strom, E. (2003). Comparative urban governance. An Integrated Approach, Urban Affairs Review, 38(3): 356-395.

Drache, D., & Boyer, R. (Eds.). (1996). States Against Markets: The Limits of Globalization. London: Routledge.

Drake, R. F. (2001). Disabled People. Handbook of disability studies, 412.

Easterlin, R. A. (1974). Does economic growth improve the human lot? Some empirical evidence. Nations and households in economic growth, 89, 89-125.

Easterlin, R. A. (2005). Diminishing marginal utility of income? Caveat emptor. Social Indicators Research, 70(3), 243-255.

Easterly, W., & Rebelo, S. (1993). Fiscal policy and economic growth. Journal of monetary economics, 32(3), 417-458.

Easterly, W., S. Rebelo, (1993). Fiscal policy and economic growth: an empirical investigation. Journal of Monetary Economics 32(3): 417-58.

Eatwell, J., Milgate, M., & Newman, P. (Eds.). (1991). The world of economics. Berlin: Springer.

Eger, R. (2005). Provision and production of public goods. In D. Robbins(ed.). Handbook of public sector economics. New York: Talor & Francis.

Engen, E. M., & Skinner, J. S. (1992). Fiscal policy and economic growth. NBER working paper, (w4223).

Esping-Andersen, G. (1999). Social foundations of postindustrial economies. Oxford: Oxford University Press.

Esping-Andersen, G. (2000). Multi-dimensional decommodification: a reply to Graham Room. Policy and Politics, 28(3), 353.

Esping-Andersen, G., & Korpi, W. (1984). From poor relief towards institutional welfare states: the development of Scandinavian social policy. Inst. för social forskning.

Esping-Andersen, G., & Korpi, W. (1985). Social policy as class politics in post-war capitalism: Scandinavia, Austria, and Germany. Swedish Institute for Social Research.

Esping-Andersen, G., & Nedoluzhko, L. (2017). Inequality equilibria and individual well-being. Social science research, 62(February), 24-28.

Esping-Anderson, G. (1990). Three Worlds of Welfare Capitaüsm. New Jersey: Princeton University Press

Evers, A. (2005). Mixed welfare systems and hybrid organizations: Changes in the governance and provision of social services. Intl Journal of Public Administration, 28(9-10), 737-748.

Evers, A., & Laville, J. L. (Eds.). (2004). The third sector in Europe. Cheltenham: Edward Elgar Publishing.

Ferguson, I., Lavalette, M., & Mooney, G. (2002). Rethinking welfare: A critical perspective. London: Sage.

Ferlie, E., Ashburner, L., Fitzgerald, L. and Pettigrew, A. (1996). The New Public Management in Action, New York: Oxford University Press.

Fitzpatrick, T. (2001). New Agendas for Social Policy and Criminology: Globalization, Urbanism and the EmergingPost Social Security State. Social Policy & Administration, 35(2), 212-229.

Fitzpatrick, T., Alcock, P., Erskine, A., & May, M. (2003). Postmodernism and new directions. Social policy, 126-133.

Flora, P., & Alber, J. (1981). Modernization, democratization, and the development of welfare states in Western Europe" en Flora, P. y Heidenheimer, AJ (Eds.): The development of Welfare State in Europe and America. New Brunswick: Transaction Books.

Friedlander, W. A. (1955). Introduction of social welfare. New York: Palgrave.

Friedman, H. L. (1962). Ionic Solution Theory: based on Cluster expansion methods (Vol. 3). Genèva: Interscience Publishers.

Fukuyama, F. (1999). The great disruption: Human nature and the reconstitution of social order. London: Profile Books.

Garfinkel, I., Rainwater, L. & Smeeding, T. (2010). Wealth and Welfare State: Is America a Laggard or Leader?. Oxford: Oxford University Press.

Giddens, A. (1983) 'Class division, class conflict and citizenship rights', in A. Giddens, Profiles and Critiques in Social Theory. London: Macmillan.

Gilbert, N., & Terrel, P. (2005). Dimensions of social welfare policy. Boston: Allyn and Bacon

Gilbert, N., Specht, H., & Terrel, P. (1993). Dimensions of social welfare policy (3rd ed.). Englewood Cliffs, NJ: Prentice Hall.

Glennerster, H., & Le Grand, J. (1995). The development of quasi-markets in welfare provision in the United Kingdom. International Journal of Health Services, 25(2), 203-218.

Glennerster, H. (2003) Paying for welfare. In: Alcock, Pete, Erskine, Angus and May, Margaret, (eds.) The Student's Companion to Social Policy [2nd Edition]. Blackwell, Oxford, UK, pp. 253-259.

Goodin, R. E., & Le Grand, J. (1987). Creeping universalism in the Australian welfare state. Not Only the Poor, London: Allen and Unwin.

Goodman, R., White, G., & Kwon, H. J. (Eds.). (1998). The East Asian welfare model: Welfare orientalism and the state. London: Psychology Press.

Gough, I. (1997) "La asistencia social en el sur de Europa", in L. Moreno ed. Unión Europeay Estado del Bienestar. Madrid: CSIC.

Grand, J. L. (2002). The labour government and the National Health Service. Oxford Review of Economic Policy, 18(2), 137-153.

Grand, J. L. (2011). Quasi-Market versus State Provision of Public Services: Some Ethical Considerations. Public Reason, 3(2).

Gregory, P. R. and Roy J. R. (1994). Economics. New York: Harper Collins College Publishers.

Greve, B. (2008). What is welfare?. Central European Journal of Public Policy, 2(1), 50-73.

Greve, B. (2013). Is the welfare state dying out?. ScienceNordic.

Grier, R. (1997). The Effect of Religion on Economic Development: A Cross National Study of 63 Former Colonies. Kyklos 1, 47-62.

Gruber, J., & Wise, D. A. (1999). Social Security and retirement around the world: introduction and summary. Social Security and Retirement Around the World, University of Chicago Press, Chicago.(Also published in Research in Labor Economics 18, JAI Press Inc., 1999).

Hagerty, M. R., & Veenhoven, R. (2003). Wealth and happiness revisited - growing national income does go with greater happiness. Social indicators research, 64(1), 1-27.

Hajer, M. and van Tatenhove, J. P. M. and Laurent, C. (2004). Nieuwe vormen van governance: Een essay over nieuwe vormen van bestuur. Bilthoven, RIVM-MNP: 37.

Hall, S., & Jacques, M. (1989). New times. The Changing Face of Politics in the 1990s. London: Maxism Toaday.

Hansson, P., Henrekson. M., (1994). A new framework for testing the effect of government spending on growth and productivity. Public Choice, (81), 381-401.

Haugh, H. and Kitson, M. (2007). The Third Way and the third sector: New Labour's economic policy and the social economy, Cambridge Journal of Economics 31: 973-994.

Helliwell, J. F., Huang, H., & Wang, S. (2015). The geography of world happiness. World happiness report, 12-41.

Heritier, A. & Rhodes, M. (2011). New Modes Of Governance In Europe Governing In The Shadow Of Hierarchy. Basingstoke: Palgrave MacMillan.

Heywood, A. (2012). Political Ideologies: An Introduction (5th ed.). Basingstoke, England: Palgrave Macmillan.

Holden, C. (2003). Decommodification and the workfare state. Political Studies Review, 1, 303-316.

Hood, C. (1991). A public management for all seasons?. Public administration, 69(1), 3-19.

Hunter, S., & Ritchie, P. (2007). Introduction: with, not to: models of co-production in social welfare. Research Highlights in Social Work, 49, 9.

Jessop, B. (1994). The transition to post-Fordism and the Schumpeterian workfare state. Towards a post-Fordist welfare state, 7, 13-37.

Jessop, B. (2000). The crisis of the national spatio temporal fix and the tendential ecological dominance of globalizing capitalism. International journal of urban and regional research, 24(2), 323-360.

Jessop, B. (2002). Time and space in the globalization of capital and their implications for state power. Rethinking Marxism, 14(1), 97-117.

Johnson, W. B., & Lys, T. (1990). The market for audit services: Evidence from voluntary auditor changes. Journal of accounting and economics, 12(1-3), 281-308.

Jones, E. (2003). The European miracle: environments, economies and geopolitics in the history of Europe and Asia. Cambridge: Cambridge University Press.

Jones, H. (1990). Social welfare in third world development. London: Macmillan International Higher Education.

Jones, L. J. (1994). The social context of health and health work. Basingstoke: Macmillan.

Kaboolian, L. (1998). The new public management: Challenging the boundaries of the management vs. administration debate. Public Administration Review, 58(3), 189-193.

Kahkonen, L. (2004). Quasi-markets, competition and market failures in local government. Kommunal ekonomi och politik, 8(3), 31-47.

Károly, P. (1980). The great transformation. Boston: Beacon Press.

Kaufmann, F. X. (2003). Sozialpolitisches Denken: Die deutsche Tradition (Vol. 2321).

Kelly, J. & Evans, M.D.R. (2017). The new income inequality and well-being paradigm. Social Science Research, 62, 39-74.

Kenworthy, L. (1999). Do social-welfare policies reduce poverty? A cross-national assessment. Social Forces, 77(3), 1119-1139.

Kenworthy, L. (2016). Is income inequality harmful. The Good Society. Retrieved from lanekenworthy. net.

Kirzner, I. (1963). Market theory and the price system (No. 04; HB771, K4.).

Korpi, W. (1985). Economic growth and the welfare state: leaky bucket or irrigation system?. European sociological review, 1(2), 97-118.

Korpi, W. (1983). The Democratic Class Struggle. London: Routledge & Kegan Paul.

Kramer, R. A. (1990). U.S. Patent No. 4,945,412. Washington, DC: U.S. Patent and Trademark Office.

Krugman, P. R., & Wells, R. (2006). Economics, New York: Worth Publishers.

Kuhnle, S., & Alestalo, M. (2000). Growth, adjustments and survival of

European welfare states. Survival of the European welfare state, 3-18.

Kuhnle, S., & Sander, A. (2010). The emergence of the western welfare state. In The Oxford handbook of the welfare state. Oxford: Oxford University Press.

Kuhnle, S., & Sander, A. (2010). Welfare State. International Encyclopedia of Civil Society, 1639-1643.

Landau, Daniel L. (1985). Government Expenditure and Economic Growth in the Developed Countries: 1952-76. Public Choice 47, 459-77.

Lane, J. E. (2000). New public management. Taylor & Francis US.

Lascoumes, P. and Le Gales, P. (2007). Introduction: Understanding Public Policy through Its Instruments - From the Nature of Instruments to the Sociology of Public Policy Instrumentation, Governance: An International Journal of Policy, Administration, and Institutions 20(1): 1-21.

Le Grand, J. (1991). The theory of government failure', The British Journal of Political Science, vol 21, 423-442.

Le Grand, J. (2002). Models of public service provision: command and control, networks or quasi-market? Public Service Productivity. London: HM Treasury.

Le Grand, J. (2007). The politics of choice and competition in public services. The Political Quarterly, 78(2), 207-213.

Le Grand, J. and Bartlett, W. (eds.). (1993). Quasi-markets and social policy. Macmillan, London.

Le Grand, J., & Cooper, Z. (2013). Framing health reform. Health Economics, Policy and Law, 8(2), 251-257.

Le Grand, J. (1990) The state of welfare. In: Hills, John, (ed.) The State of Welfare: the Welfare State in Britain Since 1974. Clarendon, Oxford, UK, pp. 338-362.

Leadbetter, C. (2004) Personalization through Public Participation, Demos: London

Ledyard, J. O. (1991). Coordination in shared facilities: A new methodology. Journal of Organizational Computing and Electronic Commerce, 1(1), 41-59.

Ledyard, J. O. 1991 Market failure. In The World of Economics (pp. 407-412). Palgrave Macmillan UK.

Lee, J. (1994). The empowerment approach to social work practice. New York: Columbia University Press.

Lévesque, B. (2012). Social innovation and governance in public managment systems: Limits of NPM and search for alternatives?, Collection etudes théoriques. Available online: http://www.crises.uqam.ca/upload/files/publications/etudes-theoriques/ET1116.pdf.

Lindbeck, A. (1997). The swedish experiment. Journal of economic Literature, 35(3), 1273-1319.

Lindbeck, A., Nyberg, S., & Weibull, J. W. (1999). Social norms and economic incentives in the welfare state. The Quarterly Journal of Economics, 114(1), 1-35.

Lindert, P. H. (2004) Growing Public: Social Spending and Economic Growth since the Eighteenth Century. Volume One: the Story. Cambridge: Cambridge University Press.

Loader, B., & Burrows, R. (1994). Towards a post-Fordist welfare state? The restructuring of Britain, social policy and the future of welfare. Towards a post-Fordist welfare state, 1-10.

Lord, L. K., & Walker, J. B. (2009). An approach to teaching animal welfare issues at the Ohio State University. Journal of veterinary medical education, 36(3), 276-279.

Lowery, D. (1998). Consumer sovereignty and quasi-market failure. Journal of Public Administration Research and Theory, 8(2), 137-172.

Marshall, T. H. (1950). Citizenship and social class (Vol. 11, pp. 28-29). Cambridge.

Marshall, T. H. 1982. The right to welfare. London: Heinemann.

Martin, G. T., & Zald, M. N. (1981). Social welfare in society. New York: Columbia University Press.

Marx, K. (1970). Economic and philosophic manuscripts of 1844. London: Lawrence and Wishart.

Massey, D. S., & Kanaiaupuni, S. M. (1993). Public housing and the concentration of poverty. Social Science Quarterly, 74(1), 109-122.

McCallum, J., & Blais, A. (1987). Government, special interest groups, and economic growth. Public Choice, 54(1), 3-18.

Mendoza, E. G., Milesi-Ferretti, G. M., & Asea, P. (1997). On the ineffectiveness of tax policy in altering long-run growth: Harberger's superneutrality conjecture. Journal of Public Economics, 66(1), 99-126.

Mishra. (1990), The Welfare State in Capitalist Society, Toronto: University of Toronto Press.

Moller, S., Huber, E., Stephens, J. D., Bradley, D., & Nielsen, F. (2003).

Determinants of relative poverty in advanced capitalist democracies. American sociological review, 22-51.

Müller, W. & Neusüß, C. (1971). Die Sozialstaatsillusion und der Widerspruch von Lohnarbeit und Kapital , in Prokla, Sonderheft. 1, pp. 7 -70.

Murray, C. (1984), Losing Ground. New York: Basic Books.

Nielsen, T. W., & Ma, J. (2016). Investigating meaningful happiness and wellbeing in college students through a 'curriculum of giving'outdoor education program. International Education Research, 4, 1-13.

Nordström, H. (1992). Studies in trade policy and economic growth. Institute for International Economic Studies [Institutet för internationell ekonomi], University.

Nullmeier, F., & Kaufmann, F. X. (2010). Post War Welfare State Development. In The Oxford Handbook of the welfare state. Oxford: Oxford University Press.

O'Connor, J, S. & Olson, G. (eds). (1998). Power Resources Theory and The Welfare State: A Criticl Approach. Toronto et al.: Toronto: University of Toronto Press.

Obinger, H., Leibfried, S., & Castles, F. G. (Eds.). (2005). Federalism and the welfare state: New world and European experiences. Cambridge: Cambridge University Press.

O'Connor, J. D. (1973). Phonetics. London: Penguin Books.

OECD. (2008). Market mechanism in public service provision. Working Paper No. 16.

Offe, C. (1984). The Future of the Labor Market. Telos, 1984(60), 81-96.

Oosterlynck, S., Kazepov, Y., Novy, A., Cools, P., Wukovitsch, F., Saruis, T., Barberies, E. & Leubolt, B. 2013. Exploring the multi-level governance of welfare provision and social innovation: Welfare mix, welfare models and rescaling. Working Papers. No. 13/12. ImPRovE.

Ostrom, E. (1999). Why do we need multiple indicators of public service outputs?. In Polycentricity and local public economies: Readings from the workshop in political theory and policy analysis (pp. 163-175). Michigan: University of Michigan Press.

Parks, R. B., Baker, P. C., Kiser, L., Oakerson, R., Ostrom, E., Ostrom, V., Percy, S. L., Vandivort, M. B., Whiataker, G. P., & Wilson, R. (1981) Consumers as Co-producers of Public Services: Some Economic and Institutional Considerations, Policy Studies Journal. 9 pp1001-11.

Reprinted in McGinnis, M. ed. (1999) Local Public Economies: Reading from the Workshop in Political Theory and Policy Analysis. Ann Arbor, Michigan: University of Michigan Press.

Percy, S. L. (1984). Citizen participation in the coproduction of urban services. Urban Affairs Quarterly, 19(4), 431-446.

Persson, T., & Tabellini, G. (1994). Is inequality harmful for growth?. The American economic review, 600-621.

Pestoff, V. (2006). Citizens and co-production of welfare services: Child care in eight European countries. Public management review, 8(4), 503-519.

Peter, B. G. (1996). The Future of Governing: Four Emerging Models. Lawrence, Kansas: University Press of Kansas.

Pfaller, A., Gough, I., & Therborn, G. (Eds.). (1991). Can the welfare state compete?: a comparative study of five advanced capitalist countries (p. 354). London: Macmillan.

Pierre, J. (2000). Introduction: Understanding governance in, Pierre, J. (ed.) Debating governance: Authority, steering and democracy. New York: Oxford University Press, 1-12.

Pierre, J. and Peters, G. (2000). Governance, Politics, and the State. Basingstoke: Macmillan.

Piore, M. J., & Sabel, C. F. (1984). The second industrial divide: Prospects for prosperity. New York: Basic Books.

Pollitt, C. (1990). Managerialism and the public services: The Anglo-American experience. Oxford: Blackwell.

Pollitt, C., van Thiel, S., & Holmburg, V. (eds.), (2007). New Public Management in Europe. Adaptation and Alternatives, Palgrave: London.

Popple, P. R., & Leighninger, L. (2002). Social work as a profession. Social work, social welfare, and American society. London: Pearson.

Prigoff, A. W. (2000). Economics for social workers: Social outcomes of economic globalization, with strategies for community action. Belmont, CA: Brooks/Cole.

Reid, P. N. (1996). Social welfare history. In Richard L. Edwards(Ed.). Encyclopedia of social work, 19th ed. Washington, DC: NASW Press.

Rimlinger, G. V. (1971). Welfare policy and industrialization in Europe, America and Russia (p. 362). New York: Wiley.

Robinson, R. V., & Le Grand, J. (Eds.). (1984). Privatisation and the Welfare State. Crows Nest: Allen & Unwin.

Roemer, J. E. (1988). Analytical foundations of Marxian economic theory.

Cambridge : Cambridge University Press.

Rosener, J. B. (2003). Women on corporate boards make good business sense. The statistical Discovery Software SAS, 29(5), 7-11.

Rozman, G. (1991). The East Asian region in comparative perspective. The East Asian region: Confucian heritage and its modern adaptation, 3-42.

Sala-i-Martin, X. X. (1992). Public welfare and growth (No. 666). Center Discussion Paper.

Salamon, L. M. (1993). "The Marketization of Welfare: Changing Nonprofit and For-Profit Roles in the American Welfare State," Social Service Review, 16-39.

Sandkühler, H. J. (1990). Onto-Epistemologie. Europäische Enzyklopädie zu Philosophie und Wissenschaften (Meiner, Hamburg), pp. 608-615

Sapir, A. (2006). Globalization and the reform of European social models. JCMS: Journal of Common Market Studies, 44(2), 369-390.

Savas, E. (2000). Privatization and public - private partnerships. New York: Chatham House.

Savas, E. S. (2000). Privatization and Public-Private Partnerships. New York: Chatham House.

Sayer, R. A. (1995). Radical political economy: Critique and reformulation. New Jersey: Blackwell Publishing.

Schmidt, M. G. (1996). When Parties Matter. A Review of the Possibilities and Limits of Partisan Influence on Public Policy, European Journal of Political Research 30, 155 - 183.

Searle, G. R. (2004). A New England?: Peace and War, 1886-1918. Oxford: Oxford University Press.

Seldon, A. (1977). Charge. London: Temple Smith.

Seldon, A. (1990). Capitalism. Cambridge: Blackwell.

Sharp, E. B. (1980). Toward a new understanding of urban services and citizen participation: The coproduction concept. Midwest Review of Public Administration, 14(2), 105-118.

Skocpol, T. (1995). Social policy in the United States: Future possibilities in historical perspective. New Jersey: Princeton University Press.

Smith, A. (1776). The wealth of nations. New York: The Modern Library.

Spicker, P. (2000). The welfare state: a general theory. London: Sage.

Spicker, P. (2008). Social policy: Themes and approaches. Bristol: Policy Press.

Starke, P. (2006). The Politics of Welfare State Retrenchment: A Literature Review, Social Policy & Administration 40(1): 104-120.

Stavrianos, L. S. (1966). A global history of man. Boston; Rockleigh, New Jersey: Allyn and Bacon.

Taylor-Gooby, P. (2002). The silver age of the welfare state: perspectives on resilience. Journal of Social Policy, 31(4), 597-621.

Therborn, G. (1983). When, how and why does a state become a welfare state?. Washington, D.C.: Catholic University.

Therborn, G. (1987). Welfare states and capitalist markets. Acta Sociologica, 30(3-4), 237-254.

Titmuss, R. M. (1950). Problems of social policy. London: HM Stationery Off.

Titmuss, R. M. (1976). Commitment to welfare. London: Routledge.

Trattner, W. I. (2007). From poor law to welfare state: A history of social welfare in America. New York: Simon and Schuster.

Trugen, P. (2005). Public goods. In D. Robbins(ed.). Handbook of public sector ecoomics New York: Talor & Francis.

Tsebelis, G. (2002). Veto players: How political institutions work. New Jersey: Princeton University Press.

van Kersbergen, K., & Pröpper, I. M. A. M. (1995). Publiek debat en democratie. Sdu Uitgeverij Koniginnegracht.

Walker, A. (2009). The social quality approach: bridging Asia and Europe. Development and Society, 38(2), 209-235.

Walker, R. (2005). Social Security and Welfare: Concepts and Comparisons. Berkshire: Open University Press.

Weale, A. (1983). Political theory and social policy. London: Macmillan International Higher Education.

Weede, E. (1986). Sectoral reallocation, distributional coalitions and the welfare state as determinants of economic growth rates in industrialized democracies. European Journal of Political Research, 14(5 6), 501-520.

Weede, E. (1991). The impact of state power on economic growth rates in OECD countries. Quality and Quantity, 25(4), 421-438.

Wehler, Hans-Ulrich(1985). The German Empire, 1871-1918. Leamington Spa: Berg.

Wickenden, E. (1965). Social Welfare Law: The Concept of Risk and Entitlement. U. Det. LJ, 43, 517.

Wilensky, H. L. (1975). The Welfare State and Equality: Structural and Ideologial Roots of Public Expenditures. Berkeley: University of California Press.

Wilson, W. J. (1996). When Work Disappears: The World of the New Urban

Poor. New York: Knopf.

Wilson. (1987). The truly Disadvantaged: The Inner City, the Underclass, and Public Policy. Illinois: University of Chicago Press.

Wirth, A. G. (1972). Education in the technological society: The vocational-liberal studies controversy in the early twentieth century. California: Intext Educational Publishers.

World Bank (ed). (2005). Growth, Poverty and Inequality: Eastern Europe and the Former Soviet Union. Washington, DC: World Bank.

World Bank. (1994). Averting the Old Age Crisis. Policies to Protect the Old and Promote Growth. Oxford: Oxford University Press.

Wu, M., Wang, M., & Huo, H. (2006). Fuel-cycle assessment of selected bioethanol production pathways in the United States. Argonne, Ill.: Argonne National Laboratory, ANL/ESD/06-7, 120.

찾아보기

(ㄱ)
가상적 상품 34
개인적 만족(individual utility) 172
경기순환 220
경로의존성(path dependency) 96
경쟁 공공재 131
경제체제 37
계약(contract) 278
고객지향 거버넌스 351
공적 부조 146
공적지출 262
과소공급 121
과소소 121
국가중심주의 347
국가효율성(national efficiency) 79
군집분석 316
권력자원이론(power resource theory) 100
규범-의존적 선택 339
급여(benefits) 27
근로연계복지 231
기초소득 93

(ㄴ)
남유럽국가 291
노동의 상품화 43
노르딕국가 293

(ㄷ)
다원주의 거버넌스 352
대륙국가 291, 293
대인 돌봄 서비스(personal care service) 148
대처리즘 228

(ㅁ)
마르크스 49, 283
마샬(Marshall) 72
만족점(satiating point) 29
민영화 158

(ㅂ)
바우처 273
베버리지보고서 84
보수주의복지국가 288
보편주의(universalism) 93
복지관대성비율 268
복지외부효과 125
부과방식 329
비공식적 부분 207
비스마르크 71

(ㅅ)
사회민주주의복지국가 288
사회보험 146
사회복지서비스 146
사회의 질(social quality) 23
사회자본 346
사회적 경비 240
사회적 노동 345
사회적 만족(social utility) 172
사회적 소비 240
사회적 시민권 22
사회적 임금 346
사회적 자본 240
사회적 재생산(social reproduction) 334, 345
사회적 지출 317
사회적 투자(social investment) 240
사회통합(social cohesion) 17
산업주의(industrialism) 40
새로운 거버넌스 353
선택주의(selectivism) 93
세계가치조사 28
세계화(Globalization) 215
세금감면 273
소외(alienation)현상 42

수당 273
수요자중심모델 273
수확체증의 법칙 113
스칸디나비아국가 291
승수이론 52
시장유형기제(market type mechanism) 176
시장화 271
신고전파경제학 215

(ㅇ)
앵글로색슨 293
엥겔스 49
역선택(adverse selection) 134
역할억제(role strain) 225
영국건강서비스 175
오스트리안학파 110
위계적 거버넌스 352
유교주의 복지국가 301
유럽인가치조사 28
유럽인사회조사 28
융커(Junker)계급 71
이용자보조금방식(consumer subsidy type) 274
인플레이션 216

(ㅈ)
자발적 부분 207
자본재(capital goods) 33
자유주의(liberalism) 79
자유주의복지국가 288
재정 313
전달체계 313
제공 313
제공자보조금방식(supplier subsidy type) 274
조합주의 거버넌스 352
주변부노동자군(peripheral labor force) 226
주인-대리인이론 161
중해 연안국가 293
지역 공공재 131
집단분석(cluster analysis) 290

(ㅊ), (ㅋ), (ㅌ), (ㅍ)
참여 거버넌스 351
초과이윤 고정화현상 216
케인즈 50
케인즈경제학 216
탈상품화지수 285
투자의 사회화 53
폴라니 283

(ㅎ)
할당 312
할당효율성 156
핵심노동자군(core labor force) 226
행정효율성 19
활동적 시민(active citizens) 21
희소성(scarcity) 37

〈영문 기타〉

Alestalo 291, 292
Barr 18, 135
Bartolini 28
Boeri 292
Caporaso 129
Castles 328
Easterlin 27
Easterlin의 역설 27
Eierman 330
Esping-Andersen 285
Evans 28
Fisher 모델 135
Fukuyama 338
Gilbert 19, 312
Gough 281
Johnson 169
Kelly 28
Kenworthy 28
Keynes이론 219
Kuhnle 291, 292
Levine 129
Milton Friedman 218
Mishra 13

O'Connor 239
Offe 284
Pay-as-you-go 329
Salamon 276
Sapir 292
Sarracino 28
Schumpeterian경제학 229
Sharp 152
Specht 312
Taylor-Gooby 282
Terrell 19, 312
Therborn 13
Walker 18, 281
Whynes 18
William G. Bowen 324
William J. Baumol 324
x-비효율성 156

〈저자 소개〉

• 지은구. 계명대학교 사회과학대학 사회복지학과 교수

〈주요저서〉
지은구. 2003. 사회복지경제학연구. 청목출판사.
지은구. 2012. 비영리조직 성과관리. 나눔의 집.
지은구. 2018. 복지국가와 사회의 질. 사회평론아카데미, 외 다수

〈주요논문〉
Eun-gu Ji. 2006. A study of the structural risk factors of homelessness in 52 metropolitan areas in the U. S. International Social Work 49(1): 107-117 외 다수

• 김민주. 계명대학교 BK21 플러스 지역사회통합인재양성사업단 연구교수

〈주요저서〉
김민주 외. 2014. 복지국가와 사회통합. 청목출판사.
김민주 외. 2015. 사회복지측정도구개발의 실제. 학지사.
김민주 외. 2016. 사회서비스와 성과측정. 학지사.
김민주 외. 2017. 사회서비스 성과관리 척도집. 학지사.
김민주 외. 2018. 사회복지관 성과관리 척도집. 학지사 외 다수

〈주요논문〉
김민주. 2018. 한국형 노인 사회자본척도의 개발 및 타당화 연구. 사회보장연구. 35(2) 외 다수

복지국가론

2024년 2월 20일 중판인쇄
2024년 2월 25일 중판발행

저 자 지은구 · 김민주
발행인 유 성 열
발행처 **청목출판사**
서울특별시 영등포구 신길로 40길 20
전화 (02) 849-6157(代) · 2820 / 833-6091
FAX (02) 849-0817
등록 제318-1994-000090호

파본은 바꾸어 드립니다. 값 22,000원

http://www.chongmok.co.kr

ISBN 978-89-5565-780-7